IMAGINAÇÃO E MORAL EM ADAM SMITH

Leonardo André Paes Müller

IMAGINAÇÃO E MORAL EM ADAM SMITH

Estudo sobre a *Teoria dos sentimentos morais*

alameda

Grafia atualizada segundo o Acordo Ortográfico da Língua Portuguesa de 1990, que entrou em vigor no Brasil em 2009.

Edição: Haroldo Ceravolo Sereza e Joana Monteleone
Editor de projetos digitais: Brunno Moura
Projeto gráfico, diagramação e capa: Danielly de Jesus Teles
Assistente acadêmica: Tamara Cristina dos Santos
Revisão: Alexandra Colontini
Imagem da capa: Perfil de Adam Smith, gravura criada por Cadell e Davies (1811), John Horsburgh (1828) ou R.C. Bell (1872).

CIP-BRASIL. CATALOGAÇÃO NA PUBLICAÇÃO
SINDICATO NACIONAL DOS EDITORES DE LIVROS, RJ

M923I

Muller, Leonardo André Paes
Imaginação e moral em Adam Smith : estudo sobre a teoria dos sentimentos morais / Leonardo André Paes Müller. - 1. ed. - São Paulo : Alameda, 2022.
380 p. ; 23 cm.

Inclui bibliografia
ISBN 978-65-5966-056-8

1. Smith, Adam, 1723-1790. 2. Filosofia moral. 3. Sentimentos morais. I. Título.

22-77231 CDD: 170
CDU: 17.032.1

ALAMEDA CASA EDITORIAL
Rua 13 de Maio, 353 – Bela Vista
CEP 01327-000 – São Paulo, SP
Tel. (11) 3012-2403
www.alamedaeditorial.com.br

Em memória de
Ivo André Bay Müller
1957-2014
e
Nicholas Tindall Phillipson
1937-2018

Para Ana

Nunca desembarcamos de nós. Nunca chegamos a outrem, senão outrando-nos pela imaginação sensível de nós mesmos.

Fernando Pessoa, *Livro do desassossego*

But Jeannie, in the strict and severe tone of morality in which she was educated, had to consider not only the general aspect of a proposed action, but its justness and fitness in relation to the actor, before she could be, according to her own phrase, free to enter upon it.

Sir Walter Scott, *The Heart of Midlothian*

Sumário

Apresentação

Ninguém contesta a Adam Smith, autor da *Riqueza das nações* (1776), o lugar que lhe cabe no panteão dos fundadores da economia como ciência. Já o seu lugar entre os grandes filósofos vem sendo estabelecido lentamente, com a redescoberta da *Teoria dos sentimentos morais* (1759). O livro de Leonardo Paes Muller não respeita divisões acadêmicas e trata Smith como autor de uma obra unificada e coerente, que inclui ainda um punhado de ensaios geniais, a maioria deles publicada postumamente, e anotações de cursos ministrados em Edimburgo e Glasgow na década de 1760. Tomada em conjunto, essa obra revela um pensamento vigoroso, no centro do qual pulsa uma teoria, absolutamente original, da imaginação como instância da unificação da experiência. Smith absorve a lição de seu amigo David Hume, que ensinava a desconfiar da razão, não tanto a contestar que os seres humanos seriam racionais, mas que a sua racionalidade seria definida pela razão enquanto tal. Fiar-se excessivamente por essa nobre faculdade, como fazem os racionalistas de todas as épocas, incluindo-se a nossa, é ignorar que a natureza humana é feita de sensibilidade, é uma estrutura fisiológica que se abre para o mundo à sua volta e é profundamente marcada por ele. Nas sensações, Adam Smith encontra os signos das relações intrínsecas entre o animal humano e o seu meio, e nelas identificou, desde os primeiros momentos da vida humana, a marca da imaginação, que em sua forma primordial consiste no poder de estabelecer relações. A partir daí, surgem as metáforas, figurações e analogias, mediante as quais o conhecimento humano se estabelece e expande-se, consolidando-se em ideias. Indispensável ao conhecimento, a imaginação se mostra plena na estipulação das distinções morais, tão importantes para os humanos, que não podem viver senão em sociedade. Na análise do princípio que as orienta, reluz o gênio filosófico de Smith, que inventa a figura do espectador imparcial, personagem que a imaginação humana erige e vivifica, para, com seu valioso auxílio, superar a parcialidade das paixões que contamina o nosso olhar. Contrariamente a Kant, que pretende sufocar, com o imperativo categórico, a natureza imperfeita de nossa espécie, Smith vê nas suas peculiaridades a explicação do mérito que temos enquanto seres humanos. Entre outras coisas, a *Teoria dos sentimentos morais* nos ensina a reconhecer, na imaginação, a origem de nossos problemas e as saídas para os impasses a que eles nos levam. Essas considerações ecoam na *Riqueza das nações*, onde os interesses privados, desde sempre submetidos à tendência sistematizadora da imaginação, que se dá como um instinto, à revelia de toda deliberação, convergem de maneira inesperada para fomentar o bem público – para júbilo do soberano, que assim teria assegurada a satisfação de seus interesses. Com erudição, habilidade e inteligência, Leonardo Paes Muller conduz o leitor brasileiro pelos meandros dessa teoria instigante, e oferece uma perspectiva privilegiada sobre uma obra que o público leitor de nosso país começa a descobrir. Mas eu arriscaria dizer que sua principal virtude é o distanciamento, que lhe permite examinar o pensamento de Smith evitando com naturalidade e elegância as armadilhas *ideológicas* que inevitavelmente se interpõem no caminho dos que se aproximam desse sistema saturado de significações alheias a ele. Saudemos, pois, esta importante contribuição a uma *arqueologia filosófica* da economia política, do pensamento liberal e, principalmente, da filosofia moderna, em sua vertente menos conhecida e mais inovadora.

Pedro Paulo Pimenta
Universidade de São Paulo

Prefácio

A *Teoria dos sentimentos morais* (1759) é a primeira obra do filósofo escocês Adam Smith (1723-1790). É também, em certo sentido, sua obra máxima, livro a um só tempo fascinante e, pelos mesmos motivos, difícil. Poderia ser apresentado como uma descrição muito sofisticada das atitudes de avaliação, por cada um, dos atos alheios e de si mesmo, apoiada sobre numerosos exemplos que apelam tanto à imaginação quanto à experiência pessoal do leitor. Ainda que Smith tenha adotado uma ordem de exposição sintética, que começa pelas formas elementares dos processos da simpatia e progride em direção à reconstituição de experiências morais complexas, o leitor percebe por toda parte a força analítica mobilizada para descobrir os princípios das diferentes modalidades de avaliação moral. Os princípios da análise conduzida por Smith permanecem implícitos e se apresentam sob as vestes de um enfoque descritivo. Isso exige do leitor um duplo exercício de imaginação, um deles, fácil e agradável, que consiste em representar para si mesmo as situações que estão no centro dos exemplos invocados por Smith, o outro mais exigente e mais trabalhoso, pelo qual a análise de juízos de valor, complexos em termos dos processos mentais e sociais mais elementares, é refeita, e, até certo ponto, verificada.

Outra fonte de dificuldade e de fascínio é o modo bastante modesto e discreto, sem estardalhaço, com o qual Smith propõe uma versão radical do que poderíamos chamar aqui de "sentimentalismo". Que se compare a compreensão dos sentimentos oferecida por Hume no final da *Investigação sobre os princípios da moral* (1753), texto fácil e agradável, porém extremamente provocativo, verdadeiro desafio lançado ao racionalismo moral. Na *Teoria* de Smith, ao menos à primeira vista, não se encontra nada tão espetacular. A ambição do autor é declarada no título original, com o uso do artigo "the" antes de "theory of moral sentiments" (em português, como em francês, o artigo cai). O livro propriamente dito, por sua vez, defende metodicamente uma teoria sentimentalista dos juízos de valor, sem, no entanto, desferir um assalto à quixotesca cidadela do racionalismo moral (na Parte VII, Smith apresenta essa batalha como tendo sido disputada e conduzida por outros antes dele). Outra diferença significativa em relação a Hume é que a potência antiteológica própria a uma teoria puramente sentimentalista não é posta em ação por Smith, sendo, ao contrário, atenuada por um discurso providencialista que já podia ser encontrado em seu amigo, ainda que de forma bem menos desenvolvida, e claramente irônica.

Um seguidor de Leibniz, por exemplo, poderia considerar (e apreciar) a *Teoria* como uma espécie de fuga, escrita por um virtuose, sobre a importância de nossa capacidade de nos colocar no lugar dos outros para a vida moral. Mas não poderia aceitar que essa capacidade fosse objeto de uma análise exclusivamente sentimentalista. Um kantiano, por sua vez, poderia admirar a ideia de espectador imparcial, forjada por Smith. Mas como aceitar a metafísica sentimentalista, que é, para Smith, o fundamento último dessa noção? De fato, a teoria proposta discorre sobre uma gênese do espectador imparcial pensada inteiramente a partir da dinâmica dos sentimentos e da simpatia. Um filósofo moral kantiano como Thomas Scalon também assume como crucial essa capacidade de nos representar as respostas apropriadas por parte de pessoas convenientemente situadas, uma vez que ele considera que a moralidade tem seu princípio na justificação perante outros. Contudo, segundo Scalon, a justificação perante outros não pode ser analisada ao modo sentimentalista, pois pressupõe razões. O radicalismo da concepção smithiana dos sentimentos (e sua fragilidade aos olhos do racionalista) gira em torno dessa tentativa de fornecer uma teoria da justificação que assume como fundamento atitudes que não são reguladas por razões.

O caráter implícito dos princípios da análise, a modéstia descritiva e a discrição na defesa de um sentimentalismo radical são certamente responsáveis pela impressão causada no leitor, um misto de admiração pela beleza e clareza de escrita e de esforço frente à extrema densidade do texto. Analisada sob esses dois aspectos, a obra parece estar muito longe das exigências pedagógicas que deveriam satisfazer os preceitos expostos nas conferências de filosofia moral ministradas por Smith em Glasgow, das quais a primeira edição da *Teoria* derivaria diretamente. Por outro lado, o texto está igualmente afastado do ideal da filosofia fácil (*easy*) que Hume havia designado à nova ciência da natureza humana no intuito de torná-la popular. Sem dúvida, o leitor de Smith precisa de ajuda.

Quais questões, na expectativa do leitor da *Teoria dos sentimentos morais*, teriam de ser esclarecidas por uma interpretação mais profunda da obra? Não seria razoável esperar por um esclarecimento do pretenso "problema Adam Smith", a saber, a questão a propósito da coerência entre a psicologia moral da *Teoria* e a concepção das motivações da ação que opera na *Riqueza das nações*. Esse falso problema, que sabemos estar fundado sobre um mal-entendido a propósito de um suposto conflito entre uma explicação através da simpatia e uma explicação através do interesse, é fácil de dissipar. Basta observar que a *Teoria* garante ao amor-de-si (*self-love*) um lugar muito importante como impulso das avaliações em geral e das avaliações morais em especial.

Eis uma lista de questões às quais eu esperaria que um especialista, como Leonardo Paes Müller, que há anos vem se dedicando ao estudo de Smith, trouxesse respostas:

1. Que tipo de psicologia permite esclarecer a natureza dos sentimentos morais dos quais Smith propõe a "teoria"? No primeiro capítulo deste *Imaginação e moral*, Leonardo Müller responde a essa questão buscando no ensaio *Os sentidos externos* uma parte da psicologia que permanece implícita na *Teoria*. A reflexão de Smith sobre o papel da imaginação nas relações entre os diferentes sentidos externos, assim como a crítica da aproximação excessiva entre sentido interno e sentidos externos, sobre a qual Hutcheson se apoiava, contribuem para iluminar os pressupostos da *Teoria*. O presente livro lança luz sobre esse ponto ao demonstrar a coerência entre as pesquisas de Smith sobre o funcionamento dos sentidos externos e seu sistema moral da simpatia.

2. Por que a *Teoria* contém uma história da filosofia moral que toma Hobbes como o ponto de partida? Leonardo Müller mostra como a concepção eclética do progresso da filosofia moral é o equivalente histórico do método de análise dos juízos de avaliação. Os moralistas ingleses e escoceses exploraram de modo unilateral os ingredientes de tais juízos, sem, no entanto, oferecer o enfoque capaz de os integrar. Por isso, começar pela parte histórica, e, sobretudo, por uma discussão da doutrina do senso moral de Hutcheson, é um bom modo de entrar no projeto de Smith, compreendendo seu método assim como sua problemática.

3. Como a parte 'prática', que Smith acrescenta na 6ª edição, articula-se com a teoria? Estaria Smith traindo seu enfoque descritivo com um enxerto normativo? A *Teoria dos sentimentos morais* se torna menos pura, com essa junção? Leonardo Müller não responde diretamente a essa questão, pois seu objeto é a análise dos princípios da aprovação. Animado pelo gosto pelos sistemas, ao qual Smith deu uma importância central, foca exclusivamente o aspecto teórico da reflexão moral exposta na *Teoria*.

4. Outras questões técnicas exigem do comentador a reconstrução de um tipo de diálogo crítico entre Smith e Hume, como a relação entre regras gerais e moralidade (cap. 5), as relações entre justiça e utilidade e, de modo mais geral, entre valoração estética ou moral e utilidade (cap. 6). São dois tópicos importantes, que o livro de Leonardo Müller esclarece com fineza notável.

Gostaria de terminar este prefácio deixando duas questões para a reflexão de seu autor e de seus leitores.

5. Por que deveríamos, afinal, levar em conta o que representamos a nós mesmos a partir do ponto de vista de um espectador imparcial? O espectador é um outro. Como as atitudes ou reações dos outros podem assumir um valor de autoridade, além da simples influência, sobre as nossas próprias atitudes e condutas?

O pano de fundo da simpatia é a distância, a separação entre as pessoas. A pessoa que simpatiza não é a pessoa que está sujeita à simpatia. O primeiro não é e não pode estar no lugar do segundo. O que sente o segundo não é e não pode ser diretamente sentido pelo primeiro. Por essa razão, a simpatia é, necessariamente, uma operação a partir de princípios da imaginação, e não da sensação ou do sentimento. Um modo eficaz de conduzir essa operação consiste em representar a si mesmo a situação particular na qual se encontra a pessoa que é objeto de simpatia. Representamos a nós mesmos não o que o outro experimenta, mas o que nós mesmos experimentaríamos, se estivéssemos na situação alheia. Em um outro nível, é também pela imaginação que uma pessoa pode alcançar o ponto de vista de um espectador que, no sentido inverso, simpatizaria com ela em maior ou menor medida e com maior ou menor facilidade. A separação entre o outro e o eu é o pano de fundo não apenas da simpatia que posso sentir pelo outro, mas também da representação que posso fazer, para mim mesmo, da simpatia que outro pode ter para comigo.

O problema interpessoal encontra equivalente em um problema intrapessoal e intertemporal. A separação entre o que eu penso ou desejo neste instante e o que pensava ou desejava há dois meses atrás é o pano de fundo de meu interesse presente, mais ou menos forte, pelo que eu pude pensar e desejar anteriormente. Esta noite, em uma ocasião social, um jantar, por exemplo, surpreendo-me ao me divertir com pessoas com as quais jurara nunca mais conviver, devido a uma série de decepções. Por que eu deveria escutar mais atentamente a voz de meu juízo anterior do que a voz de minhas emoções presentes? Uma descrição à la Smith não nos diria que deveríamos escutar mais atentamente (ela nos diz, contudo, que deveríamos o fazer na medida em que valorizamos o controle de nós mesmos), mas ela nos explica como chegamos à conclusão que deveríamos o fazer, ou como uma testemunha chegaria a essa conclusão em nosso lugar.

A operação da simpatia recíproca, que é aquela da pessoa interessada na simpatia de um espectador, encontra-se na base do sentido de dever. Para isso, é preciso que a pessoa interessada estime que, ao controlar suas próprias paixões, ela possa merecer a simpatia de um espectador imparcial. Sem o "sistema da simpatia", a opinião do outro não possuiria nenhuma autoridade para nós. Nossa própria opinião em um passado suficientemente distante da esfera de nossas intenções presentes tampouco teria autoridade sobre estas últimas. A tentação é grande de concluir daí que Smith foi bem-sucedido na tarefa de dar conta da autoridade de certos juízos bem pesados, formados em circunstâncias de reflexão calma e com informações suficientes, nos termos de uma dinâmica da simpatia. O sentimentalismo se sustentaria apenas na autoridade de nossos sentimentos presentes, se não estivesse dotado, graças à operação da simpatia, da capacidade de dar conta das atitudes que estimamos dever adotar quando elas não coincidem com os nossos sentimentos presentes. Mas é certo que o sentimentalismo acrescido da dinâmica complexa da simpatia fornece a teoria da autoridade de certos juízos sobre as condutas, incluídos aí os juízos sobre a nossa própria conduta? Não seria melhor inverter a perspectiva observando que as considerações que podemos ter ao nos colocar, pela imaginação, em um ponto de vista contrafactual só teriam força normativa para nós na medida em que são nossas considerações e que temos razões para assumir sua importância?

Por isso, eu me pergunto se, para ser mais convincente, o sentimentalismo radical não deveria adotar uma concepção de identidade prática, como capacidade de endossar certo caráter e reconhecer como suas as atitudes e condutas que o exprimem. A força normativa de certos juízos não pode ser explicada unicamente pela capacidade de nos representar como seriam os juízos de espectadores menos parciais que nós. Ademais, não é necessário que nossos projetos práticos, a concepção que temos de nós mesmos, do tipo de pessoa que queremos ser, confira uma importância particular a esses juízos? Parece-me que, sem essa função da identidade prática, a separação das pessoas não pode ser compensada, ou melhor, pode até sê-lo, pela imaginação, porém de maneira ineficaz, não conclusiva, sem incidência normativa.

Chegamos assim a uma questão metateórica:

6. O autor da natureza a fez de modo que o espectador imparcial assuma como digno de censura o que é realmente digno de censura? Como Hutcheson, Smith remete ao plano das causas finais a questão metafísica do que podemos denominar "realidade" do conhecimento moral. Essa questão não é regulada no plano do próprio juízo, pois, nesse plano, a norma do que é realmente digno de censura é fornecida pelo juízo do espectador imparcial, de tal modo que não sabemos como responde a uma questão ao estilo de Eutífron: O espectador imparcial considera tal atitude como digna de censura porque ela é (realmente) digna de censura? Ou essa atitude é (realmente) digna de censura porque o espectador imparcial a considera como digna de censura? Para contemplar uma resposta a essa questão, seria preciso especular sobre causas finais e mesmo sobre o projeto divino. Um leitor atento de Hume sabe que seu uso do vocabulário providencialista é um elemento circunstancial menor, na descrição de uma constituição natural que pode ser explicada por uma teoria de ajustes não-intencionais, tal como faz Filo nos *Diálogos sobre a religião natural.* Mas o que ocorre no caso de Smith?

Nada disse a respeito do estilo da obra de Leonardo Müller. Como outras produções da "escola paulista" de história da filosofia, ele se caracteriza por uma simplicidade, uma exatidão, uma fidelidade ao autor comentado, uma insensibilidade aos efeitos da moda, que são postas a serviço exclusivo da compreensão da *Teoria dos sentimentos morais* – virtudes intelectuais, que, opostas à vaidade e ao orgulho, garantem satisfação consistente ao leitor.

Laurent Jaffro
Universidade Paris 1 Panthéon – Sorbonne

Abreviações das obras mais citadas[1]

David Hume (1711-1776)

THN	*A Treatise of Human Nature,* 1739-40
TNH	Tratado da natureza humana (tradução brasileira)
Essays	*Essays Moral, Political, and Literary,* 1741
EHU	*An Enquiry Concerning Human Understanding,* 1748
IEN	Investigação sobre o entendimento humano (trad. bras.)
EPM	*An Enquiry Concerning the Principles of Morals,* 1751
IPM	Investigação sobre os princípios da moral (trad. bras.)

Adam Smith (1723-1790)

TMS	*Theory of Moral Sentiments,* seis edições entre 1759 e 1790
TSM	*Teoria dos sentimentos morais* (tradução brasileira)
WN	*An Inquiry into the Nature and Causes of the Wealth of the Nations,* 1776
RN I e II	*Riqueza das nações* (trad. bras., em 2 volumes).
EPS	*Essays on Philosophical Subjects,* 1793
EF	*Ensaios filosóficos* (tradução brasileira)
LRBL	*Lectures on Rethoric and Belles Lettres,* 1762-3
LJA	*Lectures on Jurisprudence,* 1762-3
LJB	*Lectures on Jurisprudence,* 1766
Corr.	*Correspondence,* de e para Smith.

As citações para a obra de Smith seguem o sistema estabelecido pela edição crítica pela Universidade de Glasgow (por exemplo, TMS I.ii.3.4 significa Theory of Moral Sentiments Parte I, Seção ii, Capítulo 3, parágrafo 4) seguida pelo número da página. Sempre que possível, uso a tradução brasileira disponível.

1 Para as referências das edições empregadas, ver a bibliografia.

Alterações nessas traduções estão sinalizadas com um asterisco (*), geralmente acompanhadas do trecho em inglês entre colchetes.

As referências internas seguem a ordem capítulo e seção, por exemplo, ver 1.2 significa Capítulo 1, seção 2; ver 4.3 significa Capítulo 4, seção 3.

Introdução

Atualmente, Adam Smith é mais conhecido por ser o autor da *Riqueza das nações*, obra fundamental no processo de consolidação da ciência econômica ao longo da segunda metade do século XVIII. Antes de se dedicar à economia política, porém, ele já era um filósofo moral reconhecido internacionalmente por sua primeira obra, a *Teoria dos sentimentos morais.*[1] Essa obra é o objeto desse livro. Mas o que devemos compreender por filosofia moral?

Comecemos pelo primeiro termo: "filosofia é a ciência dos princípios conectores da natureza" (EPS, p.45; EF, p.206). Para Smith, a filosofia tem como objeto privilegiado as operações de *síntese*. Operações que remontam à *imaginação*, entendida como uma faculdade[2] – o que é afirmado já no segundo parágrafo da *Teoria* (TMS I.i.1.2, p.9; TSM, p.6). Tomemos o exemplo mais bem acabado de explicação da natureza no século XVIII: o sistema newtoniano, capaz de unificar o movimento dos astros e a queda dos corpos a partir de um

---

1 Smith nasceu em 1723, em Kirkcaldy, na Escócia, e faleceu em 1790, em Edimburgo, também na Escócia. Ele publicou duas grandes obras, *The Theory of Moral Sentiments* (1ª edição de 1759; 2ª de 1761; 3ª de 1767; 4ª de 1774; 5ª de 1781 e 6ª de 1790) e *An Inquiry Into the Nature and Causes of the Wealth of the Nations* (1ª edição de 1776; 2ª de 1778; 3ª de 1784; 4ª de 1786 e 5ª de 1789). A partir da segunda edição da *Teoria dos sentimentos morais* (1761), ela era acompanhada pelas *Considerations Concerning the First Formation of Languages and the Different Genius of the Original and Compounded Languages* (LRBL, p.201). Isso e mais duas contribuições ao *Edinburgh Review* (entre 1755-56; in EPS, p.229) são todas as publicações autorizadas por Smith. Ao longo dos séculos XIX e XX foram encontrados e publicados ao menos três cadernos de alunos dos cursos de Smith na Universidade de Glasgow: um sobre suas *Lectures on Rethoric and Belles-Lettres* (do ano letivo de 1762-3) e dois sobre suas *Lectures on Jurisprudence* (para os anos letivos de 1762-3 e 1766). Se somarmos sua correspondência e mais algumas poucas páginas manuscritas, temos a obra completa de Adam Smith.

2 Na introdução de *A filosofia crítica de Kant*, Deleuze distingue dois significados desse termo na segunda metade do século XVIII: modo de relação entre sujeito e objeto (de onde as faculdades de conhecer, de desejar e o sentimento do prazer e da dor) e origem da representação (de onde os três tipos de representação e suas fontes: intuição-sensibilidade, conceito-entendimento e ideia-razão) (2000, p.9-18). Smith emprega *faculdade* nesses dois sentidos: no primeiro, quando tematiza as faculdades morais (ver 1.5); no segundo, quando trata da imaginação, de modo geral.

único princípio explicativo, a gravitação universal, é, ele também, uma "invenção da imaginação". Não se trata de um sistema qualquer, mas um sistema extremamente persuasivo, e

> mesmo nós, que nos esforçamos em representar todos os sistemas filosóficos como meras invenções da imaginação que de outro modo permaneceriam desconexos e discordantes, fomos insensivelmente atraídos por ele, a usar a linguagem que expressa os princípios de reunião desse sistema, como se eles fossem as verdadeiras correntes que a natureza utiliza para juntar suas muitas operações (EPS, p.105; EF, p.290).

Essa força de atração que impele o autor da *História da astronomia* a confundir a ordem da teoria com a ordem do mundo, a tomar a estrutura do sistema pela estrutura do mundo, pode ser explicada pelos princípios que guiam as investigações filosóficas.[3] Quais são esses princípios? O sentimento do espanto (*wonder*) e a dupla atividade de síntese que ele dirige. O espanto consiste em uma espécie de mal-estar perante dois tipos de ausência de ligação: o primeiro diz respeito a objetos singulares de difícil classificação, o segundo à ausência de conexão ou ordem incomum na passagem entre dois fenômenos.

> Com que curiosa atenção um naturalista examina uma planta singular ou um fóssil singular que lhe apresentam! [...] E quando considera todas as diferentes tribos ou espécies que conhece, todas se recusam a admitir o novo objeto em seu grupo. [...] Ele se esforça para conectá-la com alguma dessas [espécies. ...] Se não conseguir fazê-lo, nunca a abandonará isolada; antes alargará, por assim dizer, os limites de alguma espécie para acomodá-la, ou então criará uma nova espécie com o propósito de recebê-la [...]. De qualquer modo, deve referir a novidade a uma classe qualquer de objetos conhecidos e encontrar uma ou outra semelhança entre estes e aquela antes que possa se livrar do espanto,

3 Como aponta o título completo da obra: "Princípios que conduzem e dirigem a investigação filosófica, ilustrados pela história da astronomia". Essa obra faz parte dos *Ensaios filosóficos*, publicados postumamente, em 1793.

> da incerteza e da curiosidade ansiosa excitada pela sua aparência singular ou sua dissimilitude para com os objetos já observados (EPS, p.39-40; EF, p.198).

Esse primeiro tipo de espanto só se aquietará quando esse novo objeto estiver devidamente classificado em um sistema taxonômico, o que exige que ele tenha sido comparado, que tenha tido suas semelhanças e diferenças sistematicamente avaliadas em relação aos membros das espécies anteriormente estabelecidas. O primeiro tipo de síntese operado pela imaginação é, pois, o resultado dessa atividade de *comparação*. Ao seu lado, porém, há um segundo tipo de síntese, baseado na construção imaginária de séries ordenadas de fenômenos, que sugiro que seja denominada de *conjectural*.

> Quando se observa amiúde que dois objetos [...] se sucedem um ao outro e se apresentam constantemente aos sentidos naquela ordem, eles passam a ser conectados na imaginação [...]. Como as ideias se movem mais rapidamente que os objetos externos, a imaginação constantemente os precede e, portanto, antecipa todo evento que ocorre conforme o curso ordinário das coisas. Quando os objetos se sucedem uns aos outros na mesma sequência [...] eles se harmonizam com o curso natural da imaginação [... de modo que não haja] interrupção, parada, lacuna ou intervalo (EPS, p.40-41; EF. p.199-200).

Aqui, a interrupção dessa "conexão costumeira", o aparecimento de um ou mais objetos "numa ordem completamente diferente daquela a que a imaginação se acostumou e para a qual está preparada", gera um segundo tipo de espanto associado ao aparecimento de um ordenamento irregular, ou a uma sucessão incomum desses fenômenos.

> A imaginação já não sente a facilidade usual para passar de um evento para a seguinte. [...] Esforça-se para encontrar algo que possa preencher a lacuna, algo que, como uma ponte, possa ao menos provisoriamente unir aqueles objetos aparentemente distantes, de modo a tornar a passagem do pensamento de um ao outro suave, natural e fácil (EPS, p.41-42; EF, p.200-01).

Conjectura é precisamente essa ligação, em princípio hipotética, mas que pode ser sucessivamente corrigida e acabar se tornando o próprio curso natural da imaginação.[4] Essa ponte, em princípio improvisada, mas que, após inúmeras reformas, se tornou parte indispensável da infraestrutura da cidade que cresceu em seu redor.

Comparação e conjectura, os dois tipos de ligação que tem na imaginação a sua origem. Ao contrário do racionalismo, que funda as operações de síntese próprias ao conhecimento humano no entendimento ou na razão,[5] Smith assume que é a imaginação a origem da atividade sintética própria à teoria e, como veremos na sequência, também à prática dos seres humanos. Invertendo os termos, para Smith a *imaginação é a faculdade que compara e conjectura.* A questão passa a ser, então, como compreender a espontaneidade da imaginação enquanto faculdade sintética.

Entra em cena o texto sobre *Os sentidos externos*, também publicado postumamente, em 1793. Analisaremos em pormenor a argumentação desse texto no primeiro capítulo, o que nos interessa no momento são as duas consequências que Smith tira de sua intepretação da teoria da visão de Berkeley. Primeiro, é possível encontrar essas duas atividades sintéticas da imaginação em operação já no plano da sensibilidade externa: há comparação entre as percepções dos diferentes sentidos externos (em especial entre os dados visuais e os dados táteis) e conjectura (primeiro a propósito da distância e do tamanho dos objetos enxergados, segundo, a propósito da natureza do espaço, com a noção de substância). Segundo, ao articular a relação entre dados visuais e táteis como uma linguagem, Berkeley permite a Smith acoplar a estrutura lógico-gramatical da linguagem diretamente em sua teoria da sensibilidade:

---

4 É óbvio que há conjecturas que não tem como ser corrigidas, tendo de ser completamente abandonadas. Para Smith, a teoria cartesiana dos vértices é um exemplo de ponte para a qual não havia conserto possível (EPS, p.92-98; EF, p.271-79).

5 Por exemplo, Immanuel Kant, nascido em 1724, para quem "a ligação (*conjunctio*) de um múltiplo em geral jamais pode nos advir dos sentidos e, por consequência, também não pode estar, simultaneamente, contida na forma pura da intuição sensível; pois tal ligação é um ato da espontaneidade da faculdade de representação e, visto que se tem que denominar a esta entendimento para diferenciá-la da sensibilidade, toda ligação [...] é uma ação do entendimento que designaremos com o nome geral de *síntese* para, mediante isso, ao mesmo tempo, observar que não podemos nos representar nada ligado no objeto sem o termos nós mesmos ligado antes, sendo dentre todas as representações a ligação a única que não pode ser dada por objetos, mas constituída unicamente pelo próprio sujeito por ser um ato de sua espontaneidade" (*Crítica da razão pura*, 2ª ed., 1787, B130).

> Os objetos da visão, como nota o Dr. Berkeley com agudeza, constituem uma espécie de língua, que o Autor da natureza dirige a nossos olhos e por meio da qual nos informa a respeito de muitas coisas que são de suma importância para nós. Como na linguagem comum, as palavras ou sons não têm qualquer semelhança com as coisas que eles denotam, também nessa outra linguagem os objetos visíveis não têm qualquer semelhança com o objeto tangível por eles representados, e cuja posição relativa a nós e aos demais objetos que eles nos informam (EPS, p.156; EF, p.167).

A comparação aqui é de outro grau, não entre objetos semelhantes, mas entre uma linguagem e outra, isto é, entre um conjunto de elementos organizados e outro, entre um sistema e outro. Trata-se, no fundo, de uma comparação entre duas conjecturas, uma *analogia*. Mas o que esses sistemas têm em comum? Em primeiro lugar, a estrutura do signo, a saber, a relação arbitrária, seja entre a palavra sonora e seu significado ou entre a palavra escrita e o som. Em segundo lugar, esse sistema serve a um propósito humano, que é útil à espécie humana. É o que se aprende ao ler as *Considerações sobre a Primeira formação das línguas*, de 1761, texto que abre com o problema da atribuição de nomes aos objetos da experiência:

> É natural que dois selvagens que cresceram longe das sociedades humanas e nunca foram ensinados a falar começassem a forma a língua pela qual tentariam tornar inteligíveis suas mútuas necessidades pela emissão de certos sons, sempre que quisessem denotar certos objetos. Receberiam nomes particulares apenas os objetos mais familiares mencionados com mais frequência (LRBL, p.203; EF, p.45).

Assim a caverna onde vivessem, a macieira de onde colhessem maças, o riacho de onde bebessem água, "seriam denominadas por palavras como caverna, árvore, fonte", nomes em princípio particulares mas que, conforme sua experiência fosse expandindo, incorporariam mais e mais objetos, tornando-se um nome geral, uma *espécie*: "Uma espécie é formada por certo número de objetos com algum grau de semelhança entre si, e que por isso são denominados por um mesmo nome que pode ser aplicado para exprimir qualquer um deles" (LRBL, p.205; EF, p.47). Espécie se conjuga no plural: ao agrupar objetos por semelhança, o resultado é, sempre, um quadro taxonômico. A diferença entre a classificação desse esboço de língua e a taxonomia (de inspiração enciclopedista)[6] do naturalista da *História da astronomia* é de grau e pode ser explicada pela própria lógica da analogia. Smith centra sua análise das línguas no latim, com suas declinações. A mais simples delas é de gênero dos nomes substantivos:

> em muitas línguas, as qualidades do gênero sexual ou de sua ausência são exprimidas por diferentes terminações nos nomes substantivos que denotam os objetos qualificados. [...] Tanto o gênero sexual quanto sua ausência são naturalmente considerados como qualidades modificadoras inseparáveis das substâncias particulares a que pertencem, e seria natural exprimi-las antes por uma modificação no nome substantivo do que por uma palavra geral e abstrata que exprimisse essa espécie de qualidade em particular. Desse modo, a expressão traz, evidentemente, uma analogia muito mais precisa com o objeto ou ideia por ela denotado (LRBL, p.207; EF, p.51).

Em analogia aos objetos que denotam, os nomes sofrem uma pequena variação em seu sufixo que indica o gênero (*lupus*/*lupa*, *equus*/*equa* etc.) ou sua ausência (*forum*, *pratum* etc.). As primeiras palavras a serem inventadas, tais nomes guardam uma semelhança direta com os objetos que designam. Acompanhando essa declinação dos nomes, os adjetivos que qualificam esses nomes substantivos também declinam em gênero (*magnus lupus*/*magna lupa*/*magum patrum*):

> Seria natural que recebessem as mesmas terminações dos substantivos a que teriam sido de início aplicados, e, graças à afinidade com sons similares e ao deleite com o retorno das mesmas sílabas – coisas que estão no fundamento da analogia em todas as línguas – poderiam variar a terminação dos adjetivos conforme fosse oportuno aplicá-los ao substantivo, não importa se masculino, feminino ou neutro (LRBL, p.208; EF, p.52).

Cinco consequências podem ser delineadas: (1) a analogia opera sobre objetos próximos (primeiro entre objetos denotados e nomes substantivos; depois entre substantivos e adjetivos), (2) ela também opera sobre resultados prévios,

---

6 Sobre esse aspecto, ver Pimenta (2018, caps. 5 a 8).

em um processo cumulativo que, (3) gera resultados ambíguos, ora aproximando (*lupus*/*lupa* dos indivíduos do sexo masculino e feminino de lobos), ora afastando (ao associar a distinção de gênero a algo inteiramente alheio a ela, como a grandeza: *magnus*/*magna*/*magnum*). Finalmente, (4) a linguagem é o local privilegiado de cultivo e análise desse dispositivo lógico, (5) ao ponto do estudo da gramática em geral se fundir com o da lógica:

> Aprovo enfaticamente o plano de uma Gramática Razoada e estou convencido de que uma obra desse gênero [...] poderia ser não apenas o melhor Sistema de Gramática como também o melhor Sistema de Lógica jamais escrito em qualquer língua, bem como a melhor história do progresso natural da mente humana na formação das mais importantes abstrações de que todo raciocínio depende (Carta a George Baird, 07/02/1763; traduzida em EF, p.77, nota 11).

É precisamente a analogia entre sistemas que organiza a filosofia smithana em seu mais alto grau: a linguagem dos sentidos é análoga à linguagem comum, que é análoga à uma máquina (LRBL, p.223; EF, p.73), que é análoga a um sistema (EPS, p.66; EF, p.235) e à divisão do trabalho (WN I.i.8-9, p.19-22). Em outro registro, as leis ligadas à virtude da justiça deveriam funcionar como as regras da gramática, ao passo que as regras das demais virtudes, como regras do bom gosto (TMS III.6.11, p.175). Em seu ápice, a filosofia de Smith se baseia no manejo adequado, conveniente ou próprio das mais diversas analogias, todas elas construídas a partir dessa dupla síntese da imaginação. Propriedade ou conveniência (*propriety*, não *property*) que é o cerne de sua teoria moral – e assim voltamos a tema central desse livro, a filosofia moral de Smith.

Tomemos como ponto de partida o modo como ele formula a questão do objeto da filosofia moral em sua *Teoria*, obra publicada originalmente em 1759, e reeditada outras cinco vezes, duas delas com alterações consideráveis, a última vendo a luz do dia em 1790, apenas alguns meses antes da morte de seu autor. Na última parte (a sexta nas cinco primeiras edições, sétima parte na sexta edição),[7]

7 Sobre as alterações, em especial na segunda e na sexta edições, que Smith fez em sua obra ver a introdução e o aparato crítico organizado por D.D. Raphael e A.L.Macfie para a *The Glasgow Edition of the Works and Correspondence of Adam Smith* (TMS *Introduction*, p.34-46).

ele expõe o modo como compreendia a história da filosofia moral e o local que cabia a seu sistema. No início dessa história ele estabelece os princípios organizadores de sua teoria, ao propor as duas questões que todo "sistema de filosofia moral" (TMS VII.i.intro.1, p.265) deveria responder:

> Primeiro, em que consiste a virtude – ou o tom do temperamento, e o teor da conduta que constitui o caráter excelente e louvável, caráter que seja objeto natural de estima, honra e aprovação? E, segundo, por que poder ou faculdade do espírito [*mind*] esse caráter, seja qual ele for, se recomenda a nós? Ou, em outras palavras, como e por que meios, sucede ao espírito preferir um teor de conduta a outro; denominar um o correto e o outro, errado; considerar um objeto de aprovação, honra e recompensa e, o outro, de vergonha, censura e castigo? (TMS VII.i.2, p.265; TSM, p.333)

Um pouco mais à frente ele aponta que essa segunda questão

> embora de grande importância para a especulação, é irrelevante para a prática. A questão relativa à natureza da virtude necessariamente exerce alguma influência sobre nossas noções de certo e errado em muitos casos particulares. A que se refere ao princípio de aprovação possivelmente não tem tal efeito. Examinar de que artifício ou mecanismo interior se originam essas diferentes noções ou sentimentos é assunto de mera curiosidade filosófica (TMS VII.iii.intro.3, p.315; TSM, p.391-2).

Estabelece-se assim uma primeira distinção: de um lado a parte prática da filosofia moral que gira em torno da questão a respeito do *caráter da virtude*; de outro a parte especulativa onde a questão concerne ao *princípio de aprovação*.[8] O

8 A respeito da parte prática, ver a carta endereçada a Thomas Cadell, seu editor à época, datada de 31 de março de 1789: "Ever since I wrote to you last I have been labouring very hard in preparing the proposed new edition of the Theory of Moral Sentiments. [...] Besides the Additions and improvements I mentioned to you; I have inserted, immediately after the fifth part, a compleat new sixth part containing a practical system of Morality, under the title of the Character of Virtue. The Book now will consist of seven Parts" (Corr. 287, p.319-20).

que determina a moral? Para Smith, a moralidade é determinada pela *aprovação*. Uma resposta que imediatamente levanta uma série de novas questões: Quem aprova? Quem (ou o que) é aprovado? O que significa ser aprovado? Qual é o mecanismo da aprovação? Ele tem algum limite? A resposta a essas (e outras questões) só poderá ser apresentada ao longo do trajeto do livro.

Por ora, gostaria de focar em dois pontos específicos que irão pavimentar o caminho para a minha interpretação do conceito mais importante da filosofia moral de Smith, a saber, o de *sentimentos morais*. O primeiro são os aspectos *sistemático* e *plural* do modo como Smith concebe esse princípio de aprovação, o segundo diz respeito à sua *origem*. O princípio de aprovação smithiano é um conjunto de juízos, composto por quatro tipos de julgamentos morais: todo sentimento ou ato moral pode ser julgado em relação (1) a suas *causas*, (2) a seus *efeitos*, (3) como *caso particular de uma regra geral* ou (4) como *parte integrante de um todo organizado* (ver 1.4). A maior parte desse livro se concentrará na apresentação e análise sistemáticas de cada um desses tipos de juízo: os capítulos 2 e 3 reconstroem o primeiro tipo de juízo, a conveniência (*propriety*), o capítulo 4 o segundo tipo, o mérito, o capítulo 5 o terceiro tipo, o dever, e por fim, o capítulo 6 o último tipo de juízo, a beleza de utilidade. Ao mesmo tempo, a teoria de Smith perfaz um sistema completo: esses quatro tipos de juízos morais são inteiramente distintos uns dos outros e se complementam perfeitamente, de modo a não haver espaço para uma quinta possibilidade. O princípio de aprovação de Smith é, assim, um *sistema plural* e que opera de modo bastante sofisticado: há casos em que os quatro juízos convergem, reafirmando-se mutuamente; em outros casos eles divergem, enfraquecendo uns aos outros; há inclusive alguns casos inquietantes, em que dois ou mais desses juízos se opõem.

O segundo ponto que quero enfatizar é aquele a respeito da origem desse princípio, ou, nos termos do autor, das "fontes [*sources*]" da aprovação moral. Acredito que o jeito mais fácil de apreender o que está em jogo aqui é seguir, ainda que superficialmente, a história dos sistemas de filosofia moral, como exposta na última parte da *Teoria*. De acordo com Smith, ao longo da história da filosofia, três tipos de sistemas de filosofia moral teriam sido estabelecidos na tentativa de responder à questão propriamente especulativa, de acordo com três diferentes fontes possíveis para a aprovação moral: amor de si (*self-love*), razão e sentimento (TMS VII.iii.intro.2, p.315). No que tange ao princípio de aprovação, trata-se de uma história da filosofia moderna (séculos XVII e XVIII), em especial britânica, uma vez que os autores centrais a ela são Hobbes,[9] Cudworth e Hutcheson,[10] defensores, respectivamente do amor de si, da razão e do sentimento. Sua história da filosofia moral especulativa é, portanto, uma história dos desdobramentos mais recentes e que levaram à formação de sua própria filosofia, apresentada como o ápice desse desenvolvimento.[11]

De modo geral, seu método de exposição desses sistemas consiste em buscar o conteúdo de verdade de cada um deles – mesmo que esse conteúdo se resuma a um único ponto que teria "margeado a verdade [*bordered upon the truth*]" (TMS VII.ii.4.14, p.313). Isso significa que, em primeiro lugar, Smith nunca descarta um sistema por completo (aqueles que ele considera inteiramente equivocados simplesmente não são apresentados enquanto tais, mas mesmo assim teriam seus argumentos rejeitados ao longo da exposição),[12] em segundo lugar, significa que ele não se contenta apenas em apontar o que está equivocado, mas que busca, em terceiro lugar, resguardar aquilo que lhe parece correto, incorporando esse conceito ou argumentação à sua própria filosofia. Nos termos da discussão acima, Smith organiza sua história da filosofia moral a partir da analogia entre o seu sistema e aqueles que o antecederam, buscando os pontos em que os sistemas de outros autores se assemelham ao seu, no intuito de incorporá-los, ao mesmo tempo que destaca as diferenças, sempre oferecendo uma explicação alternativa ao que está sendo explicitamente rejeitado.

Os sistemas que fundam a aprovação no amor de si estão longe de formar um conjunto coeso, mas concordam ao apontar que não há nenhum princípio

9 Pufendorf e Mandeville também são citados em nota (TMS VII.iii.1.1, p.315).

10 Nessa seção também estão incluídos os sistemas de Hume e do próprio Smith.

11 O título da obra inicia-se pelo artigo definido *The*. Indício forte de que, aos olhos de seu autor, sua teoria dos sentimentos morais seria a forma definitiva de um sistema filosófico que se centra no princípio da aprovação e que tem nos sentimentos sua fonte.

12 Esse é, por exemplo, o tratamento que recebe a obra mais importante de economia política em língua inglesa antes da *Riqueza das nações*, a saber, *An Inquiry into the Principles of Political Economy* (1766), do também escocês Sir James Steuart: "In the Book which I am now preparing for the Press [ie, a *Riqueza das nações*] I have treated fully and distinctly of every part of the subject which you have recommended to me; and I intended to have sent you some extracts from it; but upon looking them over, I find that they are too much interwoven with other parts of the work to be easily separated from it. I have the same opinion of Sir James Stewarts Book that you have. Without once mentioning it, I flatter myself, that every false principle in it, will meet with a clear and distinct confutation in mine" (Corr. 132, p.163).

natural que una seres humanos em sociedade. Para tais filósofos não há sociabilidade natural e os indivíduos se unem apenas porque são capazes de apreender teoricamente as vantagens mútuas que sua união promove, isto é, no entendimento de que sua sobrevivência estará melhor assegurada em comunidade (TMS VII.iii.1.1, p.315). Mais uma vez, Smith não descarta esse tipo de argumento, mas insiste que ele se baseia em um tipo específico e particular de juízo moral, que ele denominará de "beleza que a aparência de utilidade confere [*beauty which the appearance of utility bestows*]", apresentado na parte IV da *Teoria*. O principal problema dessa apreensão é que ela excessivamente abstrata e filosófica, pressupondo que esses indivíduos não apenas compartilhem do argumento de que sua sobrevivência estará melhor assegurada dessa forma, mas que essa compreensão seja o motivo de sua aproximação. Smith retém tais raciocínios apenas como confirmações do (bom) funcionamento (e, em última instância, da boa constituição) da natureza humana, jamais como o único (ou mesmo o mais importante) elemento motivador por trás da formação das sociedades.

Em oposição aos sistemas que fundam a moral no amor de si teriam surgido outros dois tipos de filosofia moral. O núcleo dessa oposição consiste na afirmação de que há algo na natureza humana que espontaneamente nos impele a formar sociedades, isto é, que a sociabilidade é um traço natural da espécie humana. Essa ideia, cuja origem pode ser remontada a Aristóteles e aos estoicos, foi retomada por diversos filósofos e em diversas versões ao longo dos séculos XVII e XVIII (a versão de Smith dessa tese é um dos temas do livro e reaparecerá em diversas seções). Em sua reconstituição histórica, Smith aponta que dentre as faculdades humanas, a razão foi a primeira opção dos filósofos que buscaram se opor ao egoísmo moral, uma vez que ela parece operar as distinções entre bem e mal, certo e errado, justo e injusto, da mesma forma que distingue entre verdadeiro e falso. Contudo, como no século XVII a "ciência abstrata da natureza humana estava apenas em sua infância", várias das faculdades mentais eram atribuídas à razão, o que tornava essa concepção da razão como fonte da moralidade pouco clara e um tanto confusa (TMS VII.iii.2.5, p.319). Para Smith, é indiscutível que a razão desempenha um papel importante na moral, sendo central no processo de formação de regras gerais e em sua aplicação como "padrões de julgamento [*standards of judgment*]" (TMS III.4.11, p.160), mas ela só pode funcionar a partir de percepções sensórias prévias (TMS VII.iii.2.7, p.320). É somente a partir de material adquirido previamente pela sensação que a razão pode, indutivamente, formar regras gerais (TMS III.4.8, p.159) a partir das quais ela pode julgar sentimentos e atos como casos particulares delas (TMS VII.iii.2.5, p.160). Ela não pode, pois, ser considerada a fonte primeira da moralidade:

> Portanto, se em todos os casos particulares necessariamente nos agrada a virtude por si mesma, e se do mesmo modo o vício causa aversão, não pode ser a razão, mas os sentidos e as sensações imediatos [*immediate sense and feeling*], o que dessa maneira nos reconcilia com uma, e nos afasta da outra (TMS VII.iii.2.7, p.320; TSM, p.398).

Se a ideia da sociabilidade natural da espécie humana pôde servir de solo para teorias não egoístas e não racionalistas da moral foi a partir do recurso a esses "sentidos e sensações imediatos". Compreendidos como o ponto de partida concreto para o processo de avaliação moral, eles servem de fundamento comum a uma série de teorias britânicas ao longo do século XVIII, da qual Shaftesbury foi o pioneiro. Em todo caso, para Smith, é com Hutcheson que tal sistema adquire uma forma mais acabada, sendo inteiramente construído a partir da noção de senso moral (*moral sense*). É a partir da crítica à noção de senso moral que iniciaremos o próximo capítulo, buscando reconstituir algumas das questões centrais à teoria dos sentimentos morais de Smith, em especial o modo como ele compreende a passagem desses "sentidos e sensações imediatos" aos sentimentos, a saber, a *afetos socializados*. Passagem que é operada pela ação conjunta de imaginação e simpatia: imaginação que substitui a razão das teorias racionalistas (capítulo 2), simpatia que visa alargar o estreito ponto de vista dos sistemas egoístas (capítulo 3).

É aí, em torno da importância da simpatia que Smith se aproxima do último membro de sua história da filosofia dos sentimentos morais: Hume. O relacionamento entre suas respectivas filosofias, contudo, é multifacetado e complexo. O modo como Smith se apropria de termos (simpatia, imaginação) e argumentos (contra a razão, contra a noção de um contrato social) ao mesmo tempo que rejeita noções (a principal delas é a de impressão, ver 2.7) e teorias (a justiça como virtude artificial, ver 6.3c) torna muito difícil (se não impossível) expor de modo geral seu relacionamento filosófico. Em vários casos, Smith oferece uma explicação diferente para o mesmo fato, o que pode ser visto no modo como ele emprega algumas metáforas de Hume operando pequenos deslizamentos que acabam por alterar completamente o seu sentido (do espelho para apresentar a reflexão simpática, da alma para demonstrar o poder anímico da simpatia). Mesmo a recusa de algumas das hipóteses metafísicas mais importantes de Hume é inseparável do modo como ele aceita sua função epistemológica, como nada mais que hipóteses puramente heurísticas (ver 6.8). É por isso que, diferentemente da crítica a Hutcheson, localizada em torno da recusa a um senso moral entendido enquanto faculdade peculiar (ver 1.1), a forma como Smith se apropria criticamente das teorias de seu amigo será apresentada ao longo dos capítulos, conforme os tópicos forem surgindo de acordo com a lógica interna ao sistema especulativo de Smith, a saber, um *princípio de aprovação plural composto por quatro tipos de juízos morais.*

Quadro 1: Princípio de aprovação segundo Adam Smith			
Juízo	**Objeto**	**Operador**	**Tópicos**
Conveniência	Causa (motivo)	Simpatia (imag.)	Particularidade e narratividade
Mérito	Efeitos (imediatos)	Simpatia (imag.)	Causalidade e fortuna
Dever	Relação a regras	Razão	Generalidade e autoengano
Aparência de utilidade	Efeitos (remotos e sistêmicos)	Imaginação (não simpática)	Consequências não-intencionais e beleza sistêmica

I. Sentidos e sentimentos

Try to take hold of your sensibility, and use it as if it were a faculty, like vision.
George Eliot (Mary Ann Evans), *Daniel Deronda*

Un sentiment, n'est ce pas le monde dans une pensée?
Honoré de Balzac, *Le Père Goriot*

1. O senso moral de Hutcheson

Um bom modo de compreender o problema central de uma teoria moral baseada em sentimentos é seguir a crítica que Smith dirige à filosofia moral de Francis Hutcheson. Aos olhos de Smith, a teoria do senso moral de seu professor fornece o ponto de partida correto a toda teoria que busque fundar a moral no sentimento,[1] mas erra duplamente na conceituação desse solo sensitivo, em primeiro lugar, por levar muito longe a analogia entre o senso moral e os sentidos externos e, segundo, por supô-lo único.[2]

De acordo com a exposição de Smith, Hutcheson inicia com uma dupla crítica ao amor de si e à razão como fontes da moral:

1 Como estou interessado apenas na forma como Smith lê Hutcheson, não exporei sua teoria do senso moral. Algumas referências a esse respeito são Bonar (1930), Frankena (1945), Jaffro (2000a, 2009) e Biziou (2005).

2 Há uma terceira crítica: para Hutcheson, não há virtude exceto quando o bem-estar alheio é seu fim (benevolência), para Smith, ao contrário, há uma forma virtuosa do egoísmo, a saber, prudência (essa crítica é igualmente válida contra Mandeville, que reduz todo egoísmo à vaidade). Hutcheson não consideraria outras possíveis fontes para a virtude porque ele não teria analisado o motivo da ação em relação à situação que a gerou, como Leonidas Montes aponta: "Smith also complains that Hutcheson's system, which makes virtue consist in benevolence focuses just on beneficial effects, omitting the important question of the causes of other virtues: 'The view and aim of our affections, the beneficent and hurtful effects which they tend to produce, are the only qualities at all attended to in this system [Hutcheson's]. Their propriety and impropriety, their suitableness and unsuitableness, to the cause which excites them, are disregarded altogether' (TMS VII.ii.3.15, p.304)" (2004, p.102).

> O Dr. Hutcheson esmera-se em demonstrar que o princípio de approvação não estava fundado sobre o amor de si. Também demonstrou que não podia proceder de uma operação de razão. Pensou, pois, que nada restava, senão supor que se tratava de uma faculdade de tipo especial [*faculty of a peculiar kind*], com que a natureza dotou o espírito humano, a fim de produzir esse especial e importante efeito. Excluídos o amor de si e arazão, não lhe ocorreu que poderia haver outra faculdade do espírito já conhecida que pudesse de algum modo satisfazer esse propósito (TMS VII.iii.3.4, p.321; TSM, p.400).

Na crítica de Smith, ao supor um "um novo poder de percepção de que até então não se tivesse notícia" (TMS VII.iii.3.2, p.321), isto é, um senso moral propriamente dito, Hutcheson teria ido longe demais na analogia entre sentidos externos e sentidos internos. Os problemas aparecem assim que algumas consequências teóricas começam a ser analisadas:

> Não obstante todos os esforços que o engenhoso filósofo empreendeu para provar que o princípio de aprovação se funda num poder especial de percepção, de alguma forma análogo ao dos sentidos externos, reconhece que algumas consequências de sua doutrina talvez sejam consideradas por muitos como uma refutação suficiente de si mesmas. Admite que as qualidades pertencentes aos objetos de um sentido não podem ser atribuídas à própria sensação sem se incorrer em grave absurdo. Quem alguma vez pensou em chamar a sensação de ver de branca ou negra, a sensação de audição, de baixa ou alta, ou a sensação de gosto de amarga ou doce? E, segundo ele, é igualmente absurdo chamar nossas faculdades morais de virtuosas ou viciosas, moralmente boas ou más. Essas qualidades pertencem aos objetos dessas faculdades, não às faculdades (TMS VII.iii.3.8, p.322-3; TSM, p.401).

Hutcheson levaria a analogia entre senso moral e sentidos externos ao ponto de não admitir que juízos sejam moralmente qualificados. Isso é menos problemático quando tematizamos o senso moral em si mesmo: da mesma forma que é absurdo dizer que a visão possui cor, ou que a audição está grave demais, para Hutcheson seria absurdo dizer que o senso moral é bom ou mal, útil ou inútil, virtuoso ou vicioso. O senso moral perceberia bondade ou maldade numa ação, mas não seria bom ou mau em si mesmo, da mesma forma que a visão percebe cores, mas não seria colorido ele mesmo. Eis o primeiro problema:

> se houvesse um homem tão absurdamente constituído que aceitasse a crueldade e a injustiça como as mais altas virtudes, e rejeitasse a equidade e a humanidade como os mais lamentáveis vícios, [...] não se poderia, sem incorrer em grave absurdo, denominá-lo vicioso ou moralmente perverso (TMS VII.iii.3.8, p.323; TSM, p.401).

O problema se torna mais agudo quando focamos não na constituição moral dos indivíduos (o senso moral analisado em si), mas na atividade desse último. Seguindo a analogia de Hutcheson, assim como é um absurdo dizer que a atividade de ver possui alguma cor, ou que a degustação possui gosto por conta própria, seria absurdo dizer que a atividade do senso moral é boa ou má, útil ou inútil, virtuosa ou viciosa. Numa palavra, seria absurdo considerar que um juízo moral é qualificado. A questão é que todo julgamento não apenas pode ser alvo de outro juízo moral, como deve o ser:

> se víssemos algum homem aclamar e admirar uma execução bárbara e imerecida que fosse ordenada por algum tirano insolente, não nos sentiríamos culpados de grave absurdo ao qualificar de vicioso e moralmente perverso [*evil*] no mais alto grau esse comportamento, embora fosse apenas a expressão de faculdades morais depravadas ou de uma absurda aprovação desse horrendo ato, como se fosse nobre, magnânimo e grandioso (TMS VII.iii.3.9, p.323; TSM, p.402).

Uma das dificuldades de compreender essa crítica a Hutcheson está no fato de Smith não isolar os dois momentos dessa falsa analogia (primeiro, a natureza do senso moral; segundo, a qualificação moral de juízos morais, a atividade do senso moral) e lidar com elas em conjunto (os efeitos de uma "faculdade moral depravada" ou do mau uso de uma 'regular' ou 'normal' não são distinguidos aqui). Seu principal argumento contra a teoria de Hutcheson está na espontaneidade de nossos juízos morais a propósito do juízo de outras pessoas (e serve de resposta aos dois níveis):

> Ao contrário, os sentimentos morais corretos naturalmente se mostram em certo grau louváveis e moralmente bons. O ho-

> mem cuja censura ou aplauso em toda a ocasião está adequado, com grande precisão, ao valor ou indignidade do objeto, parece merecer certa medida de aprovação moral (TMS VII.iii.9, p.323; TSM, p.402).

Evidentemente, do juízo correto ao comportamento virtuoso o caminho não é reto: a virtude "requer hábito e resolução de espírito [*mind*], bem como delicadeza de sentimento" (ibidem; TSM, p.402). Entre virtuosismo (teórico) e virtude (prática) se encontra a virtude do autocontrole (TMS VI.iii.1, p.237). Isso de forma alguma significa que juízos morais adequados não devam ser louvados ou inversamente, numa situação com maiores consequências práticas, que juízos morais inadequados não devam ser censurados.

No parágrafo seguinte, apesar de negar a possibilidade de qualquer sentido interno ser compreendido a partir da ideia de uma faculdade peculiar, Smith ainda permitirá um significado positivo ao termo *sense* em geral, e à expressão senso moral, em particular (TMS VII.3.11, p.324). Esse significado positivo é aceito por Smith em sua filosofia como um todo, mas ele deverá responder a duas objeções referentes aos "traços gerais" e à qualificação moral dos sentimentos (TMS VII.3.12-4; TSM, p.403 – ver de 1.3d até 1.5), antes de poder utilizá-lo em sua teoria moral, baseada em quatro tipos de juízos morais, em quatro tipos de diferentes de aprovação (TMS VII.3.15-6).

Entretanto, antes de apresentarmos a forma como Smith compreende os sentidos internos e sua teoria moral (além do restante de sua crítica a Hutcheson), convém analisar como ele compreende o funcionamento dos sentidos externos, de modo a ser possível determinar com precisão até que ponto a analogia entre eles pode ser estabelecida.

2. Os sentidos externos

a. Percepções dos sentidos externos[3]

O leitor do texto sobre os sentidos externos não pode deixar de sentir um incômodo conforme o argumento vai sendo exposto. Até a seção sobre o sentido

3 Dentre os textos que Smith preservou do fogo se encontra um intitulado *Dos sentidos externos*, publicado postumamente nos *Essays* (traduzido nos *Ensaios filosóficos*). Trata-se de um texto ainda relativamente pouco estudado (ver Levy, 1992 e 2001; Gleney, 2011; Schliesser, 2017).

da visão, Smith parece estar apresentando sua versão do empirismo das luzes, que remonta a Locke e seria compartilhado por autores como Hume[4] e Condillac,[5] tendo como núcleo a então já bem estabelecida distinção entre qualidades primárias e qualidades secundárias dos objetos. Ao discutir o sentido da visão, Smith retoma a teoria do visão de Berkeley, mas é principalmente ao apresentar sua resposta à questão de Molyneux, a partir de uma reinterpretação própria da experiência de Chesselden,[6] que ele sugere a tese (em princípio antiempirista) de que haveria um tipo de percepção capaz de antecipar alguns conhecimentos que não estariam acessíveis através dos sentidos.[7] Como indicado na Introdução, a análise que apresentarei buscará ler nas operações primordiais dos sentidos externos a origem das operações sintéticas da faculdade da imaginação (comparação e conjectura), de modo a fundamentar uma interpretação empirista da filosofia de Smith.

Na breve introdução, Smith discorre sobre a localização corpórea desses sentidos e segue discutindo como o tato nos sugere a noção de uma substância sólida, extensa, divisível, limitada, móvel e impenetrável a partir da resistência[8] (EPS,

4 Ver Pimenta (2013 e 2017).

5 Ver os prefácios e posfácios das traduções de Condillac recentemente organizadas por Fernão Oliveira e Pedro Pimenta, respectivamente (2016 e 2018).

6 Exposta por Locke (*Ensaio sobre o entendimento humano*, Livro II, cap.9, §8) e retomada, dentre outros (como Diderot), por Berkeley (*New Theory*, §132, p.225). Sobre ela o comentário de Lebrun: "Em 1690, em seu *Ensaio sobre o entendimento humano*, Locke menciona o problema proposto pelo óptico Molyneux: 'O cego de nascença que depois da operação, enxergar pela primeira vez, lado a lado, um cubo e uma esfera de metal, conseguirá reconhecer *somente com os olhos* o cubo e a esfera que até então ele conhecia *apenas com o tato*?'. Molyneux e Locke dizem que sim e o médico Chesselden demonstrará (ou dirá ter demonstrado) que a experiência tátil é indispensável para que ele possa reconhecer os dois corpos. É a contraprova da tese de Berkeley, segundo a qual o tato, ou o sentido cinestésico, constitui as significações espaciais que o hábito nos faz traduzir, em seguida em significações óticas" (2006, p.56).

7 A interpretação que defendi em minha tese vai nesse sentido (Paes Müller, 2016a e 2016b, cap.1). Schliesser faz desse aspecto o cerne de sua análise dessa questão (2017, p.54-62), para um comentário, ver Paes Müller (2019a). Ao longo do texto, indicarei os trechos que abrem espaço para esse tipo de interpretação.

8 Nesse ponto, Smith parece seguir Condillac que, em seu *Tratado das sensações* (1754), desenvolve a tese de que as noções de extensão e de objetos externos se devem ao tato (ver a Parte II como um todo). Essa ideia fora sugerida em seu *Ensaio sobre a origem dos conhecimentos humanos* (Parte I, seção 2, §21; 1747) e, talvez já estivesse presente em Locke (ver *Ensaio*, Livro II, cap.4).

p.135-40). A noção de substância nada mais é que um dispositivo imaginário, uma conjectura, capaz de organizar os dados sensíveis fornecidos pelos cinco sentidos externos[9] e, virtualmente, toda nossa experiência externa. É ela que serve de suporte para o ato de nomeação que é o ponto de partida da teoria de Smith sobre o processo de formação das línguas, a atribuição dos *nomes substantivos* ou, mais simplesmente, das *espécies*.[10]

O tato, porém, também fornece um segundo tipo de percepção, não resistente: a sensação da temperatura. Como ela é sentida através do corpo inteiro, essa sensação geralmente é associada com o tato, mas isso é um equívoco linguístico:

> Em nossa língua*, no entanto, não penso ser apropriado dizer que tocamos, mas sim que sentimos as qualidades do calor e do frio. Ora, a palavra *sensação* [feeling], embora em muitos casos a utilizemos como sinônimo de *toque* [touch], tem, contudo um significado muito mais amplo, e frequentemente a empregamos para denotar tanto nossas affecções internas quanto as externas.

9 Tato: "When we say that the food which we eat has an agreeable or disagreeable taste in every part of it, we do not thereby mean that it has the feeling or sensation of taste in any part of it, but that in every part of it, but that in every part of it, it has the power of exciting that feeling or sensation in our palates" (EPS, p.142). Olfato: "This external body we consider as the cause of this sensation, and we denominate by the same words both the sensation and the power by which the external body produces this sensation" (EPS, p.142). Audição: "We soon learn from experience, indeed, that the sensation is frequently excited by bodies at a considerable distance from us; often at a much greater distance than those ever are which excite the sensation of Smelling" (EPS, p.143). A relação do paladar com os objetos externos é mediada pelo tato (EPS, p.164). O caso da visão será apresentado na próxima subseção

10 "It seems probable that those words which denote certain substances which exist, and which we call substantives, would be *amongst* the first contrived by persons who were inventing a language" (LRBL, Aula 3, p.9). Em *Considerações sobre a primeira formação das línguas*, essa questão é desenvolvida pelo tratamento da analogia entre a questão (propriamente metafísica) das qualidades qualificadoras e o funcionamento dos adjetivos (no inglês moderno) ou da declinação (no latim): "Pois como a palavra *verde* não denota o nome de uma substância, mas a qualidade peculiar de uma substância, ela seria desde o início uma palavra geral indistintamente aplicável a toda outra substância dotada dessa mesma qualidade. [...] Outro expediente que permite denotar as qualidades das substâncias e que, por não requerer abstração e tampouco que se conceba separação entre a qualidade e o objeto [...] consiste em variar o nome substantivo de acordo com a variação das qualidades deste" (LRBL, p.206 ss.; EF, p.50 e ss.).

> Sentimos fome e sede, sentimos alegria e tristeza, sentimos amor e ódio (EPS, p.140; EF, p.143).

Esse trecho é um excelente exemplo da lógica gramatical de Smith: sensação é o gênero do qual são espécies dois tipos de sensações externas, o toque e a sensação de temperatura, e três tipos de sensações internas, os apetites, prazer e dor mentais (alegria e tristeza) e emoções ou paixões. No que tange às sensações externas, a diferença entre percepções de uma substância sólida e a sensação de temperatura está no *modo* como elas são sentidas: as últimas "não são, naturalmente, sentidas como algo que pressiona o órgão, mas como se estivessem no órgão [*not as pressing upon the organ, but as in the organ*]". O ponto central para a presente discussão é que as sensações de temperatura "não necessariamente sugerem a presença de um objeto externo, nem poderíamos, unicamente a partir delas, inferir a existência de qualquer objeto desse tipo" (EPS, p.140; EF, p.143). Apesar de estarem usualmente associadas pela experiência, elas são duas categorias diferentes de percepção (EPS, p.141).

A análise dos demais sentidos externos serve para Smith reafirmar a pertinência da distinção entre as percepções primárias (resistentes) e secundárias (não resistentes) – distinção que não é facilmente observada no caso dos sentidos internos.[11] Sensação interna e sua causa externa são facilmente distinguíveis não apenas a propósito dos objetos do tato, mas também do paladar, do olfato e da audição. Em oposição às sensações primárias, essas sensações não resistentes têm "quatro qualidades secundárias": elas não têm extensão nem figura, não são passíveis de movimento nem de serem divididas; além de não sugerirem a noção de substância externa (EPS, p.145).

b. A linguagem da natureza: percepções visuais[12]

Sendo de natureza não resistente, por si só, os dados visuais não sugerem a distância nem o tamanho dos objetos que enxergamos:

11 Como veremos em nossa análise do senso de conveniência, a sensação agradável primária não é tão facilmente distinguida da percepção da concordância entre emoção original e simpática (ver 2.5).

12 Smith inicia seu tratamento da visão remetendo à *Nova teoria da visão* de Berkeley, dizendo que tudo o que ele tem a dizer a esse respeito "foi, se não diretamente tomado de sua obra, ao menos sugerido por suas palavras" (EPS, p.148; EF, p.155).

> Os objetos visíveis, a cor e todas as suas diversas modificações, em si mesmos não passam de meras sombras ou figuras [*pictures*], que parecem, por assim dizer, flutuar diante do órgão da visão. Em si mesmos e independentemente de sua conexão com os objetos tangíveis que representam, não têm importância alguma para nós, pois não nos beneficiam nem nos prejudicam (EPS, p.152; EF, p.161).

Ainda assim, "Tendemos a imaginar que vemos os objetos a uma distância de nós, e que, consequentemente, percebemos de imediato a exterioridade de sua existência por meio de nossa visão" (EPS, p.148; EF, p.155). Como explicar esse descompasso? Pela associação que fazemos entre dados visuais e táteis, de modo que associamos às sensações visuais as características das tangíveis, sua magnitude e mesmo sua estabilidade e autonomia. Essa qualidade representativa dos dados visuais é o que Smith mantém de mais importante a respeito da tese central de Berkeley sobre a compreensão da visão como uma linguagem:

> Em conjunto, penso que podemos concluir, com justiça, que os objetos próprios da visão constituem uma linguagem universal do Autor da natureza, instruindo-nos sobre como regular nossas ações a fim de alcançar as coisas que são necessárias à preservação e ao bem-estar de nossos corpos, bem como evitar tudo o que lhes possa ser danoso ou destrutivo (BERKELEY, *New theory*, §147; p.231).

Percepções visuais são signos de objetos tangíveis, como combinações de sons são signos de objetos ou combinações de letras são signos de sons, mas sua conexão é muito mais estável que aquela encontrada nas línguas ordinárias[13] (*New theory*, §144; EPS, p.158). Não obstante essa maior estabilidade, o aprendizado é tão indispensável aqui quanto em qualquer outro tipo de linguagem, uma vez que "essa afinidade e correspondência entre objetos visíveis e objetos tangíveis não poderia por si mesma, sem a assistência da observação e da experiência, ensinar-nos [...] a inferir qual objeto tangível em particular representaria cada um dos objetos visíveis" (EPS, p.158; EF, p.169). É a experiência e o hábito que nos ensinam a ver

13 Em seu comentário a Berkeley, Smith aponta que ele alterna entre essas duas relações, ora se referindo a relação entre som e significado, ora entre escrita e som, mas que isso não afeta o sentido e a pertinência da aproximação (EPS, p.157-58; EF, p.168-69).

a distância.[14] Esse é o pano de fundo da resposta de Smith à questão proposta por Molyneux, a partir de uma reinterpretação um tanto inusitada do relato do Dr. Chesselden a respeito do caso de um menino de 13 anos que, após uma cirurgia, passa a enxergar pela primeira vez.

c. Preconcepções da externalidade

Em pouco menos de um ano, esse jovem teria aprendido a língua da natureza em três etapas. A primeira, onde ele confusamente dizia que "sentia como se os objetos que tocavam seus olhos tocassem a sua pele [*he thought all objects whatever touched his eyes as what he felt did his skin*]" (*apud* EPS, p.159; EF, p.171), representa para Smith o início do processo de aprendizagem do manejo dos dados visuais. O segundo passo decisivo teria ocorrido após dois meses, quando ele começou a se dar conta que pinturas eram representações (bidimensionais) de objetos sólidos: "até aquele momento, pensara que eram planos parcialmente coloridos, ou superfícies diversificadas por uma variedade de tinturas" (ibidem). Para Smith isso é um sinal claro que ele havia começado a dominar as regras de perspectiva (EPS, p.160). A terceira etapa, definitiva, teria acontecido ao redor de um ano após ele ter começado a enxergar: numa viagem a Epsom-downs, ele se maravilha com a vista, nomeando a experiência de "um novo tipo de visão [*a new kind of seeing*]". Smith lê isso como indício que ele havia dominado por completo a linguagem visual ao ponto de se deleitar com a vista de objetos que ele nunca havia previamente tocado (ibidem).

A rapidez do progresso se deve, primeiro e acima de tudo, ao do baixo grau de arbitrariedade envolvida na linguagem visual, nela "há menos regras, e elas não admitem exceções" (EPS, p. 161; EF, p.174) Porém, aqui o elemento inusitado do texto (que abre espaço para interpretações fora do quadro empirista), também permite que se suspeite de que há algo a mais em ação:

---

14 David Levy reconstrói a análise econômica de Smith a partir dessa questão (1992, 1993 e 2001). De modo extremamente significativo, e com implicações muito interessantes, ele a analisa em termos econométricos. O que estaria em jogo na determinação da distância e do tamanho dos objetos pela angulação da visão é "the classical identification problem. We have one sense datum, Θ [ie, o ângulo da visão], and two unknowns, size and distance. Looking at the problem this way, we can easily appreciate why touch is important for Berkeley's argument. Touch gives another piece of information to help with identification" (1992, p.515; cf. 2001, cap.8). A se levar esse argumento a sério, o empirismo de Adam Smith teria como herdeira um tipo específico de econometria, a "robust statistics" (2001, p.208).

> Mas, do fato de esse jovem cavalheiro ter adquirido o conhecimento da conexão entre os objetos visíveis e os tangíveis gradualmente, por observação e experiência, não se pode inferir ao certo que os recém-nascidos não tenham um poder instintivo de mesmo gênero. É possível que tal poder, por não ter sido exercido no momento apropriado, tenha gradualmente decaído, até que, pelo desuso, tenha sido oliterado por completo. Ou, talvez, é igualmente possível que traços remanescentes de tal poder, tenham de alguma maneira, facilitado a aquisição de uma capacidade que, de outro modo, seria bem mais difícil de ser obtida (EPS, p.161; EF, p.174).

Deparamo-nos com um exemplo do tipo de argumentação que ocasionalmente Smith emprega e que não facilita a interpretação de seu pensamento. Temos um efeito (a destreza no emprego da linguagem da natureza pelo jovem curado de catarata) para o qual há três conjecturas possíveis: (1) essa destreza se deve unicamente ao processo de aprendizado dessa linguagem ou (2) já haveria um poder inato em nossa natureza que nos impele a essa destreza e (2a) que poderia ter sido atrofiado pelo não uso (daí não a rapidez, mas a demora de um ano) ou (2b) que, apesar da atrofia, ainda teria facilitado o aprendizado (daí a relativa rapidez do processo). Um segundo caso, de outro cego de nascença que fosse curado, poderia nos ajudar a refinar nossas conjecturas... melhor ainda se houvesse um terceiro, um quarto e assim sucessivamente. Todavia, na ausência de uma amostragem maior, só nos resta conjecturar e não excluir hipóteses apressadamente. Aqui, uma espécie de instinto capaz de auxiliar em nossa interação com o mundo exterior, ainda que a forma como esse auxílio ocorra não seja clara. Nesses casos, onde não há experiência direta a qual recorrer (ou ela é escassa e mais sugere questões e incita a curiosidade do que serve de prova) e a questão em jogo diz respeito à sobrevivência (de indivíduos ou da espécie como um todo), vale empregar um tipo de raciocínio de tipo teleológico:

> parece evidente que os filhotes da maioria, senão de todos os animais, possuem, anteriormente a toda experiência, alguma percepção instintiva desse gênero. [...] Quase no momento em que rompe a casca, o filhote de perdiz corre em meio à grama e ao milho, o filhote de ganso em meio à charneca, e é certo que ambos se feririam gravemente se não tivessem a mais aguda e distinta

> percepção de objetos tangíveis que não apenas os cercam como os pressionam por todos os lados (EPS, p.161; EF, p.175).

Teremos diversas ocasiões de retomar esse tipo de explicação (ver 1.5-6; 5.2; 5.4; 5.8-9 e cap.6 como um todo). Por ora, notemos que se trata de um exemplo no qual o raciocínio envolve a ideia de que a sobrevivência desses animais depende da observação do bom funcionamento desse mecanismo instintual. Animais que, como as aves que "Lineu classifica nas ordens do gavião, da pega e do pardal", nascem sem o emprego imediato da visão permanecem por algum tempo inteiramente indefesos, sua sobrevivência inteiramente baseada nos "esforços de ambos os progenitores [*the joint labour of both parents*]" (EPS, p.162; EF, p.175-76). O mesmo raciocínio vale para a espécie humana, uma vez que "parece difícil conceber que o homem seja o único animal cujo filhote não seja dotado de alguma percepção instintiva do tipo*" (EPS, p.163; EF, p.177). Nesse quesito, a diferença entre nós e os demais animais é apenas o maior período de "inteira dependência" em relação aos pais, período no qual as crianças desenvolvem um manejo preciso dessa linguagem visual através de "observação e experiência" e "através do conhecido princípio da associação de ideias" (ibidem). Apesar disso, a precocidade com que um bebê dá sinais de controle dos dados visuais sugere para Smith a existência de algum tipo de percepção instintiva antecipando o desenvolvimento posterior da linguagem visual (EPS, p.163-4). Tal instinto trabalharia, fundamentalmente, sugerindo a existência de um mundo externo povoado por objetos externos e independentes, "substâncias sólidas e resistentes" que, a rigor, apenas o tato poderia acessar (EPS, p.164; EF, p.178).

A partir desse momento, Smith busca tais sugestões ou preconcepções nos outros sentidos externos, um por um. Paladar é o primeiro, mas, como é impossível para qualquer um degustar algo sem, ao mesmo tempo, tocar a comida, qualquer preconcepção que esse sentido é capaz de fornecer estará diretamente associada ao último, não podendo ser adequadamente isolada e estudada. Algo diferente ocorre com o olfato. Assim que mamíferos nascem, eles buscam o seio da mãe, o que só pode ser feito através do cheiro do leite:

> Todos sabemos, por experiência própria, que, quando o estômago está vazio, o odor* [*smell*] de um prato saboroso excita e estimula o apetite. Mas o estômago de um animal recém nascido só pode

> estar vazio. No útero, o feto é alimentado pelo cordão umbilical. [...] Assim que vem ao mundo, esse novo conjunto de tubos e canais, cuidadosamente preparados, por um longo tempo, pela providência da natureza, de repente se abrem de maneira instantânea. Estão todos vazios e têm de ser preenchidos. O odor da substância apropriada para preenchê-los intensifica e estimula essa sensação de desconforto [*uneasy sensation*], produzindo fome, ou apetite por alimento (EPS, p.164; EF, p.180).

A preconcepção da exterioridade fornecida pelo olfato opera através do processo de alimentação: a falta de alimento gera uma sensação desagradável, comer uma sensação agradável. O ato de sentir o odor da comida incita essa sensação desagradável, forçando o animal a buscar sua fonte:

> O olfato [*smell*] não apenas excita o apetite, como direciona para o único objeto que poderia gratificá-lo. Mas ao sugerir a direção rumo ao objeto, o olfato deve, necessariamente, sugerir alguma noção de distância e de exterioridade, componentes necessárias da ideia de direção, da ideia de linha de deslocamento pela qual a distância pode ser vencida, e a boca posta em contato com a substância desconhecida que é o objeto do apetite. Parece pouco provável que o olfato seja capaz por si mesmo de sugerir uma preconcepção do aspecto ou da magnitude do corpo exterior para o qual ele direciona. [...] Mas o olfato sugere a direção pela qual o corpo externo deve ser alcançado, e sugere ao menos uma vaga ideia ou preconcepção da existência desse corpo, da coisa à qual ele dirige, embora talvez não do formato* [*shape*] e da magnitude precisa da coisa. [...] É provável também que o olfato sugira alguma percepção minimamente distinta do sabor [*taste*] da comida ao qual dirige (EPS, p.165-6; EF, p.180-81).

Nessa longa citação encontramos os cinco níveis da preconcepção do mundo exterior fornecida pelo odor ao olfato: (1) ao sugerir uma direção na qual se encontra objeto que é capaz de saciar a fome, (2) necessariamente sugerindo a noção de distância e de exterioridade, implícitas na ideia de direção, (3) ele igualmente sugere a ideia de movimento necessário para alcançar esse objeto e trazê-lo à boca, (4) objeto cujo existência também é sugerida por esse sentido, mas cujo formato e tamanho são inteiramente desconhecidos. De modo geral, as preconcepções dos sentidos externos não fornecem nenhuma informação particular das substâncias, com exceção de uma (5) o sabor da comida. Minha sugestão de interpretação é que tais preconcepções são conjecturas a respeito daquilo que o olfato, a rigor, não pode experimentar. Conjecturas sensíveis e provisórias, elas não fornecem uma ideia clara do alimento, mas, de certo modo, antecipam experiências futuras (inclusive o processo de comer). Elas também indicam que a imaginação já está em ação mesmo aqui, no plano mais rudimentar da sensibilidade. Um pouco antes, Smith havia generalizado essa sugestão perceptiva para aquilo que ele denominará da *Teoria* de "paixões que se originam no corpo", ou apetites (TMS I.ii.1, p.27-31 – ver 2.4a), a partir da análise da presença do apetite pelo sexo já em crianças:

> Os apetites que se originam em certo estado do corpo parecem sugerir os meios de sua própria gratificação, e mesmo, muito antes da experiência, uma antecipação ou preconcepção do prazer atinente a essa gratificação. É algo que se mostra de maneira evidente e distinta no apetite pelo sexo, que, que tendo a pensa, quase sempre se manifesta antes da puberdade. O apetite pela comida sugere ao bebê recém-nascido a operação de sugar, único meio pelo qual esse apetite pode ser gratificado. Por isso ele suga continuamente. Suga tudo o que se apresente à sua boca. E suga mesmo quando nada se apresenta, e parece que uma antecipação ou preconcepção do prazer de que desfruta ao sugar explica o deleite que ele tem de conformar sua boca à configuração do ato pelo qual unicamente pode desfrutar desse prazer.[15] (EPS, p.165; EF, p.180)

E mais um tema diretamente ligado à sobrevivência da espécie (a reprodução) é assim incluído no rol de comportamento regidos por esses instintos. Esse é o sentido geral da argumentação desse trecho do texto: a sobrevivência dos indivíduos e da espécie (inclusive a humana) é garantida por instintos inscritos na própria constituição orgânica. Mesmo a percepção (ou sensação) de temperatura tem como causa final a autopreservação (EPS, p.167-8). Em casos de calor ou

15 Salvo engano, esse é o único trecho no qual ele lida explicitamente com o tema da sexualidade infantil. Essa passagem não é citada naquela que talvez seja a primeira interpretação de fôlego da obra de Smith a partir de um ponto de vista psicanalítico (Özler & Gabrinetti, 2018).

frio extremo, o animal se move, buscando alívio, o que envolve "uma noção ou preconcepção da exterioridade" (EPS, p.167; EF, p.183). Algo semelhante ocorre com as preconcepções da audição: sons particularmente altos e barulhos desconhecidos nos põem em estado de alerta, gerando um "medo de um mal incerto" (EPS, p.168; EF, p.185). A causa final desses três sentidos pode então ser apontada no parágrafo que finaliza o texto:

> Os três sentidos, da visão, da audição e do olfato, parecem ter sido dados a nós pela natureza não tanto para nos informar sobre a situação de nosso corpo como sobre a situação dos outros corpos externos, que, apesar de estarem a alguma distância de nós, podem, cedo ou tarde, afetar essa situação, e, eventualmente, beneficiar-nos ou nos prejudicar (EPS, p.168; EF, p.185).

A função primordial dessas preconcepções é auxiliar a sobrevivência dos indivíduos e das espécies animais. O que elas antecipam diz respeito, fundamentalmente, ao desempenho de funções vitais (alimentação, reprodução) e de defesa (em relação ao meio ou contra predadores). Tais preconcepções estão enraizadas na constituição mesma dos organismos, sendo delas inseparáveis, de modo a articularem, em um plano afetivo (e pré-racional), as questões da ordem e da totalidade. No caso dos seres humanos, isso permitirá a Smith pensar a instauração e a manutenção das sociedades humanas a partir delas – o que, por outro lado, não significa que elas sejam suficientes para a vida humana, em especial para a vida em sociedade. O que exatamente essas preconcepções antecipam é algo que analisaremos com calma nas seções 5 e 6, a partir da análise do ressentimento. Finalizaremos essa seção apontando suas três funções básicas: elas servem (1) de critério e (2) de ponto de partida para conhecimentos que podem ser posteriormente desenvolvidos. No campo moral, elas ainda funcionam como (3) critério para as faculdades morais como um todo, podendo guiar o seu uso.[16]

16 Em minha tese (2016a e 2016b), sustentei, a propósito das preconcepções, que Smith estaria reformulando o conceito helênico de *prolepses*, em especial, em sua versão estoica, onde essas três funções são claramente articuladas. Sobre esse tema na filosofia helênica, ver Long e Sedley (§§17, 23, 39, 40 e 60 dos dois volumes); Goldschimdt (in Brunschwig, 2006, p.41-60) e Long (1986, p.23-4, p.56 e p.124). Jaffro (2000b) e Nascimento (2012, p.61-71) apontam a importância desse conceito para Shaftesbury, que poderia ter chegado até Smith via Hutcheson.

d. Função dirigente

As preconcepções de um sentido externo não apresentam nenhuma semelhança com as de outro sentido, com uma exceção, a antecipação do sabor pelo olfato:

> O olfato parece ter nos sido dado pela natureza como o dirigente do gosto* [*director of taste*]. Ele como que anuncia, antes de provarmos, qual seve ser o sabor da comida que é servida a nós. Embora seja percebida por um órgão diferente, parece ser, em muitos casos, uma sensação mais fraca, praticamente do mesmo tipo* que o sabor que anuncia. Portanto, é muito natural supor sugere ao bebê uma preconcepção minimamente distinta do sabor da comida por ele anunciada, e pode, assim, mesmo antes da experiência, fazer que sua boca, como se diz, salive pela comida (EPS, p.166; EF, p.182).

O olfato dirige o paladar ao indicar quais objetos esse último sentido pode ou não pode experimentar: o aroma agradável de uma refeição seduz o apetite, o odor desagradável de algo apodrecido indica que ele deve ser evitado. A função dirigente do olfato sobre o paladar mimetiza no campo mais rude da sensibilidade (o dos sentidos externos) o papel do que Smith chama de "faculdades morais" sobre a totalidade da sensibilidade humana (sentidos externos e internos), sobre os juízos morais e estéticos e mesmo sobre algumas ações (ver 1.5).

A importância do texto sobre os *Sentidos externos* pode ser então resumida. Primeiro, dados de um sentido (em especial dados tangíveis) podem ser utilizados para corrigir percepções de outro sentido, cabendo à imaginação a tarefa de operar essa correção. Segundo, além de suas percepções próprias (resistentes e sensações), os sentidos externos fornecem preconcepções de coisas fora de seu alcance (olfato, audição e visão sugerem o que pode ser propriamente percebido apenas pelo tato), incitando a pesquisas ulteriores. Terceiro, tais sentidos fornecem, portanto, um duplo ponto de partida ao conhecimento, percepções sensoriais puras do que eles podem propriamente sentir e preconcepções daquilo que foge de seu alcance. Quarto, o texto sobre os sentidos externos apresenta modelos mais simples para a compreensão das operações mais complexas dos sentidos internos (o papel dirigente do olfato sobre o paladar sendo um deles). Finalmente, tais preconcepções estão ligadas, acima de tudo, às funções de autoconservação dos organismos, desempenhando um papel fundamental na sobrevivência dos indivíduos e das espécies.

3. Os sentidos internos

a. Profusão de sentidos

No início de suas *Ilustrações sobre o senso moral* Hutcheson critica a arbitrariedade da suposição de apenas cinco sentidos (externos) e elenca outros quatro sentidos internos: o senso da beleza, o senso público, o senso moral e o senso da honra (Illustrations, p.17). Não deixa de ser irônico notar, pois, que Smith censure Hutcheson a esse respeito (TMS VII.iii.3.3; VII.iii.3.7) ao mesmo tempo em que apresenta uma longa série com mais de 30 sentidos internos ao longo da *Teoria dos sentimentos morais,*[17] dentre os quais, alguns dos mais relevantes são o senso de conveniência e de inconveniência (*propriety and impropriety*), o senso de mérito e demérito, o senso de justiça, o senso de dever (*duty*) e o senso de beleza

17 Enumerei os seguintes: senso de conveniência e de inconveniência (*propriety and impropriety*) (TMS I.i – título da seção; II.i.5.4; III.4.8; V.1.2; VI.iii.18; e várias outras ocorrências); senso de ofensa (*injury*) (TMS I.iii.3.2; VII.iii.3.11); senso de superioridade (TMS I.iii.2.4); senso de importância (TMS I.iii.2.5); senso da atrocidade (TMS I.ii.3.2; II.i.5.6; II.iii.2.4); senso de mérito e demérito (TMS II.5 – título do capítulo; I.ii.2.1; III.4.8; e várias outras ocorrências); senso de justiça (TMS II.ii.2 – título do capítulo; III.3.37; VII.iv.33); senso de equidade (TMS II.iii.2.8); senso de mau merecimento (*ill desert*) (TMS II.i.5.7); senso de culpa (TMS II.ii.2.2; II.iii.2.5) – que pode ser falacioso (TMS II.iii.3.5); senso do que é devido a outros (*of what is due to others*) (TMS II.iii.1.5); senso de horror (TMS II.i.5.6); senso de utilidade (TMS II.iii.3.2); senso de dever (*duty*) (TMS III – título da parte; III.5.1 – definição; e várias outras ocorrências); senso de louvabilidade e culpabilidade (*praise-worthiness and blame-worthiness*) (TMS III.2.32); senso de humanidade (TMS III.3.37); senso de desgraça (TMS III.2.13); senso de honra (TMS III.3.45; VI.iii.42; VII.iii.3.7) e de vergonha (TMS VII.iii.3.7); senso de beleza (TMS V.1.9; V.2.1; VII.iii.3.6-7); senso da enormidade assustadora (*dreadful enormity*) (TMS V.2.2); senso da vingança e da punição devida (TMS V.2.2); senso da arrumação (*neatness*) e da elegância (TMS V.1.2); senso de decência (TMS VI.iii.12); senso de dignidade (TMS VI.iii.18; VI.iii.38); senso da própria fraqueza e imperfeição (TMS VI.iii.27); senso dos efeitos agradáveis e da utilidade das virtudes (TMS VI.concl.6); senso de benefícios (TMS VII.iii.3.11). Além desses, Smith enumera os de Hutcheson (TMS VII.iii.3.7), também menciona o bom senso (TMS III.2.15; III.6.5; VI.ii.1.41), o senso comum (TMS III.2.5; III.6.1; III.6.12; VII.iv.12), fala sobre um homem de senso (TMS II.iii.2.7; VI.iii.37; VII.ii.3.6) e trata dos sentidos em conjunto (TMS III.5.6; IV.2.6; V.2.5, entre outras ocorrências). Há também um uso no campo puramente linguístico do termo, como sinônimo de significado (TMS III.5.9, por exemplo).

e utilidade. Sem exagero, a *Teoria dos sentimentos morais* pode ser considerada um tratado dos sentidos internos.[18] O problema consiste em como compreendê-los.

b. Até que ponto a analogia entre sentidos externos e internos deve ser levada?

Smith critica Hutcheson por ter levado a analogia entre sentidos externos e internos longe demais, especificamente, por ter tomado o senso moral como uma faculdade peculiar, como um sexto sentido. A principal diferença entre esses sentidos reside nas percepções resistentes do tato: a noção de substância daí derivada organiza a experiência externa e estabelece uma divisão clara entre mundo externo e interno. Contudo, há algumas coisas em comum entre sentidos externos e internos, especialmente no que tange às sensações (*feelings*):

> a palavra *sensação*, embora em muitos casos a utilizemos como sinônimo de *toque*, tem, contudo um significado muito mais amplo, e frequentemente a empregamos para denotar tanto nossas affecções internas quanto as externas. Sentimos fome e sede, sentimos alegria e tristeza, sentimos amor e ódio (EPS, p.140; EF, p.143).

Como já apontamos em nosso comentário a esse trecho acima, no gênero sensações estão incluídas as espécies apetites, prazer e dor mentais e emoções ou paixões (além das duas espécies de sensações externas, resistentes e não resistentes). O contexto dessa passagem aponta para uma diferença residual entre percepções da resistência, exclusivas do tato e as outras sensações dos sentidos externos, inclusive a temperatura também sentida pelo tato. Apesar das várias diferenças (em contraste com a substância, sensações não possuem extensão nem figura,

18 Se essa hipótese estiver correta, Smith está muito próximo de outro autor escocês, Alexander Gerard, que em seu *Ensaio do gosto* [Essay on Taste], também publicado em 1759, sugere que a faculdade da imaginação deveria ser analisada a partir de uma subdivisão de sentidos: "Mr. Hutcheson was the first who considered the powers of imagination as so many senses. In his *Enquiry concerning beauty and virtue*, and his *Essay on the passions*, he calls them internal senses. In his later works, he terms them subsequent and reflex senses" (1759, p.1, nota de rodapé). Gerard sugere 7 sentidos internos: "the senses of novelty, of sublimity, of beauty, of imitation, of harmony, of ridicule, and of virtue" (ibid., p.2). A primeira versão dessa obra foi apresentada a um concurso da Edinburgh Society, em 1756, em cuja banca de avaliação constavam Hume e Smith (ver Jaffro, 2020).

são incapazes de movimentos e de serem divididas [EPS, p.144-5]), elas têm em comum uma localização precisa no corpo (EPS, p.140). Uma vez que os sentidos externos são faculdades ou poderes de percepção peculiares, tais sensações podem ser localizadas com precisão em seus respectivos órgãos: odor é sentido nas narinas, gosto nas papilas, etc. (EPS, p.135). Os sentidos internos compartilham com os sentidos externos um modo (*manner*) de sentir, mas não sua localização precisa. Alegria e tristeza, isto é, prazer e dor mentais (TMS I.iii.1.3, p.44) são mais difíceis de localizar que prazer e dor corpóreos. O mesmo ocorre com emoções e paixões, elas são sentidas no corpo, mas de forma difusa, no peito,[19] ou no coração, evidentemente, em sentido metafórico,[20] ou na mente.[21]

A dificuldade em localizar com precisão as sensações internas é mais uma forte evidência contra a concepção de Hutcheson de um senso moral como uma faculdade peculiar: não há um órgão moral como há um órgão visual (olhos) ou um órgão olfativo (narinas). Mas se eles não são uma faculdade ou poder de percepção peculiar, como entender a expressão sentidos internos?

c. Noção deflaciona de sentido interno: faculdades em ação

Ao invés de "supor a existência de um novo poder de percepção de que até então não se tivesse notícia", Smith simplesmente assume que a "natureza opere neste, como em todos os outros casos, com a mais rigorosa economia, produzindo uma multidão de efeitos de uma e mesma causa," a saber, a simpatia (TMS VII.iii.3.3, p.321; TSM, p.399). A simpatia será brevemente apresentada na última seção e tratada com mais vagar nos próximos capítulos. No momento, basta apontar que ela está diretamente envolvida na capacidade individual de espontaneamente

19 "[...] all the emotions of our own breast [...]" (TMS I.i.2.1, p.13). "[...] an analogous emotion springs up, at the thought of his situation, in the breast of every attentive spectator" (TMS I.i.1.4, p.10). "[...] that passion arises in our breast [...]" (TMS I.i.1.10, p.12). "[...] an antidote against fear and anxiety, the great tormentors of the human breast [...]" (TMS I.i.1.12, p.12).

20 "It enlivens joy by presenting another source of satisfaction; and it alleviates grief by insinuating into the heart [...]" (TMS I.i.2.2, p.14). "The agreeable passions of love and joy can satisfy and support the heart without any auxiliary pleasure" (TMS I.i.2.5, p.15). "[...] all the passions of his heart [...]" (TMS I.i.2.6, p.16).

21 "In every passion of which the mind of man is susceptible [...]" (TMS I.i.1.4, p.10). "There is no passion, of which the human mind is capable [...]" (TMS I.ii.3.8, p.38). "His mind, at the thought of it, is filled with cheerfulness, serenity, and composure" (TMS II.ii.2.4, p.85). "The agony of his mind may [...]" (TMS III.2.11, p.119).

aprovar ou desaprovar ações e juízos particulares. De fato, mesmo a noção de senso moral pode ser reabilitada, contanto que a ideia de uma faculdade ou poder de percepção peculiar seja abandonada. De forma geral, os sentidos internos devem ser entendidos nesse sentido deflacionado ou fraco:

> Poder-se-ia pretender que a aprovação ou desaprovação são determinados sentimentos ou emoções que surgem no espírito [*mind*] à vista de certos caracteres e ações, e, assim como ao ressentimento se poderia chamar senso das ofensas [*injuries*], ou à gratidão, senso dos benefícios, estas, pooderiam com muita propriedade receber o nome de senso do certo e so errado, ou senso moral (TMS VII.iii.3.11, p.324; TSM, p.403).

É com esse significado mais restrito que todos os sentidos internos, inclusive o moral, devem ser entendidos na obra de Smith: uma sensação que resulta da operação conjunta da sensibilidade e da imaginação trabalhando na percepção de um caso particular.

> Talvez se possa dizer que, embora o princípio de aprovação não esteja fundado num poder de percepção que seja de algum modo análogo aos sentidos externos, poderia ainda fundar-se em algum sentimento especial que respondesse a esse fim particular e nenhum outro (ibidem; TSM, p.403).

O princípio de aprovação consiste, pois, na somatória desses sentidos internos, cada um capaz de perceber um "sentimento peculiar", isto é, uma reação emocional específica a uma situação particular. Smith está longe de ser um pioneiro no uso de *sense* dessa forma,[22] mas ele formulou uma teoria moral capaz de englobar uma

22 A primeira edição do *Dicionário da Língua Inglesa* de Samuel Johnson (1755), objeto de uma resenha crítica de Smith (EPS, p.232-241) traz 10 significados para *sense*, vários dos quais relevantes à nossa discussão: 1) "faculty or power by which external objects are perceived; the sight; touch; hearing; smell; taste"; 2) "perception by the senses, sensation"; 3) perception of intelect; aprehension of mind"; 4) "sensibility, quickness or keenness of perception"; 5) "understanding; soundness of faculties; strength of natural reason"; 6) "reason, reasonable meaning"; 7) "opinion; notion; judgement"; 8) "consciousness; conviction"; 9) "moral perception" e 10) "meaning; import" (p.1787-8).

miríade de sentidos internos (nesse sentido fraco). Por isso a lista apresentada acima em nota é uma lista em aberto: sempre há um novo sentido interno a ser descoberto ou inventado (aqui não há diferença). Não há sentido interno que não seja sentido individual de uma situação particular. O "senso de superioridade" de Luís XIV, por exemplo. Citando um trecho de *O século de Luís XIV*, de Voltaire, Smith insiste que o dado objetivo de sua posição social e algumas de suas virtudes pessoais apenas reforçavam esse senso interno, que era a verdadeira base da fascinação causada por aquele que era considerado "o mais perfeito modelo de grande príncipe" (TMS I.iii.2.4, p.54; TSM, p.65). Nesse caso, *sense* designa a ação de faculdades individuais numa série de situações particulares em busca de um sentimento adequado, que Luís XIV encontrava na subordinação de sua corte e serviçais.

d. Sentidos reflexos

Os sentidos externos, sendo faculdades peculiares, são sentidos diretos. Os sentidos internos, por sua vez, são sentidos reflexos, isto é, "faculdades das quais o espírito derivaria a percepção das espécies de coisas que pressuporiam a percepção antecedente de alguma outra" (TMS VII.iii.3.6, p.322; TSM, p.400). Isso significa que tais sentidos trabalham sobre uma reação emocional primária, refletindo sobre seus traços gerais e características individuais, separando-as e, no processo, julgando-as. O objeto desses sentidos são emoções e paixões que, por causa dessa reflexão, adquirem uma natureza dupla: elas são, a um só tempo, sensíveis e racionais (ou, mais corretamente, judicativas). Toda emoção ou paixão é uma sensação mais ou menos refinada e espontânea a respeito de um objeto julgado (mesmo que implicitamente) como adequado a ser o objeto desse afeto.[23] Os sentidos internos operam a partir e sobre essa 'decisão', corrigindo e refinando-a. No que diz respeito a seres humanos em sociedade, o nome desse processo de constituição e correção das emoções é simpatia.

Aqui Smith retoma a primeira objeção à teoria de Hutcheson que ele considera que sua teoria é capaz de responder. Toda emoção ou paixão é particular e sentida por certo indivíduo numa situação específica, ao mesmo tempo que porta alguns "traços gerais [*general features*]" que permitem sua distinção de outras emoções e paixões. Numa palavra, há diversas "espécies [*species*]" ou "caracteres/ características [*characters*]" de emoções e sentimentos. A raiva que sinto de meu

23 Aspecto que parece estar sendo redescoberto por alguns economistas (Hausman, 2012, p.124-26).

vizinho barulhento é mais próxima à raiva que sinto do motorista que quase me atropelou quando cruzava uma rua do que da gratidão que sinto em relação à minha esposa pelo jantar que ela preparou. Algo diferente acontece a propósito da sensação de aprovação e desaprovação: meu amigo pode simpatizar com minha raiva contra meu vizinho e com a gratidão em relação à minha esposa, aprovando ambas (TMS VII.iii.3.13, p.324-5).

A solução de Smith consiste no senso de conveniência e que serve de paradigma para a compreensão do funcionamento dos demais sentidos internos. Ele consiste em dois níveis: um primeiro, de compartilhamento, o segundo de comparação. Esse segundo nível produz uma "emoção" de segundo grau, que é sempre agradável em caso de acordo ou desagradável em caso de desacordo, independentemente da natureza da emoção compartilhada (seu "traço geral"), conservada no primeiro nível (TMS I.iii.1.9, p.46, nota). Os sentimentos de aprovação e de desaprovação consistem na combinação dessa resposta de dois níveis. Eles não são "emoções de um tipo peculiar* [*particular kind*], que nada têm em comum com os sentimentos que aprovamos", mas o resultado da composição desse primeiro nível de resposta simpática com o segundo nível de acordo ou desacordo sentimental que surge no peito do espectador:

> Nossa aprovação de [um sentimento terno, delicado e humano, assim como de um sentimento grande, ousado e magnânimo] pode, em diferentes ocasioes, ser perfeita e completa, mas um deles nos enternece e o outro nos eleva, e não há semelhança alguma entre as emoções que suscitam em nós. [...] O mesmo ocorre com relação à desaprovação. O horror que nos inspira a crueldade em nada se assemelha ao desprezo que sentimos pela mesquinharia [*mean-spiritedness*].[24] (TMS VII.iii.3.13, p.324-5; TSM, p.404)

Em certo sentido, os sentidos internos nada mais são que a operação conjunta das faculdades (sensibilidade e imaginação – e, em alguns casos [ver cap.5],

24 Por ser único, o senso moral de Hutcheson não seria capaz de lidar com as diferentes *espécies* de sentimentos: "But this could not happen if approbation consisted in a peculiar emotion which had nothing in common with the sentiments we approved of, but which arose at the view of those sentiments, like any other passion at the view of its proper object" (TMS VII. iii.3.13, p.325).

da razão) ao se deparar e julgar uma situação particular em conjunto com a primeira reação espontânea e imediata a ela:

> Algumas ações alheias escandalizam todos os nossos sentimentos naturais [*Some actions shock all our natural sentiments*]. Cuidamos que todos ao nosos redor manifestam o mesmo horror a tais ações. Isso de novo confirma, e até agrava [*exasperates*], nosso senso natural da sua deformidade. Ficamos satisfeitos por tê-las julgado de um modo conveniente quando notamos que outras pessoas as julgam do mesmo modo (TMS III.4.7, p.159; TSM, p.191-2).

Esse primeiro "choque" é a matéria prima sobre a qual nossos sentidos internos operam para os justificar e comunicar. A terminologia dos *senses* oferece a Smith uma caixa de ferramentas para lidar com a dinâmica interativa de uma natureza humana geral aplicada a circunstâncias particulares (ver a seção 6). Ela também permite esclarecer a confusão que Smith imputa à teoria do senso moral: "A faculdade que o Sr. Locke chama reflexão, da qual derivou as ideias simples das diferentes paixões e emoções do espírito humano, segundo o Dr. Hutcheson seria uma sensação interna e direta" (TMS VII.iii.3.6, p.322; TSM, p.401). Hutcheson teria tomado os sentidos internos como fontes imediatas de aprovação moral, fornecendo juízos para todas as ações particulares, sem verdadeiramente levar em conta as diferenças entre elas. Ao contrário, a miríade de sentidos internos proposta por Smith lhe permite lidar, no plano teórico, com essa situação de diversidade e particularidade situacional. Mas para tanto, convém organizá-los de forma sistemática.

4. Organizando os sentidos internos: os quatro tipos de juízos morais

Dos muitos sentidos internos mencionados por Smith na *Teoria*, duas características podem ser destacadas:

a) Frequentemente eles aparecem de duas formas, uma positiva e outra negativa (senso de conveniência e inconveniência, de justiça e injustiça, de beleza e deformidade etc.), que são assimétricas,[25] porém complementares

25 Fundamentalmente devido à assimetria entre prazer e dor (TMS I.iii.1.3, p.44).

(quando analisarmos a justiça, por exemplo, veremos como o senso de injustiça, o ressentimento, é o fundamental, sendo o senso de justiça inteiramente construído a partir dele por oposição).

b) É possível discernir relações de semelhança e diferença entre os sentidos: por exemplo, o senso de beleza se aproxima dos sentidos de arrumação e elegância, esses três se opõem ao senso de deformidade que se aproxima, por sua vez, do senso de enormidade assustadora, apesar de não se confundirem. O mesmo ocorre para os sentidos de demérito em seu relacionamento aos sentidos de culpa, mau merecimento e horror, e do senso de mérito aos de justiça e equidade. Dois outros conjuntos podem ser igualmente montados para os sentidos de conveniência e inconveniência (semelhantes aos sentidos de importância, superioridade, ofensa e atrocidade) e para o senso de dever (semelhantes aos sentidos de louvabilidade e culpabilidade, desgraça, honra e humanidade).

Esses quatro conjuntos de sensos (estética, mérito, conveniência e dever) formam os quatro grandes grupos a partir dos quais Smith estabelece seu esquema de funcionamento do julgamento moral em contraposição ao esquema de Hutcheson, que singularizava o senso moral como a origem da moralidade e da virtude.

> Quando aprovamos algum caráter ou ação, os sentimentos que experimentamos, segundo o sistema acima citado, derivam de quatro fontes, em alguns aspectos diferentes entre si. Primeiro, simpatizamos com os motivos do agente; segundo, participamos da gratidão dos que recebem o benefício de suas ações; terceiro, observamos que sua conduta obedeceu às regras gerais por mais das quais essas duas simpatias geralmente agem; e, por último, se consideramos tais ações como parte de um sistema de conduta que tende a promover a felicidade do indivíduo ou da sociedade, então dessa utilidade poderá resultar certa beleza, não muito distinta da que atribuímos a qualquer máquina bem engendrada (TMS VII.iii.3.16, p.326; TSM, p.406).

Dessas quatro fontes originam-se a moral e a virtude e, para Smith, a somatória delas perfaz sua totalidade:

> Nunca ouvi alegar-se nenhum exemplo em que se pudesse dizer que esse princípio agiu por si mesmo, sem mescla alguma de simpatia ou antipatia [i.e., conveniência/propriedade], de gratidão ou ressentimento [i.e., mérito], da parcepção do acordo ou do desacordo de qualquer ação com uma regra estabelecida [i.e., sendo de dever], ou, muito menos, sem mescla do gosto geral por beleza e ordem que, tanto os objetos inanimados, como os animados, suscitam em nós [i.e., a beleza conferida pela aparência de utilidade].[26] (ibidem)

A crítica de Smith às teorias que fundam a moral na razão aponta para o senso de dever como o local onde a razão desempenha seu maior papel, formando regras indutivamente a partir de experiências prévias e aplicando-as a casos particulares. Contudo, sem essas experiências prévias, a razão não tem sobre o que trabalhar, não podendo ser, pois, a fonte última da moralidade. Ao criticar as teorias que buscam no *self-love* a fonte da moral, Smith aponta que a verdade ali apreendida de modo inadequado é um tipo de juízo estético, que ele denomina de juízo a respeito da beleza que a aparência de utilidade confere a determinados sistemas morais (TMS VII.iii.1.2, p.316).

Sobram assim os juízos de conveniência e mérito. Smith os tematiza através de sua teoria da simpatia. Convém notar que a simpatia opera por completo apenas esses dois juízos. No caso do dever ela desempenha um papel importante na formação de regras gerais, mas não intervém na aplicação dessas regras. Já o juízo de aparência de utilidade é completamente independente da simpatia (TMS IV.2.12, p.192). Corrige-se assim a leitura equivocada que considera simpatia e moralidade como coextensivas: tanto a moralidade não se reduz à simpatia quanto essa última também opera em casos não morais – é perfeitamente concebível o compartilhamento simpático do espanto (*wonder*) ou da admiração por um sistema filosófico ou uma obra de arte, por exemplo.

Para finalizar essa seção, cabe apontar que esse esquema parece organizar a parte especulativa da *Teoria dos sentimentos morais* (Partes I a V):

- a parte I intitula-se "Da conveniência (*propriety*) da ação";

---

26 Alguns sentimentos complexos, como o remorso (ver 5.2), resultam da combinação de vários tipos de juízos.

- a parte II "Do mérito e demérito, ou dos objetos de recompensa e punição";

- a parte III "Do fundamento de nossos julgamentos sobre nossos próprios sentimentos e conduta, e do senso de dever";

- a parte IV "Do efeito da utilidade sobre o sentimento de aprovação", cujos dois capítulos intitulam-se "Da beleza que aparência de utilidade confere ...".

- já a parte V, intitulada "Da influência do costume da moda sobre o sentimento de aprovação e desaprovação morais", trata dos efeitos dos costumes e da moda sobre nossas ideias de beleza e deformidade (nosso "senso de beleza"; TMS V.2.1) e sobre os sentimentos morais. Sua argumentação vai no sentido de demonstrar que toda perversão moral é local, dizendo respeito apenas a práticas particulares, e que, no que diz respeito ao "estilo geral de conduta e comportamento", é a "conveniência (*propriety*) natural da ação" que sempre prevalece (TMS V.2.14, p.209; TSM, p.258). Essa quinta parte da *Teoria* é o local onde Smith defende de modo mais forte a ideia de que a sociabilidade humana é natural, isto é, de que toda sociedade está fundada em nossos "princípios naturais do certo e do errado" (TMS V.2.2, p.200; TSM, p.247), a saber, aquilo que, após sua crítica a Hutcheson, Smith ainda permite que seja denominado de "senso moral" (TMS VII.iii.3.11, p.324) ou de "faculdades morais" (TMS III.4.8, p.159).

5. Faculdades morais

A solução de Smith para a primeira objeção que ele levanta contra a teoria de Hutcheson (a respeito do espectro qualitativo geral das emoções) consiste em sua canalização pelos quatro tipos de juízos morais e posterior organização pelo senso de conveniência em um quadro taxonômico das espécies de paixões (ver 2.4). A segunda objeção diz respeito à qualificação dos juízos morais:

> não apenas as diferentes paixões ou afetos do espírito humano aprovados ou desaprovados se nos apresentam moralmente bons ou maus, mas que também a aprovação conveniente ou incoveniente se apresenta aos nossos sentimentos naturais com a marca desses mesmos caracteres [*characters*]. Ocorre-me perguntar, portanto, como, segundo esse sistema, aprovamos ou desaprovamos a aprovação conveniente e inconveniente? (TMS VII.iii.3.14, p.325; TSM, p.404-5)

A solução que Smith considera "a única razoável" consiste em observar o observador da ação e submeter seu julgamento moral (sua aprovação ou desaprovação) à nossa aprovação ou desaprovação. Quando a aprovação coincide com a nossa aprovamo-la, quando não coincide desaprovamo-la (ibidem). Como veremos no próximo capítulo, por ocasião da resposta a uma crítica de Hume, essa articulação configura o núcleo da aprovação via simpatia e perfaz, no essencial, o senso de conveniência (TMS I.iii.1.9, p.46, nota de rodapé).

Mas essa reposta não está completa se não enfrentar a questão das preconcepções. Como aponta Thomas Brown em sua crítica à filosofia moral de Smith (1820), a mera concordância entre paixões e emoções gerada pela simpatia não resolve plenamente a questão moral. É preciso que Smith "assuma tacitamente" uma "sensação prévia da conveniência ou inconveniência" da ação a ser julgada. Deveríamos ter "um princípio de discriminação moral previamente existindo em nós [*already existing in us*]".[27] Em certo sentido, é precisamente isso o que ocorre. Se os sentidos externos fornecem preconcepções ou antecipações de coisas fora de seu alcance, por que os sentidos internos não fariam algo parecido? E há ao menos uma passagem em que Smith descreve o funcionamento de "antecipações morais" (TMS III.5.5). Se esse é o caso, a questão mais relevante é como compreender essa precedência, a anterioridade dos sentidos morais ou, em outra perspectiva, a

27 Essa crítica é exposta nas Aulas LXXX e LXXXI de suas *Lectures on the Philosophy of the Human Mind*, cuja primeira edição é de 1820. Utilizamos a edição das *Critical Responses* a Smith organizada pelo professor Hiroshi Mizuta (2000, II). É interessante citar a passagem por completo: "If, indeed, we had previously any moral notions of action as right or wrong, we might easily judge of the propriety or impropriety of the sentiments of others, according as our own do or do not sympathize with them; and it is this previous feeling of propriety or impropriety which Dr. Smith tacitly assumes, even in contending for the exclusive influence of sympathy, as itself the original source of every moral sentiment. The sentiments of others could not fail, indeed, in that case, to appear to us proper, if they coincided with sentiments which we had before, in our own mind, recognized as proper, or morally suitable to the circumstances – improper if they differed from these. But, if we have no previous moral notions whatever, the most exact sympathy of feelings can tell us only that our feelings are similar to the feelings of some other person, – which they may be, as much when they are vicious as then they are virtuous, or when they are neither virtuous nor vicious; – the most complete dissonance, in like manner, can tell us only that our feelings are not similar to those of some other person" (2000, II, p.254). Ver também o comentário de Daniel Dewar (1826): "The great error of this theory [i.e., Smith's] is, that it takes for granted the existence of those moral feelings the origin of which it is designed to trace to that sympathetic process just described" (in Mizuta, 2000, II, p.269)

espontaneidade e até mesmo a instantaneidade de algumas de nossas reações morais (TMS II.4.8, p.159). Em outros termos, qual o significado da espontaneidade própria a nossas reações morais.[28]

A relação entre esses "sentidos e sentimentos imediatos" (TMS VII.iii.2.7, p.320) e seu desdobramento num juízo completo é o objeto daquele que talvez seja o capítulo mais obscuro da *Teoria dos sentimentos morais*, intitulado "Da influência e da autoridade das regras gerais da moralidade, que são justamente consideradas como as leis da Divindade" (TMS III.5, p.161-70), cujo objeto é a causa final da existência de nossas "faculdades morais". Antes de começar a análise convém destacar que se trata de um capítulo que lida com "regras de moralidade", isso significa que se trata, a rigor, de uma questão interna ao senso de dever, local em que a razão possui um papel mais amplo. Dois comentários iniciais, a título de esclarecimento, são necessários: primeiro, ao longo do capítulo, Smith recorre ao ressentimento (senso de justiça e, portanto, questão de mérito), o que nos permitirá construir um modelo para a compreensão de seu papel antecipativo e corretivo em relação ao arcabouço institucional jurídico e à punição. Segundo, o senso de dever é um sentido interno e, enquanto tal, funciona de modo análogo ao restante desses sentidos. A dinâmica do dever implica num maior papel da razão, contudo, o senso do dever continua sendo uma reação instintiva e prévia a argumentos que a sustentem e justifiquem (em certo sentido, o senso de dever incita o indivíduo a seguir qualquer regra, independentemente de seu conteúdo concreto).[29] Esses pontos se tornarão mais claros conforme a análise prosseguir.

---

28 Acredito que já tenha ficado claro que espontaneidade não deve ser entendida como irreflexividade. Toda resposta moral é, ao mesmo tempo, sensível e imaginária (o primeiro nível do senso de conveniência é uma resposta simpática, isto é, uma emoção criada por um processo imaginário; ver cap.2). Mas, como veremos em nossa análise do senso de dever (ver cap.5), essa resposta sensorial pode também incluir regras (dispositivos artificiais, constructos da razão), entendimento e razão (através de argumentos invocados para enfatizar a autoridade dessas regras). Em todos esses casos, há sempre comparação e conjectura envolvidas (ver Introdução).

29 A teoria da justiça de Hume fornece um exemplo desse tipo de raciocínio: apesar da justiça ser uma virtude artificial, a obrigação moral de seguir as regras de propriedade é natural (THN 3.2.2). Thomas Reid também concebe algo parecido: "Customs and manners, by which we and our forefathers for many generations have been governed acquire an authority and a sanctity independent upon their reasonableness or utility" (*Some thoughts on the utopian system*, p.136).

Iniciemos com a definição de faculdades morais:

> É assim que se formam as regras gerais da moralidade. Fundamentam-se em última instância na experiência do que, em casos particulares, aprovam ou desaprovam nossas faculdades morais ou nosso senso natural de mérito e de conveniência [*our moral faculties, our natural sense of merit and propriety*] (TMS III.4.8, p.159; TSM, p.192).

O trecho deixa claro que as faculdades morais são "nosso senso natural de mérito e conveniência". Ele também estabelece a relação entre esses sentidos natural e as regras gerais da moralidade: as últimas são inferidas a partir da ação repetida dessas faculdades em situações particulares (ver 5.5).

Ao ouvido contemporâneo, talvez o aspecto mais problemático da forma como Smith compreende as faculdades morais seja o papel antecipativo das reações naturais. O trecho mais enfático a esse respeito é o seguinte: "Quando tais estudos ocorreram, no entanto, confirmaram-se as antecipações* originais da natureza [*These researches, however, when they came to take place, confirmed those original anticipations of nature*]"[30] (TMS III.5.5, p.164; TSM, p.199). Para explicá-lo é preciso retomar seu contexto. O capítulo em questão se inicia reafirmando o senso de dever e sua função:

> O respeito [*regard*] às regras gerais de conduta é o que se chama propriamente senso de dever [*sense of duty*], princípio da maior importância na vida humana, e o único pelo qual a maioria da humanidade é capaz de ordenar suas ações (TMS III.5.1, p.161-2; TSM, p.195).

Na maior parte das situações não operamos os quatro tipos de juízos morais (ao menos não de forma completa), e isso devido a diversos motivos[31] (falta de

30 A tradução brasileira emprega "previsões originais da natureza", o que pode sugerir uma ideia de conteúdo bem determinado a respeito do futuro (uma previsão). Sugerimos, ao contrário, que a preconcepção smithiana envolve um conhecimento incerto e indeterminado.

31 As condições gerais para juízos simpáticos são as seguintes: "the spectator must, first of all, endeavour, as much as he can, to put himself in the situation of the other, and to bring

sensibilidade ou de inteligência, excesso de sensibilidade, falta de tempo, de vontade ou de informações, parcialidade e influência da fortuna). O senso de dever intervém aí, regendo nossa conduta em situações desse tipo de acordo com regras gerais (TMS III.4.11, p.160; VI.ii.1.8, p.220). Essas regras podem ser de diversos tipos (ver 5.6), das mais precisas (código penal) às mais fluidas (ditames da moda, por exemplo), mas todas intervêm em nossa conduta segundo o mesmo padrão:

> Teu amigo faz uma visita quando casualmente estás com um péssimo humor, o que torna desagradavel recebê-lo; e se desses vazão às opiniões que ora te ocorrem, embora sejas de temperamento educado, tratá-lo-ia com frieza e desdém. O que te torna incapaz dessa grosseria nada mais é que o respeito às regras gerais de civilidade e hospitalidade, as quais proíbem a grosseria (TMS III.5.2, p.163; TSM, p.197).

A reverência às leis fundada no senso do dever pode ser vista como esteio da sociedade, uma vez que "da tolerável* observação desses deveres depende toda a própria existência da sociedade" (TMS III.5.2, p.163; TSM, p.197). Um ponto importante: o que está em jogo, é a *conservação da sociedade*. A natureza imprime em nós a reverência a essas regras (a qualquer regra, independentemente de seu conteúdo) em prol da existência da sociedade e o faz através da própria convivência social:

> Dificilmente, porém, haverá um homem em que, com disciplina, educação e exemplo, não se possa incutir o respeito às regras gerais, de modo que aja em quase todas as ocasiões com tolerável

home to himself every little circumstance of distress which can possibly occur to the sufferer. He must adopt the whole case of his companion with all its minutest incidents; and strive to render as perfect as possible, that imaginary change of situation upon which his sympathy is founded" (TMS I.i.4.6, p.21). Na falta de quaisquer dessas condições – informação completa sobre a situação (objetivo) e o agente (subjetivo), interesse no agente (parcialidade), vontade (especialmente para superar a parcialidade ou, quando ela não existe, para coletar essas informações de forma desinteressada) e tempo (para coletar e processar essas informações, fazendo comparações, desdobrando consequências, etc.) – os juízos de conveniência e mérito não podem ser completados. Todos esses tópicos serão retomados em pormenor nos próximos dois capítulos.

> decência, e evite, ao longo de sua vida, ser fortemente censurado (TMS III.5.1, p.163; TSM, p.196).

Como não é possível operar por completo os juízos de conveniência e mérito em todas as situações (ver os próximos três capítulos), formamos essas regras para nos auxiliar nesses momentos (TMS III.4.7, p.159) e imputamos a elas uma autoridade que nos força a segui-las (TMS III.4.11, p.160) – usando os termos de Smith, passamos a reverenciá-las. Essa reverência é realçada pela opinião de que elas são "os mandamentos e leis divinas", que "primeiro a natureza incutiu [*impressed by nature*], depois o raciocínio e a filosofia confirmaram" (TMS III.5.3, p.163; TSM, p.197). Dito de outro modo, a autoridade dessas leis pode ser confirmada seja pela superstição, seja pela razão.[32] Ambas reforçam essa reverência, mas de modos diferentes. A superstição opera através de uma projeção antropocêntrica:

> Digo que essa opinião ou apreensão, parece ter sido primeiramente incutida [*impressed*] pela natureza. Os homens são naturalmente levados a atribuir àqueles misteriosos seres, o que quer que sejam os objetos de temor religioso em qualquer país, todos os seus próprios sentimentos e paixões. Não possuem nenhum outro, nenhum outro são capazes de conceber, para atribuir-lhes. Esses desconhecidos intelectos que imaginam, mas não vêem, devem necessariamente ser formados com alguma espécie de semelhança com os intelectos dos quais têm alguma experiência (TMS III.5.4, p.163-4; TSM, p.198).

No capítulo 4, veremos que a imaginação tem uma tendência a projetar sentimentos e paixões inclusive aos objetos que nos circundam. Ao menos em seus primeiros estágios, a religião é um dos desdobramentos dessa tendência: pagãos não discriminam entre os traços humanos projetados, imputando aos deuses inclusive aqueles "que menos honram nossa espécie". Ao ser vítima de uma ofensa, um romano invocava os deuses para vingar a injustiça sofrida, atribuindo-lhes o ódio e ressentimento que qualquer espectador humano sentiria pela situação; o perpetrador da ofensa, por sua vez, através do mesmo mecanismo, aceitava a

32 Veremos (5.1), a propósito da questão do autoengano, as condições para que esse tipo de operação não se torne um mero exercício de racionalização.

punição que lhe cabia como obra divina (TMS III.5.4, p.163-4; TSM, p.198). A superstição pagã acaba, por vias tortas, confirmando o ressentimento do homem ofendido e assegurando a justiça:

> Esperanças, medos e superstições naturais foram propagados por simpatia* e confirmados pela educação, e universalmente se representaram e se julgaram os deuses como os que recompensam a humanidade e a misericórdia, e os que vingam a perfídia e a injustiça. Assim, muito tempo antes da era da filosofia e do raciocínio artificial, ainda que em sua forma mais rude, a religião sancionou as regras da moralidade (ibidem; TSM, p.198).

Antecipando um assunto que trataremos com calma no capítulo 4 (seções 1 a 3), Smith compreende o ressentimento como a emoção que surge espontaneamente em qualquer pessoa que seja ofendida e, por simpatia, nos espectadores. O que nos cabe demonstrar agora é como ele pode servir de fundamento para as instituições jurídicas.

Numa descrição simplificada (abstraio aqui os diferentes tipos de ofensa e seus direito correlatos e o papel da utilidade [ver 5.5-6]), a dinâmica básica do sistema da justiça de Smith é a seguinte: o ressentimento é a reação natural e espontânea a uma ofensa e funciona como o senso de justiça ou, mais corretamente, como o senso da injustiça sofrida (ele igualmente é um juízo espontâneo de demérito). Uma vez ressentido, o homem ofendido busca punir o ofensor.[33]

Aqui é o momento em que as instituições jurídicas podem entrar em ação: se elas não existem, o ressentido busca se vingar do modo que lhe é possível; se elas existem, elas entram em ação, punindo o ofensor de acordo com os procedimentos institucionais existentes. Há ao menos três elementos aqui: o ressentimento, a

33 "E pelo menos com relação a esse, o mais execrável de todos os crimes [i.e., assassinato], a natureza, anteriormente* a todas as reflexões sobre a utilidade da punição [*antecedent to all reflections upon the utility of punishment*], à sua maneira, marcou no coração humano [*stamped upon the human heart*], com letras fortíssimas e indeléveis, uma aprovação imediata e instintiva da sagrada e necessária lei da retaliação" (TMS II.i.2.5, p.71; TSM, p.86). Tal reação instintiva é igualmente útil: "a utilidade dessas paixões [insociáveis] para o indivíduo, pois tornam arriscado insultá-lo ou ofendê-lo [... e] sua utilidade para o público, como guardiãs da justiça e da equidade de sua administração" (TMS I.ii.3.4, p.35; TSM, p.39; cf., TMS II.ii.1.4, p.79).

justiça e a punição. Em relação à justiça, o ressentimento é seu fundamento natural.[34] Em relação à punição, o ressentimento a antecipa.[35] Finalmente, se o quadro institucional não funciona de modo apropriado, o ressentimento aparece como o último recurso para uma punição, através da vingança. O problema da vingança é que ela consiste em uma segunda ofensa, reiniciando o mecanismo do ressentimento (com a vingança, o primeiro ofensor se torna ofendido e o primeiro ofendido ofensor).[36] A justiça vai progressivamente se institucionalizando precisamente para impedir um ciclo sem fim de vinganças (o ressentimento aparece, então, não apenas como o fundamento lógico, mas também histórico da justiça).[37] Uma

---

34 "A sociedade, entretanto, não pode subsistir entre os que estão sempre prontos a se ferir e se ofender mutuamente. [...] A fim de constranger [*enforce*] a observação, portanto, a natureza implantou no peito do homem a consciência de mau merecimento, os terrores da merecida punição que resultam de sua violação, como grandes salvaguardas da associação humana, para proteger os fracos, frear os violentos, e castigar os culpados" (TMS II.ii.3.3-4, p.86). "A mera existência da sociedade requer que a imerecida e gratuita malícia fosse contida por punições adequadas; e, por consequência, que infligir tais punições fosse considerada uma ação conveniente e louvável. Portanto, embora o homem seja naturalmente dotado de um desejo de bem-estar e conservação da sociedade, o autor da natureza não confiou à sua razão descobrir que uma certa aplicação punitiva constitui o meio adequado para alcançar esses fim; dotou-o, entretanto, de uma imediata a instintiva aprovação daquela aplicação, a qual é a mais adequada para alcança-la" (TMS II.i.5.10, p.77; TSM, p.94). "[...] leis humanas, a consequência de sentimentos humanos, [...]" (TMS III.5.9, p.168).

35 Ver as citações nas notas dos itens (2.a) e (2.b) logo abaixo.

36 "E esse ressentimento demasiado violento, ao invés de nos arrebatar, acaba por se tornar o objeto de nosso próprio ressentimento e indignação. Compartilhamos o ressentimento contrário, ou seja, o da pessoa que é objeto dessa emoção injusta, e que está em perigo de sofrê-la. A vingança, portanto, excesso de ressentimento, surge como a mais detestável de todas as paixões, e é objeto de horror e indignação de todos" (TMS II.i.5.8, p.77; TSM, p.93-94).

37 Em uma aula do *Curso de jurisprudência*, de 1762-63, lemos: "The first and the most attrocious of these [crimes] is willfull murder. For this, to be sure, the only proper punishment is the death of the offender. [...] But amongst barbarous nations the punishment has generally been much slighter, as a pecuniary fine. – The reason of this was the weakness of government in those early periods of society, which made it very delicate of intermeddling with the affairs of individualls. The government therefore at first interposed only in the way of mediator, to prevent the ill consequences which might arise from those crimes in the resentment of the friends of the slain. For what is the end of punishing crimes, in the eyes of people in this state? The very same as now of punishing civil injuries, viz the preserving of the publick peace. The crimes themselves were already committed, there was no help for that; the main thing therefore the society would have in view would be to prevent the bad consequences of it. This therefore they would not attempt by a punishment, which might interrupt it. For it was not

vez estabelecidas as instituições jurídicas, o ressentimento se torna um mecanismo corretor de seus procedimentos (em alguns casos, não o mais conveniente).[38]

Algumas características do ressentimento podem ser então enumeradas:

1.a. ele é uma reação natural à ofensa;[39]

1.b. ele não depende de regras ou de qualquer outra instituição jurídica para ser sentido;[40]

1.c. ele antecede (logica e historicamente) a institucionalização da justiça;[41]

2.a. ele antecipa a punição;[42]

---

till a society was far advanced that the government took upon them to cite criminalls and pass judgement upon them" (LJA, p.106). Ver também a seguinte passagem de um manuscrito: "The violation of Justice is what Mankind will never submit to from their Equals. It provokes the Resentment of the injured and incites them to take vengeance upon the Offender. They feel that Mankind applaud and go along with them when they punish him, and they imagine that they become contemptible when they do not. That civil Society may not be a Scene of Bloodshed <confusion> and disorder every man revenging himself at his own hand whenever he fancies himself injured, the Magistrates in all Governments that have acquired considerable Authority employs the power of the commonwealth to enforce the practice of Justice, and to give Satisfaction to the injured either by punishing the offender or by obliging him to compensate the wrong that has been done" (TMS Appendix II, p.389).

38 "Criminal causes have always a more speedy determination. One would indeed think that when a person's life is at stake, the debate should be longer than in any other case. But resentment is roused in these cases and precipitates to punish" (LJB 65, p.422; ver o caso Malloch, LJA, p.109)

39 "[A] violação da justiça constitui ofensa [*injury*], pois assim se fere real e claramente algumas pessoas determinadas, por motivos naturalmente desaprovados. É, portanto, objeto apropriado de ressentimento e de punição, esta, a consequência natural do ressentimento" (TMS II.ii.1.5, p.79; TSM, p.98-99). "Injury naturaly excites the resentment" (LJB 181, p.475). Por isso ele também recai sobre objetos inanimados: "Our resentment naturaly falls upon inanimate as well as animate objects, and in many places the sword or instrument that had killed any person was considered as excrable, and accordingly was destroyed" (LJB 188, p.478; cf. LJB 201, p.485 – sobre esse último tópico, ver 4.1-3).

40 "[O sentimento] que mais imediata e diretamente nos incita à punição é o ressentimento" (TMS II.i.1.2, p.68; TSM, p.82).

41 Ver notas 34 e 37 acima.

42 "[...] punição, a consequência natural do ressentimento" (TMS II.ii.1.5, p.79; TSM, p.99). "Resentment not only prompts to punishment but points out the manner of it. Our resentment is not gratified unless the offender be punished for the particular offence done ourselves, and unless he be made sensible that it is for that action" (LJB 182, p.476).

2.b. seja porque ele impele o ofendido (ou aqueles mais próximos a ele) a buscá-la;[43]

2.c. seja porque ele aparece como o fundamento lógico para sua constituição e modificações no aparato legislativo e judiciário;[44]

3.a. daí porque, em certo sentido, a legislação e outras instituições são confirmações do ressentimento;[45]

3.b. da mesma forma que a punição também o é;[46]

3.c. e, uma vez que essa última tenha sido inteiramente consumada, a satisfação do ressentimento é igualmente confirmação da punição.[47]

O senso de dever pode ser entendido de modo similar: uma vez que existe uma legislação (ou ao menos algumas regras organizadas), ele naturalmente nos impele a segui-las, mas essa reverência natural é reforçada de duas formas, por outras regras particulares (não seguir a legislação pode resultar em punição e seguir as regras se torna, assim, questão de interesse pessoal, de prudência e não mais apenas de dever) e por injunções religiosas ou filosóficas:

> Para que a natureza não deixasse a felicidade dos homens depender da lentidão e incerteza dos estudos [*researches*] filosóficos foi de demasiada importância, pois, que os terrores da religião des-

43 "O ressentimento nos incitaria a desejar não apenas a punição, mas que a punição resultasse de nossos meios*, e por conta precisamente daquela ofensa particular de que fomos vítimas" (TMS II.i.6, p.69; TSM, p.83).

44 "Na medida em que os homens aceitam e aprovam a violência empregada para vingar o mal causado pela injustiça, mais ainda devem aceitar e aprovar a que é empregada para prevenir e repelir a ofensa, coibindo o ofensor de ferir seus vizinhos*" (TMS II.ii.1.5, p.79; TSM, p.99).

45 "A gratificação natural * dessa paixão tende a produzir por si mesma todas as finalidades políticas da punição [*political ends of punishment*]: a regeneração do criminoso e o exemplo para o público" (TMS II.i.1.6, p.69; TSM, p.84).

46 "O ressentimento não se satisfaz plenamente, a não ser que o ofensor não apenas padeça por sua vez, mas que padeça por causa desse mal específico que nos fez sofrer" (TMS II.i.6, p.69; TSM, p.83-84).

47 "It is to be observed that our first approbation of punishment is not founded upon the regard to public utility which is commonly taken to be the foundation of it. It is our sympathy with the resentment of the sufferer which is the real principle" (LJB 181-2, p.475)

> sem cumprimento ao senso natural do dever [*enforce the natural sense of duty*] (TMS III.5.4, p.163-4; TSM, p.198).

Nesse parágrafo Smith fala numa confirmação supersticiosa (aquela das religiões pagãs), mas também poderia se referir à confirmação racional, seja pela religião, seja pela filosofia. É esse o contexto preciso da passagem que abriu essa seção:

> Quando tais estudos ocorreram, no entanto, confirmaram-se as antecipações* originais da natureza. Seja qual for o fundamento de nossas faculdades morais [...] não se pode duvidar que nos foram dadas para orientar nossa conduta nesta vida (TMS III.5.5, p.164-5; TSM, p.199).

A razão confirma as antecipações do senso de dever (isto é, a reverência a regras gerais) de várias formas: (1) reafirmando o caráter legal das regras morais (TMS III.5.6, p.165-6); (2) lembrando a utilidade da regra para uma sociedade bem ordenada (TMS III.5.7, p.166); (3) mostrando as recompensas terrenas que podem ser obtidas pelo seu cumprimento (TMS III.5.8, p.166-7); e (4) apontando para a recompensa divina que também pode ser assim obtida (TMS III.5.12, p.170).

Ao serem associadas a deus, tais leis adquirem uma dimensão sagrada que repõe o senso de conveniência: a simples ideia de não as seguir se torna inadequado. O interesse (normalmente associado ao senso de mérito, uma vez que, do ponto de vista moral, recompensas e punições são questão de mérito) igualmente reforça o senso de conveniência: deus, que tudo vê, recompensa e pune de acordo com a observação dessas regras. A superstição pagã operava sobre a invocação da ira divina para punir a ofensa sofrida. A religião filosófica opera sobre a internalização desse ponto de vista divino, costurando conveniência e mérito na observação estrita das regras do dever. Contudo, isso não passa de uma "amarra adicional* [*additional tie*]" associada à moralidade: o homem religioso "sofre outra restrição, pois nunca age de modo ponderado, senão em presença do grande Superior, o qual finalmente o recompensará de acordo com seus atos" (TMS III.5.13, p.170; TSM, p.206). A pessoa religiosa toma o dever como cerne de seu comportamento através da ideia de que deus recompensa e pune (i.e., juízos de mérito) a conveniência ou inconveniência de suas ações. Encontramos aqui uma das formas de unir, no campo prático, os quatro tipos de juízo: a observação estrita das regras é uma questão de conveniência garantindo recompensa (mesmo que não no plano terreno), igualmente gerando uma sociedade bem ordenada de acordo com um plano providencial (item (2) acima, isto é, um juízo estético, baseado na beleza da utilidade). Essa não é, porém, a única possibilidade de unir esses juízos. Smith enfatiza que tais recompensas (a aprovação de espectadores imparciais e felicidade eterna) são muito menos efetivos que a riqueza e a glória associadas a outros tipos de comportamento, tanto virtuosos (prudência) quanto corrompidos (vaidade e ambição). Finalmente, a interação entre sentimentos naturais e recompensas concretas também faz aparecer a *função corretiva* das antecipações sensitivas:

> O velhaco industrioso cultiva o solo, o bom homem indolente o deixa sem cultivo. Quem deve colher os frutos? Quem deve passar fome, quem deve viver em abundância? O curso natural das coisas decide em favor do velhaco; os sentimentos naturais da humanidade em favor do virtuoso. [...] Assim a natureza ordena ao homem que corrija em certa medida essa distribuição das coisas, pois, do contrário ela mesma o teria corrigido (TMS III.5.9, p.168; TSM, p.203).

As três funções dos sentimentos naturais podem ser então resumidas: primeiro, elas antecipam o raciocínio que as justifica e aparecem como fundamento de comportamentos e mesmo de algumas instituições que os desenvolve e canaliza; segundo, eles aparecem como critério para eventuais correções nesses comportamentos e instituições e, terceiro, através deles não apenas corrigimos, mas de fato governamos nossa conduta. Cada sentido interno causa uma reação específica e particular, implicando num desenvolvimento igualmente específico e particular dessas funções. E assim o esquema básico (apresentado no texto sobre os sentidos externos) permanece, onde a tripla função das preconcepções (critério de verdade, ponto de partida de desenvolvimentos e princípio diretor) é desempenhada por tais sentimentos naturais.

6. Sentimentos

Nas duas seções anteriores, tentei lidar com um dos tópicos mais complexos da filosofia moral de Smith, a saber, o papel das reações emocionais individuais, sejam primárias, sejam secundárias (reações de aprovação e desaprovação). De um lado, elas antecipam desenvolvimentos práticos (comportamentos, regras e instituições) e teóricos (juízos morais e conhecimentos), de outro, elas reafirmam (por exemplo, quando a justiça satisfaz o ressentimento de alguém ofendido) ou corrigem (quando a justiça não alivia o sofrimento do ofendido) esses mesmos desenvolvimentos. Mas como saber quando essa reação individual deve ser levada a tais consequências extremas? Ao invés de avaliar a justiça pelo ressentimento individual o inverso não seria mais adequado, isto é, avaliar o ressentimento individual pelas instituições da justiça? Nesse caso, a ausência de alívio para o ressentimento seria sinal mais de excesso individual que de falta institucional.

Na verdade, simplifiquei o argumento: não é qualquer tipo de reação emocional que antecipa e corrige seus desenvolvimentos posteriores, mas apenas reações emocionais socialmente validadas.[48] Elas são o que Smith propriamente denomina de *sentimentos*. O processo de validação social das reações emocionais individuais acontece em duas etapas diferentes, apesar de inseparáveis: *justificação* e *comunicação*.[49] Sobre o primeiro, Smith parte de uma ideia de Malebranche: "como o padre Malebranche observa, nossas paixões todas justificam a si mesmas, isto é, sugerem-nos opiniões que as justificam" (EPS, p.48). Obviamente, cada espécie de paixão exige um tipo peculiar de justificativa, mas todas elas têm o

48 Parte considerável da argumentação apresentada nos três próximos capítulos diz respeito às dificuldades envolvidas nesse processo de validação social. O ressentimento é o caso mais importante desse exame por dois motivos: seus signos externos são desagradáveis (o que nos predispõe a desaprová-los) e, como visto, ele está na base da virtude da justiça.

49 "Sentiments were feelings of which one is conscious, and on which one reflects. They were also events that connected the individual to the larger relationships in which he or she lived (the society, or the family, or the state)" (Rothschild, 2001, p.9). "Sociability depends upon the traffic not only of opinions, but of harmoniously organized feelings. Thus the particular importance of the term 'sentiment', a word which can stand for both, judgment and affection" (Mullan, 1988, p.7-8). Sobre a tradição sentimental do século dezoito em geral, ver também Bressenden (1974) e Barker-Banfield (1992). Sobre o conceito de sentimento em Hume (Malherbe, 2001, p.112-3, nota 3).

mesmo objetivo: serem compartilhadas.[50] Uma paixão ou emoção[51] que justifique a si mesma será uma excelente primeira definição de sentimento se dentro desse processo de justificativa se encontra também a comunicação:

> Se fosse possível que uma criatura humana vivesse em algum lugar solitário até alcançar a idade adulta*, sem qualquer comunicação com sua própria espécie, não poderia pensar em seu próprio caráter, a conveniência ou demérito de seus próprios sentimentos e conduta, a beleza ou deformidade de seu próprio espírito, mais do que na beleza ou deformidade de seu próprio rosto (TMS III.1.3, p.110; TSM, p.140).

Essa passagem associa explicitamente sociedade, comunicação e (auto)avaliação moral: alguém que crescesse em completo isolamento seria incapaz de julgar moralmente seus próprios atos (com a exceção da beleza de utilidade [TMS IV.2.12, p.192; ver cap.6]). O nome que Smith dá a esse processo de comunicação emocional é *simpatia*. Comunicar uma paixão ou afeto pode significar apenas

50 Smith retoma essa citação de Malebranche na *Teoria*: "Por essa razão [a saber, a alta intensidade das paixões no momento em que estamos prestes a agir], como diz o padre Malebranche, as paixões sempre se justificam a si mesmas, e parecem razoáveis e proporcionais a seus objetos, enquanto continuarmos as experimentando [*as long as we continue to feel them*]" (TMS III.4.3, p.157; TSM, p.190). O contexto da passagem (apresentação do autoengano) deixa claro que esse processo de justificação das paixões pode ser facilmente distorcido pelo amor de si. O débito de Smith em relação a Malebranche é um tema ainda praticamente inexplorado na literatura secundária.

51 Os termos *emoção* e *paixão* são usados de forma indistinta por Smith: "When the original passions of the person principally concerned are in perfect concord with the sympathetic emotions of the spectator" (TMS I.i.3.1, p.16). Em outra passagem ele fala em "sympathetic passions" (TMS I.ii.3.1, p.34). Ele não fala em emoção original, mas apresenta a reação do agente a uma situação como uma "emoção" (TMS I.i.1.6, p.11). Ele também apresenta o mesmo esquema, seja "the original and sympathetic feelings" (TMS III.3.35, p.152), como "the original sensations [...] the reflected or sympathetic images of those sensations" (TMS VI.ii.1.1, p.219), apesar de que, nessa última passagem o contexto claramente indica que ele fala de prazer e dor. Outra forma de ver esse uso indistinto é o seguinte: pesar e ressentimento são apresentados tanto como emoções (TMS I.i.2.5, p.15), quanto como paixões (TMS I.ii.3, p.34-8). O ressentimento também é apresentado como um sentimento (TMS II.i.1.2, p.68). Afeto (*affection*), por sua vez, tem o significado preciso de "habitual sympathy" (TMS VI.ii.1.7, p.220), no qual, contudo, ele se confunde com o sentimento (TMS III.6.2, p.171).

uma coisa: compartilhamento emocional. A tarefa fundamental da simpatia é compartilhar as reações emocionais individuais a uma situação em particular (i.e., o caso de alguém) ao maior número possível de espectadores. Um sentido interno particular gera uma reação emocional que busca ser compartilhada num processo em que ambos, agente e espectador, têm de lidar com um número enorme de obstáculos, demandando modulação dessa emoção em ambos os lados para que o objetivo seja alcançado.

A primeira definição de sentimento dada acima (uma paixão justificada) deve ser completada por uma segunda: sentimento é uma paixão comunicável. Como não há justificação sem comunicação (no duplo sentido de que é a comunicação que provê o objetivo da justificativa – se não for para comunicar, para que justificar? – e o critério dessa justificação – que tipo de espectador quero convencer?), igualmente não há comunicação sem justificação. Qualitativamente, a expressão primária da emoção apenas adquire sentido ao ser colocada num contexto particular (uma lágrima, por exemplo, pode significar tanto alegria quanto tristeza), especialmente através de sua articulação numa narrativa[52] (a lágrima escorre pelo rosto de uma menina cujo sorvete acabou de cair no chão). Quantitativamente, toda reação emocional primária deve ser modulada para que possa ser compartilhada (para que atinjam o seu tom [*pitch*] adequado, seu grau médio).[53] Sentimentos são, pois, *paixões justificadas e comunicáveis*. Justificadas porque comunicáveis, comunicáveis porque justificadas.

> Todos esses sentimentos [i.e., a noção de merecer recompensa ou a suspeita de uma merecida punição] supõem a ideia de algum outro ser que fosse o juiz natural [*natural judge*] da pessoa que os experimenta; e é apenas por simpatia com as decisões desse árbitro de sua conduta, que pode conceber ou o triunfo de aplaudir-se a si mesmo, ou a vergonha de condenar-se a si mesmo (TMS IV.2.12, p.193; TSM, p.236).

52 A dimensão narrativa da simpatia de Smith será analisada em pormenor nos próximos dois capítulos. Martha Nussbaum insiste nessa questão: "Emotions, we can now see, have a narrative structure. The understanding of any single emotion is incomplete unless its narrative story is grasped and studied for the light it sheds on the present response" (2001, p.236).

53 Isso será explicitado na apresentação da tipologia das paixões (TMS I.ii.intro.1, p.27; ver 2.4). O par qualidade/quantidade também nos acompanhará ao longo dos capítulos.

Finalmente, sentimentos também podem ser apresentados em sua dinâmica interativa com os sentidos internos. Os sentidos foram apresentados como a operação conjunta de sensibilidade, imaginação e razão envolvidas no processo de se sentir algo numa situação particular, como a origem da reação emocional a um contexto específico e concreto. Nos termos dessa seção, *sense* designa o processo de emergência e justificação dessa reação primária, essa última pressupondo a comunicação (mesmo se apenas como uma comunicação virtual). Dessa perspectiva, sentidos internos e sentimentos são os dois lados da mesma moeda.[54] Focar nos sentidos internos é insistir na dimensão individual, focar nos sentimentos significa jogar luz sobre a dimensão social (esse é o principal motivo pelo qual a simpatia adquire tanta importância para Smith). No entanto, eles são dois cortes possíveis do mesmo todo. Um verdadeiro sentido interno se faz sentir socialmente;[55] ao passo que, um verdadeiro sentimento estará justificado quando sentido.[56] Se quisermos brincar com os termos: sentidos internos são sentimentos agindo no indivíduo, ao passo que sentimentos são sentidos internos agindo em sociedade.

Essa interação permite a Smith advogar que a sociabilidade é predicado natural da humanidade, que a sociedade está inscrita em nossa natureza (Parte V da TMS como um todo). Ou, inversamente, pressupor que a sociabilidade natural tem como consequência essa concorrência mútua entre sentidos internos e sentimentos. Finalmente, focar nessa interação permite à "ciência da natureza humana" de Smith lidar com a particularização de princípios gerais[57] ao mostrar como

54 Como a definição dos sensos de mérito e demérito deixa claro: "o senso de mérito parece ser um sentimento composto, constituído de duas emoções distintas; uma simpatia direta com os sentimento do agente, e uma simpatia indireta com a gratidão de quem recebe o benefício de suas ações" (TMS II.i.5.2, p.74; TSM, p.90-91; e TMS II.i.5.4, p.75; TSM p.91-92). Jean Mathiot vê uma diferença de ordem prática entre eles : "Le sentiment n'est pas une pure réceptivité : il est affection du moi, certes, mais à travers un rapport à l'objet qui met en œuvre une activité du moi. Dans le sentiment, l'affection est une auto-affection, et par là est aussi une action de moi-même sur moi-même. La notion de sentiment reserve donc la signification pratique de la sympathie, ce que ne ferait pas la notion du 'sense'" (Mathiot, 1990, p.16-7).

55 Como o senso de superioridade de Luís XIV, por exemplo.

56 O exemplo mais interessante é o remorso (ver 5.2). Ali veremos que, ainda que a comunicação real não ocorra, a justificação pode estar inteiramente baseada em uma comunicação virtual (TMS III.2.9, p.118).

57 Sobre a 'ciência da natureza' de Smith, ver Berry (2012).

"sujeitos gerais" agem em "circunstâncias particulares."[58] Para Smith, sentimentos existem apenas para indivíduos sociais exercendo suas capacidades naturais (sensibilidade, imaginação, entendimento) ou, mais precisamente, sentimentos são produzidos por indivíduos em interação social de modo a serem sentidos, contestados, justificados, refinados e, por vezes, até mesmo admirados.

58 Para essa questão em Hume, ver Deleule (1978, cap.6). Do ponto de vista epistemológico, a interação entre generalidade e particularidade está a cargo das noções de *espécie* e *caráter* (ver Introdução; 1.2; 6.6).

II. Simpatia e imaginação

'Tis sweet to feel by what fine-spun threads our affections are drawn together.
Laurence Sterne, A sentimental journey,
The fille de chambre – Paris

São intransmissiveis todas as impressões salvo se as tornamos literárias.
Fernando Pessoa, Livro do desassossego, 266

1. O termo simpatia

Etimologicamente, *simpatia* vem do grego συμπαθεια (*sumpatheia*) que é composto pelas partes *sum* (com, juntamente) e *pathos* (o que se experimenta, no sentido de sensação/emoção/paixão). Simpatizar significa, portanto, "sentir em conjunto" ou, mais simplesmente, "com paixão". A respeito dessa palavra Smith aponta que o uso corrente em língua inglesa no século XVIII era mais comum a casos em que há compartilhamento ou comunicação de paixões e sentimentos envolvendo dor e sofrimento, compaixão em um sentido mais restrito.[1]

1 Isso vale para o termo em inglês *sympathy*. De acordo com o *Dicionário* de Samuel Johnson, *sympathy* possuia o significado mais abrangente que Smith procura destacar: "Fellow feeling, mutual sensibility; the quality of being affected by the affection of another" assim como o verbo *To sympathize*: "To feel with another; to feel in consequence of what another feels, to feel mutually" (1755, p.2009). Em português, *simpatia* apresenta um campo semântico próximo ao defendido por Smith. De acordo com o *Houaiss*, os significados mais relevantes à nossa discussão são os seguintes: 1) afinidade moral, similitude no sentir e no pensar que aproxima duas ou mais pessoas; 2) relação que há entre pessoas que, tendo afinidades, se sentem espontaneamente atraídas entre si; 3) impressão agradável, disposição favorável que se experimenta em relação a alguém que pouco se conhece; 4) estado afetivo próximo ao amor; 5) faculdade de compenetrar-se das ideias ou sentimentos de outrem; 6) atração por uma coisa ou uma ideia. Ele também se refere 7) à boa disposição em atender solicitações e 8) à pessoa que costuma ser agradável e afável e 9) a uma forma de interpelação ("como vai, simpatia?") e 10) à ação (observação de algum ritual, uso de determinado objeto etc.) praticada supersticiosamente com finalidade de se conseguir algo que se deseja. Ele também tem significados técnicos na medicina e na psicologia. Já para o *Aurélio*, simpatia significa: 1) tendência ou inclinação que reúne duas ou mais pessoas; 2) as relações entre pessoas que

Simpatizo com meu colega que recentemente perdeu a mãe, compartilhando sua dor. Contudo, Smith enfatiza que

> Piedade e compaixão são palavras que com propriedade denotam denotam nossa solidariedade [*fellow-feeling*] pelo sofrimento alheio. Simpatia, embora talvez originalmente sua significação fosse a mesma, pode agora ser usada, sem grande impropriedade, para denotar nossa solidariedade com qualquer paixão (TMS I.i.1.5, p.10; TSM, p.8).

O uso corrente (mais restrito porque circunscrito à partilha de sentimentos dolorosos) esconde o significado mais amplo, precisamente aquele que Smith quer trazer à tona desde o início de sua *Teoria*:

> Por mais egoísta que se suponha o homem, evidentemente há alguns princípios em sua natureza que o fazem interessar-se pela fortuna* dos outros, e considerar a felicidade deles necessária para si mesmo, embora nada extraia disso senão o prazer de assistir a ela (TMS I.i.1.1, p.9; TSM, p.5).

instintivamente se sentem atraídas entre si; 3) sentimento caloroso e espontâneo que alguém experimenta em relação a outrem; 4) primeiros sentimentos de amor; 5) faculdade de compartilhar as alegrias e tristezas de outrem; 6) atração que uma coisa ou uma ideia exerce sobre alguém. Nos sentidos que aqui nos interessam, a simpatia opõe-se tanto à indiferença frente ao que outros sentem, a insensibilidade no sentido do inglês *callousness*; quanto à antipatia. Ele também se relaciona com o termo mais recente (de final do séc. XIX) e técnico de empatia (que tem o mesmo significado que o inglês *empathy* – cuja origem em inglês data de 1909 como a tradução do alemão *Einfühlung*, que, por sua vez, foi forjado no início do século XIX para traduzir o inglês/francês *sentimental*): experiência vicária da sensação/emoção/paixão/sentimento/estado de espírito/pensamento de outrem. O traço comum em todos esses significados é a dimensão do contágio. No Brasil o uso mais comum da palavra é em sua forma adjetiva: fulano de tal é simpático; principalmente no sentido de agradável e/ou aprazível. Na França o adjetivo "sympathique", ou sua forma reduzida "sympa" também é mais utilizado nesse último sentido – desde, ao menos a década de 1870, a fiarmo-nos em Henry James: "They have a great expression here [in Paris], you know; they call it 'sympathetic.' Everything is sympathetic—or ought to be" (The American, cap.25, 1877). Para uma história do uso desse termo e das várias teorias a ele associadas, de Aristóteles a Smith, ver o trabalho de Cunningham (1999).

Piedade e a compaixão são provas desse traço natural, uma vez que mesmo "o maior rufião, o mais empedernido infrator das leis da sociedade, não é totalmente desprovido desse sentimento" (

). Mesmo um indivíduo com essas características, ao observar ou assistir o que se passa com alguém em uma situação de tristeza irá simpatizar com essa pessoa. Smith a denomina de "pessoa principalmente atingida ou diretamente afetada [*person principally concerned*]" (TMS I.i.1.4, p.10), por vezes de "agente" (TMS II.i.3.1, p.71) e mesmo de "ator" (TMS VI.concl.6, p.264), a saber, a pessoa que vivencia em primeira mão a situação em questão. Do outro lado, aqueles que a assistem serão chamados de "espectadores" (TMS I.i.1.4, p.10) ou "observadores" (TMS I.iii.3.2, p.62) e, em algumas situações, "ouvintes" (TMS I.iii.1.12, p.47).

A questão de abertura da *Teoria* é saber como podemos ver a felicidade alheia, isto é, um estado emocional e, portanto, invisível. Em termos gerais: como podemos sentir o que os outros sentem?

2. Simpatia e imaginação

As emoções alheias (tristeza, alegria) não são visíveis, mas, seus sinais externos, (choro, riso) o são, a ponto da observação desses últimos ser frequentemente acompanhada pelo surgimento de uma emoção análoga no espectador:

> Em algumas ocasiões, a simpatia parece surgir da mera visão de certa emoção em outra pessoa. Em algumas ocasiões, as paixões parecerão transfundidas [*transfused*] de um homem a outro instantaneamente, previamente a qualquer conhecimento do que as estimulou na pessoa primeiramente atingida (TMS I.i.1.6, p.11; TSM, p.8).

Smith começa criticando uma espécie de explicação da simpatia pela leitura dos sinais externos das emoções, como se fosse possível inferir o estado de espírito de outra pessoa através da visão de expressões faciais e de gestos.[2] É verdade que,

2 Os principais alvos de Smith são dois: algumas formulações de David Hume no Livro II do *Tratado da natureza humana*, de 1739-40 (veremos esses trechos nas seções abaixo) e a "linguagem de ação" de Condillac, que serve de ponto de partida e fundamento de sua teoria genética da linguagem e do conhecimento humanos, apresentada no *Ensaio sobre a origem dos conhecimentos humanos*, de 1746 (ver Parte II, caps. 1 a 8).

em várias situações, a mera observação de dor ou alegria "intensamente expressas no olhar ou gestos" pode ser sucedida pelo surgimento da mesma emoção no observador, mas "isso não é universalmente válido, ou válido para todas as paixões". Um primeiro problema desse tipo de explicação é a falta de generalidade. Isso, por si só, seria suficiente para colocar em questão esse tipo de teoria, mas Smith aponta ainda um segundo e um terceiro problemas. Como de praxe nas obras de Smith, eles são explorados (sem serem devidamente diferenciados) a partir de um exemplo: "o comportamento furioso de um homem irado" é mais propenso a gerar aversão ou mesmo medo que nos incitar a compartilhar a emoção que está sendo expressa. Em princípio, estaríamos lidando apenas com o primeiro problema: há um tipo de emoção cujos sinais externos não sugerem a emoção de base. A continuação do texto nos apresenta o segundo problema: nesse caso, é mais provável que simpatizemos com o "medo ou ressentimento" daquele que é o alvo de sua ira, ao invés de simpatizar com ele. O nó da questão é que não sabemos o que motivou esse comportamento (TMS I.i.1.7; TSM, p.8; cf. LJB, p.527). Nesse tipo de caso, a mera observação do comportamento ou de sinais externos da reação emocional de uma pessoa não é suficiente para inferirmos algum tipo de conhecimento a respeito de sua motivação (o porquê de sua ira) e, portanto, não temos como simpatizar com ela de imediato. Enquanto observarmos apenas os sinais externos do que ocorre internamente, não teremos acesso às causas da ação (não saberemos a motivação do agente). Pior ainda, aqui o terceiro problema, ao destacar a possibilidade de simpatizarmos com o ressentimento daquele que sofre a ira do agente, Smith remete à sua teoria da justiça (ver 1.5, 4.1-2 e 5.2). Contra aqueles que acreditam que a simpatia opere inteiramente (ou mesmo principalmente) a partir da observação dos sinais externos das emoções Smith aponta que, por não ser geral o suficiente, a mera observação dos sinais externos e inferência a partir deles da emoção do agente pode nos induzir não apenas a erros, mas à injustiça. Sem saber o porquê da ira desse primeiro agente contra um segundo não temos como formular um juízo a respeito da conveniência de sua atitude. Ao julgar incorretamente a ira desse agente, o perigo é acabar ofendendo-o (por simpatizar com um ressentimento sem fundamento). A solução para esses três problemas (i. falta de generalidade, ii. impossibilidade de estabelecimento da motivação e iii. possibilidade de injustiça contra o agente) é a mesma, o recurso à imaginação:

> Embora nosso irmão esteja sendo torturado, enquanto nós mesmos estamos tranquilos, nossos sentidos [*senses*] jamais nos informarão sobre o que ele sofre. Pois não podem, e jamais poderão, levar-nos para além de nossa própria pessoa, e apenas pela imaginação nos é possível conceber em parte quais as suas sensações [*sensations*] (TMS I.i.1.2, p.9; TSM, p.6).

Por si só, o conjunto de nossos sentidos (externos e internos) não pode nos levar para além de nós mesmos. Esse ponto é de fundamental importância e retornaremos a ele inúmeras vezes, por ora, basta destacar que a filosofia moral de Smith tem como ponto de partida lógico o indivíduo em sua corporeidade (ver cap.3).[3] Para superar a estreiteza da reação emocional individual é preciso que a imaginação entre em cena, projetando-nos para além de nossa situação presente. Mas como isso é possível?

> Tampouco essa faculdade nos pode ajudar senão representando para nós as próprias [sensações] se nos encontrássemos em seu lugar. Nossa imaginação apenas reproduz [*copy*] as impressões de nossos sentidos, e não as alheias. Por intermédio da imaginação podemos nos colocar no lugar do outro, concebemo-nos sofrendo os mesmos tormentos, é como se entrássemos no corpo dele e de certa forma nos tornássemos a mesma pessoa, formando, assim, alguma ideia das suas sensações, e até sentido algo que, embora em menos grau, não é inteiramente diferente delas (*ibidem*).

Na *Introdução* apresentamos a imaginação como a faculdade que liga fenômenos dispersos através da comparação e da conjectura. Aqui, ela é definida como

3 Como Leonidas Montes aponta, a etimologia de *propriety* já sugere esse enquadramento "Propriety has its etymological roots in the Latin *proprius*, which entails the idea of something not common when compared with other things, something peculiar, or of something belonging to one only. In relation to this last definition it also refers to one's own, to a possession, and therefore its obvious link to 'property'. In fact, the word *proprietas* is the Latin word for the Greek *idiotes*, which derives from *idios* (the Latin equivalent of *proprius*), one's own, pertaining to oneself. *Idios* also relates to private interests in opposition to the public, implying also the notion of private property for the Greeks. [...] In the English, the word 'propriety', breaking away from the word 'property', acquired a moral connotation, suggesting correct behavior, that is, what the proper thing to do is" (2004, p.98-9).

a faculdade humana capaz de nos colocar no lugar de outrem – através de uma *conjectura* do que sentiríamos se fossemos essa outra pessoa na situação em questão – e de decidir a respeito da adequação ou não de sua reação emocional – através de uma *comparação* entre o que ela sente e o que sentiríamos em seu lugar. A imaginação simpática é uma espécie do gênero imaginação, a saber, aquela que conjectura sobre outros seres humanos em situações específicas e que compara a reação emocional imaginária com a observada.[4] Para Smith, somos capazes de nos imaginar nas mais variadas situações e de assumir os mais variados papéis (podemos nos imaginar como personagens históricos ou mesmo fictícios, podemos inclusive nos imaginar como animais e objetos inanimados), vivenciando sua experiência de forma representada. O resultado dessa representação da situação alheia, contudo, é semelhante ao de uma vivência imediata dessa situação particular: "assim incorporadas em nós mesmos, adotadas e tornadas nossas, suas agonias começam finalmente a nos afetar" (*ibidem*). O resultado esperado da atuação correta desse mecanismo simpático (que, como podemos entrever, envolve um grande esforço por parte do espectador) é a sensação de *afinidade* ou *solidariedade* [fellow-feeling] e que, em seu primeiro grau, ainda concreto e dizendo respeito a um afeto particular, caracteriza-se por ser "uma emoção análoga brota no peito de todo espectador atento [*attentive spectator*] ao pensar na situação das outras" (TMS I.i.1.4, p.10; TSM, p.7). Como Smith fala também em uma "solidariedade geral [*general fellow-feeling*]" (TMS II.ii.3.11, p.90; ver 2.5 e 3.7) não é inútil distinguir entre esse primeiro nível, mais simples, de funcionamento da simpatia daqueles mais complexos e refinados (que demandam uma maior educação moral, em especial, para superar exigências egoístas e a parcialidade do indivíduo [ver cap.3]).[5]

Smith insiste que, mesmo em casos onde a transfusão de sentimentos é imediata (como no caso da visão de um sorriso), essa afinidade depende de imaginarmos situações concretas que poderiam ter provocado a emoção em questão. O sorriso nos sugere "a ideia geral de alguma boa fortuna* [*fortune*] que sucedeu

4 Há um problema com o último elemento dessa formulação, ao qual retornaremos na seção 6.

5 A expressão *fellow-feeling* comporta uma aliteração que é impossível de ser traduzida. A opção da tradução brasileira por *solidariedade* é boa, a despeito da conotação de benevolência que o termo assume em algumas ocasiões. *Afinidade* [*afinité*] é a opção da mais recente tradução francesa (1999). Ela tem a vantagem de ser mais neutra em relação à benevolência, mas também não recobre todos os sentidos da expressão original. Para evitar mal-entendidos, ao longo desse livro, sempre indicaremos o uso desse termo com a expressão em inglês entre colchetes.

à pessoa em quem as observamos", mas que ainda não sabemos qual é. Isso torna essa simpatia incompleta, uma vez que, enquanto não soubermos qual é sua causa, apenas a ideia geral da emoção será transmitida. Nesse caso, "mesmo nossa simpatia pela dor ou alegria de outrem [...] é sempre muito imperfeita", incitando mais nossa "curiosidade" e "alguma disposição de simpatizar" do que uma emoção análoga em nosso peito (TMS I.i.1.8-9, p.11; TSM, p.8-9).

A conclusão do raciocínio de Smith: "a simpatia não surge tanto de contemplar a paixão, como da situação que a provoca" (TMS I.i.1.12, p.12; TSM, p.9). Seu argumento para provar tal asserção é dado a partir de quatro exemplos. O primeiro consiste naquilo que contemporaneamente denominamos de *vergonha alheia*: aquelas situações em que sentimos algo que a pessoa observada não sentiu (seja por despudor, seja por rudeza de sensibilidade) "embora ela mesma pareça nem suspeitar da impropriedade de seu comportamento, [...] não podemos evitar de sentir [o] constrangimento que nos invadiria se nos portássemos de maneira tão absurda*" (TMS I.i.1.10, p.12; TSM, p.9). O segundo caso, da *loucura* entendida enquanto perda da razão, aprofunda a ideia de que a simpatia não é resultado do reflexo especular de uma emoção efetivamente sentida pelo agente. A "angústia" que sentimos ao nos depararmos com tal cena "não pode, pois, ser reflexo de nenhum sentimento do sofredor. A compaixão do espectador tem de surgir da consideração que ele próprio sentiria se fosse reduzido à mesma infeliz situação" (TMS I.i.1.11, p.12; TSM, p.10). O terceiro exemplo é o de uma mãe agoniada com o sofrimento de seu bebê doente, apesar dele não ser capaz de expressá-lo, tampouco de projetar as terríveis consequências possíveis de sua situação:

> Na sua ideia do que a criança está sofrendo, ela soma ao real desamparo da criança sua própria consciência desse desamparo, e seu próprio terror das consequência desconhecidas dessa perturbação [...]. O bebê, entretanto, sente apenas o desconforto do momento presente, que nunca pode ser muito grande (TMS I.i.1.12, p.12; TSM, p.10).

Em certo sentido, apenas a imaginação é capaz causar sofrimentos e tormentos duradouros: tão logo é curada, uma dor de dente é rapidamente esquecida. Inveja e angústia, por outro lado, são companheiras de vida (TMS I.ii.1.8, p.29;

cf., a crítica de Smith a Epicuro como um todo em VII.ii.2, mas especialmente VII.ii.2.12, p.297-8).

Essa capacidade de nos imaginarmos nas mais diversas situações é tão poderosa, eis o quarto e derradeiro exemplo, que somos capazes de simpatizar inclusive com os *mortos*, mesmo tendo completa consciência de que eles não são mais capazes de qualquer tipo de sensação ou emoção:

> A ideia dessa terrível e interminável melancolia, que a imaginação naturalmente atribui à condição [de alguém morto], origina-se de associarmos, à mudança que se produziu sobre eles, nossa própria consciência dessa mudança; origina-se de nos colocarmos em seu lugar e, se me permitem a expressão, de alojarmos nossas almas vivas em seu corpos inanimados, concebendo assim quais seriam nossas emoções nesses casos (TMS I.i.13, p.12-3; TSM, p.11).

Não à toa, pois, Smith denomina essa conjunção inusitada de alma própria e corpo alheio de uma "ilusão da imaginação" e que estaria na origem de nosso temor da morte (*ibidem*). Todos esses casos insistem na necessidade de um engajamento efetivo (não necessariamente consciente, mas que pode o ser) da parte do espectador, deixando claro que, para Smith, simpatia é menos uma questão de contágio passional involuntário que de esforço imaginário. A esse respeito, não me parece exagero apontar que a teoria moral de Smith se funda em uma imaginação simpática ou, invertendo os termos, uma simpatia imaginativa – ainda que tais expressões não sejam de autoria de Smith, mas de uma leitora atenta de sua obra, George Eliot.[6]

6 Em *As impressões de Theophrastus Such* (1879) ela faz menciona uma "sympathetic imagination"; já em *Daniel Deronda* (1870) ela usa a expressão inversa, "imaginative sympathy." Essa última expressão é igualmente utilizada por Oscar Wilde em *De profundis*, de 1897, para caracterizar os atos de Cristo: "He realised in the entire sphere of human relations that imaginative sympathy which in the sphere of Art is the sole secret of creation." O desenvolvimento dessa faculdade não está longe de alguns aspectos da "erudição da sensibilidade" de que fala Fernando Pessoa no *Livro do Desassossego* (2013, 307, p.366-69). Kenneth Maclean utiliza essa expressão (sem apontar de onde ele a retirou) num artigo em que comenta as semelhanças no tratamento da simpatia e da imaginação em Smith e Laurence Sterne (1949). Ela também é utilizada por Walter Bate num artigo sobre a crítica literária britânica do século XVIII (1945). Mais recentemente Sotirios Paraschas a recuperou num

Tais casos extremos mostram que a simpatia ocorre mesmo na ausência de uma emoção original, seja porque o agente não emprega corretamente suas faculdades (1º caso), porque não as possui (2º caso), porque ainda não as desenvolveu (3º caso) ou porque cessou de ter a capacidade de empregá-las (4º caso). Eles também apontam que a simpatia em sentido estrito, o primeiro nível de *fellow-feeling*, é resultado da capacidade conjectural e projetiva de nossa imaginação, vale dizer, da simpatia em sentido amplo, como o mecanismo imaginário que nos coloca na situação de outrem. Se quiséssemos, seria possível reservar os termos *simpatético* para o mecanismo e *simpático* para o resultado. Porém, ainda que, de um ponto de vista analítico, seja fundamental distinguir esses dois momentos, apenas "uma afeição supersticiosa a certas formas de expressão" negaria a possibilidade e a exploração dessa ambiguidade própria ao termo:[7] a simpatia é tanto o mecanismo de comunicação quanto o seu bom resultado, a emoção compartilhada e a sensação do compartilhamento. A simpatia é, ao mesmo tempo, meio e fim dessa comunicação. Ela é tanto o objetivo a ser alcançado (a boa comunicação emocional) quanto o instrumento para alcançá-lo (a própria comunicação). E, como visto ao final do capítulo anterior, a comunicação é parte constitutiva do processo de justificação das paixões (ao menos para seres sociais, como nós humanos) e sentimento é o nome do resultado desse duplo processo.

3. Limites da simpatia

Apesar da naturalidade desse mecanismo imaginário que está na base da simpatia, ele não opera sempre do mesmo modo e com a mesma intensidade. Há casos em que ele simplesmente não opera (mais comuns do que uma leitura isolada da primeira parte da obra faria suspeitar). Mesmo que o espectador se esforce ao máximo para simpatizar com o sujeito da situação, busque todas as informações disponíveis e tome o tempo necessário para ponderar mesmo sobre

livro sobre Balzac e Eliot (2013). No Brasil, Eduardo Correia faz uso dessa expressão ao comentar TMS I.i.1.2, p.9 (2001, p.96). Charles Griwold, por sua vez, formula a expressão mais restrita "spectatorial imagination" para dar conta desse mecanismo (1999, p.83-96). Por motivos que ficarão claros ao longo desse e do próximo capítulo, prefiro as expressões mais abrangentes de Eliot.

7 A expressão é do próprio Smith, ao comentar algumas críticas dirigidas a Hutcheson (TMS VII.iii.2.9, p.320; TSM, p.399).

as menores circunstâncias, isto é, ele seja o que Smith denomina de "espectador atento" (TMS I.i.4.4 e 6), a simpatia esbarra sempre em sua principal limitação, sua natureza imaginária:

> Mas depois de tudo isso as emoções do espectador muito provavelmente ainda não alcançarão toda a violência do que o sofredor sente. Embora naturalmente simpáticos*, os homens* nunca concebem o que sobreveio a alguém com aquele grau de paixão que naturalmente anima a pessoa atingida. Essa mudança imaginária de situação, sobre a qual se baseia sua simpatia, é apenas momentânea. O pensamento de sua própria segurança, o pensamento de que é eles próprios não são os verdadeiros sofredores, constantemente se intromete* [*intrudes itself upon*]; e embora não os impeça de conceber uma paixão em alguma medida* [*somewhat*] análoga à que experimenta o sofredor, impede-o de concebê-la com o mesmo grau de violência.* (TMS I.i.4.7, p.21-2; TSM, p.22).

Essa diferença de intensidade impede a identificação dos afetos original e simpático e os mantém numa relação analógica. Ela é sentida por ambos os envolvidos no julgamento moral e acaba por movê-los em direção ao mesmo objetivo, qual seja, o acordo de uma "simpatia* mais completa", alcançada pela "concordância total dos afetos", marcada pelo encontro de um tom e ritmo comuns às duas emoções. Para tanto o agente da situação deve "rebaixar sua paixão até aquele limite em que os espectadores são capazes de acompanhar [*going along with him*]". Por seu turno, o espectador busca o sentido inverso, isto é, intensificar seu sentimento simpático em direção a essa almejada harmonização. Contudo, o que os espectadores sentem "sempre será, de fato, em alguns aspectos, diferente" do que sente o agente:

> [a] compaixão jamais será exatamente idêntica à dor original, uma vez que a consciência secreta de que a mudança de situações, da qual se origina o sentimento simpático*, é apenas imaginária, não apenas a reduz em grau, mas, em certa medida, altera seu gênero [*varies it in kind*], dando-lhe uma modificação bastante diferente (*ibidem*, p.22; TSM, p.22).

O que parecia ser mera diferença de intensidade se desdobra em uma diferença de gênero ou de tipo. Isso, porém, não impede que a modulação dos sentimentos original e simpático atinjam "uma tal correspondência mútua que é suficiente para a harmonia da sociedade.* Embora nunca sejam uníssonos, podem ser concordes, e isso é tudo o que se exige ou de que se carece" (*ibidem*). Além de não precisar ser perfeito, tal acordo é facilitado pela constante troca de posição entre agente e espectador(es), de tal modo que o primeiro possa se imaginar na posição de espectador de si mesmo e assim conceber uma paixão imaginária e simpática de sua própria situação.

> E como a paixao refletida [*reflect passion*] que ele assim concebe é muito mais débil [*weaker*] que a original, necessariamente reduz a violência do que sentia antes de estar em presença dos espectadores, antes de começar a lembrar de que maneira seriam afetados, e antes de considerar sua própria sob essa luz franca e imparcial (TMS I.i.4.8, p.22; TSM, p.23).

Retomaremos essa paixão refletida nas seções 5 a 7. Por ora, convém destacar que conforme aumenta a distância afetiva entre agente e espectador decresce a expectativa de simpatia. A um amigo podemos contar os mais minuciosos detalhes de determinada situação e de nossa reação emocional, de modo que sua mera presença já restaura algum grau de tranquilidade e calma. A um mero conhecido não podemos ser tão abertos e, "por isso, fingimos [*assume*] mais tranquilidade". Finalmente, diante de um grupo de estranhos esperamos ainda menos simpatia e devemos fingir "uma tranquilidade ainda maior" e buscar reduzir ainda mais a paixão a um nível aceitável. Esse fingimento, contudo, não é um ardil ou embuste e, dependendo do caso, pode ser o melhor instrumento para a virtude: "Não se trata apenas de uma aparência fingida [*assumed appearance*], pois se formos inteiramente senhores* de nós mesmos [*masters of ourselves*], a presença de um mero conhecido realmente nos deixará compostos [...]" (TMS I.i.4.9, p.22-3).

Essa primeira limitação da simpatia, a saber, a variação de tipo entre a emoção original e a emoção simpática, traz duas consequências: uma *duplicação* da reação emocional primária por uma paixão refletida, formada a partir da internalização de um ponto de vista externo, e a necessidade de se buscar uma espécie de *atuação*, como se para viver em sociedade fosse preciso ser, em alguma medida, ator.

A segunda dificuldade a ser superada se encontra na natureza da emoção a ser replicada pelo observador:

> Ademais, seja do espírito ou do corpo, a dor é uma sensação mais pungente do que o prazer, e nossa simpatia* com a dor, embora seja inferior ao que naturalmente o sofredor sente, é em geral uma percepção mais viva e distinta do que a nossa simpatia pelo prazer, embora [...] essa última se aproxime mais da vivacidade natural da paixão original (TMS I.iii.1.3, p.44; TSM, p.52).

Retoma-se aqui o problema da intensidade da sensação, qualificando-o. Se é verdade que toda sensação compartilhada pelo espectador não apenas é de outra natureza (imaginária), mas ela é também sempre mais fraca que a original, esse problema é mais agudo no caso em que a sensação original é dolorosa. A maior pungência da dor faz dela uma percepção mais forte e viva no peito do agente, dificultando ainda mais o já intricado trabalho da imaginação simpática. Contudo, devido ao compartilhamento da sensação dolorosa, ainda que em menor grau, o espectador também sente a pungência desagradável. Sabendo disso todo espectador passará a tentar evitar simpatizar com agentes envolvidos em situações dolorosas:

> Acima de tudo, frequentemente lutamos para inibir nossa simpatia pelo sofrimento alheio. Sempre que não estamos sob o olhar do sofredor, tentamos para nosso próprio bem suprimi-la o máis possível, e nem sempre somo bem sucedidos. A oposição que fazemos a essa simpatia, e a relutância com que nos rendemos a ela, necessariamente nos obrigam a pretar-lhe uma atenção mais particular (TMS I.iii.1.4, p.44; TSM, p.52).

Eis a causa daquela ambiguidade própria à palavra simpatia, que faz com que tendamos a restringi-la ao compartilhamento de sensações dolorosas e de sofrimento: a maior pungência da sensação dolorosa que o espectador compartilha faz com ele volte sua atenção a ela. Trata-se da mesma situação que provê a cobertura terminológica para teorias moralistas como a de Mandeville: apenas os casos extremos ou desagradáveis de determinadas paixões chamam nossa atenção a ponto de serem nomeados (TMS VII.ii.4.11, p.311-2). O que não ocorre nos casos de compartilhamento de sensações prazerosas, onde "nunca temos a oportunidade de exercer essa oposição sobre a simpatia" (TMS I.iii.1.4, p.44). A distinção entre sensações prazerosas e dolorosas perfaz o primeiro nível da questão da qualidade das emoções, mas não a esgota.

4. Tipos de paixões

Além da diferença entre sensações prazerosas e dolorosas, a questão da intensidade emocional recebe uma segunda qualificação, de acordo com o tipo da paixão a ser comunicada. Para que a simpatia possa ocorrer é preciso que a emoção a ser compartilhada esteja num grau adequado para esse compartilhamento. Esse grau é apresentado por Smith como um grau médio ou mediania:[8] nem muito baixo (a ponto de não ser escutado), nem muito alto (a ponto de ensurdecer todos ao redor). É em torno desse grau médio, diferente para cada emoção, que Smith organizará sua tipologia:

> essa mediania em que consiste a conveniência é diferente em diferentes paixões. Em algumas é intensa, baixa em outras. [...] As primeiras são as paixões pela quais, por algum motivo, há pouca ou nenhuma simpatia; as outras são as que por outras razões, ela é a maior possível*. E se analisarmos todas as diferente paixões da natureza humana, descobrimeremos que são consideradas deecntes ou indecentes na proporção exata da maior ou menor disposição da humanidade a simpatizar com elas (TMS I.ii.intro.2, p.27; TSM, p.29-30).

8 Como Smith aponta, é em Aristóteles que ele busca os elementos para sua teoria da mediania ou do grau médio: "De acordo com Aristóteles, a virtude consiste no hábito da mediania [*mediocrity*], conforme a reta razão. Toda a virtude particular, segundo ele, reside numa espécie de meio entre dois vícios opostos, doas quais um ofende por ser excessivamente, outro por ser insuficientemente afetado por uma espécie particular de objeto. [...] É desnecessário observar que essa descrição da virtude guarda uma correspondência bastante precisa com o que acima se disse a respeito da conveniência e inconveniência da conduta" (TMS VII.ii.1.12, p.270-1; TSM, p.340). Sobre a teoria da *mesotes* em Aristóteles, ver a tradução e comentário de Marco Zingano (que prefere *mediedade*), para o trecho da *Ethica Nichomachea* dedicado à virtude moral (Aristóteles, 2008). David Levy sugere interpretá-lo, estatisticamente, não como a média, mas como a mediana da população (2001, p.235).

Focar no grau médio como aquele em que a simpatia ocorre significa, primeiro, ver as paixões como contínuos, cada uma com um ponto privilegiado de mais fácil compartilhamento (que aparece como um tipo de norma não estatística, pois não é necessário que ele seja o caso mais comumente observado, ao contrário, trata-se do ponto ótimo de simpatia para cada paixão em particular) e, segundo, compreender os extremos (falta e excesso) como limites, a partir dos quais a simpatia não pode mais ocorrer (casos que Smith denomina de "extravagantes" [TMS I.i.3.9, p.18-9]). A partir da delimitação desse ponto em cada caso particular, é possível então agrupá-las por semelhança estabelecendo uma tipologia. A tipologia de Smith contém cinco espécies de paixões: a. as que se originam no corpo (apetites); b. as que se originam num hábito ou pendor (*turn*) da imaginação; c. as sociáveis; d. as insociáveis e; e. as egoístas.

a. Paixões corpóreas

O primeiro tipo são aquelas originadas no corpo. De modo geral, os apetites estão diretamente ligados à conservação dos indivíduos e da espécie e dirigem nosso comportamento em diversas situações, geralmente de modo pré-reflexivo, de modo que os conhecimentos aí empregados podem ser lidos como preconcepções (ver 1.2c).

Toda manifestação muito intensa dessas paixões – fome e desejo sexual são os exemplos de Smith (TMS I.ii.1-2) – são indecorosas e passíveis de censura devido à dificuldade de atuação do mecanismo simpático (TMS I.ii.1.3). O não compartilhamento da fome extrema por aqueles ao redor de alguém que acabou de encontrar uma mesa farta após dias sem comida, por exemplo, torna sua conduta indecorosa. Mas mesmo aí há "algum grau de simpatia", visível, por exemplo, quando lemos relatos de fome extrema, "mas como ler essa descrição não nos faz sentir fome, nem mesmo nesse caso pode-se dizer propriamente que simpatizamos* com a fome deles" (TMS I.ii.1.1, p.27-8; TSM, p.30). Na realidade, o único indivíduo que poderia simpatizar plenamente com alguém nessas situações (alguém em situação de fome extrema, ou desejando perdidamente a mesma pessoa) provavelmente estará mais interessado em procurar comida ou conseguir a pessoa desejada antes do rival do que em simpatizar com ele. Devido a essa dificuldade em encontrar quem simpatize com essas paixões corpóreas, o agente deve buscar diminuir sua intensidade, através do controle (*command*) sobre elas, num esforço que pode seguir regras de prudência ("cuidados com saúde e fortuna") ou de temperança ("confina-los dentro dos limites exigidos pela graça, conveniência, delicadeza e modéstia") (TMS I.ii.1.4, p.28; TSM, p.31).

b. Amor

A situação é diferente quando as paixões a serem compartilhadas têm origem na imaginação. Dessas, as mais próximas das paixões corpóreas são as que "se originam de um pendor ou hábito particular da imaginação", isto é, de alguma idiossincrasia que, por ser individual ou própria a apenas um pequeno grupo de pessoas, "suscitam pouca simpatia" (TMS I.ii.2.1, p.31; TSM, p.35). O caso mais relevante aqui é o amor:

> Como nossa imaginação não correu pelo mesmo canal que a do apaixonado, não podemos compartilhar da ansiedade de suas emoções. [... S]e ele está apaixonado, embora possamos julgar sua paixão tão razoável quanto qualquer outra, nunca nos sentimos obrigados a conceber uma paixão do mesmo tipo, e pela mesma pessoa pela qual ele a concebeu (*ibidem*).

Apesar de serem altamente idiossincráticas, paixões como o amor possuem traços gerais capazes de permitir a simpatia, uma vez que podemos facilmente nos imaginar em situação semelhante, terminando por partilhar as emoções que tal situação excita:

> Interessa-nos não como uma paixão, mas como uma situação que proporciona novas paixões que nos interessam, a saber, esperança, medo e aflições de todos os tipos – do mesmo modo como, numa descrição de viagem marítima, não é a fome que nos interessa, mas a aflição causada por essa fome (TMS I.ii.2.2, p.32; TSM, p.36).

O amor deixa claro que aquilo que nos interessa na vida em sociedade são as "paixões secundárias", isto é, as emoções de segunda ordem que afloram a partir de outras emoções ou de situações. Todo nosso interesse em romances, novelas e mesmo cenas amorosas é daí derivado, uma vez que "é apenas com essas paixões secundárias que podemos propriamente simpatizar" (TMS I.ii.2.4, p.33; TSM, p.37). Devido a essas paixões que geralmente acompanham o amor (humanidade, generosidade, bondade, amizade, estima), somos capazes de diminuir a sensação desagradável que acompanha toda manifestação excessiva do mesmo e inclusive de "aprová-lo [*support it*] em nossa imaginação", terminando por simpatizar com o amante (TMS I.ii.2.5, p.33; TSM, p.37).

Na realidade, a incapacidade em simpatizar com o amor é um desses momentos em que um excesso quantitativo se desdobra numa diferença qualitativa: o julgamento do apaixonado a respeito do objeto amado e a realidade desse objeto estão em uma relação de "desproporção extravagante [*extravagantly disproportioned*]" (TMS I.ii.2.5, p.33; TSM, p.37). Uma desproporção extravagante porta em si algo a mais que uma simples diferença de grau ou de intensidade, algo a mais que pode ser tornar objeto de riso:

> A paixão parece a todos, menos para o homem que a sente, inteiramente desproporcional com o valor do objeto; e, embora se perdoe o amor em certa idade, porque o sabemos natural, é sempre risível, já que não partilhamos dele. Todas as suas graves e intensas expressões parecem ridículas para uma terceira pessoa; e, embora um apaixonado possa ser boa companhia para sua amante, não o é para mais ninguém (TMS I.ii.2.1, p.31; TSM, p.35).

Com exceção dos amantes, o amor afasta. Ao tomar consciência disso o apaixonado buscará remediar a situação brincando com ela e mesmo ridicularizando-a. A regra de bolso em termos de prudência consiste em manter certa reserva sempre que "falamos de nossos próprios amigos, nossos estudos e nossas profissões". Aí mora o perigo para filósofos e cientistas, apaixonados por seus ofícios (TMS I.ii.2.6, p.33-4).

c. *Paixões insociáveis (*unsocial passions*)*

O traço comum entre as paixões corpóreas e o amor é a necessidade de rebaixar sua intensidade para que possamos com elas simpatizar. O mesmo vale para as paixões insociáveis: ódio e ressentimento. Essas paixões desempenham um papel central na organização da vida social, em especial no desenvolvimento das instituições jurídicas (ver 1.5, 4.1-2 e cap.5). Aqui nos interessa analisar duas coisas: a *divisão da simpatia* provocada por essas paixões e sua *dimensão utilitária*. Comecemos pela divisão da simpatia do espectador:

> Com relação a todas essas paixões, nossa simpatia divide-se entre a pessoa que as sentes, e a pessoa que o objeto delas. Os interesses dessas duas pessoas são diretamente opostos. O que nossa simpatia pela pessoas que as sente nos faria desejar, nossa solidariedade pela outra nos faria temer (TMS I.ii.3.1, p.34; TSM, p.38).

Estabelece-se assim uma oposição de interesses entre ofensor e ofendido que se encontra na base da justiça e estrutura o juízo do espectador a respeito desse tipo de ação.[9] De um lado, a humanidade apresenta "um fortíssimo senso das ofensas feitas a outrem", o que a torna propensa a simpatizar com o ressentimento (TMS I.ii.3.2, p.34; TSM, p.39); de outro, "há algo de desagradável nas paixões em si mesmas, que torna sua manifestação em outros homens objeto natural de nossa aversão" (TMS I.ii.3.4, p.35; TSM, p.40). Isso abre espaço para a entrada em cena de outro critério para sua avaliação, a utilidade. O ressentimento é útil ao indivíduo (pois "torna arriscado insultá-lo ou ofendê-lo") e ao público (por fazer dos ofendidos "os guardiões da justiça e da equidade de sua administração").[10] Muitas vezes, contudo, a utilidade é apenas efeito remoto, sendo os efeitos imediatos "um mal/lesão/agravo* [*mischief*] contra a pessoa a quem se dirigem". Uma prisão, diz Smith, é de indiscutível utilidade para a manutenção da ordem pública, contudo, isso é alcançado a partir do encarceramento e da privação da liberdade dos criminosos: como "é o efeito imediato dos objetos, não o remoto, que os torna agradáveis ou desagradáveis para a imaginação", a prisão será vista então como um mal necessário (TMS I.ii.3.4, p.35; TSM, p.40). Para completar, esses sentimentos não são desagradáveis apenas por seus efeitos sobre o ofensor, mas também o são para o espectador que assiste a uma cena de vingança – "sua aparência desagradável e inquieta nunca suscita, nunca prepara, e muitas vezes impede a nossa simpatia" (TMS I.ii.3.5, p.37; TSM, p.42) – e para o próprio agente – "No próprio sentir [*feeling*] dessas paixões existe algo de rude, desafinado e convulsivo, algo que dilacera e aflige o peito, e é inteiramente destrutivo para a compostura e tranquilidade do espírito" (TMS I.ii.3.7, p.37; TSM, p.43). Desse triplo caráter desagradável dessas paixões (efeitos imediatos da punição, aspecto repulsivo da

---

9 Talvez seja possível uma formalização dessa interação a partir do que a teoria dos jogos denomina de jogo não-cooperativo de soma-zero.

10 Nesse ponto, Smith se apropria da argumentação de Joseph Butler, em especial no seu Sermão VIII, intitulado, *Upon Resentment and Forgiveness of Injuries* (ver cap. 5).

vingança e a própria natureza da sensação) provém a necessidade de diminuir sua intensidade por parte do agente para que possamos com ele simpatizar (TMS I.ii.3.1; II.i.5.8). Aliás, devido à natureza mesma das paixões insociáveis, "deveríamos nos ressentir mais por um senso de conveniência do ressentimento, por um senso que os homens requerem e esperam de nós, do que por sentirmos em nós as fúrias dessa desagradável paixão" (TMS I.ii.3.8, p.38; TSM, p.43).

*d. Paixões sociáveis (*social passions*)*

Se no ressentimento e no ódio a divisão da simpatia se estrutura em oposição, no caso das paixões sociáveis essa divisão se estrutura por sobreposição, resultando numa simpatia dobrada ou em dobro (*redoubled sympathy*):

> Generosidade, humanidade, bondade, compaixão, amizade e estima recíproca, todos os afetos sociáveis e benevolentes, quando expressos no sembante ou no comportamento, até mesmo para com aqueles com quem não temos um relacionamento especial, quase sempre agradam ao espectador indiferente. Sua simpatia com a pessoa que experimenta essas paixões coincide exatamente com sua preocupação pela pessoa que é objeto delas (TMS I.ii.4.1, p.38-9; TSM, p.44).

Não importa para onde ou como as olhamos, as paixões sociáveis "nos parecem agradáveis sob todos os aspectos". Ao observar tanto aquele que sente tais afetos quanto aquele a quem tais afetos são dirigidos, compartilhamos ambas as satisfações, que acabam por se somar. Ao analisar tal sentimento descobre-se que "há uma satisfação na consciência de ser amado*, o que, para uma pessoa delicada e sensível, é mais importante para a felicidade do que todas as vantagens que pode esperar disso" (*ibidem*). Tal sentimento é capaz inclusive de alterar o funcionamento fisiológico do corpo, tornando-o mais saudável, e é reforçado pela consciência da gratidão que ele gera no outro.[11] Esse é o único tipo de sentimento

---

11 Temos aqui um caso em que o prazer imaginário afeta (positivamente) o funcionamento do corpo: "O sentimento de amor é agradável à pessoa que o experimenta. Alivia e sossega o peito, parece favorecer os movimentos vitais, e estimular a saudável condição da constituição humana; e torna-se ainda mais deliciosa pela consciência da gratidão que deve provocar naquele que é seu objeto" (TMS I.ii.4.2; TSM, p.45).

em que uma demonstração desmesurada não gera repulsa, apenas a lamentação de que o mundo talvez não seja o local adequado para ela (TMS I.ii.4.3, p.40).

*e. Paixões egoístas (*selfish passions*)*

Na oposição formada entre paixões sociáveis e insociáveis, as paixões egoístas ocupam "uma espécie de posição intermediária entre eles", não sendo nem tão graciosas quanto as primeiras, nem tão odiosas quanto as segundas.[12] Essas paixões são constituídas a partir de nossas sensações de "tristeza e alegria quando concebidas de acordo com nossa boa ou má fortuna particular" (TMS I.ii.5.1, p.40; TSM, p.46). A noção de fortuna é central para a compreensão da filosofia de Smith como um todo (ver cap.4). Aqui, a fortuna privada qualifica a regra de que simpatizamos mais facilmente com a alegria que com a dor – devido à maior pungência desta última (TMS I.iii.1.3). No que diz respeito à ela, existe uma diferença entre dor e alegria "pois geralmente estamos mais predispostos [*disposed*] a simpatizar com pequenas alegrias e grandes sofrimentos" (TMS I.ii.5.1, p.40; TSM, p.47).

Na ausência de inveja (que discutiremos logo abaixo), nossa simpatia com grandes sofrimentos é tão evidente que sequer requer exemplos (TMS I.ii.5.4, p.43) e nos leva a restringir o sentido de *simpatia* à piedade e à compaixão (TMS I.i.1.5). No que tange aos pequenos sofrimentos, Smith argumenta que

> o sofrimento é doloroso e, mesmo* quando se trata de nosso próprio infortúnio [*misfortune*], o espírito naturalmente resiste e afasta-se dele. [...] Nossa aversão ao sofrimento, com efeito, nem sempre nos impedirá de a experimentarmos por motivos muito triviais, mas no impede constantemente de simpatizar com a dor de outras pessoas, quando causada pelos mesmos motivos fúteis: pois resistimos menos às paixões originais que às simpáticas (TMS I.ii.5.3, p.42; TSM, p.49).

Em particular, pessoas que reclamam constantemente de seus problemas e dores e acabam por afastar todos a seu redor (*ibidem*). No caso do compartilhamento da felicidade a situação é inversa: apesar de não buscarmos evitar a simpatia, somos mais propensos a simpatizar com pequenas alegrias que com

12 Essas paixões nem se opõem, nem se superpõem umas às outras completamente, estando sempre em algum ponto intermediário, justapondo-se ou entrelaçando-se parcialmente.

grandes. Assim como a simpatia com grandes sofrimentos, o compartilhamento de pequenas felicidades é igualmente evidente. A juventude seria especialmente afeita a tal tipo de paixão, frequentemente esquecendo suas dores ao observar e se deixar levar por essas emoções agradáveis (TMS I.ii.5.2, p.41-2).

Grandes felicidades, contudo, tendem a gerar mais inveja que simpatia. Há dois termos que podem ser traduzidos por inveja: *envy* e *jealousy* – o primeiro é mais facilmente vertido por inveja, já o segundo tem um campo semântico mais amplo, podendo ser também vertido por ciúme, desconfiança ou suspeita.[13] A inveja tem como origem a consciência um tanto confusa de que o indivíduo deseja mais do que realmente merece, daí demonstrar tanta ansiedade a respeito daquilo que ele acredita que lhe seja devido (TMS VII.ii.4.9). Por isso ela se dirige tão violentamente contra aqueles que consideramos iguais: romanos, acostumados com a desigualdade, raramente invejavam ou suspeitavam de sua aristocracia; atenienses, marcados por um forte senso de igualdade, frequentemente dirigiam um "olhar desconfiado [*jealous eye*]" a seus grandes cidadãos (LRBL p.157-8). Pelo mesmo motivo, ela é especialmente dirigida aos que ascendem rapidamente na escala social (*upstarts*): ao adquirir riqueza e poder, o novo rico passa a ter mais do que aqueles que ficaram para traz parecendo assim ser mais feliz. Esses últimos, por sua vez, acostumados a vê-lo como um igual não aceitam que lhes seja dado menos do que aquele que ascendeu está recebendo. Por outro lado, os detentores mais antigos de riqueza e poder passam a suspeitar do arrivista, recém-chegado mas que quer ou exige o mesmo tratamento dispensado a eles, tendo o seu senso de igualdade igualmente afetado (TMS I.ii.5.1, p.41; cf. III.3.36; cf. LJA v.129, p.321).

Sob outro ponto de vista, a inveja está intimamente relacionada à superestimação das qualidades individuais e daqueles que nos são próximos estando ligada, portanto, ao amor (TMS VI.ii.1.18 e VI.ii.2.3; cf. LJB 104, p.439), inclusive ao amor nacional (TMS VI.ii.2.3). Ela traz assim efeitos deletérios para o convívio social (TMS I.ii.4.2) e para o comércio (WN IV.iii.a.1; IV.iii.c.9; IV.iii.c.12; IV.iii.c.13; IV.iv.7; cf. LJB 266, p.512), exceto quando tem por objeto a liberdade (LJA ii.51, p.90; ii.144, p.126) ou quando age num ambiente de competição: aí suspeita e inveja se transformam em emulação (WN V.i.f.45, p.780), isto é, o desejo de atingir a excelência (TMS III.2.3; I.iii.3.2), o que implica numa dinâmica

13 Ver Hume (2009, p.280).

social de elevação não apenas econômica (TMS VI.ii.2.3), mas também moral – por fazer com que o indivíduo busque fazer jus ao que deseja e pensa de si mesmo, transformando-se num homem de honra (TMS III.2.8, p.117 – ver 4.9).

Como essa breve incursão no tema da inveja nos demonstra, a análise das paixões de Smith serve de base a uma teoria bastante sofisticada a propósito das interações sociais. Com efeito, cada tipo de paixão gera um tipo específico de interação: as paixões sociáveis geram laços familiares de amizade (TMS II.ii.3.1, p.85; TSM, p.106), as paixões egoístas geram um tipo de interação associado às relações mercantis (TMS II.ii.3.2, p.85-6; TSM, p.107), as paixões insociáveis, por sua vez, geram um tipo de interação conflituosa que deve ser evitado ao máximo[14] (TMS II.ii.3.3, p.86; TSM, p.107). Mas voltemos a questão da qualidade das emoções.

5. A percepção do *fellow-feeling*

O tratamento smithiano da assimetria entre sensações prazerosas e dolorosas e de seus efeitos no funcionamento da simpatia não passaram despercebidos aos olhos atentos de David Hume. Numa carta, datada de 27 de julho de 1759, onde comenta a primeira edição da *Teoria dos sentimentos morais* ele insiste nessa questão.

> Gostaria que você tivesse provado mais particulamente na totalidade [*fully*] que todos os tipos de simpatia são necessariamente agradáveis. Esse é o eixo [*hinge*] de seu sistema, e você apenas menciona o tópico superficialmente [TMS I.i.2.6]. Agora, parece que existe uma simpatia desagradável tanto quanto uma agradável, e, de fato, como a paixão simpática é uma imagem refletida [*reflex image*] da principal, ela deve compartilhar de suas qualidades, e ser dolorosa onde aquela o é. [...] Explicar o prazer que recebemos das lágrimas, sofrimentos e simpatia de tragédias sempre foi considerado um problema difícil; o que não seria o caso, se a simpatia fosse sempre agradável. Um hospital seria um local mais agradável que um baile (Letter 36, p.43).

14 Desenvolvo esses aspectos no artigo "Economia política e jurisprudência na filosofia de Adam Smith" (no prelo).

O cerne da crítica de Hume consiste em insistir que o *fellow-feeling* é "imagem refletida" da emoção original, preservando, portanto, a mesma natureza prazerosa ou dolorosa. A resposta de Smith veio numa nota de rodapé na segunda edição:

> Objetam-me que, na medida em que fundamento sobre a simpatia o sentimento de aprovação [*sentiment of approbation*], o qual é sempre agradável, admitir qualquer simpatia desagradável seria inconsistente com o meu sistema. A isso, respondo que há dois aspectos a considerar no sentimento de aprovação: primeiro, a paixão simpática do espectador; segundo, a emoção suscitada no espectador, ao observar a perfeita coincidência* [*coincidence*] entre sua paixão simpática e a paixão original da pessoa principalmente afetada. Essa última emoção, em que consiste propriamente o sentimento de aprovação, é sempre agradável e deliciosa. A outra tanto pode ser agradável, quanto desagradável, de acordo com a natureza da paixão original, cujos traços deve sempre em alguma medida reter (TMS I.iii.1.9.note, p.46; TSM, p.54, nota 1).

Smith propõe um esquema em dois momentos: o primeiro é a emoção simpática no espectador que surge a partir de sua capacidade de se imaginar na situação do agente, precisamente a emoção compartilhada (ou paixão simpática, o *fellow-feeling* em seu primeiro nível) entre agente e espectador que será da mesma natureza (a raiva ou alegria do agente que é compartilhada pela raiva ou alegria do espectador). Num segundo momento, a emoção original do agente será julgada a partir dessa emoção simpática do espectador; se elas concordarem o espectador aprovará a emoção do agente, se não ele a desaprovará. A aprovação gera outra emoção, de segundo nível, isto é, uma segunda sensação agradável que caracteriza a aprovação. A desaprovação, ao contrário, gera uma sensação desagradável a partir do desacordo entre emoções primária e simpática. Essa é a descrição básica do funcionamento do senso de conveniência (*propriety*), resultando em uma emoção própria ao espectador que pode ser compartilhada pelo agente, transformando-se em uma segunda sensação compartilhada, em um segundo *fellow-feeling* (especialmente quando ela é prazerosa porque resultado do acordo sentimental). Mesmo aqui, nesse primeiro momento (ou nessa exposição de seu funcionamento mais simples e fundamental), a afinidade já começa a se destacar da emoção primária, a ser abstraída (sua completa abstração e isolamento numa sensação de pertencimento a determinado grupo, comunidade e, no limite, da humanidade como um todo depende da repetição desse processo em inúmeras situações e com diferentes emoções, em diferentes graus de intensidade). Em outros termos, simpatizar com a aprovação do espectador (isto é, simpatizar com sua simpatia) significa adquirir, em um nível emocional, um tipo de conhecimento ou de consciência de que o que senti estava correto ou de que agi de modo apropriado, e essa sensação só pode ser prazerosa.

No capítulo anterior apontamos que o funcionamento dos sentidos externos servia como modelo de compreensão das operações mais complexas dos sentidos internos. Como vimos no primeiro capítulo, mesmo nas operações aparentemente mais banais da sensibilidade externa a imaginação já está em atuação, comparando e conjecturando a respeito dos dados ali obtidos. Um esquema muito parecido atua aqui, a propósito do senso de conveniência: há uma conjectura simpática (espectador no lugar do agente) e comparação (entre essa reação imaginária e a reação original do agente). O que falta no campo da sensibilidade externa é o sentimento de aprovação, a agradável constatação da concordância (ou desagradável constatação da discordância), uma emoção de segunda ordem, o verdadeiro substrato da vida moral, uma vez que será objeto de um segundo movimento simpático, do espectador para o agente. É isso que permite a Smith explicar nossa busca por companhia tanto em caso de alegria quanto de tristeza:

> A simpatia que meus amigos expressam pela minha alegria pode de fato proporcionar-me prazer, reanimando [*enlivening*] essa alegria; mas a que expressam com relação à minha dor não pode me causar nenhum, se serviu apenas para reavivar [*enliven*] essa dor. Porém, a simpatia reaviva a alegria e alivia a dor. Reavivar a alegrai apresentando outra fonte de satisfação; e alivia a dor insinuando, no coração, quase a única sensação agradável que nesse momento é capaz de receber (TMS I.i.2.2, p.14; TSM, p.13).

O compartilhamento de minha alegria pelos meus amigos é motivo de reafirmação e reanimação de minhas emoções alegres, o que por si só gera prazer. Dobrando essa emoção reanimada obtenho prazer também da observação da concordância dessa minha emoção com a emoção compartilhada por meus amigos. No caso de um sentimento triste ou doloroso, o compartilhamento da aprovação da concordância (isto é, o segundo nível de afinidade) entre minha emoção original e aquela de meus amigos é "a única sensação agradável" capaz de me proporcionar algum prazer e diminuir minha aflição, uma vez que ao notar esse compartilhamento o sentimento triste e doloroso também voltou a meu peito causando, evidentemente, dor e tristeza:

> Como ficam aliviados os desfortunados* quando encontram uma pessoa com quem podem comunicar a causa de sua dor! Com essa simpatia parecem se livrar de parte de su aflição; e não sem razão se diz que essa pessoa partilha dela [*to share it with them*]. Não apenas sente uma dor da mesma espécie que ele sente, mas é como se houvesse transposto parte dela para si própria; o que ela experimenta parece aliviar o peso do que eles sentem. Não obstante, ao relatarem [*by relating*] seus infortúnios, renovam em alguma medida sua dor. Desperta na memória a lembrança das circunstâncias que provocam sua aflição. De modo que as lágrimas correm mais rápidas que antes, e com facilidade, se abandonam aos excessos do sofrimento. Mas em tudo isso têm algum gosto [*they take pleasure*], e é evidente que ficam sensivelmente aliviados; porque a doçura da simpatia dessa pessoa mais do que compensa a margura dessa dor que, a fim de provocar essa simpatia, tiveram de reavivar e renovar (TMS I.i.2.4, p.15; TSM, p.13).

Devido à natureza mais pungente da dor em relação ao prazer, "não desejamos tanto [*we are not half so anxious*] que nossos amigos aceitem nossas amizades mas que partilhem de nossos ressentimentos". Por ser a única fonte possível de alívio, a simpatia é exigida com mais força nesses casos de pesar, ou, inversamente, porque a alegria é prazerosa em si mesma não necessitamos de qualquer tipo de compensação ao senti-la e toda simpatia com ela será suplementar, um excedente. Daí porque nossos amigos "podem facilmente evitar de ser amigos de nossos amigos, mas dificilmente podem evitar de ser inimigos daqueles de quem estamos afastados [*at variance*]" (TMS I.i.2.5, p.15; TSM, p.14).

6. Simpatia e linguagem

Em sua resposta à objeção de Hume, Smith insiste que a simpatia funciona em dois momentos: um primeiro de projeção (ou conjectura) imaginária na situação de outrem e apreensão da reação emocional que esse espectador imaginaria sentir ali e um segundo de comparação dessa emoção simpática com a emoção original do agente. Esse esquema traz um problema que a teoria de Smith terá de resolver: como é possível apreender a emoção original? Dito de outra forma, como o espectador tem acesso à emoção original para que ela possa ser comparada à sua reação imaginária? Não teríamos aí uma inconsistência lógica no cerne da *Teoria*? O problema de abertura gira em torno das dificuldades envolvidas no processo de simpatizar com o agente e a solução proposta por Smith consiste em recorrer à capacidade projetiva da imaginação. Mas em sua resposta a Hume ele propõe um esquema em que esse problema é ignorado, sugerindo que a emoção obtida através da projeção imaginária seja comparada à emoção original, como se o acesso a essa última pudesse ocorrer de outra forma.

A solução mais explícita consiste na constante troca de posições (o sujeito é ora agente, ora espectador), fundamental para o autojulgamento. Enquanto agente, o sujeito tem acesso a sua resposta emocional primária, isto é, a seus afetos originais. A rigor, é apenas o agente que está em posição de solucionar de forma definitiva o problema do julgamento de conveniência (a respeito do motivo da ação), uma vez que ele é o único que tem acesso à emoção original. O autojulgamento (e a teoria da consciência construída sobre ele) é o ápice da filosofia moral smithiana porque o agente é único a ter acesso a todos esses dados, além de ser o maior interessado nos motivos e nas consequências de seus atos (o que ele nem sempre detém é o tempo necessário a operar os juízos necessários, assim como lhe podem faltar sensibilidade e capacidade cognitiva para tanto, além de um critério não parcial). Mas o filósofo exige mais de sua teoria. Como vimos acima, a troca constante de posições está na base da modulação dos sentimentos que permite o funcionamento da sociedade; o que implica que sua teoria da simpatia deve funcionar também intersubjetivamente, e não apenas subjetivamente (como fundamento de sua teoria da consciência).

A solução intersubjetiva é composta por dois momentos complementares: a transformação da emoção original numa emoção imaginária e sua comunicação verbal (TMS I.i.2.4, p.15). O paradigma do funcionamento da simpatia para Smith é o agente que relata seu caso a um ouvinte interessado (*concerned* – uma espécie de duplo do "expectador atento") que, por sua vez, imagina-se agente do relato. A simpatia smithiana exige a narração para que possa operar por completo: ao rememorar e narrar sua experiência, o agente a revive mas agora de forma imaginária. Ao ser revivida internamente, a experiência emocional primária adquire uma natureza imaginária que permite o seu compartilhamento. Em certo sentido, o agente torna ficcional sua reação emocional original, permitindo assim sua comunicação, solucionando o problema das diferenças de tipo e de intensidade entre a emoção original e a emoção simpática ao transformar a reação original em imaginária. Essa "paixão refletida [*reflected passion*]" (TMS I.i.4.8, p.22) resolve o problema da simpatia: qualitativamente, a experiência relatada é da mesma natureza da experiência simpática; quantitativamente, a intensidade da reação emocional obtida através da memória é menos intensa que a reação original, facilitando o trabalho do espectador simpático[15] – mesmo que certos signos externos dessa emoção reanimada e revivida sejam mais intensos que os originais (no momento em que vive a situação o agente não tem como saber se encontrará um espectador disposto a simpatizar, o que ocorre durante o relato, daí a maior intensidade da expressão afetiva). O segundo momento é a comunicação oral:

> Até mesmo nossa simpatia pela dor ou alegria de outrem, antes de sermos informados das causas de uma ou outras é sempre muito imperfeita. Lamentações genéricas, que nada expressam senão a angústia do sofredor, criam mais curiosidade de investigar sua situação, junto com alguma disposição de simpatizar com ele, do que uma verdadeira simpatia bastante perceptível. A primeira pergunta que fazemos é: O que lhe aconteceu? Até que obtenhamos a resposta, nossa solidariedade [*fellow-feeling*] não será de muita monta, a despeito da inquietação que sentimos pela vaga ideia de seu infortúnio e, sobretudo por nos torturarmos com conjecturas sobre o que poderia ser (TMS I.i.1.9, p.11-2; TSM, p.9).

15 Atingindo assim o resultado esperado: "o homem que, relatando [*in relating*] a outro a ofensa que lhe infligiram, sente imediatamente a fúria de sua paixão esfriar e acalmar-se por simpatia com os sentimentos mais moderados de seu companheiro – o qual de imediato adota esses sentimentos mais moderados – e passa a ver essa ofensa, não nas cores negras e atrozes em que a contemplara originalmente, mas à luz mais branda e clara [*much milder and fairer light*] em que seu companheiro naturalmente a vê; assim não apenas refreia, como ainda em certa medida subjuga a sua ira. A paixão realmente se torna menor do que era antes, e menos capaz de açular [*excite*] nele a violenta e sanguinária vingança que a princípio pensara realizar [*inflicting*]" (TMS VI.concl.3, p.263).

A grande dificuldade dessa capacidade sugestiva das palavras consiste em sua natureza geral, ao passo que cada sentimento real é particular, dependente de uma série de variáveis próprias a seu contexto preciso:

> Apenas quando se dão exemplos particulares podemos perceber com distinção o acordo e o desacordo entre nossos próprios afetos e os do agente, ou ainda sentir, num caso, que surge uma gratidão social por ele, ou de ressentimento simpático, no outro. Quando consideramos virtude e vício de maneira abstrata e geral, parece que as qualidades que provocam esses diversos sentimentos em boa parte desaparecem, e os sentimentos mesmos tornam-se menos óbvios e discerníveis (TMS IV.2.2, p.187-8; TSM, p.230).

É isso que o relato fornece: um contexto específico que permite ao espectador/ouvinte particularizar as emoções recebidas, determinando seu sentido específico. Em todo o caso, a questão-chave aqui consiste em determinar de que modo as emoções podem ser transmitidas através da linguagem comum, na qual os nomes são *espécies* [ver Introdução]. Na *Teoria*, Smith insiste que eles designam a "ideia geral" ou os "traços gerais" dos sentimentos e que "Para distinguir tais traços não é necessária uma observação penetrante [*nice observation*]; é necessária, ao contrário, uma observação muito delicada para descobrir suas variações". (TMS VII.iii.3.13, p.324; TSM, p.403). Os traços gerais são facilmente apreendidos e corretamente designados por seus nomes, de modo que toda a dificuldade está na apreensão e transmissão dessas variações, para as quais "a linguagem carece de nomes". Para comunicá-las será preciso, então, uma descrição ao mesmo tempo delicada e acurada – é necessária uma "pena [*pencil*] a um tempo precisa e delicada" (TMS VII.iv.4, p.328) –, capaz de sugerir inclusive o invisível:

> A linguagem é incapaz de expressar, por assim dizer, os traços invisíveis de todas as diferentes modificações da paixão tal como se mostram internamente. Não há outro modo de designá-las e distingui-las uma das outras, senão descrevendo os efeitos que produzem, as alterações que ocasionam no semblante, no aspecto e comportamento exterior, as resoluções que sugerem, os atos que nos incitam (TMS VII.iv.5, p.328-9; TSM, p.411).

Em seu curso de retórica, Smith denomina essa estratégia de método indireto de descrição (LRBL, p.68 e ss.; p.75 e ss.), utilizado sobretudo pelos moralistas antigos em seus tratados de ética (TMS VII.iv.3 e 8, p.328-9). O sucesso dessa empreitada variará de acordo com o estado de espírito dos envolvidos (o ideal é que ambos, narrador e ouvinte estejam tranquilos) e com o tipo de paixão a ser transmitida, numa análise que é potencialmente infinita (LRBL, p.69). O quadro geral da comunicação emocional, contudo, pode ser traçado a partir da interação entre situação (causa externa fortuita), reação emocional (efeitos internos), semblante e ação do agente (efeitos externos imediatos) e julgamentos de terceiros (efeitos externos mediados) – interação de mão dupla (que vai tanto do externo ao interno quanto em sentido contrário) e que se desdobra de modo auto referencial e recursivo (as interações subsequentes são determinadas pelas interações anteriores).

É a partir dessas idas e vindas entre interno e externo que a escrita propriamente moral de Smith se erige. Podemos vê-la em ação no primeiro parágrafo do capítulo intitulado "Da origem da ambição e da distinção social" (TMS I.iii.2). Ali Smith descreve os efeitos da pobreza e da riqueza numa sequência que vai do externo ao interno de volta ao externo. Ele começa apontando que a diferença entre pobreza e riqueza (causa externa) não é o acesso aos objetos que satisfazem as necessidades humanas (primeiro efeito externo), pois mesmo "os salários do mais humilde trabalhador podem supri-las", mas sim os efeitos sobre os espectadores: "ser notado, servido, tratado com simpatia, complacência e aprovação" são os efeitos externos benéficos trazidos pela riqueza. Causa de efeitos internos:

> O homem rico jacta-se de sua riqueza porque sente que naturalmente isso dirige sobre si a atenção do mundo [...]. Ao mero pensamento disso, seu coração parece inchar e dilatar-se, e, por essa razão, aprecia ainda mais sua riqueza do que por todos os demais benefícios que lhe proporciona. O homem pobre, ao contrário, envergonha-se de sua pobreza. Sente que ou essa situação o coloca fora da vista das pessoas, ou que, se o percebem, têm quase nenhuma solidariedade para com a miséria e a aflição de que é vítima (TMS I.iii.2.1, p.50-1; TSM, p.60).

Na sequência, os efeitos propriamente sociais (externos) retornam ao primeiro plano, qualificados:

> O homem pobre sai [de casa] e entra desacautelado, e quanto no meio de uma multidão permanece tão obscuro como se estivesse fechado em sua choupana. [... Os outros] desviam dele os olhos, ou, se a sua extrema aflição os força a olhar para ele, é apenass para expulsar de seu meio um objeto tão desagradável. [...] O homem de posição* e distinção, ao contrário, é notado por todos. Todos anseiam por contemplá-lo, e conceber, pelo menos por simpatia, a alegria e a exultação que suas condições naturalmente inspiram. Suas ações são objeto de atenção pública [*public care*] (*ibidem*, p.51; TSM, p.60-1).

A descrição de "casos" como esse pode ser alcançada através desse método indireto apenas se ela for acompanhada pelo esforço imaginário do espectador/ouvinte em sua tentativa de "trazer o caso para dentro de si [*by bringing the case home to himself*]" (TMS I.i.1.4, p.10), ou de "se colocar" nele (*we put ourselves in his case*) (TMS I.i.1.10, p.12). É dessa forma que a linguagem pode auxiliar a imaginação em sua tarefa de "representar quais seriam as nossas próprias sensações se nos encontrássemos em seu lugar" (TMS I.i.1.2, p.9). Evidentemente, trata-se do caso paradigmático em que agente e espectador/ouvinte querem simpatizar.

Há situações, entretanto, em que a comunicação emocional pode ocorrer através da linguagem, mesmo sem a intenção consciente dos envolvidos:

> Uma palavra descuidada de um amigo ocasionará um desconforto mais duradouro [do que uma dor corpórea]. A agonia que isso cria não termina com a palavra. O que inicialmente nos perturba não é o objeto dos sentidos [*senses*], mas a ideia da imaginação. Por ser uma ideia, portanto, o que ocasiona nosso desconforto, até que o tempo e outros acidentes* em alguma medida a apaguem de nossa memória, esse pensamento continua a corroer e ferir por dentro a imaginação (TMS I.ii.1.8, p.29; TSM, p.32).

Em casos como esse, a palavra age como uma faísca que gera um incêndio de proporções avassaladoras devido à atividade incontrolada da imaginação do ouvinte. Fica claro aqui o duplo papel da linguagem no funcionamento da simpatia, tanto onde ela funciona (a capacidade sugestiva das palavras: a ideia geral da emoção/paixão é transmitida), quanto aonde não funciona (o contexto que particulariza essa ideia geral não é comunicado, deixando espaço aberto para a imaginação preenchê-lo a seu modo). O perigo é particularmente relevante quando a imaginação receptora é ociosa (ver 4.11).

Nas passagens acima vemos também que a preocupação de Smith ao lidar com o papel da linguagem no funcionamento da simpatia é indissociável da busca por um estilo adequado à escrita moral. Ao focar nessa dimensão estilística da teoria dos sentimentos morais, não chega a ser surpreendente que alguns críticos tenham considerado a *Teoria* mais uma obra de literatura, que de filosofia.[16] Com efeito, o método indireto é igualmente utilizado na literatura (Homero, Virgílio, Shakespeare, Milton, são alguns dos autores citados por Smith em suas aulas de

16 A opinião de Thomas Brown é paradigmática a esse respeito: "Profound in thought, it exhibits, even when it is most profound, an example of the graces with which a sage imagination knows how to adorn the simple and majestic form of science, that is severe and cold, only to those who are themselves cold and severe, – as in those very graces, it exhibits, in like manner, an example of the reciprocal embellishment which imagination receives from the sober dignity of truth. In its minor details and illustrations, indeed, it may be considered as presenting a model of philosophical beauty [...]. It is chiefly in its minor analyses, however, that I conceive the excellence of this admirable work to consist. Its leading doctrine I am far from admitting" (Lectures on the Philosophy of Mind, LXXX, in Mizuta, 2002, p.245). Ver também o comentário de Daniel Dewar: "The last system of morals to which I shall allude is that of Dr. Smith, as expounded in his theory of Moral Sentiments, – a work, the fascinating eloquence of which is far above any eulogium of mine. In its minor details and illustrations, it is, perhaps, unrivalled in the depth of thought and philosophical beauty which are exhibited" (in Mizuta, 2002, p.269). James Bonar talvez tivesse eles em mente, enquanto escrevia *Adam Smith among his books*, continuação de *The tables turned* – onde Smith é interpelado no Elísio por uma série de economistas, dentre eles Malthus, Ricardo, Mill e Marx. Ali ele é interpelado pelo personagem Vitoriano: "The carping critics do not blame your book on morals so much for its debt to others as for its pleasing style; they say it is rather literature than philosophy" (1931, p.34). Clyde Dankert também escreveu a respeito desse assunto: "*The Wealth of Nations* has also been regarded as a notable literary achievement, and over the years glowing tribute have often been paid to it on that score. [...] Smith's other book, *The Theory of Moral Sentiments*, has likewise been acclaimed for its literary style. Shortly after the publication of the book, Edmund Burke declared that Smith's language 'is easy and spirited, and puts things before you in the fullest light; it is rather painting than writing.' Lord Brougham [...] speaks of 'The admirable felicity, and the inexhaustible variety of illustrations' in the book, and of 'The beauty of the illustrations, and the eloquence of the diction' found in it". Smith's style, he further states, is 'peculiarly good' and 'his diction is always appropriate and expressive'. Professor James McCosh also spoke of the eloquence of the book's language (which explains why it 'has commonly been a favorite with students')" (1974, p.57-8).

retórica), fazendo dela um instrumento muito mais adequado ao aprendizado moral que tratados estoicos, especialmente aos jovens e iniciantes em filosofia[17] (TMS III.3.14, p.143).

7. O teatro moral da imaginação

A teoria moral de Smith se sustenta na relação agente-espectador, relação que estrutura a moral tal qual um teatro, o que traz uma série de consequências importantes para sua teoria dos sentimentos morais.[18] Em primeiro lugar, por conta da diferença de tipo entre emoção original e simpática, entre esses polos passa um abismo e por mais que ambos se esforcem o espectador nunca sentirá o mesmo que o agente. A insidiosa "consciência secreta" (TMS I.i.4.7, p.22) de que, enquanto espectadores, jamais seremos verdadeiramente capazes de experimentar o que o agente vive realmente, está sempre presente, e em conjunto com a menor intensidade da resposta simpática, lembrando-nos quão evanescente e frágil é toda tentativa de simpatia:

> quando nos compadecemos de nossos amigos em suas aflições, quão pouco sentimos em comparação ao que eles sentem! Sentamo-nos ao seu lado, olhamos para eles, e enquanto nos *relatam as circunstâncias de seu infortúnio*, escutamos com gravidade e atenção. Mas, enquanto as explosões naturais da paixão, que frequentemente parecem sufocá-los, interrompem sua narrativa a todo momento, as lânguidas emoções de nossos cora-

17 De acordo com John Millar, um de seus alunos na faculdade de Glasgow, o professor Smith não apenas fazia uso da literatura em suas aulas, como defendia que esse era o melhor modo de introduzi-los à filosofia. Ele afirmou isso numa carta enviada a Dugald Steuart, o primeiro biógrafo de Smith: "The best method of explaining and illustrating the various powers of the human mind, the most useful part of metaphysics, arises from an examination of the several ways of communicating our thoughts by speech, and from an attention to the principles of those literary compositions which contribute to persuasion or entertainment. By these arts [ie, literatura e retórica], every thing that we perceive or feel, every operation of our minds, is expressed and delineated in such a manner, that it may be clearly distinguished and remembered. There is, at the same time, no branch of literature [ie, belas letras] more suited to youth at their first entrance upon philosophy than this, which lays hold of their taste and their feelings" (EPS, p.274).

18 Sobre a questão da teatralidade em Smith, ver Marshall (1986) e Griswold (1999, p.63-70), sobre a dimensão retórica da filosofia de Smith como um todo ver McKenna (2001), novamente Griswold (1999, p.59-63) e Fleischacker (2002, p.12-5).

> ções estão longe de seguir a mesma direção de tais transportes! Ao mesmo tempo, somos capazes de perceber que sua paixão é natural, e não maior do que aquela que nós sentiríamos em ocasião semelhante. Podemos até* censurar-nos internamente por falta de sensibilidade, e talvez, por essa razão, consigamos *com esforço* manifestar uma simpatia* artificial, que, porém, quando trazia à luz, é sempre a menos intensa e duradoura que se possa imaginar; e, geralmente, assim que saímos do quarto, desaparece e se vai para sempre (TMS I.iii.1.12, p.47; TSM, p.55-6 – itálicos meus).

Para que esse abismo seja transposto é preciso que toda a personalidade do agente seja recriada pelo espectador. A novidade dessa exigência de recriação imaginária da personalidade do agente pelo expectador pode ser mais facilmente percebida através de uma comparação com Hume. Em sua *Investigação sobre os princípios da moral*, de 1751, ele aponta que:

> Não é mais que um débil subterfúgio dizer, quando pressionado pelos fatos e argumentos, que nos transportamos pela força da imaginação a épocas e países distantes, e consideramos a vantagem que teríamos colhido do caráter desses personagens, caso fôssemos seus contemporâneos e mantivéssemos com eles algum tipo de relacionamento. Mas não é concebível como um sentimento ou uma paixão *reais* podem jamais brotar de um interesse reconhecidamente *imaginário*, especialmente quando nosso interesse *real* continua sendo levado em conta e é frquentemente reconhecido como inteiramente distinto do interesse imaginário, e mesmo, algumas vezes, oposto a ele (EPM V.i.13, p.36; IPM, p.283 – itálicos do autor).

Para Smith, ao contrário, ao lermos sobre as ações de grandes homens

> Na imaginação, tornamo-nos a própria pessoa cujas ações nos são representadas; nossa imaginação* [*fancy*] nos transporta aos cenários daquelas distantes e esquecidas aventuras, e imaginamo-nos desempenhando o papel de um Scipio ou Camilo, um Timóleo ou um Aristides (TMS II.i.5.3, p.75; TSM, p.91).

Uma das grandes diferenças entre a simpatia humeana e smithiana é a exigência da criação de um personagem (*character*) imaginário, ou, se quisermos, da duplicação imaginária do agente, com o qual o espectador poderá enfim se identificar. Para Smith, mesmo que o agente esteja presente não temos acesso direto às suas emoções, podemos apenas representá-las via imaginação. Vale dizer, a representação se faz necessária mesmo quando seu objeto (a emoção do agente) está presente. Para ele, portanto, a moralidade depende do esforço dos espectadores em tomar parte da ação se imaginando como atores da cena que assistem. Esse é um dos fundamentos da centralidade da noção de *character*: para Smith, a moralidade depende da construção (imaginária) de personagens que o sujeito busca representar. A experiência sensorial imediata não é capaz de "levar-nos para além de nossa própria pessoa"; a imaginação, ao contrário, possui tal poder:

> Por intermédio da imaginação podemos nos colocar na situação* do outro, concebemo-nos sofrendo os mesmo tormentos, é *como se entrássemos no corpo dele e de certa forma nos tornássemos a mesma pessoa*, formando, assim, alguma ideia das suas sensações, e até sentindo algo que, embora em menor grau, não é inteiramente diferente delas (TMS I.i.1.2, p.9; TSM, p.6 – itálicos meus).

À pergunta de Hume (como é possível que uma emoção ou sentimento real surja de um interesse imaginário), Smith responde que é através da identificação imaginária do espectador com a pessoa do agente:

> embora se diga muito apropriadamente que a simpatia surge de uma troca imaginária de situação com a pessoa diretamente antingida, supõe-se que tal troca imaginária não suceda a mim, em minha própria pessoa e caráter, mas na pessoa com quem simpatizo. Quando presto-te condolências pela morte de teu único filho, não imagino, a fim de que possa partilhar de ter pesar, o que eu, pessoa determinada por tal caráter e profissão, sofreria se tivesse um filho e se esse filho infelizmente morresse; considero o que eu sofreria se realmente fosse tu; e não apenas troco de situação

> contigo, troco de pessoas e caracteres [*I change person and characters*].[19] (TMS VII.iii.1.4, p.317; TSM, p.394)

Como um ator que se confunde com o personagem que ele assume (sem, contudo, perder a consciência de sua própria pessoa e, portanto, sabendo perfeitamente que ele não é o personagem), ao espectador smithiano são exigidos abnegação (para, momentaneamente ao menos, deixar de lado sua própria personalidade em prol daquela de outrem), curiosidade e interesse (para coletar as informações necessárias a respeito dessa outra pessoa e situação), além de tempo (para se projetar nessa situação assumindo outra personalidade e analisar o que daí resulta). É apenas assim que essa identificação pode ocorrer. Assim como visto no capítulo anterior, onde o funcionamento natural e 'normal' dos sentidos externos escondia um largo aparato metafísico e de conjecturas e comparações, o mecanismo natural da simpatia também esconde um complexo funcionamento da imaginação que envolve a leitura da situação e da resposta emocional do agente pelo espectador (e vice-versa). A comparação com Hume é, mais uma vez, esclarecedora. Para ele, "A mente é uma espécie de teatro, onde diversas percepções fazem sucessivamente sua aparição; passam, repassam, esvaem-se, e se misturam em uma infinita variedade de posições e situações" (THN 1.4.6.4, p.253; TNH, p.285). A metáfora do teatro é utilizada a propósito do funcionamento da mente, mas pode ser estendida ao campo moral se lembramos como Hume entende que simpatia e entendimento operam de modo análogo:

> O mais notável de tudo isso é que esses fenômenos confirmam fortemente o sistema anterior, concernente ao entendimento, e por conseguinte também o sistema presente, concernente às paixões – já que os dois são análogos. De fato, é evidente que, quando simpatizamos com as paixões e sentimento alheios, de início esses movimentos aparecem em *nossa* mente como meras ideias, e nós os concebemos como pertencendo a uma outra pessoa, assim como concebemos qualquer outro fato. Também é evidente que

19 Essa passagem fecha a argumentação contra a ideia de que a simpatia seria uma espécie de subproduto do egoísmo e enfatiza (talvez de forma excessiva) o ponto em questão. Trata-se aqui, evidentemente, de um caso limite de simpatia plena. O extremismo do exemplo (a morte do único filho) aponta nessa direção. Em casos 'normais' de simpatia, o que se observa é uma identificação de menor grau, uma quase-identificação.

> as ideias dos afetos alheios se convertem nas próprias impressões que elas representam, e que as paixões nascem em conformidade com as imagens que delas formamos. [...] Na simpatia, existe uma conversão evidente de uma ideia em uma impressão (THN 2.1.11.8, p.319-20; TNH, p.354 – itálico do autor).

Para ele, os afetos estão em constante deslocamento, viajando de indivíduo para indivíduo, num fluxo que vai perdendo força e nitidez a cada duplicação simpática. O problema smithiano é o inverso: *paixões não fluem imediatamente entre pessoas*, ao contrário, é preciso esforço, na maior parte dos casos consciente e de ambos os envolvidos, para que a simpatia ocorra. Sob certos aspectos, Smith questiona a ideia mesma de contágio emocional:

> Essa mudança imaginária de situação, sobre a qual se baseia sua simpatia, é apenas momentânea. O pensamento de sua própria segurança, o pensamento de que não é ele próprio o verdadeiro sofredor, constantemente se faz presente; e embora não o impeça de conceber uma paixão de certa forma análoga à que experimenta o sofredor, impede-o de concebê-la com o mesmo grau de violência*. A pessoa diretamente concernida sente isso, mas ao mesmo tempo deseja, apaixonadamente, uma simpatia mais completa (TMS I.i.4.7, p.21-2; TSM, p.22).

Se, por um lado, a existência da sociedade exige apenas o acordo (*concord*) entre paixão original e simpática, não uma identificação plena (*unisson*) e, por outro, a natureza encaminhe bem a solução ao problema (TMS I.i.4.7-8, p.22), isso não diminui a relevância do questionamento de Smith. Apenas demonstra a robustez da natureza humana, capaz de encontrar mais de uma solução para esse problema (ver 5.3) e mesmo de prescindir da solução ideal para se desenvolver em sociedade. A solução completa a esse problema só cabe ao agente, simpatizando com o espectador, no autojulgamento. Aqui o abismo não é insuperável, uma vez que a emoção simpática é inteiramente imaginária. O que não torna o processo mais simples, ao contrário, porque, além das habilidades teóricas descritas acima, é preciso que o agente desenvolva o autocontrole (*self-command*) capaz de permiti-lo agir conforme o juízo dos espectadores. Um aspecto central dessa solução é a consciência da presença do olhar do espectador (TMS I.i.4.8, p.22). Em certo sentido, o vetor espectador -> agente, implica numa dinâmica de vigilância do último pelo primeiro. Como vimos acima (seção 3), ao apresentarmos a expectativa de simpatia do agente frente aos diferentes tipos de plateias (da mais familiar e amigável à menos), a dimensão de avaliação moral é o que traço que as une. O que as diferencia é o grau de disciplina exigido da resposta do agente (da menos tranquila perante familiares e amigos, à mais tranquila, perante estranhos) (TMS I.i.4.10, p.23). O teatro moral smithiano exige técnicas específicas de atuação dependendo da plateia a qual o ator se dirige.

Todo teatro igualmente exige um certo grau de ficção. O caráter ficcional e, por vezes, inclusive fictício dos sentimentos morais é descrito claramente em dois momentos complementares, ambos ligados à confrontação com a morte. O primeiro é por ocasião de nossa solidariedade aos mortos. Ao descrever esse ponto extremo do funcionamento da simpatia, ele não deixa de ressaltar a "ilusão da imaginação [*illusion of the imagination*]" em operação (TMS I.i.1.13, p.13). Uma "simpatia ilusória [*illusive sympathy*]" do espectador com o ressentimento que a vítima sentiria se sobrevivesse a seu próprio assassinato e nos impele a clamar por justiça, ou mesmo vingança (TMS II.i.2.5, p.70-1). O segundo momento é encontrado na descrição da postura de homens sábios e virtuosos, capazes de "antecipar o aplauso e a admiração" de que são merecedores, mesmo que nenhum espectador efetivo o faça; capaz, portanto, de superar o medo da morte (TMS III.2.5, p.116). O caso limite aqui é o do estoico (TMS VII.ii.1.27) capaz de justificar suicídios por meio de um "refinamento filosófico" (TMS VII.ii.1.34). Se o caso da simpatia com o morto indica o poder da imaginação do espectador, capaz de dar vida a um agente, a sabedoria aponta para o poder da imaginação do agente, capaz de criar uma plateia para si. Eis a imaginação simpática no auge de seus poderes: animando um agente imaginário ou criando uma plateia igualmente imaginária. Essa última também sofrerá dessa exigência: ao agente moral não basta imaginar uma plateia difusa, é preciso criar *um* espectador imparcial.[20]

20 Sob certos aspectos, Smith exige precisamente o que assusta Theophrastus no ultimo romance de Eliot: "My illusion is of a more liberal kind, and I imagine a far-off, hazy, multitudinous assemblage, as in a picture of Paradise, making an approving chorus to the sentences and paragraphs of which I myself particularly enjoy the writing. The haze is a necessary condition. If any physiognomy becomes distinct in the foreground, it is fatal. The countenance is sure to be one bent on discountenancing my innocent intentions: it is pale-eyed, incapable of being amused when I am amused or indignant at what makes

A hipótese defendida aqui é que essa exigência decorre da diferente compreensão a respeito da relação entre impressões e ideias (Hume) ou entre emoção original e emoção secundária ou reflexa (Smith).[21] Para Hume:

> As percepções da mente humana se reduzem a dois gêneros distintos, que chamarei de IMPRESSÕES e IDEIAS. A diferença entre estas consistem nos graus de força e vividez com que atingem a mente e pentram em nosso pensamento ou consciência. As percepções que entram com mais força e violência podem ser chamadas de impressões; sob esse termo incluo todas as nossa sensações, paixões e emoções, em sua primeira aparição à alma. Denomino ideias as pálidas imagens dessas impressões no pensamento e no raciocínio [...] (THN 1.1.1.1, p.1; TNH, p.25).

Por economia de princípios, Hume faz uso de sua terminologia epistemológica no campo moral.[22] Por exemplo, sua primeira explicação a respeito do funcionamento da simpatia:

---

me indignant; it stares at my presumption, pities my ignorance, or is manifestly preparing to expose the various instances in which I unconsciously disgrace myself. I shudder at this too corporeal auditor, and turn towards another point of the compass where the haze is unbroken" (Eliot, 2007, p.12-3).

21 Na minha opinião, apesar de excessivamente sintética, a melhor interpretação a respeito das diferenças entre a simpatia em Hume e Smith é a de Haakonssen (1981, p.45-9; ver também, a propósito da questão da justiça, 1996, p.119 e p.129-146). Fleischacker também analisa essa questão: "To use shorthand, Hume has a 'contagion' account of sympathy, while Smith has a 'projection' account of it" (2012, p.276). O problema com essa caracterização é que ela ignora algumas passagens em Hume onde a simpatia é claramente resultado de projeção imaginária: "'Tis certain, that sympathy is not always limited to the present moment, but that we often feel by communication the pains and pleasures of others, which are not in being, and which we only anticipate by the force of imagination. [...] Sympathy being nothing but a lively idea converted into an impression, 'tis evident, that, in considering the future possible or probable condition of any person, we may enter into it with so vivid a conception as to make it our own concern; and by that means be sensible of pains and pleasures, which neither belong to ourselves, nor at the present instant have any real existence" (THN 2.2.9.13, p.385-6).

22 Sobre esse aspecto, Suzuki (1999).

> Quando um afeto se transmite [*is infus'd*] por simpatia, nós a princípio o conhecemos apenas por seus efeitos e pelos signos externos, presentes na expressão do rosto ou nas palavras [*countenance and conversation*], e que dele nos fornecem uma ideia. Essa ideia imediatamente se converte em uma impressão, adquirindo um tal grau de força e vividez que acaba por se transformar na própria paixao, produzindo uma emoção equivalente a qualquer afeto original (THN 2.1.11.3, p.317; TNH, p.351-2).

Ao desempenhar um papel análogo ao da causalidade, criando uma crença (*belief*) de mesmo estatuto daquela legada pela causalidade, a simpatia atua como o mecanismo diferenciador entre realidade e ficção no campo moral.[23] Em Smith algo diferente ocorre. A modificação do sentimento simpático em relação ao original, gerada pela variação de gênero ou de tipo, tem como fundamento aquela "consciência secreta de que a mudança de situações, da qual se origina o sentimento simpático, é apenas imaginária" (TMS I.i.4.7, p.22; TSM, p.22). Se, do ponto de vista da intensidade afetiva, o resultado é aparentemente o mesmo (a emoção simpática é menos intensa e viva que a original, assim como ideias são mais tênues e fracas que impressões), isso não deve ser lido como se Smith concordasse com Hume, mas o inverso, de que sua teoria oferece outra explicação para o mesmo fato (ver 6.8). Uma explicação que, como vimos a propósito da simpatia com as paixões insociáveis, ele via como mais abrangente porque capaz de não se deixar levar pela primeira impressão.

Para chegar, portanto, à essa reação emocional originária será necessário recriar não apenas a situação, mas também a personalidade do agente. A comparação com Hume é mais uma vez esclarecedora dessa exigência de personalização: se para o filósofo-historiador, a simpatia é "a alma ou princípio anímico [*animating principle*]" das paixões (THN 2.2.5.14, p.363), para o filósofo-economista, a alma deve ser

---

23 Como aponta Marcio Suzuki em seu comentário às passagens em que Hume insiste na solidez, firmeza ou estabilidade dos sentimentos (por exemplo, THN, Appendix, p.629): "Quer dizer, esse ato, em que a realidade se apresenta mais sólida, firme e estável, constante do que qualquer produto arbitrário ou imaginativo é um ato ligado ao sentimento; ou, inversamente, o sentimento é o índice de estabilização, de firmeza e constância do real. É nele, e não em algum raciocínio, que se conhece o nexo mental, a sucessão dos pensamentos, exprime a coerência própria das coisas" (Suzuki, 2014, p.207). A esse respeito, ver também Pimenta (2013, p.71-88).

alojada num corpo inanimado para que a simpatia com os mortos seja possível, isto é, será preciso criar um personagem (*character*), esse sim o único capaz de ser animado (TMS I.i.2.13, p.13). Não basta, pois, apenas dizer o que se sentiu, é preciso narrar a experiência, revivendo-a enquanto a comunica, precisamente para poder transmiti-la.[24] Para Smith, se quisermos verdadeiramente simpatizar é preciso, na expressão de Fernando Pessoa, tornar literários os nossos afetos.

24 "The novel element in the *Theory of Moral Sentiments* and the *Sentimental Journey*, considered together, was not the subject-matter of sympathy. Nor was their exhibition of the mechanical and egoistic character of sympathy altogether new, as reference to Mr. Crane's study of the Latitudinarians would demonstrate. What does seem remarkable in this work of Adam Smith and Sterne is their consideration of morality in the language of the imagination. Theirs was an image approach to behaviour, an approach which generally seems to point not backwards but forwards, towards the romantic and the modern periods" (Maclean, 1949, p.410).

III. Parcialidade e imparcialidade

No man can know his brother simply as a spectator.
George Eliot (Mary Ann Evans), *Impressions of Theophrastus Such*

There is no action possible without a little acting.
George Eliot (Mary Ann Evans), *Daniel Deronda*

1. O problema da parcialidade

> Embora sejam naturalmente simpáticos*, os homens sentem muito pouco por outro com quem não tenham nenhuma ligação particular, se comparado ao que sentem por si mesmos; a desgraça de um, que é apenas seu semelhante, é muito pouco importante para eles, mesmo se comparada a qualquer pequeno inconveninente próprio [...] (TMS II.ii.3.4, p.86; TSM, p.107).

Mais uma vez temos, como ponto de partida, a diferença quantitativa entre a reação original e a reação simpática, agora entre o que o sujeito sente enquanto agente e enquanto espectador. E novamente, essa diferença se desdobrará numa diferença de qualidade, de tipo. Sob um outro ponto de vista, o teatro moral de Smith exige a duplicação imaginária das emoções e paixões primárias no intuito de permitir o comércio afetivo[1] e, no entanto, é essa reação primária e espontânea, enraizada no corpo e eminentemente individual, que serve de parâmetro (ao menos como um deles) para a determinação da conveniência ou inconveniência desses afetos socializados que são os sentimentos. É a isso que Smith remete quan-

1 O "viajante sentimental" de Sterne, Yorick, mencionará uma "balance of sentimental commerce", sempre desfavorável ao viajante em terras estrangeiras devido às dificuldades com a língua, educação, costumes e hábitos. Por causa dela, "he must buy what he has little occasion for, at their own price; his conversation will seldom be taken in exchange for theirs without a large discount, and this, by the by, eternally driving him into the hands of more equitable brokers, for such conversation as he can find, it requires no great spirit of divination to guess at his party" (STERNE, *A Sentimental Journey*, Preface – In the Desobligeant).

do faz um uso metafórico, porém pleno de ressonâncias, da noção de substância no campo moral:

> Como costumavam dizer os estoicos, todo homem é primeiro e principalmente recomendado a seu próprio cuidado: e todo homem é certamente, em todos os aspectos, mais adequado e capaz de cuidar de si mesmo do que qualquer outra pessoa. Todo homem sente seus próprios prazeres e dores mais intensamente do que os de outras pessoas. As primeiras são as sensações originais, as últimas, imagens refletidas ou simpáticas, dessas sensações. As primeiras podem ser ditas a substância, as outras, a sombra (TMS VI.ii.1.1, p.219; TSM, p.274).

Essa passagem é central para a compreensão não apenas da teoria moral de Smith, mas de sua filosofia como um todo. Menos pelo uso da noção de substância, a propósito das sensações primárias (ainda que essa metáfora seja extremamente sugestiva), do que pelo estabelecimento do indivíduo como centro lógico de sua filosofia. Essas duas questões se articulam. Vimos que o texto sobre os sentidos externos abre com uma exposição sobre como as percepções resistentes ao tato sugerem a existência de corpos externos, a partir da qual a imaginação conjectura a noção de substância. Esse dispositivo imaginário organiza os dados dos outros sentidos, estruturando a experiência externa dos indivíduos como um todo (ver 1.2). Ao afirmar que a reação primária do agente pode ser denominada substância, Smith parece estar sugerindo que as sensações originais servem (1), de algum modo, como critério para os juízos morais (veremos de que modo elas precisam ser corrigidas) e (2) como suporte para organizar os dados obtidos via simpatia e, por extensão, a vida moral como um todo. Em certo sentido, o indivíduo é o centro da vida moral porque ele é o único que tem acesso à sua reação emocional primária. Se ele não levar à sério sua reação original, ninguém mais tem a capacidade de fazê-lo.

Retomando um tema anunciado a propósito da relação entre ressentimento e justiça (ver 1.5) e da própria definição de sentimento (ver 1.6), a questão que anima as primeiras seções desse capítulo é a seguinte: em que condições é válido assumir minha reação primária como critério de determinação do que é moral? Em termos mais gerais, qual é o estatuto da reação individual na teoria moral de

Smith? A partir daí poderemos delinear a teoria da consciência moral de Smith e, finalmente, discutir o papel da virtude.

As passagens citadas acima parecem sugerir que a teoria da simpatia de Smith nada mais é que uma versão rebuscada das teorias egoístas que, a despeito de sua sofisticação, acabaria por fundar a moral no *self-love*. Essa é, por exemplo, a interpretação de ninguém menos que o sucessor de Smith na cadeira de filosofia moral da Universidade de Glasgow, Thomas Reid: "Sempre considerei o sistema da simpatia do Dr. Smith equivocado [*wrong*]. De fato, ele é apenas mais uma versão refinada do sistema egoísta [*Refinement of the selfish System*]" (Carta a Lord Kames, 27/20/1778).[2]

Cabe destacar que a dificuldade é real, inclusive para Smith, que a encarou de frente.[3] Ao enquadrar desse modo no indivíduo a problemática da aprovação e, com ela, do juízo moral, sua teoria precisa evitar dois problemas interconectados: o egoísmo e a parcialidade. Mas em que consistem esses fenômenos? Partamos mais uma vez de Hume:

> Ora, é manifesto que, na estrutura original de nossa mente [*original frame of our mind*], nosso maior grau de atenção se dirige a nós mesmos; logo abaixo, está a atenção que dirigimos a nossos parentes e amigos; e só o mais leve grau se volta para os estranhos e as pessoas que nos são indiferentes. Essa parcialidade, portanto, e essa afeição desigual têm de influenciar não somente nosso comportamento e conduta social, mas também nossas ideias de vícios e de virtude, para nos fazer considerar como viciosa e imoral qualquer transgressão significativa desses graus de parcialidade, seja por uma intensificação exagerada, seja por uma restrição da afeição (THN 3.2.2.8, p.488; TNH, p.529).

Hume é claro: minha atenção não apresenta o mesmo grau de intensidade para todos os objetos com os quais minha mente tem de lidar. Há objetos privilegiados e dentro desse grupo há um objeto em especial que se destaca: o *eu* (self).

---

2 Citado e comentado em Norton & Robertson (1980, p.383). Sobre essa questão, ver também Norton & Robertson (1984) e Broadie (in Haakonssen, 2006, cap.6).

3 Como a primeira frase da *Teoria* já indica: "Por mais egoísta que se suponha o homem [...]" (TMS I.i.1.1, p.9; TSM, p.5).

De fato, a distinção entre eu e outro organiza o Livro II do *Tratado*, dedicado às paixões: a Parte I intitula-se *Do orgulho e da humildade*, paixões que tem no eu seu objeto central; a Parte II, por sua vez, intitula-se *Do amor e do ódio*, paixões que tem no outro o seu objeto. A maior atenção a mim mesmo provê um bom ponto de partida para a compreensão do egoísmo. Em seguida há objetos (familiares e pessoas próximas, mas também objetos que possuo ou desejo) que demandam de minha atenção quase tanto quanto eu. Eis a *parcialidade*, ou melhor, esses objetos são aqueles para os quais eu sou o mais parcial, um dos extremos da régua de parcialidade. No outro extremo há objetos frente aos quais sou simplesmente indiferente e, entre eles, um conjunto potencialmente infinito de graus que se aproximam de um contínuo conforme se aumenta o número de casos. Podemos traçar uma primeira conclusão importante: no que diz respeito à atenção exigida, egoísmo e parcialidade se opõem à indiferença. Há, por fim, uma terceira possibilidade: objetos frente aos quais demonstro hostilidade, isto é, com os quais antipatizo (em 4.1, discutiremos a antipatia em seu relacionamento com o ressentimento).

Mais complicado é o relacionamento entre egoísmo e parcialidade. Nessa passagem, Hume parece tomar o egoísmo como um caso particular de parcialidade: a parcialidade em relação a mim mesmo e o egoísmo aparece como o ápice de parcialidade, o objeto que mais demanda minha atenção. Sendo a parcialidade um dado de nossa natureza, cabe tomar consciência dela e buscar corrigi-la através de uma perspectiva menos restrita que dê espaço para outros pontos de vista que não o meu, individual. Numa palavra, cabe buscar a *imparcialidade*, pois, ao solucionar a parcialidade o egoísmo estará imediatamente corrigido (atacar unicamente o último seria lidar apenas com parte do verdadeiro problema). Temos uma segunda conclusão relevante: no que diz respeito à correção dos juízos, a verdadeira solução deve ser buscada na imparcialidade, uma vez que o problema maior é a parcialidade e não o egoísmo.

Convém destacar que esse não é único esquema possível. Podemos ler a relação em sentido inverso: a parcialidade como uma espécie de subproduto do egoísmo. Locke, por exemplo, em seu *Segundo discurso sobre o governo civil*, aponta que o "amor de si torna os homens parciais a si mesmos e a seus amigos" (1690, §13). A "engenhosa sofística" de Mandeville também reduz tudo ao egoísmo através da vaidade, inclusive considerações parciais (TMS VII.ii.4.7, p.308). Em ambas as formulações o egoísmo é um problema mais amplo que a parcialidade.

Todavia, nesse quesito Smith concorda com Hume e a parcialidade é uma das questões em torno da qual sua teoria dos sentimentos morais se erige:

> Podemos julgar a conveniência e inconveniência dos sentimentos de outra pessoa pela sua correspondência ou discordância com os nossos em duas ocasiões diferentes: ou, primeiro, quando os objetos que os provocam são considerados sem nenhuma relação particular conosco ou com a pessoa cujos sentimentos estamos julgando; ou, segundo, quando são considerados como afetando peculiarmente um ou outro de nós (TMS I.i.4.1, p.19; TSM, p.19).

O privilégio dado à questão da parcialidade se explica pelo fato de que ambos formulam uma teoria do julgamento moral baseada no ponto de vista do espectador e não do agente. O egoísmo aparece com toda força quando analisamos a motivação dos agentes. Envolvido numa situação que exige pronta resposta a reação emocional individual aparece como parâmetro único, obscurecendo outros pontos de vista ao se impor pela violência com que surge (ver 5.1). É precisamente o problema da maior vivacidade emocional por parte do agente (TMS III.4.3, p.157) que justifica o deslocamento em direção ao julgamento do espectador: esse último não está envolvido na ação, não estando sujeito ao arrebatamento emocional a que o agente está submetido estando, ao menos teoricamente, em situação de julgar friamente. Por isso o foco na parcialidade, e não no egoísmo. Se o espectador tiver interesse direto na situação que ele deve julgar ele não é mais mero espectador, mas sim agente dessa situação. Por definição, o espectador não está diretamente envolvido na ação e não tem como ser egoísta, o máximo que ele pode é preferir algum dos envolvidos na situação que ele observa. Laços de parentesco e amizade influenciam diretamente o juízo do espectador sempre que algum familiar ou amigo for o objeto do julgamento.

2. Hábito: parcialidade e precisão

Na *Teoria dos sentimentos morais* a parcialidade apresenta todas essas características e diz respeito à maior atenção do indivíduo a si mesmo, familiares e amigos. São dois os termos de Smith a esse respeito: *concern* e *regard*. Eles não devem ser confundidos com o interesse (*interest*), conceito predominantemente cognitivo e que se sustenta mais em conhecimentos do que em afetos, cabe também lembrar que *interest* também é o termo em inglês para juros. Em português a distinção é complicada de ser feita, uma vez que a palavra *interesse* porta essa dupla dimensão afetiva e cognitiva (falo que estou interessado em alguém por quem estou apaixonado, por exemplo). *Preferência* parece ser uma alternativa interessante – e talvez seja possível cunhar a expressão 'preferência afetiva' (por uma pessoa) para designar a parcialidade. Em todo caso, *concern* e *regard* designam essa preferência que os indivíduos dirigem a outros no plano afetivo e são o resultado do exercício habitual da simpatia:

> O que se chama afeição [*affection*] nada é, na realidade, senão simpatia habitual. Nossa preocupação [*concern*] pela felicidade ou desgraça dos que são objetos dos que chamamos nossos afetos [*affections*]; o nosso desejo de promover uma e evitar a outra, são o real sentimento [*feeling*] dessa simpatia habitual, ou as consequências necessárias desse sentimento. Estando os parentes usualmente colocados em situações que naturalmente criam essa simpatia habitual, espera-se que um grau adequado de afeto [*affection*] ocorra entre eles (TMS VI.ii.1.7, p.220; TSM, p.276).

Essa recorrência de situações centradas num pequeno grupo de pessoas onde a imaginação simpática atua é a origem das relações afetivas entre parentes e amigos. Para funcionar a simpatia exige proximidade entre agente e espectador (nos casos mais simples, a situação deve ocorrer no campo visual do espectador ou em torno de uma conversa).[4] Esses casos de proximidade física ou espacial, ao serem reiterados, acabam por engendrar uma proximidade afetiva, ao passo que o exercício simpático reiterado provocado pelo convívio num mesmo ambiente por um longo período adquire o caráter de hábito.

Se essa fosse a única questão envolvida no problema da parcialidade ela se resumiria à questão da paroquialidade e a solução (ao menos do ponto de vista teórico) seria simples: para um julgamento correto bastaria buscar o maior distanciamento

4 Cabe lembrar que a teoria de Smith também busca dar conta de nossa simpatia por personagens históricos e fictícios, impossíveis de serem observados em primeira mão.

afetivo possível.[5] Um estranho, sem qualquer ligação afetiva com os envolvidos em determinada situação a ser julgada seria sempre o melhor juiz.[6] Alguém sem laços afetivos com os envolvidos, como um estrangeiro, por exemplo, seria (ao menos em princípio) mais indicado que alguém pertencente ao grupo focal.

A parcialidade, porém, é uma dessas questões equívocas: uma das grandes dificuldades para que o espectador julgue corretamente é o conhecimento a respeito da situação na qual ele tem de se imaginar – isso é ainda mais importante se lembrarmos que há emoções como o ódio e o ressentimento, com as quais podemos simpatizar apenas se soubermos o que as excitou. É pouco provável que um total estranho se dê ao trabalho de apreender as minúcias da situação envolvendo pessoas que não lhe dizem respeito e tome o tempo necessário para a formulação de um juízo ponderado. Ademais, é preciso que o espectador leve em conta a resposta emocional do agente tendo em vista compará-la com a sua (resultante do esforço de se imaginar na situação em questão). Nesse quesito o convívio prolongado é a melhor forma de se apropriar dessa resposta: devido a ele, uma mãe chega mesmo a poder prever com um grau razoável de acerto a reação de seus filhos a de-

5 Se esse fosse o caso, o melhor juiz talvez fosse alguém nascido numa sociedade pré-civilizada. Lá, talhado por condições sociais de penúria e perigos, o indivíduo se vê obrigado a seguir uma disciplina de tipo espartana e acaba desenvolvendo uma insensibilidade que o caracterizaria (a figura do guerreiro indígena norte americano é o modelo de Smith): "Os espectadores manifestam a mesma insensibilidade; a visão de ojeto tão horrível [a saber, a tortura e morte de um guerreiro de uma tribo inimiga feito prisioneiro] parece não os impressionar" (TMS V.2.9, p.206; TSM, p.254). Sobre a noção de uma masculinidade sensível em Smith, ver Philip Carter, in Knott & Taylor (2005, p.156-173). Para uma crítica, a partir da etnografia e da antropologia do século XX, à representação do selvagem em Smith, ver Maroubi (2005).

6 Esse parece ser o principal critério retido por Amartya Sen em seu *A ideia de justiça*, de 2009: "No caso da 'imparcialidade fechada', o processo de fazer juízos imparciais invoca apenas os membros de dada sociedade ou nação [...], para quem os juízos estão sendo feitos. [...] Em contrapartida, no caso da 'imparcialidade aberta', o processo de fazer avaliações imparciais pode (e em alguns casos deve) invocar juízos, entre outros, de fora do grupo focal, para evitar o viés paroquial. No famoso uso de Adam Smith do dispositivo do 'espectador imparcial', a exigência de imparcialidade requer, como ele explica em *Teoria dos sentimentos morais*, que sejam invocados juízos desinteressados de 'qualquer espectador justo e imparcial', não necessariamente (na verdade, por vezes idealmente não) pertencentes ao grupo focal" (2011, p.153).

terminadas situações;[7] algo parecido ocorre com irmãos ou amigos de longa data. Devido ao repetido exercício simpático com seus familiares e amigos, é possível chegar a conhecer de modo bastante preciso o *character* deles, ao mesmo tempo que é possível ler com bastante clareza suas respostas às mais diversas situações.

> Depois de si mesmo, os membros de sua família, os que habitualmente vivem em sua casa, seus pais, filhos irmãos e irmãs, são naturalmente ojetos de seus mais cálidos afetos [*warmest affections*]. São natural e comumente as pessoas sobre cuja felicidade ou desgraça a sua conduta deve ter maior influência. Está mais habituado a simpatizar com elas; conhece melhor como provavelmente tudo as afetará, e sua simpatia por elas é mais *precisa e determinada*, do que pode ser com a maior parte das outras pessoas (TMS VI.ii.1.2, p.219; TSM, p.274-5 – itálico meu).

Aqui o fundamento da equivocidade própria à parcialidade: quanto maior a proximidade do espectador ao agente (e às situações pelas quais ele passa), maior a precisão e a determinação do juízo moral. Tal proximidade pode ser entendida em ao menos três sentidos diferentes.[8] Em primeiro lugar, trata-se de uma *proximidade física* (em ambas as dimensões, espaço e tempo),[9] que permite ao espectador analisar tanto as circunstâncias da situação quanto a manifestação externa da reação emocional do agente, em suma, permite-lhe melhor analisar as particularidades do 'caso' em questão. Em segundo lugar, trata-se da *proximidade afetiva* do espectador com o agente (precisamente o *concern* ou *regard*, acima discutido): por causa dela o espectador se dará ao trabalho de aferir as minúcias da situação e de sua resposta emocional, além de disponibilizar o tempo necessário para o

7 No limite máximo de seus poderes, uma mãe talvez possa se aproximar de Augusta Willemsens, condessa de Brandon: "Leur mère avait comme une prévoyance électrique de leurs désirs, de leurs douleurs, les prévenant, les calmant sans cesse" (BALZAC, La Grenadière).

8 Ver Forman-Barzilai (2005 e 2011).

9 A versão temporal da parcialidade é a preferência pelo prazer presente – questão que hoje costuma ser analisada, dentro do quadro da teoria da utilidade esperada, como efeito da aversão ao risco. Ao contrário do agente, "O espectador não experimenta as súplicas de nossos apetites presentes* [*present apetites*]. Para ele, o prazer que vamos usufruir dentro de uma semana ou um ano é tão interessante quanto o que estamos usufruindo neste instante" (TMS IV.2.8, p.189; TSM, p.232).

esforço da operação imaginária próprio à simpatia. Tal tipo de proximidade, porém, produz uma emoção simpática intensa e viva e que se aproxima ao máximo da emoção original: "em suma, é mais próxima do que ele sente por si mesmo" (*ibidem*). Trata-se, mais uma vez, de um resultado equívoco: por um lado, isso permite um bom funcionamento da simpatia, por outro, ele leva o espectador próximo demais do agente, trazendo consigo os mesmos tipos de problemas postos pelo egoísmo ao juízo moral. Em terceiro lugar, essa parcialidade mais restrita está também na base de um terceiro tipo de proximidade, a *proximidade histórico-cultural* (fundamento do viés paroquial). Aqui a equivocidade da base persiste: de um lado, é essa proximidade que permite todo engajamento comunitário sem o qual não há sociedade, por outro, ela pode facilmente gerar facções e seitas (TMS III.3.42-3), num estranho tipo de grupo social que mimetiza a solidão:

> Na solidão, tendemos a sentir de modo muito intenso tudo o que nos diz respeito: tendemos a superestimar os bons serviços que possamos ter realizado, as ofensas que possamos ter sofrido; a estar radiantes por nossa boa fortuna, e prostrados [*dejected*] pela má.[10] (TMS III.3.38, p.153; TSM, p.185)

A má avaliação de si mesmo (por conta do alto grau de vivacidade dos próprios afetos) pode facilmente ser estendida a quem nos é próximo (nos três significados acima descritos) e normalmente o é. Resultado do hábito em simpatizar com aqueles que estão próximos.

3. Os perigos da parcialidade

Smith não deixará de destacar os perigos da aprovação baseada numa plateia parcial: "A conveniência de nossos sentimentos morais nunca é mais passível de corrupção que quando o espectador tolerante e parcial está à mão, enquanto o espectador imparcial e indiferente está bem longe" (TMS III.3.41, p.154; TSM, p.186). A situação em que isso acontece de modo mais evidente é a guerra, tanto entre naçoes, quanto civil.

10 A solidão pode levar tanto à tranquilidade, elemento indispensável da virtude (TMS III.3.30, p.149), quanto à beira da loucura (TMS II.ii.2.3, p.84).

> Quando duas nações entram conflito, o cidadão de cada uma presta pouca importância aos sentimentos que as nações estrangeiras possam nutrir em relação à sua conduta*. Toda a ambição desse cidadão é obter a aprovação de seus concidadãos; e como são todos animados pelas mesmas paixões hostis que o anima, nunca consegue agradá-los tanto quanto é capaz de enfurecer e ofender os seus inimigos (TMS III.3.42, p.154; TSM, p.186).

Em caso de conflito internacional, o único juízo que interessa é o de seus concidadãos. Todo tipo de violência e injustiça é permitido, desde que em nome do país e dirigida ao inimigo. Estabelece-se uma dissociação entre moral privada e pública: "O homem justo [...] que seria o mais amado e estimado em todas as transações particulares, nas públicas é considerado tolo e idiota, alguém que não entende de seus negócios" (*ibidem*). No quadro smithiano, a dissociação entre as esferas privada e pública é sintoma de um tecido social em processo de esgarçamento (ver 5.9). Quando se ultrapassa o ponto de ruptura estabelece-se uma guerra intestina, uma guerra civil, onde a "animosidade das facções hostis [...] é frequentemente ainda mais irada do que a de nações hostis, e seu modo de agir uma com a outra ainda mais atroz" (TMS III.3.43, p.155; TSM, p.187). Em contraste à parcialidade própria às relações familiares e de amizade, fundadas sobre o compartilhamento de paixões sociáveis, a parcialidade própria ao nacionalismo e às facções está baseada na circulação de afetos que se encontram na zona limítrofe entre paixões egoístas e insociáveis. Em particular o ciúme (*jealousy*) e a inveja (*envy*) que podem facilmente deslizar para o campo do ódio e do ressentimento.[11] No fundo, uma facção é uma comunidade baseada na circulação de afeto que consiste no mal querer a um indivíduo ou grupo (ver 4.1-2), o que gera uma situação de divisão social que mimetiza a divisão da simpatia característica das paixões insociáveis (ver 2.4c).

A análise de Smith nesse ponto joga luz sobre o modo como esses afetos podem ser instrumentalizados pelo líder político. Dois princípios diferentes compõem "o amor ao nosso país":

11 Não por acaso, a análise das relações internacionais entre sociedades comerciais, tanto em Hume quanto em Smith, opera acima de tudo sob o signo da *jealousy of trade* (ver Hont, 2005).

> primeiro, certo respeito e reverência pela constituição ou forma de governo realmente estabelecida; segundo, um desejo determinado de tornar a condição de nossos concidadãos tão segura, respeitável e feliz quanto pudermos. Não é cidadão quem não está inclinado a respeitar as leis e a obedecer ao magistrado civil; e certamente não é bom cidadão quem não deseja promover, por todos os meios à sua disposição, o bem-estar de toda a sociedade e de seus concidadãos (TMS VI.ii.2.11, p.231; TSM, p.289-90).

Se em tempos de paz eles coincidem, o que significa que o "apoio ao governo estabelecido parece evidentemente o melhor expediente para manter segura, respeitável e feliz a situação de nosso concidadãos", em tempos de distúrbios sociais, eles divergem e "podem delinear caminhos diversos", inclusive um que indique a necessidade de inovações constitucionais (TMS VI.ii.2.12, p.231; TSM, p.290). É aí, em meio "à turbulência e desordem da facção", que o caminho para o "líder do partido" vitorioso atingir "o maior e mais nobre de todos os caracteres, o de reformador e legislador de um grande estado" se acha aberto (TMS VI.ii.2.14-15, p.232; TSM, p.291). Mas talvez seja aí que o perigo da parcialidade é o maior: "os líderes do partido descontente raramente deixam de oferecer algum plano plausível de reforma", no intuito de "remodelar a constituição", um plano que muito frequentemente intoxica "o grande corpo do partido".

> Muitos dos líderes, embora originalmente nada tenham pretendido, senão seu próprio engrandecimento, com o tempo caem no logro de sua própria sofística, ficando tão entusiasmados por essa grande reformar quanto os mais fracos e tolos de seus seguidores. Muito embora os líderes devessem ter conservado suas próprias cabeças livres desse fanatismo – como de fato usualmente fazem –, nem sempre se atrevem a desapontar a expectativa de seus seguidores, ainda que contra seus princípios e consciência, a agir como se partilhassem da ilusão comum (TMS VI.ii.15, p.232-33; TSM, p.291).

Enquanto o plano de reforma não passar de pretexto para o engrandecimento pessoal de seus formuladores, há pouco a se temer. O verdadeiro perigo aparece quando o corpo do partido vitorioso, como que enfeitiçado por esse plano, exige sua implementação a qualquer custo. É aí que o líder se vê diante da parcialidade do grupo que o alçou à vitória, sendo obrigado a empregar meios violentos para implementar, a qualquer custo, as modificações planejadas. Esse é um caso particularmente perigoso do que Smith denomina de amor de sistema, que será analisado no capítulo 6.

4. Correção da parcialidade

O modelo para a correção da parcialidade é, mais uma vez, visual. Trata-se do local na *Teoria* em que Smith retoma de modo mais explícito a analogia entre sentidos externos e internos através da noção metafórica de um olho da mente:

> No que se refere ao olho do corpo, os objetos se apresentam grandes ou pequenos, não tanto conforme suas reais dimensões, mas conforme a proximidade ou distância em que se encontram [*of their situation*]; o mesmo ocorre com o que se pode chamar o olho natural do espírito; e remediamos os defeitos desses dois órgãos de modo bastante parecido (TMS III.iii.2, p.134-5; TSM, p.164).

Ao contrário do modelo proposto no texto sobre os *Sentidos externos* (ver 1.2), aqui Smith não recorre a um critério externo à visão (dados táteis) para a correção, mas busca um modelo de correção puramente visual. O processo de correção das distâncias visuais se apresenta aqui sob a forma da busca pela proporção exata entre os objetos de tamanhos diferentes:

> No lugar em que me encontro agora, uma imensa paisagem de campinas, bosques e montanhas distantes parece apenas cobrir a pequena janela junto da qual escrevo, e ser desproporcionalmente menor do que o gabinete em que estou. Posso estabelecer uma justa comparação entre os grandes e pequenos objetos ao meu redor, tão somente me transportando, ao menos na imaginação, a uma posição diferente, de onde posso examinar ambos a distâncias quase iguais, e assim formar algum juízo de sua real proporção (*ibidem*).

Se não posso fisicamente me deslocar até esse ponto privilegiado para saber as reais dimensões do objeto, cabe me deslocar imaginariamente até esse ponto e daí estabelecer a proporção correta. Apesar do evidente esforço mental envolvido nessa operação quase não o percebemos devido ao modo como o hábito e a experiência "ensinaram-me a fazer isso tão fácil e tão prontamente". É apenas a partir do estudo da filosofia da visão que tomamos consciência do esforço e da metafísica envolvidos nessas operações visuais corriqueiras de diminuição e aumento dos objetos (*ibidem*), o que igualmente ocorre para as paixões:

> Seus interesses, na medida em que são examinados de sua posição, nunca poderão ser contrabalançados aos nossos [*put into the balance with our own*], nunca nos impedirão de de fazer o que possa ajudar a promover os nossos interesses, por mais ruinoso que isso seja para ele. Antes de podermos fazer uma comparação apropriada entre esses interesses opostos, devemos mudar nossa posição. Não podemos vê-los de nosso lugar, nem tampouco do dele, nem com nossos olhos, nem, todavia, com os deles. É preciso vê-los do local e com os *olhos de uma terceira pessoa*, que não tenha nenhuma relação particular [*particular connection*] com algum de nós, e que nos julgue com imparcialidade (TMS III.3.3, p.135; TSM, p.165 – itálico meu).

Repare que não basta encontrar um lugar à mesma distância de ambos os pontos de vista, mas é preciso também possuir os "olhos de uma terceira pessoa" indiferente a ambos. Mais do que simplesmente encontrar o ponto de vista adequado, é igualmente necessário supor que alguém com a sensibilidade correta ali se encontre. Mais uma vez, o hábito e a experiência tornam imperceptível esse complexo exercício imaginário sendo mesmo necessário "algum grau de reflexão, e até de filosofia, para nos convencer" do funcionamento desse mecanismo compensatório mesmo nos casos mais banais (*ibidem*).

5. 'Substância' moral e estrutura antinômica

Smith compreende a noção de substância como um dispositivo imaginário capaz de organizar a experiência sensível sustentando e relacionando as percepções fornecidas pelos cinco sentidos externos e, com isso, estabelecendo a diferença entre mundos externo e interno, além de permitir a inferência da existência de objetos sólidos, independentes e finitos. Tudo isso a partir da resistência característica das percepções táteis (ver 1.2). A questão que se põe é a seguinte: o que a noção de substância pode então significar no campo moral? Especialmente se lembrarmos que, para Smith, não existe um senso moral, entendido como um poder de percepção específico, capaz de fornecer dados morais. Tampouco há algum sentido interno capaz de perceber sensações ou emoções alheias. A diferença entre emoções original e simpática é dupla, de tipo e de intensidade, e mesmo a maior parcialidade que existe – aquela dos pais em direção aos filhos (TMS VI.ii.1.3) – não é capaz de superar essa diferença:

> Todo homem sente seus próprios prazeres e dores mais intensamente do que os de outras pessoas. As primeiras são as sensações originais, as últimas, imagens refletidas ou simpáticas, dessas sensações. As primeiras podem ser ditas a substância, as outras, a sombra (TMS VI.ii.1.1, p.219; TSM, p.274).

A natureza inteiramente imaginária e a menor intensidade da reação simpática fazem com que os juízos de conveniência do espectador estejam sempre aquém do desejável. Por outro lado, o agente tem acesso à sua 'substância' emocional, isto é, tem acesso imediato e sem restrições à sua reação emocional primária. Apenas a ele, pois, caberia almejar um juízo moral em caráter definitivo (ou absoluto) que, contudo, não será atingido de forma simples. A principal dificuldade enfrentada pelo agente ao tentar julgar a si mesmo é a parcialidade (TMS III.4.5, p.158). A imediatez e maior intensidade de nossas próprias sensações e reações emocionais parece ser a raiz fisiológica da parcialidade e de nossa tendência a superestimar nós mesmos. O problema é mais explícito

> Quando estamos na iminência de agir, a avidez da paixão raramente nos permitirá considerar o que fazemos com a lucidez de uma pessoa indiferente. As violentas emoções que nesse momento nos agitam nublam nossos juízos sobre as coisas, mesmo quando nos esforçamos por ocupar o lugar do outro, e considerar os objetos de nosso interesse sob a luz em que ele naturalmente as consideraria. O ímpeto de nossas paixões nos chama constantemente de volta para nosso próprio lugar, onde, por causa de nosso amor de si, tudo parece ampliado e desfigurado [*the fury of our own passions constantly calls us back to our own place, where every thing*

> *appears magnified and misrepresented by self-love*] (TMS III.4.3, p.157, TSM, p.189-90).

Ao ser tomado pela enorme intensidade das emoções o agente se vê impedido de trocar de lugar imaginariamente com o espectador. A fúria de sua resposta emocional o enraíza em si mesmo e volta sua atenção inteiramente para elas. A violência das emoções altera sua percepção, magnificando e descolorindo as coisas. Esse é o cenário extremo do que Smith denomina de "paroxismo da aflição [*paroxism of distress*]" (TMS III.4.3, p.157-8) e que lhe permite demonstrar a força esmagadora com que nossa sensibilidade nos subjuga de tempos em tempos. Ela igualmente nos permite terminar de traçar o quadro antinômico geral que estrutura a parte especulativa de sua teoria moral:

(a.1) de um lado, o agente que, devido a espontaneidade e alta intensidade de sua reação emocional, vê-se impedido de operar corretamente um juízo moral a respeito de si mesmo;

(a.2) ao mesmo tempo, ele é único que tem acesso a essas mesmas emoções em toda sua originalidade, como aponta Smith, ele é o único com acesso à 'substância' emocional que lhe é própria;

(b.1) de outro, o espectador com tempo e indiferença necessários para operar um juízo moral imparcial;

(b.2) mas sem acesso direto à reação emocional original, cabendo-lhe apenas se imaginar na mesma situação e comparar sua reação emocional derivada com aquela do agente, por ele observada; essa reação simpática será tanto melhor quanto maior a afinidade do espectador com o agente, o que, pelo outro lado, diminui sua capacidade de análise imparcial.

Essa é a *antinomia* que a filosofia moral de Smith propõe. A solução intersubjetiva (um ouvinte interessado no 'caso' contado por um agente) exige que a emoção original seja substituída por uma 'paixão refletida', de natureza imaginária e em menor intensidade, que pode ser compartilhada (ver 2.6). Mas Smith propõe uma segunda solução que consiste na sustentação simultânea dos dois polos através da internalização da figura de um espectador imparcial pelo agente. É aí que Smith fundará tanto a consciência quanto sua teoria da virtude.

6. Consciência como um tribunal

A experiência simpática do espectador se imaginando na situação do agente, é redobrada pela experiência simpática do agente se imaginando na situação do espectador da situação na qual ele (agente) está envolvido (TMS I.i.4.8, p.22). Essa dupla experiência simpática permite ao agente internalizar a dinâmica de julgamento própria ao espectador no intuito de (bem) julgar a si mesmo. O agente deve internalizar não um espectador parcial, mas preferencialmente um espectador imparcial, isto é, de um espectador que não possui nenhuma relação particular com nenhum dos envolvidos na situação em questão, que não prefira nenhum deles. Numa primeira aproximação, isso significa um espectador indiferente:

> admiramos aquele resentimento nobre e generoso, que governa a reparação das grandes ofensas, não pela raiva que podem despertar no peito dos sofredores, mas pela indignação que naturalmente provocam no espectador imparcial; que não permite que nenhuma palavra ou gesto lhe escape para além do que esse sentimento mais equitativo dita* [*dictate*]; que nunca, nem mesmo em pensamento, intenta maior vingança, nem deseja inflingir nenhum castigo maior do que aquele cuja execução qualquer pessoa indiferente veria com agrado (TMS I.i.5.4, p.24; TSM, p.25-6; cf. TMS II.i.2.1; II.ii.2.4; VI.ii.intro.2).

A imparcialidade, contudo, não pode ser reduzida à indiferença em geral, apenas àquela do espectador. Um exemplo de Smith é particularmente elucidativo a esse respeito. Ao tratar das paixões insociáveis, ele insiste que, apesar de concorrerem para o afastamento das pessoas, elas

> são consideradas partes necessárias do caráter da natureza humana. Uma pessoa que permaneça quieta, submetendo-se a insulto, sem tentar repelir ou vingá-los, parecerá desprezível [*A person becomes contemptible who tamely sits still, and submits to insults, without attempting either to repel or to revenge them*]. Não podemos partilhar de [*enter into*] sua indiferença e insensibilidade: chamamos seu comportamento de mesquinho, e ela nos irrita tanto quanto a insolência de seu adversário (TMS I.ii.3.3, p.34-5; TSM, p.39).

Em alguns casos, a indiferença para consigo mesmo é uma falha moral grave e nos alerta para a confusão entre a desejável imparcialidade do observador a ser internalizado e a censurável indiferença do agente para com as próprias emoções. Por exemplo, a indiferença para com ofensas (*injury*, *offense*) cometidas contra mim é censurável não apenas do ponto de visa individual, mas também social: o ressentimento é a base da justiça e o não sentir ou não agir a partir dele traz efeitos danosos não apenas a mim, mas para a comunidade em que vivo como um todo. A indiferença do agente se aproxima mais da insensibilidade (*insensibility*) e é digna de aprovação sempre que o autocontrole evita a manifestação impetuosa e violenta de emoções insociáveis (TMS I.ii.1.12), mas apenas em situações onde a frieza de conduta é atributo indispensável, como a de um cirurgião que, através da experiência, consegue ser indiferente (ou mesmo insensível) às sensações nauseantes que uma dissecação ou amputação provocam (TMS I.ii.1.10). A insensibilidade por parte do espectador, ao contrário, impede a operação do mecanismo simpático, impossibilitando, assim, qualquer tipo de julgamento. A distinção entre teoria e prática pode ser lembrada aqui. A indiferença do espectador deve ser levada em conta apenas enquanto o processo de julgamento estiver em jogo; todavia, ela não deve ser tomada, sem qualificações, como modelo, como um traço de caráter desejável ou como um comportamento a ser imitado.

É aí que Smith buscará a solução para a antinomia delineada acima: através da internalização de um espectador imparcial. Isso permite aos sujeitos adquirirem um critério para os seus juízos de conveniência ao mesmo tempo em que continuam tendo acesso à sua reação emocional primária, sua 'substância moral'. A esse respeito convém insistir no porquê é necessário internalizar *um espectador imparcial*, e não apenas assumir um ponto de vista indiferente. A imparcialidade até pode ser compreendida como uma "visão de lugar nenhum [*view from nowhere*]," ao modo de Thomas Nagel (1986, ver também 1991), mas Smith exige mais, a saber, que essa visão esteja encarnada numa pessoa. É isso o que caracteriza, por exemplo, o rigor da moral de Jeanie Deans, personagem principal de *The Heart of Midlothian*, de Sir Walter Scott, em um dos trechos que servem de epígrafe a esse estudo. Leitor de Smith, o autor escocês aponta que:

> Em conformidade ao tom estrito e severo da moralidade na qual havia sido educada, Jeannie precisava considerar não apenas o aspecto geral da ação proposta, mas sua *correção e adequação em*

> *relação ao ator*, antes de poder, em suas próprias palavras, sentir-se livre para entrar nela.[12] (cap. XXXIV – itálicos meus).

Um ponto de vista desencarnado não é capaz de levar em conta a particularidade porque ele não possui sensibilidade. A diferença entre um ponto de vista imparcial e um espectador imparcial é a *capacidade sensitiva do espectador* (é ela a única forma de garantir a "correção e adequação em relação ao ator" mencionada por Scott). Internalizar um espectador imparcial implica em igualmente internalizar a sensibilidade moral desse espectador, não apenas sua imparcialidade. Cabe ressaltar que isso é possível unicamente porque a sensibilidade a respeito do que outros sentem está fundada na *imaginação*, isto é, porque "por intermédio da imaginação podemos nos colocar no lugar do outro, concebendo-nos sofrendo os mesmo tormentos", de tal modo que "é como se entrássemos no corpo dele e de certa forma nos tornássemos a mesma pessoa" (TMS I.i.1.2, p.9; TSM, p.6). Mais uma vez, deparamo-nos com a necessidade de personalização, de (re)criação da personalidade dos sujeitos morais pela imaginação. Para Smith, para existir consciência moral, é necessário (re)criar imaginariamente a estrutura moral completa de um espectador que poderá, assim, atuar como juiz. Não basta imaginar um ponto de vista impessoal privilegiado de onde todas as emoções possam ser equalizadas de modo correto, é preciso igualmente imaginar uma espécie de personalidade (portadora de sensibilidade) capaz de sustentar tal ponto de vista.

A figura do espectador imparcial deve ser internalizada para que os juízos de conveniência adquiram um segundo critério, isto é, um ponto de vista a partir do qual as emoções do agente possam ser ponderadas na proporção correta em relação às emoções dos outros envolvidos na situação, um ponto de vista de onde elas podem ser, por assim dizer, 'equalizadas'. Essa é outra forma de afirmar a importância de nossa 'substância' moral: indivíduos devem sempre levar em conta sua reação emocional primária, tanto porque a natureza exige que eles tomem a si mesmos como o principal objeto de atenção (TMS VI.ii.1.1), quanto porque

---

12 No original: "But Jeannie, in the strict and severe tone of morality in which she was educated, had to consider not only the general aspect of a proposed action, but its justness and fitness in relation to the actor, before she could be, according to her own phrase, free to enter upon it". Repare que Scott emprega o mesmo verbo utilizado por Smith no último trecho citado: *to enter*.

simplesmente ninguém mais tem acesso a ela.[13] A emoção do agente deve sempre ser tomada como parâmetro, menos como um critério do juízo, do que como um ponto de referência que deve ser posto em relação com a emoção de outras pessoas a partir de um ponto de vista capaz de equalizá-las.

Isso pode ser alcançado através da internalização do espectador imparcial, de modo que se constitua um "representante" imaginário (TMS VI.i.11, p.215) capaz de operar essa equalização no sujeito:

> Quando me esforço para examinar minha própria conduta, quando me esforço para pronunciar sentença sobre ela, seja para aprová-la ou condená-la, é evidente que, em todos esses casos, tudo se passa como se me dividisse em duas pessoas; e que eu, examinador e juiz, represento um homem distinto perante ao outro eu, a pessoa cuja conduta se examina e se julga. A primeira pessoa é o espectador, de cujos sentimentos quanto à minha conduta tento participar, colocando-me em seu lugar e consideranto como a mim me pareceria se a examinasse desse ponto de vista particular. A segunda é o agente, pessoa a qual propriamente designo como eu mesmo, e sobre cuja conduta tentava formar uma opinião, como se fosse a de um espectador. A primeira é o juiz; a segunda é a pessoa a quem se julga (TMS III.1.6, p.113; TSM, p.142).

Há vários tópicos importantes nessa passagem. Em primeiro lugar, a ideia de dois personagens (*character*) a serem representados (aqui no sentido de interpretados) pelo agente remete diretamente ao que denominamos de natureza teatral da moralidade (ver 2.7). A internalização da figura de um espectador estabelece uma estrutura teatral no interior da subjetividade, onde o processo de autojulgamento deve ser encenado: o sujeito deve aparecer representando o papel de *agente*, como se estivesse interpretando a si mesmo em determinada cena, defronte a si mesmo representando a plateia. Com uma peculiaridade: tal plateia é constituída por apenas um personagem, o de *juiz*. Ao teatro moral sobrepõe-se a figura de um *tribunal*.

Em segundo lugar, isso implica em uma cisão subjetiva: para julgar a si mesmo, o sujeito deve dividir a si mesmo (ou dividir o seu eu/*self*) nesses dois

13 Essas reações puramente individuais são a matéria-prima sobre a qual a moralidade é construída. Elas devem ser avaliadas com seriedade e, em alguns casos específicos, resguardadas e nutridas.

characters, de agente e juiz. Smith apresenta assim a noção de uma subjetividade dividida ou cindida. É importante destacar que essa divisão subjetiva é entre dois *characters*, isto é, não basta internalizar um ponto de vista, mas é necessário (re) criar imaginariamente a estrutura moral completa do espectador/juiz. Não basta imaginar um ponto de vista impessoal privilegiado de onde todas as emoções possam ser equalizadas de modo correto, é preciso igualmente imaginar uma espécie de personalidade capaz de sustentar tal ponto de vista· Finalmente, é também por causa disso que ao sujeito cabe "representar", no sentido de assumir a forma, de figurar como (e no caso do agente, também de interpretar, como veremos mais abaixo), esses dois personagens ou papéis, isto é, assumir tais *characters* do mesmo modo que um ator faz ao entrar em cena.

Em terceiro lugar, esse teatro-tribunal sustenta um palco onde 'casos' se desenrolam e são julgados, isto é, onde uma ação é representada por um dos personagens frente a outro que julga enquanto assiste. Isso permite a Smith elaborar uma teoria moral capaz de transcender a empiria.[14] Ao internalizar o *character* de um espectador imparcial sob a figura de um "o homem ideal [*ideal man*] dentro do peito" (TMS III.3.26, p.147) ou mesmo de um "grande semideus [*demigod*] dentro do peito, o grande juiz e árbitro [*judge and arbiter*] da conduta" (TMS VI.iii.25; TSM, p.309; cf. TMS VI.i.11; VI.ii.1.22), o sujeito moral adquire um ponto de referência que lhe permite transcender o juízo de "espectadores reais" ou empíricos (TMS III.3.26, p.147):

> Naturalmente o homem não apenas deseja ser amado [*loved*], mas amável [*lovely*]; ou ser objeto natural e apropriado de amor [*love*]. Naturalmente não apenas evitar ser odiado [*hated*], mas ser odioso [*hateful*]; ou ser objeto natural e apropriado de ódio [*hatred*]. Não deseja apenas louvor [*praise*], mas o que é digno de louvor [*praise worthiness*]; ou, ainda que não louvado por ninguém, ser objeto natural e apropriado de louvor. Tem horror não apenas à censura [*blame*], mas ao que é digno de censura [*blame-worthiness*]; ou, embora ninguém o censure, ser contudo, objeto natural e apropriado de censura (TMS III.2.1, p.113-4; TSM, p.143).

14 No próximo capítulo veremos como nesse palco raramente são encenados casos com apenas uma pessoa, mas que geralmente tais cenas envolvem, no mínimo, dois agentes.

Smith é claro: "de modo algum o amor ao que é louvável deriva inteiramente do amor ao louvor" (TMS III.2.2, p.114; TSM, p.143). A diferença entre ter sua conduta aprovada (ter feito algo louvado) e ter uma conduta passível de aprovação (ter feito algo louvável) se funda na internalização da figura do espectador imparcial:

> A emulação, o aflito desejo de sermos excelentes, funda-se originalmente em nossa admiração pela excelência dos outros. Tampouco nos satisfaz sermos admirados tão somente pelo que outros o são; ao menos devemos acreditar que somos admiráveis pelo que elas são. Mas para obtermos essa satisfação, devemos nos tornar espectadores imparciais de nosso próprio caráter e conduta. É preciso nos esforçarmos para vê-los com os olhos de outras pessoas, ou como outras pessoas provavelmente os verão (TMS III.2.3, p.114; TSM, p.143).

A partir da representação (no sentido anteriormente discutido) do *character* de um espectador imparcial, o sujeito pode ter certeza da moralidade de sua própria conduta mesmo sem qualquer 'espectador real' por perto, obtendo assim satisfação para o seu senso de conveniência (TMS III.2.5, p.115-6; TSM, p.145). Isso é retomado e explicitado a partir da ideia do espectador imparcial internalizado como juiz e da consciência como tribunal:

> Mas, ainda que dessa maneira o homem se torne juiz imediato da humanidade, isso se deve apenas a uma decisão de primeira instância; dessa sentença cabe apelação para um tribunal superior, o tribunal de suas próprias consciências, o tribunal do espectador suposto* imparcial e bem informado*, do homem dentro do peito, o grande juiz e árbitro de suas condutas (TMS III.2.32, p.130; TSM, p.159).

Como vimos, o princípio desse tribunal de segunda instância é diferente daquela da primeira instância, formado pelos espectadores reais (empíricos):

> A jurisdição do *homem exterior* [man without] funda-se inteiramente no desejo do real louvor, e na versão à real censura. A jurisdição do *homem interior* [man within] funda-se inteiramente no desejo de ser louvável e na aversão a ser censurável; no desejo de

> possuir as qualidades e praticar as ações que amamos e admiramos em outras pessoas; e no horror a possuir as qualidades e praticar as ações que odiamos e desprezamos em outras pessoas (*ibidem*, p.131; TSM, p.159-60 – itálicos meus).

A consciência se encontra a meio do caminho entre os espectadores reais e aquele "tribunal ainda mais superior, o juiz onisciente, cujo olho jamais pode ser enganado e cujos julgamentos jamais podem ser pervertidos" (TMS III.2.33, p.131; TSM, p.161). Isso porque, sua figura central, o espectador imparcial internalizado porta uma natureza dupla, humana e divina. Contudo, ela só aparece de forma clara no momento em que sua autoridade está abalada:

> Nesses casos, esse semideus dentro do peito, como os semideuses dos poetas, parece descender em parte do imortais e parte, todavia, de mortais. Quando seus juízos são firme e constantemente governados pelo senso do que é louvável e do que é censurável, parece agir conforme sua ascendência divina; mas quando se deixa entorpecer e confundir pelos juízos do homem fraco e ignorante, revela seu parentesco com a mortalidade [...] (TMS III.2.32, p.131; TSM, p.160-1).

É preciso então qualificar a afirmação de que a internalização do espectador imparcial fornecia um fundamento não empírico à moral. Isso vale apenas na medida em que a consciência esteja segura de si mesma (TMS III.2.32, p.131). É evidente que o grau dessa certeza de si varia de indivíduo para indivíduo, mas Smith insiste que há limites externos, em especial, aqueles estabelecidos pela intensidade da aprovação ou desaprovação empírica: "o homem interior parece por vezes como estupefato e confuso pela veemência do clamor do homem exterior" (*ibidem*). A verdade é que o "homem interior" nunca está perfeitamente isolado, sua metade mortal segue sempre à espreita, sempre a lembrar o indivíduo de sua finitude.

Em todo o caso, é no juízo da consciência, na decisão desse tribunal de segunda instância, nessa satisfação interna, que não depende de outras pessoas, que Smith estabelece o fundamento de sua teoria da virtude:

> O amor à justa fama, à verdadeira glória, mesmo por si mesmo e independente de qualquer vantagem que possa trazer, não é in-

> digna nem mesmo de um homem sábio. Às vezes, no entanto, este a negligencia e até a despreza, e tende a fazê-lo quando está perfeitamente seguro quanto à perfeita conveniência de cada passo de sua conduta. Nesse caso, não é necessário que sua aprovação de si mesmo seja confirmada pela aprovação de outros homens: basta por si só, e isso satisfaz ao sábio. O amor a ela constitui o amor pela virtude.[15] (TMS III.2.8, p.117; TSM, p.147)

Em caso de concordância entre espectador imparcial interno e espectadores reais/empíricos, o sujeito obterá a maior felicidade possível, aquela de obter a confirmação externa de uma crença interna (em certo sentido, obtendo uma confirmação intersubjetiva para uma crença subjetiva): "Sua aprovação necessariamente confirma nossa própria autoaprovação*. Seu louvor necessariamente fortalece nosso senso de que somos dignos de louvor [*sense of our own praiseworthiness*]" (TMS III.2.3, p.114). Em alguns casos, tal concordância traz consigo fama e glória àquele que é seu feliz objeto, e frequentemente traz também as vantagens fortuitas a elas associadas, a saber, riqueza e poder. Um aspecto importante a destacar é, novamente, a ideia de uma interação social vindo para confirmar as operações de um sentido interno: aqui o senso de conveniência da nossa própria conduta, isto é, o senso de que somos dignos de louvor, sendo confirmado pela aprovação de nossa conduta por espectadores reais.

No entanto, esse feliz caso de acordo entre esses dois níveis de aprovação, desses dois tribunais, nos alerta para os quatro possíveis desacordos:

(1) Podemos merecer louvor e não sermos realmente louvados, situação em que podemos ter algum conforto e mesmo "antecipar o aplauso e a admiração" dos quais seríamos merecedores se os espectadores tivessem todas as informações necessárias para tanto:

> Há homens que abandonaram voluntariamente a vida para adquirir após a morte um nome de que não mais poderiam usufruir. Entrementes, sua imaginação antecipava a fama que lhes seria concedida em tempos futuros. Os aplausos que nunca ouviriam ressoam em seus ouvidos; os pensamentos da admiração, cujos

15 Hanley faz dessa tríade o eixo central de sua excelente interpretação da teoria da virtude de Smith (2009).

> efeitos jamais perceeriam, brincavam em seus corações, baniam de seus peitos o mais forte dos medos naturais, transportando-os a executar ações que parecem quase fora do alcance da natureza humana.[16] (TMS III.2.5, p.116; TSM, p.146)

Há um tipo de certeza subjetiva que permite ao indivíduo antecipar sentimentos futuros, no caso a aprovação. Esse caso é particularmente interessante ao demonstrar o poder da imaginação simpática em toda sua ambiguidade: por um lado, através dele o indivíduo é capaz de superar o medo da morte (porque ele tem certeza de que sua conduta é apropriada); por outro, isso pode levá-lo à morte (inclusive através do suicídio) em lugar de uma conduta virtuosa (porque sua segurança subjetiva pode fazê-lo encarar situações que ele não faria de outro modo).

(2) Podemos merecer censura e não sermos censurados por nenhum espectador real, situação em que estaríamos sujeitos ao mais temível dos sentimentos, o remorso (TMS II.ii.2.3):

> Ao olhar para trás [em direção ao crime que cometeu] e vê-lo sob a luz em que o espectador imparcial o veria, descobre que não consegue entrar em nenhum dos motivos que o influenciaram*. Tais pensamentos o deixam perplexo e confuso, e necessariamente sente com intensidade a vergonha a que estaria exposto, se seus atos viessem a ser conhecidos de todos. Também nesse caso, sua imaginação antecipa o desprezo e escárnio de que nada o salva, exceto a ignorância dos que com eles convivem (TMS III.2.9, p.118; TSM, p.148).

Trata-se do caso inverso ao primeiro, a imaginação simpática atuando da mesma maneira, seja antecipando aplausos ou desprezo que não nos atingem externamente unicamente devido à ignorância a respeito de alguma informação relevante por parte dos espectadores reais. Esses dois casos tam-

16 Como escreverá Fernando Pessoa: "Se me disserem que é nullo o prazer de durar depois de não existir responderei [...] que o prazer da fama futura é um prazer presente – a fama é que futura. E é um prazer de orgulho egual a nenhum que qualquer posse material consiga dar. Pode ser, de facto, illusorio, mas seja o que for, é mais largo do que o prazer de gosar só o que está aqui" (*Livro do desassossego*, 311, p.373-4).

bém demonstram outro ponto importante, a saber, que emoções não precisam ser realmente comunicadas para se tornarem sentimentos, elas precisam apenas ser *comunicáveis*, isto é, virtualmente compartilhadas com um espectador imaginário (ver 1.6).

(3) Podemos ser louvados sem o merecer; ora, "Alegrar-se com um aplauso tão infundado é prova da mais superficial leviandade e fraqueza. É a isso que se chama propriamente vaidade." Essa forma peculiar (e extremamente interessante) de corrupção moral "se origina de uma tão grosseira ilusão da imaginação, que é difícil conceber como poderia convencer qualquer criatura racional." Aqui, a imaginação atua de modo um pouco diferente:

> Quando se colocam no lugar daqueles a quem pensam ter enganado, impressiona-os a grande admiração por suas próprias pessoas. Sabem que olham para si mesmos não como deveriam [*ought*] se mostrar aos companheiros, mas como acreditam que são olhados efetivamente* (TMS III.2.4, p.115; TSM, p.145).

Outra das metáforas utilizadas por Smith para lidar com a (im)parcialidade é a da luz (TMS III.2.3, p.114). Pessoas vaidosas (ou vãs) evitam observar a si mesmas sob uma "luz cândida e imparcial" (TMS I.i.4.8, p.22) devido a uma "fraqueza superficial e trivial loucura" (TMS III.2.4, p.115; ver 3.7 e 6.6).

(4) Finalmente, podemos ser censurados sem o merecer, provavelmente a pior situação a que alguém pode ser submetido. Mesmo um homem que esteja acima da média em termos de autossuficiência (*man of more than ordinary constancy*) se verá profundamente abalado nessa situação:

> Embora perfeitamente ciente de sua própria inocência, a mera imputação muitas vezes parece, até em sua própria imaginação, lançar uma sombra de desgraça e desonra sobre seu caráter. Além disso, a justa indignação de tão vulgar injúria, a qual, contudo, é frequentemente inconveniente e às vezes até impossível vingar, em si mesma é uma sensação dolorosa (TMS III.2.11, p.119; TSM, p.149-50).

Tomados em conjunto, esses quatro casos de descompasso entre o juízo externo (espectadores reais) e o juízo interno (espectador imaginário) mostram (casos 1 e 2) todo o alcance do funcionamento da imaginação simpática e também (casos 3 e 4) seus desvios. A vaidade consiste em uma espécie de simpatia oca: o homem vaidoso ou vão busca o aplauso dos espectadores externos, mas não do interno. O último caso consiste na ausência da simpatia: o agente sabe que é inocente mas não encontra espectadores simpáticos. Outra forma de ausência de simpatia pode ser vista em "Criminosos devassos [...] frequentemente têm pouco senso da baixeza de sua própria conduta, e, por conseguinte, nenhum remorso" (TMS III.2.11, p.120; TSM, p.150). A 'solução' encontrada por eles é análoga ao do cirurgião que deve superar as náuseas que sente durante a cirurgia: eles se tornaram insensíveis, isto é, cortaram qualquer traço de um senso interno ligado ao remorso, denominado por Smith de "senso da desgraça" (TMS III.2.13, p.121; TSM, p.151).

7. O "senso natural de equidade"

Um dos aspectos mais significativo da consciência e do autojulgamento em Smith e sua relação com a sociabilidade:

> Se fosse possível que uma criatura humana vivesse em algum lugar solitário até alcançar a idade adulta*, sem qualquer comunicação com sua própria espécie, não poderia pensar em seu próprio caráter, a conveniência ou demérito de seus próprios sentimentos e conduta, a beleza ou deformidade de seu próprio espírito, mais do que na beleza ou deformidade de seu próprio rosto (TMS III.1.3, p.110; TSM, p.140).

O que lhe falta é um "espelho moral [*moral looking-glass*]" (TMS III.1.5n, p.112; trecho suprimido da sexta edição) no qual observar o seu próprio comportamento a partir do qual será possível julgar a si mesmo: "Tragam-no para a sociedade, e será imediatamente provido do espelho [*mirror*] de que antes carecia". Sem esse espelho social, os únicos objetos que tomam sua atenção são os objetos externos, já as "paixões elas mesmas, os desejos e aversões, alegrias e tristezas que tais objetos suscitassem [...] dificilmente seriam objeto de seus pensamentos*." Ao contrário, o homem em sociedade vê seus afetos e emoções constantemente sujeitos à aprovação ou desaprovação de seus pares, o que lhe causa outras reações, numa espiral ininterrupta:

> Tragam-no para a sociedade, e todas as suas paixões imediatamente se converterão em causas de novas paixões. Cuidará que os homens aprovam algumas, e se enojam com outras. Num caso se sentirá exaltado, abatido em outro; agora, seus desejos e aversões, alegrias e tristezas frequentemente se converterão em causas de novos desejos e novas aversões, novas alegrias e novas tristezas, e, por vezes, agora lhe interessarão profundamente, e muitas vezes ocuparão sua mais atenta consideração (TMS III.1.3, p.110; TSM, p.140-1).

Esses novos desejos e aversões, paixões e emoções de segunda ordem (provocados pela aprovação ou desaprovação da reação primordial por parte dos espectadores) são a matéria-prima dos sentimentos e da vida em sociedade (ver 1.6). A conclusão que se segue daí é, evidentemente, que não há moralidade sem sociedade (com uma exceção que analisaremos no capítulo 6):

> Jamais podemos inspecionar nossos próprios sentimentos e motivos, jamais podemos formar juízo algum sobre eles, a não ser abandonando, por assim dizer, nossa posição natural [*natural station*] e procurando vê-los como se estivessem a certa distância de nós. Mas o único modo de fazermos isso é tentar divisá-los com os olhos de outras pessoas, isto é, como provavelmente outras pessoas os veriam. Todo juízo que formemos sobre eles, portanto, deverá guardar necessariamente uma relação secreta, seja com que é, seja com o que seria em certas condições – ou com o que imaginamos deveria ser – o juízo dos outros (TMS III.1.2, p.109-10; TSM, p.139-40).

Fora da sociedade, em situação de isolamento e solidão, não haveria essa troca de posições entre agente e espectador e estaríamos fadados a mantermos nossa "posição natural", sem qualquer necessidade de buscar por outro ponto de vista. Sem essa busca, as respostas emocionais são deixadas em seu estado bruto, sem serem justificadas e comunicadas, cultivadas e refinadas.

Um efeito importante desse giro de perspectiva, operado pela internalização da figura de um espectador imparcial, é a (re)afirmação da igualdade entre seres humanos no campo da moralidade. Na *Riqueza das nações*, Smith insiste que

> Na verdade, a diferença de talentos naturais entre os homens é muito menor do que pensamos, e a grande diferença de talentos que parece distinguir homens de diferentes profissões, quando atingem a maturidade, em muitos casos não é tanto causa como o efeito da divisão do trabalho. A diferença entre os caracteres [*characters*] mais diferentes, entre um filósofo e um carregador, por exemplo, parece dever menos à natureza do que ao hábito, aos costumes e à educação (WN I.ii.4, p.28; RN1, p.21).

A internalização de um espectador imparcial reafirma, no plano (interno) da subjetividade, esse ponto de partida (intersubjetivo): a homogeneidade da natureza humana.[17] Como? Insistindo na "nossa verdadeira pequenez [*real littleness of ourselves*]"[18] (TMS III.3.4, p.137). A esse respeito, Smith lança mão da metáfora da balança que, para poder operar, exige um segundo peso que sirva como medida ao primeiro, no caso, um segundo ponto de vista capaz de equalizar o egoísmo (TMS III.3.3, p.135). A imparcialidade exige a internalização de um ponto de vista mais amplo, capaz de comparar objetivamente minha situação com a dos outros e, assim, se contrapor às exigências do amor de si:

> Não é o brando poder da humanidade [*humanity*], não é a debil centelha de benevolência que a natureza acendeu no coração humano, o que pode resistir aos mais fortes impulsos do amor de si. É um poder mais forte, um motivo mais convincente, que se põe em ação nessas ocasiões. É a razão, o princípio, a consciência, o habitante do peito, o homem interior, o grande juiz e árbitro de nossa conduta (TMS III.3.4, p.137; TSM, p.166).

---

17 "Starting with Adam Smith, classical economics is characterized by an analytical egalitarianism that presumes humans are the same in their capacity for language and trade; observed differences are then explained by incentives, luck, and history, and it is the "vanity of the philosopher" incorrectly to conclude that ordinary people are somehow different from the expert" (Peart & levy, 2005, p.3). Esse é um ponto bastante trabalhado na literatura secundária, e a partir de várias perspectivas. Ver Fleischacker (1999, 2004), Levy (2001), Raphael (2006), Maclean (2006), Peart & Levy (2008).

18 Outra leitora de Smith, Jane Austen, menciona uma "art of knowing our own nothingness beyond our own circle" (*Persuasion*, cap.6).

O espectador imparcial, imaginário e internalizado, permite ao sujeito transcender sua estreita "posição natural" e o ponto de vista egoísta ali estabelecido ao lançar mão do que Smith denomina de "senso natural de equidade". Ele desempenha um papel central na teoria moral de Smith como um todo, mas sua dupla função de fundamentação e de regulação dos sentimentos é mais facilmente observável no caso da justiça (porque o ressentimento é uma paixão insociável, portando todos os aspectos odiosos que lhe cabem). O espectador imparcial, fundamentando o ressentimento individual em algo mais que uma mera reação a uma situação particular, em algo a mais que mera idiossincrasia e, segundo, corrige seus excessos. A segunda função é mais fácil de ser apresentada: "nada agrediria mais nosso senso natural de equidade do que levar ao cadafalso um homem apenas por ter jogado uma pedra descuidadamente na rua, sem ferir ninguém" (TMS II.iii.2.8, p.103; TSM, p.128). De certa forma, nosso "senso natural de equidade" nada mais é que o senso de conveniência aplicado a casos de justiça. Aqui ele age garantindo a proporcionalidade entre punição e crime, impedindo, por exemplo, que aprovemos a pena punição máxima a um crime relativamente menor.[19] Se o ressentimento é a reação emocional à ofensa sofrida, o que exatamente nela é o fundamento adequado a esse sentimento?

> O que mais nos enraivece no homem que nos ofende ou insulta é a pouca conta em que parece nos ter, a preferência insensata que dá a si mesmo em detrimento de nós, e o absurdo amor de si que o faz imaginar que outras pessoas podem a qualquer momento se sacrificar por seu caprichos ou humor. A berrante inconveniência dessa conduta, a grosseira insolência e injustiça que ela parece envolver, muitas vezes nos deixam indignados e exasperados mais que todo o dano que sofremos. Restaurar-lhe um sentido mais justo do que é devido aos outros, fazê-lo perceber o que nos deve e o mal que nos fez, é frequentemente a principal finalidade a que se propõe nossa vingança, a qual sempre é imperfeita quando isso não sucede (TMS II.iii.1.5, p.96; TSM, p.119-20).

O desprezo do ofensor por essa espécie de 'valor' intrínseco de sua vítima (na falta de um termo mais adequado) ou, em outros palavras, seu desrespeito

19 Esse é o caso, por exemplo, da sentinela dorminhoca (ver 5.4).

perante seus semelhantes, exige o ressentimento da parte do ofendido. Um espectador imparcial saberá descontar o viés de parcialidade de ambos os envolvidos, ofensor e ofendido, para chegar ao nível adequado de ressentimento com o qual ele pode simpatizar. É precisamente a necessidade de restringir ou refrear a própria parcialidade (ou, em alguns casos, o egoísmo) que se torna a demanda de respeito para si mesmo e para todos os outros. Tal 'respeito' está fundado na dupla compreensão de que "somos apenas um na multidão, em nada melhores do que qualquer outro indivíduo" (TMS III.3.4, p.137; TSM, p.166), e de que "em todos os aspectos, esse homem é tão bom quanto qualquer outro" (TMS II.ii.2.1, p.83; TSM, p.104). Esse é o conteúdo mais adequado para preencher a afinidade ou solidariedade geral (*general fellow-feeling*) que sustenta a justiça:

> A preocupação [*concern*] que se exige nesse caso não é mais do que a solidariedade geral que temos para com todo homem, meramente por ser nosso semelhante. Compartilhamos até mesmo o ressentimento de uma pessos odiosa, quando é ofendida por aqueles a quem não provocou (TMS II.ii.3.10, p.90; TSM, p.112).

O senso natural de equidade dos homens garante que o homem verdadeiramente justo respeitará a dignidade mesmo de alguém odioso. Se ele foi alvo de uma injustiça, um espectador verdadeiramente imparcial simpatizará com o seu ressentimento.

8. O papel da virtude

Como a internalização da figura de um espectador imparcial pode determinar qual é a conduta adequada (ou conveniente ou própria) numa situação específica? E como pode determinar a conduta ideal (virtuosa)? Na sequência do trecho que completa a analogia entre o olho do corpo e da mente, Smith escreve:

> Também aqui, hábito e experiência nos ensinaram a fazer isso [a saber, a ver nossos interesses de um ponto de vista imparcial de um terceiro] tão fácil e prontamente, que mal nos damos conta de que o fazemos; também nesse caso, é necessário algum grau de reflexão, e até de filosofia, para nos convencer de quão pouco interesse teríamos pelas maiores preocupações [*concerns*] de nosso

> vizinho, de quão pouco seríamos afetados por tudo o que a ele se relaciona, se o senso de conveniência e justiça não corrigisse a desigualdade de nossos sentimentos, que de outra maneira seria natural (TMS III.3.3, p.135-6; TSM, p.165).

Já acompanhamos Smith o suficiente para saber que quando hábito e experiência são invocados significa que está em jogo um complexo, delicado e longo processo de aprendizagem. Aqui, o desenvolvimento de juízos morais e de refinamento da imaginação simpática. Isso resulta em juízos mais precisos capazes de intervir nas paixões de modo a transformá-las em sentimentos. Contudo, esses sentimentos convenientes se transformarão em atos convenientes apenas se ele for capaz de se controlar e se a fortuna ajudar (ver o próximo capítulo). Mantendo a questão do lado puramente teórico, como posso julgar minhas emoções e atos a partir da simpatia? A resposta tem duas etapas. A primeira, *imaginando a mim mesmo nas situações em que me encontro*. Em termos mais técnicos: enquanto espectador o menos parcial possível, cabe a mim imaginar o que eu faria (ou deveria fazer) se estivesse na situação em que eu, enquanto agente, estou envolvido no momento. Isso implica numa duplicação imaginária de mim (enquanto espectador) por mim (enquanto agente) que deve ser articulada através da *inserção da minha situação em uma narrativa que lhe garanta um sentido*, em uma encenação no teatro-tribunal da consciência. Essa segunda etapa parece-me ser a operação-chave da construção de minha *identidade pessoal*.[20] Quem sou eu? O personagem principal da narrativa de minha vida. O que nos leva à uma segunda questão, propriamente prática: sou capaz de agir de acordo com o papel que imaginei para mim? Estou à altura de ser o herói do enredo de minha vida?

---

20 Acredito que a narrativa possa encaminhar uma solução à questão da identidade pessoal (o ponto 5 levantado por Laurent Jaffro, no *Prefácio* desse livro). O estabelecimento de uma narrativa de vida permite, por exemplo, que o problema da consistência temporal apareça muito claramente, ao mesmo tempo que levanta uma série de outras questões. A principal delas: qual é o tipo de estrutura(s) que encadeia os eventos dessa narrativa, em outros termos, que tipo de imputação causal está em jogo no sentimentalismo de Smith. Esse é o tema das três primeiras seções do próximo capítulo. Um outro conjunto de questões diz respeito às dificuldades em se pensar uma ação nesses termos, três delas em particular são importantes para Smith: a influência da fortuna, a acrasia e o autoengano. Elas também serão analisadas nos próximos capítulos.

Sigamos o método de Smith e estabeleçamos um pequeno caso.

Imaginemos uma criança que tem uma prova no dia seguinte para a qual ela não estudou. Durante a noite, sua avó fica doente e é hospitalizada. Sem ter com quem deixá-la, seus pais a levam junto ao hospital. Ela não terá mais de ir à escola e, portanto, não terá de se submeter à prova, o que a deixa muito feliz. Tão feliz que é incapaz de sentir qualquer tipo de tristeza pela situação da avó. Mais, apesar de ser uma observadora perspicaz e notar que todos os membros da sua família estão apreensivos e tristes com a situação, ela não consegue conter sua euforia, no que é prontamente censurada pelos pais. O fato é que essa criança é, portanto, duplamente incapaz de simpatizar (aqui no sentido de compartilhamento da emoção): primeiro com o sofrimento da avó, segundo com a apreensão e a tristeza de seus parentes. Mas o que ela deveria ter feito? Ela deveria ter simpatizado (aqui no sentido de se imaginar na situação alheia) com os membros da sua família, o que, em nossa historinha, significa simplesmente que ela deveria ter se imaginado no lugar do parente de alguém que é hospitalizado, ou seja, no lugar de si mesma. Ao fazê-lo ela perceberia que, ao invés de estar feliz pela perda da prova, ela deveria estar triste pela internação da avó. Mas e se, mesmo fazendo tudo isso, ela ainda assim fosse incapaz de se sentir triste, sua felicidade (imediata) pela perda da prova impedindo que a tristeza (mediada) pela avó fosse sentida? A questão recai agora menos na apreensão especulativa (teórica), no 'saber' moral dessa criança, e mais em seu comportamento (prática), em seu 'agir': quão bem é ela capaz de reprimir a felicidade pela perda da prova e de fingir a tristeza que deveria estar sentindo pela situação de sua avó. Nos termos do teatro-tribunal proposto por Smith, essa última questão consiste em saber que tipo de ator é nossa pequena heroína, quão bem ela representa (aqui no sentido de interpretar, de atuar) aquilo que ela acredita ser o correto a ser sentido.[21] O que levanta imediatamente a questão do tipo de plateia ela quer agradar.

Num parágrafo citado anteriormente (TMS III.2.8, p.117) Smith apresenta um quadro com três tipos de comportamento possíveis: (a) a busca do homem vão pelo aplauso de espectadores externos, por glória e fama, que constitui o mero "amor ao louvor [*love of praise*]"; (b) a busca pelo louvor bem fundamento, pela concordância de juízos dos espectadores interno e externo, que constitui o "amor pela justa fama, pela glória verdadeira [*love of just fame, of true glory*]"; e (c) a busca pela autoaprovação, pelo aplauso do espectador interno, que constitui o "amor à

21 Como veremos (5.1), o problema da *acrasia* é central para a filosofia prática de Smith.

virtude [*love of virtue*]". Do ponto de vista prático a distinção entre os níveis (b) e (c) é menos importante (desse ponto de vista, ambos levam a condutas virtuosas) que aquela entre esses dois, tomados em conjunto, e (a). A introdução do modelo teatral (o vetor espectador -> ator) traz a questão da representação para o centro da filosofia moral de Smith em ambas as dimensões: do ponto de vista teórico a duplicação simpática dos afetos em uma representação de natureza imaginária dos sentimentos são tópicos centrais, ao passo que do ponto de vista prático, a questão gira em torno do virtuosismo interpretativo, da atuação do agente, de sua representação enquanto ator (TMS Vi.concl.6, p.264).

Isso nos permite retomar a metáfora do espelho. Para Smith, há apenas um espelho (e não por outros indivíduos) através da internalização da figura de um espectador imparcial (simplesmente porque não há outra forma de ter acesso ao que outros sentem):

> Supomo-nos espectadores de nosso próprio comportamento, e procuramos imaginar o efeito que, sob essa luz, produziria sobre nós. Esse é o único espelho [*the only looking-glass*] com o qual, em certa medida, [e] por intermédio de olhos alheios, conseguimos esquadrinhar a conveniência de nossa própria conduta (TMS III.1.5, p.112).

Mais uma vez Smith retoma uma metáfora de Hume, fazendo as alterações que sua teoria exige: Hume aponta que "as mentes dos homens são como espelhos [*mirrors*] umas das outras, não apenas porque cada uma reflete as emoções das demais, mas também porque as paixões, sentimentos e opiniões podem ser irradiar e reverberar várias vezes, deteriorando-se gradual e insensivelmente" (THN 2.2.5.21, p.365; TNH p.399). Para Hume, o processo de refinamento das paixões (ao menos nesse primeiro nível da vaidade) é fundamentalmente dependente da simpatia efetiva por parte do(s) espectador(es). Ele apresenta características que vale destacar: (1) a natureza reflexiva: todo um conjunto de reflexões se sucede (da emoção original pelas emoções simpáticas, da satisfação original pela satisfação secundária da vaidade advinda da consciência de se saber estimado); (2) sua estrutura aberta e sem fim predeterminado: as reflexões (ambas, do compartilhamento simpático e da "repercussão [*rebound*]" da satisfação individual) se sucederão sem limites, exceto o da vivacidade da emoção original, devido a (3) seu desvanecimento progressivo: a emoção gradualmente perde força a cada elo da cadeia de reflexos, desaparecendo por completo eventualmente. Dois elementos estão em tensão: de um lado o caráter particular e efêmero dessa comunicação (uma vez que ela depende de uma emoção particular e de seu compartilhamento efetivo), de outro a transcendência da particularidade e da efemeridade sempre que se busca a satisfação secundária.

Em Smith nos deparamos com uma questão semelhante. Todo sentimento porta algo de geral e de particular ao mesmo tempo. Sua generalidade é facilmente partilhada, em especial pela linguagem; suas particularidades, ou mesmo idiossincrasias, é o que exige um esforço extra tanto do agente quanto do espectador para que a simpatia tenha lugar. No entanto, ela é apresentada de forma clara unicamente a propósito do estilo correto da escrita moral:

> [os moralistas antigos] apenas esforçaram-se por determinar, na medida em que permite a linguagem, primeiro, em que consiste o sentimento do coração no qual se funda cada virtude particular; que espécie de sensação ou emoção internas* constitui a essência da amizade, da humanidade, da generosidade, da justiça, da magnanimidade, e de todas as demais virtudes, bem como dos vícios que lhe são opostos; e, segundo, qual o modo geral de agir, o tom e teor ordinário de conduta que cada um desses sentimentos nos ordenaria; ou como escolheria agir, em ocasiões comuns, um homem amável, generoso, bravo, justo e humano (TMS VII.iv.3, p.328; TSM, p.409-10).

Mesmo que esse processo de caracterização de sentimentos seja feito de forma científica apenas por filósofos morais, é inegável que ele esteja em atuação (de forma menos sistemática e consciente) para uma sociedade como um todo. Sem ele não haveria diferenciação possível entre os termos utilizados para designá-los, não haveria diferenciação entre os inúmeros sentimentos que qualquer linguagem nomeia. O suporte desses traços é o vocabulário corrente de cada língua. Quando os pais da menina de nosso caso a interpelam dizendo: "você deveria estar triste", *triste* transmite exatamente essa "essência", o "sentimento geral" da tristeza (TMS VII.iv.4, p.328). As particularidades da tristeza serão preenchidas por ela em sua situação específica (sua idade, o tipo de relacionamento que ela possuía com a avó, a gravidade da situação da avó, o fato de ter perdido a prova etc.). Se após a interpelação dos pais ela ainda assim não consiga sentir a tristeza, caber-lhe-ia fingir, isto é, interpretar os signos externos, mais facilmente caracterizáveis (TMS VII.iv.5, p.328), o que dependerá de suas habilidades enquanto atriz.

A rigor, sentimentos só existem enquanto sentidos, de fato, por alguém, contudo, a teoria de Smith não apenas permite pensar, como se funda, em larga medida, sobre sentimentos que existem apenas virtualmente. A definição que ofereci (em 1.7) de sentimento, como uma *paixão justificada e comunicável* (e não uma paixão justificada e comunicada) está baseada nesse ponto. Basta que alguém imagine que o sentimento esteja sendo sentido por alguém (seja esse alguém ele mesmo, seja outra pessoa). É isso o que funda os quatro casos apresentados por Smith no primeiro capítulo da *Teoria* (vergonha alheia, loucura, mãe aflita por seu bebê e ressentimento pelo morto – ver 2.2).

O ponto que gostaria de ressaltar aqui é que tanto a vaidade quanto a virtude são construídas sobre essa base, mas de modos diferentes. A vaidade se sustenta no plano desses signos externos, que mimetizam a expressão de determinados sentimentos, o homem vão parecendo sentir algo que seus espectadores tomam como real e aprovam. O resultado é a circulação de sentimentos altamente estereotipados que deixam muito pouco espaço para pequenas variações e nuances próprios a cada indivíduo e situação, deixam pouco espaço para as particularidades e peculiaridades próprias ao indivíduo. *Estereotipia* que não deve ser confundida com a generalidade de que Smith fala. Uma das objeções que toda teoria dos sentimentos morais deve responder diz respeito ao modo de lidar com esses traços gerais, com as diferentes espécies de sentimentos (ver 1.1). É a isso que ele se refere quando aponta que há um "estilo geral do caráter e comportamento" (TMS V.2.12, p.209; TSM, p.257), formado nos indivíduos pela concorrência de características individuais e das condições sociais em que eles se encontram (TMS V.2.3-4, p.201). O ponto central é que cada sentimento igualmente possui características próprias que os distinguem de todos os outros, pertencendo a uma *species* ou constituindo um *character* (ver 6.6). É essa generalidade, esse "traço comum" a todos os membros da mesma espécie, que apenas um sentido composto e reflexo como é senso de conveniência pode dar conta (TMS VII.iii.3.13, p.324-5). A vaidade tem um modo peculiar de lidar com essas características dos sentimentos isolando a manifestação predominante e a magnificando: a pessoa vã "parece gostar mais de suas expressões e aclamações ruidosas do que dos sentimentos em si" (TMS VII.ii.4.8, p.310;

TSM, p.384). No cerne da vaidade, portanto, se encontra um raciocínio duplamente equivocado: primeiro, toma-se o signo pela coisa (o riso pela alegria, por exemplo)[22] e, segundo, abstrai-se de forma brusca e descuidada os traços gerais do contexto particular (negando as características particulares de cada emoção). O resultado é um afeto estereotipado que, como todo cliché, pode ser reproduzido sem maiores dificuldades. Retomaremos esse assunto por ocasião de nossa análise do papel da abstração na filosofia moral de Smith (ver 6.4 a 6.7).

A virtude, por sua vez, pressupõe o modo correto de lidar com essa generalidade. O homem virtuoso não toma a manifestação externa pelo sentimento, nem das paixões, nem da aprovação. Ele não confunde "luxúria e sensualidade [*luxury and lust*]" com o "amor ao prazer e o amor ao sexo" (TMS VII.ii.4.11, p.312), tampouco aceita aplausos injustificados como aprovação (TMS III.2.8, p.117). Nisso o homem de honra também não se equivoca, ele apenas aceita aplausos por aquilo que verdadeiramente lhe cabe:

> Apenas os mais superficiais e mais fracos dos homens podem se deliciar com o louvor que sabem em tudo imerecido. Um homem fraco pode por vezes regozijar-se com isso, ao passo que um homem sábio o rejeita em todas as ocasiões. Porém, em bora um sábio extraia pouco prazer do louvor quando sabe que nada há para se louvar, frequentemente extrai o mais intenso prazer de realizar algo que sabe louvável, embora tamém não ignore que tal ação jamais receberá louvor algum. Obter a aprovação dos homens, quando nenhuma aprovação é devida, nunca terá, para ele relevância. Obter a provação quanto é realmente devida, pode, por vezes, ter pouca relevância para ele. Mas ser merecedor de aprovação sempre deve ter extrema relevância (TMS III.2.7, p.117; TSM, p.147).

22 Esse é um dos motivos que faz de Mandeville o filósofo da vaidade. Para Smith, ele toma a palavra pelo sentimento: "Há algumas de nossas paixões que não possuem outros nomes, senão os que designam o seu grau desagradável. [...] Daí porque os nomes comuns do amor ao prazer e do amor ao sexo denotam um grau vicioso e ofensivo dessas paixões. As palavras temperança e castidade, por sua vez, parecem designar antes a restrição e sujeição sob as quais são mantidas, do que o grau em que ainda se permite sua subsistência. Portanto quando o Dr. Mandeville consegue mostrar que ainda subsistem em certo grau, imagina ter demolido inteiramente a realidade das virtudes da temperança e castidade, apresentando-as como meras imposturas que se valeram da desatenção e ingenuidade dos homens" (TMS VII.ii.4.11, p.312; TSM, p.387). A crítica de Smith a Mandeville é o tema da seção 6.3d.

Ambos, honrado e virtuoso sabem como dar a cada elemento da situação a ser julgada o que lhe cabe. Voltando ao caso da menina que perdeu a prova porque a avó foi internada, suponhamos que a avó continua no hospital, mas seus pais se recusam a deixá-la visitar a avó devido a seu mal comportamento no hospital. Ela então decide ir de qualquer jeito, mesmo à revelia dos pais. Bons motivos não faltam: passada a prova, ela está genuinamente triste pela avó, ela também sente remorso por seu comportamento no dia da internação e, por ser proibida de ir ao hospital, ela se ressente dos pais. Após refletir sobre seu comportamento no hospital, ela decide ir ao hospital não para confrontar os pais, tampouco para se redimir, mas sim porque ela quer ver a avó. Ela não apenas não confunde esses três tipos diferentes de sentimentos (três espécies), como escolhe o correto: ela quer ver a avó porque quer ver a avó. Ao mesmo tempo, em outro registro, sua rebeldia perante seus pais é prova (inclusive para si mesma), que seu ato não é egoísta: ela sabe que provavelmente será punida, mas isso não a impede agir em conformidade ao que sua consciência manda. Nosso caso chegou ao limite explicativo, não sendo possível distinguir entre honra e virtude através dele. Isso ocorre por dois motivos: trata-se de (1) um caso de benevolência (onde tudo é agradável) (2) no seio familiar, local onde o juízo empírico é o mais próximo do autojulgamento devido à parcialidade. Ao relatar que foi visitar a avó, dificilmente seus pais não aprovariam sua conduta, mesmo bravos por terem sido desobedecidos (por ela ter ido contra o seu dever) ou por ela ter se exposto a riscos ao ir escondida (tendo sido imprudente). Ainda que a punam, o farão sabendo que sua filha aprendeu a lição mais importante.

Em todo caso, de modo geral, a diferença entre alguém honrado e alguém virtuoso está no modo que cada um encara a virtude: o primeiro faz o que é correto porque acredita que é o modo adequado de se obter aplausos, o segundo age corretamente porque acredita que é assim que ele deve agir. O honrado toma a virtude como meio, o virtuoso a toma como fim. O que distingue honra e virtude é a compreensão da virtude como causa eficiente ou como causa final. Para Smith, ela é ambas: a prudência é causa eficiente e final do "conforto e [da] felicidade" individuais (TMS VI.i.5, p.213), justiça e benevolência são causas eficientes e finais da "felicidade de outras pessoas" (TMS VI.ii.intro.1, p.218). O problema é que elas não são a única causa eficiente à disposição dos indivíduos:

> Merecer, obter, saborear o respeito e admiração dos homens são os grandes objetos da ambição e da emulação. Dois diferentes

> caminhos nos são apresentados, levando igualmente à obtenção desse tão desejado objeto; um pelo estudo da sabedoria e pela prática da virtude; outro pela aquisição de riqueza* e grandeza [*wealth and greatness*]. Dois diferentes personagens/papéis* [*characters*] são apresentados à nossa emulação: um, da orgulhosa ambição e ostentosa avidez; o outro, o da humilde modéstia e justiça equitativa. Dois modelos diferentes, dois retratos diferentes oferecem-se a nós, segundo os quais podemos desenhar nosso próprio caráter [*character*] e comportamento; um, mais vistoso e brilhante em suas cores; outro, mais correto e mais sutilmente belo em seu contorno [*outline*]; um, impondo-se a todo olho errante; outro atraindo a atenção de quase ninguém, senão do observador mais atento e cuidadoso (TMS I.iii.3.2, p.62; TSM, p.72-3).

Antes, porém, de adentrarmos no “vistoso e brilhante” mundo da fortuna cabe analisar o segundo tipo de juízo moral, o mérito.

IV. Mérito e fortuna

*Il vit le monde comme il est : les lois et la morale impuissantes chez les riches, et vit dans la fortune l'*ultime ratio mundi.

Honoré de Balzac, Le Père Goriot

"What do you call a great success?" she asked. "Never having occasion to be pitied."

Henry James, The Paths of Duty

1. Os sentimentos do mérito: gratidão e ressentimento

Os juízos de conveniência não são os únicos a serem organizados e operados pela simpatia:

> Pois ainda que a conveniência seja um ingrediente essencial em toda ação virtuosa, nem sempre é o único. Ações beneficentes têm em si outra qualidade pela qual parecem não apenas merecer aprovação, como também recompensa (TMS VII.ii.1.50, p.294; TSM, p.365).

Há dois aspectos ou duas relações em que um afeto pode ser julgado: "primeiro, em relação às causas que o provocam, ou o motivo que o ocasiona; e, em segundo lugar, em relação ao fim que propõe, ou o efeito que tende a produzir" (TMS I.i.3.5, p.18; TSM, p.17). No primeiro caso julgamos a conveniência ou inconveniência, a decência ou deselegância (*ungracefulness*) que consiste na "adequação ou inadequação [*suitableness or unsuitableness*], na proporção ou desproporção que o fato parece manter com relação à causa ou objeto que o suscita" (TMS I.i.3.6, p.18; TSM, p.17). No segundo caso julgamos o mérito ou demérito que consiste "na natureza benéfica ou prejudicial dos efeitos que esse afeto persegue ou tende a produzir", cujas qualidades "merece recompensa ou castigo" (TMS I.i.3.7, p.18; TSM, p.18). O primeiro juízo delimita a propriedade, a adequação ou a conveniência do afeto (e da ação que ele engendra), o segundo delimita o mérito desse mesmo afeto (e da ação). Em relação àquilo que o causou ele pode ser próprio ou impróprio, conveniente ou inconveniente; em relação ao(s) sentimento(s) que ele gera em outra pessoa (seus efeitos) ele pode ser meritório ou demeritório, merecer recompensa ou ser punido (TMS II.i.intro.2, p.67). Entra assim em cena (pelo menos) um segundo agente, que sofre a ação do primeiro. O teatro moral, cuja cena caberá ao espectador julgar, adquire assim uma nova dimensão, a do mérito, regida pelos sentimentos de gratidão e ressentimento. Smith os apresenta da seguinte forma:

> O sentimento que mais imediata e diretamente nos incita à recompensa [*reward*] é a gratidão; o que mais imediata e diretamente nos incita à punição* [*punishment*] é o ressentimento.
>
> A nós parecererá, pois, merecedora de recompensa a ação que se ofereça como o objeto próprio e aprovado da gratidão; assim como, de outro lado, parecerá merecedora de punião a ação que se ofereça como o objeto próprio e aprovado de ressentimento (TMS II.i.1.2-3, p.68; TSM, p.82).

Smith entende esses sentimentos como uma espécie de juízo espontâneo a respeito do ato em questão: aquele que sofre a ação sentirá gratidão se o aprovar ou ressentimento se o desaprovar (veremos, abaixo, de que modo e em quais situações ele pode estar equivocado). No primeiro caso buscará recompensá-lo, isto é, "remunerar, devolver o bem pelo bem que se recebeu"; no segundo caso buscará a reação inversa, uma punição, isto é, "recompensar, remunerar, ainda que de maneira diversa: é devolver mal pelo mal que se fez" (TMS II.i.1.4, p.68; TSM, p.82).

É preciso, porém, distingui-los de outros sentimentos que nos impelem a nos interessar na felicidade ou infelicidade (*misery*) alheias, como o "amor e estima produzidos pela convivência e habitual aprovação" e o "ódio e a aversão produzidos pela habitual reprovação". O que gratidão e ressentimento têm de único, é o impulso a nos fazer querer "ser o instrumento direto" (TMS II.i.5-6, p.68; TSM, p.82-3) da felicidade ou infelicidade alheia. O amor e o ódio, ao contrário, são satisfeitos com a felicidade ou infelicidade de outrem independente dela ter sido ou não causada por nós:

> Se a pessoa a quem devemos muitas obrigações fica feliz sem nossa intervenção, embora isso agrade ao nosso amor, não contenta nossa gratidão. Até que o tenhamos recompensado, até que te-

> nhamos sido os instrumentos de promoção de sua felicidade [*till we ourselves have been instrumental in promoting his happiness*], sentimo-nos sobrecarregados com essa dívida que seus serviços passados nos impuseram (TMS II.i.5, p.68; TSM, p.82-3).

Raciocínio parecido ocorre no caso do ódio gerado pela desaprovação que é habitual: ele pode desde apenas nos endurecer contra a possível simpatia com aquela pessoa que desaprovamos,

> e por vezes até nos predisponham a nos regozijar com a aflição do outro, mesmo assim, se não houver ressentimento – se nem nós nem nossos amigos tenhamos sido pessoalmente iinsultados –, essas paixões não nos levariam naturalmente a desejar convertemo-nos em instrumento dessa aflição (TMS II.i.6, p.68; TSM, p.83).

O ressentimento é um mal querer somado ao desejo de ser o *instrumento* da infelicidade do outro. À primeira vista, isso parece dar razão a Bentham, para quem, o "ressentimento é apenas uma modificação da antipatia" (PML, cap.II, §XIX). Contudo, ele parece ter razão apenas enquanto focamos de forma isolada na questão da instrumentalidade. Como Smith insiste, essa disposição ativa em querer o mal de outra pessoa se diferencia da simples falta de simpatia (TMS II.i.5.4, p.75) e, mais importante, requer hábito:

> o ódio e a aversão produzidos pela habitual reprovação, frequentemente podem nos conduzir a sentir um maligno regozijo pela desgraça desse homem cujo comportamento e caráter produzem em nos uma paixão tão dolorosa.[1] (TMS II.i.6, p.68; TSM, p.83)

A antipatia é uma espécie de negativo da afecção (no sentido técnico de "simpatia habitual"), e nesse sentido ela se distingue claramente do ressentimento. Ela pode ser o resultado tanto do ressentimento (alguém ofende a mim ou a alguém a quem sou parcial recorrentemente) quanto da inveja (a cristalização dessa espécie de parcialidade ao avesso). O ressentimento pode surgir como reação

1 O termo *antipatia* não é comum na TMS. Contei apenas cinco ocorrências.

imediata e instantânea de um único ato, a antipatia não, uma vez que envolve, necessariamente, um processo de amadurecimento.[2] Antipatia, ressentimento e ódio são disposições que envolvem mal querer ao outro, e portanto sensações desagradáveis, mas não devem ser confundidas, do mesmo modo que afecção, gratidão e amor envolvem sensações agradáveis, mas nem por isso são a mesma coisa. Em todo caso, a assimetria entre prazer e dor deixa suas marcas também aqui. Comecemos pela relação estima-ódio. Excessos do primeiro não alteram a situação; já o excesso do segundo faz com que a situação se inverta:

> Para alguém sob o domínio de um ódio violento, talvez fosse agradável saber que a pessoa a quem execra e detesta foi morta em algum acidente. Mas se tivesse a menor fagulha de justiça [...] seria uma dor muito excessiva para ele, ter sido, ainda que sem intenção, a causa do infortúnio desse outro. A simples ideia de ter contribuído voluntariamente para a morte o chocaria* [*shock*] de maneira desmedida. Rejeitaria com horror até imaginar tão execrável intenção; e se pudesse imaginar-se capaz de tamanha enormidade, começaria a ver-se com o mesmo ódio com que vira a pessoa que fora o objeto de sua aversão (TMS II.i.1.6, p.68-9; TSM, p.83).

Enquanto a estima nunca é condenável, no máximo ela pode ser inadequada (devido à falta de uma ação meritória em sua origem); o ódio pode apenas de forma muito frágil ser justificado e, no momento em que leva a pessoa a agir, torna-a ofensiva e passível de ser o objeto de ressentimento daquele que sofre essa ação. Esse ressentimento, por sua vez, estará justificado porque o ódio do primeiro ofendeu e gerou um dano (*harm*) para o segundo, demandando mais do que uma simples desaprovação:

> se a pessoa que nos infligiu uma grande ofensa, porque, por exemplo, assassinou nosso pai ou nosso irmão, pouco depois morresse de febre, ou fosse levado ao cadafalso por algum outro crime,

---

2 Aí o equívoco na interpretação que Bentham propõe a respeito da tradição dos sentimentos morais: para Smith não há como igualar simpatia e antipatia, sendo errôneo caracterizar sua teoria como baseada no "princípio da simpatia e antipatia" (PML cap.II, §XI).

> ainda que isso pudesse abrandar nosso ódio, não satisfaria inteiramente nosso ressentimento (TMS II.i.1.6, p.69; TSM, p.83).

O ressentimento é o afeto que nos impele a buscar a punição de atos injuriosos ou ofensivos. Seu excesso responde pelo nome de vingança (TMS II.i.5.8, p.77, nota de pé de página), mas em níveis adequados ele serve de base natural à justiça:

> O ressentimento não se satisfaz plenamente, a não ser que o ofensor não apenas padeça por sua vez, mas que padeça por causa desse mal específico que nos fez sofrer. É necessário que se arrependa e se lamente precisamente daquela ação, de modo que outros, por medo de merecerem castigo semelhante, se aterrorizem de incorrer em igual culpa. A natural satisfação dessa paixão tende a produzir por si mesma todas as finalidades políticas da punição: a regeneração do criminoso e o exemplo para o público (*ibidem*).

Entre vingança e justiça há um largo espaço que deve ser preenchido através da delimitação correta dos tipos de ofensa e injúria que causam o ressentimento, ao passo que a vingança deve ser substituída pela punição institucionalizada por parte daquilo que Smith denomina de governo (ver 1.5 e cap.5 como um todo).

Finalmente, por trazerem, necessariamente, um segundo agente à cena a ser avaliada pelo espectador, a gratidão e o ressentimento são os sentimentos nucleares da *interação social*, ao mesmo tempo em que produzem um *encadeamento de afetos* que, essa é a hipótese que defenderei nesse capítulo, está na origem das relações de causa e efeito para Smith. É verdade que o julgamento da conveniência já implicava numa socialização dos afetos, mas essa socialização ocorre fora da cena – mais especificamente, através da relação agente-espectador que sustenta o teatro moral. A gratidão e o ressentimento, por sua vez, só aparecem quando há uma primeira ação dirigida a uma outra pessoa e impelem a uma segunda ação, em sentido contrário. São reações emocionais não apenas a uma situação, mas a uma ação (prévia) de outrem. São, portanto, os dois afetos mais primordiais a presidir a interação social, através de recompensas e punições dirigidas a uma pessoa e um ato em particular (TMS II.i.1.7, p.69). Ao mesmo tempo, são afetos que estabelecem um encadeamento de causa e efeito, ligados pela ação do primeiro agente sobre o segundo. Se minha hipótese estiver correta, gratidão e ressentimento não apenas estão na base do ordenamento da sociedade, como também nos ensinam a organizar nossa experiência do mundo natural.[3]

A questão que guia nossa análise desses sentimentos é a seguinte: como saber quem realmente os merece. Em resposta, Smith fornece duas linhas de argumentação que se complementam, a primeira baseada na análise dos sentimentos de gratidão e ressentimento (seção 2), a segunda na análise dos elementos da ação (seção 3).

2. Objetos da gratidão e do ressentimento

Para a determinação dos objetos adequados da gratidão e do ressentimento Smith começa com duas qualificações de ordem geral:

> Ser o objeto próprio e aprovado de gratidão, bem como de ressentimento, não pode significar nada senão ser objeto daquela gratidão e daquele ressentimento que, naturalmente, parece apropriado e aprovado.
>
> Mas estas, como todas as demais paixões da natureza humana, parecem apropriadas e aprovadas quando o coração de cada espectador imparcial simpatizar inteiramente com elas, quando cada observador indiferente delas participa e partilha inteiramente [*enters into, and goes along with them*] (TMS II.i.2.1-2, p.69; TSM, p.84).

O trecho reafirma a função de validação social da simpatia: ser o objeto próprio e adequado a esses sentimentos exige que eles sejam compartilhados por um espectador imparcial (da mesma forma que juízos de conveniência também exigiam). De um ponto de vista teórico, a única diferença em relação ao juízo de conveniência é a necessidade de um segundo agente: um que sinta gratidão ou

3 É como leio a seção III da *História da astronomia* a propósito da filosofia da natureza: "quando a lei estabelece a ordem e a segurança, e a subsistência deixa de ser precária, então a curiosidade dos homens aumenta e os seus temores diminuem O ócio de que eles passam a usufruir torna-os atentos aos fenômenos da natureza, mais observadores das suas menores irregularidades e mais desejosos de conhecer o encadeamento que os une" (EPS, p.50; EF, p.213). Do ponto de vista epistemológico, o elo entre o estabelecimento da ordem nas sociedades e o ordenamento científico da natureza é a noção de lei, dispositivo imaginário capaz de garantir a regularidade da experiência, seja na sociedade, seja na natureza. Ao indicar que viver em uma sociedade regulada é condição necessária para que a apreensão da regularidade do mundo natural seja possível, Smith parece estar sugerindo que aprendemos o que é regularidade em nossas interações sociais e que, de algum modo, projetamos essa regularidade à natureza.

ressentimento em relação àquele que agiu. Ao espectador, por sua vez, caberá agora operar dois juízos de conveniência: um sobre o primeiro agente e outro sobre o segundo agente (o que sofreu a ação do primeiro). Dessa forma é possível determinar a (in)conveniência daquilo que o segundo agente sente, de sua gratidão ou de seu ressentimento (o quadro com as oito possibilidades desse tipo de juízo será exposto ao final dessa seção). Esses sentimentos demonstram de modo claro a natureza social dos juízos morais:

> A nós, sem dúvida, parecerá merecedora de recompensa a ação que todos os que conhecem desejariam recompensar, e por isso se alegram em ver recompensada; e com a mesma segurança parecerá merecedora de punição a ação com que se zangam com todos os que dela tomam conhecimento* [*who hears of it*], e, por tal motivo lhes regozija vê-la punida (TMS II.i.2.3, p.69-70; TSM, p.84-5).

O principal critério a intervir aqui é a diferença entre sensação agradável e desagradável. O caso mais simples é aquele em que a ação é conveniente (ou própria ou adequada) e meritória. Há ao menos duas duplicações em jogo aqui (e a possibilidade de uma terceira). Em primeiro lugar, a ação é duplamente aprovada: primeiro pela gratidão do segundo agente (a gratidão é o sentimento de aprovação por parte daquele que sofre a ação), segundo pela aprovação do espectador à conveniência da ação. O agente recebe, pois, uma dupla resposta positiva por sua ação (do segundo agente e do espectador). Em segundo lugar, o espectador aprova duplamente: primeiro a conveniência da ação do primeiro agente (aquele que propriamente age), em segundo lugar, a gratidão sentida pelo segundo agente (aquele que sofre a ação). É isso que sustenta o juízo de mérito: se causa e efeito são convenientes, a causa também é meritória.[4] Em terceiro lugar, abre-se espaço

4 Esse é o esquema completo e padrão. Na nota de rodapé que fecha a seção, Smith aponta que um espectador pode considerar um ato meritório ou demeritório mesmo que o segundo agente não sinta gratidão ou ressentimento (o que é, evidentemente, impossível no caso do juízo de conveniência): "Para se aprovar a conveniência, portanto, é necessário não apenas que simpatizemos inteiramente com a pessoa que age, mas que percebamos a concordância entre os seus sentimentos e os nossos. Ao contrário, quando temos notícia de um benefício conferido a outro, seja qual for o modo como isso afeta o beneficiado, se, atribuindo o caso a mim, sinto a gratidão surgir em meu próprio peito, forçosamente aprovo a conduta de seu benfeitor, considerando-a meritória, e objeto apropriado de recompensa. Se a pessoa que recebe o benefício concebe ou não gratidão, não altera, claro, nenhum grau

para uma duplicação de ordem prática: a gratidão impele aquele que a sente a retribuir a benfeitoria recebida, a duplicar a primeira ação por uma segunda em sentido contrário, uma retribuição (TMS II.i.2.4, p.70).

A simpatia com o segundo agente também é dupla. É simpatia com a sensação agradável (que surge da benfeitoria recebida) e com a gratidão. A alegria simpática "serve unicamente para animar nossa solidariedade [*fellow-feeling*] para com a gratidão que experimenta pelo benfeitor" e faz o espectador aprovar toda ação retributiva (TMS II.i.2.4, p.70; TSM, p.85). Essa dinâmica de retribuição é ainda mais importante no caso de ações inconvenientes e demeritórias, uma vez que a maior pungência da sensação desagradável anima, de modo mais intenso, o ressentimento:

> Quando vemos um homem oprimido ou ofendido por outro, a simpatia que experimentamos pela aflição do sofredor parece servir apenas para animar nossa solidariedade com seu ressentimento contra o ofensor. Regozija-nos vê-lo atacar por sua vez seu adversário, e ficamos ansiosos e dispostos a ajudá-lo, sempre que tentar defesa, ou, em certo grau, mesmo vingança (TMS II.i.2.5, p.70-1; TSM, p.85-6).

A maior pungência da sensação desagradável junto com a "ideia da aflição [*distress*]" do ofendido age como um combustível adicional ao ressentimento simpático, avivando suas chamas em prol da punição (TMS II.i.5.6, p.76; TSM, p.92). E aqui não importa se o ressentimento é inteiramente imaginário:

> Se o ofendido perecesse na luta, não apenas simpatizaríamos com o real ressentimento de seus amigos e parentes, mas com o imaginário ressentimento que em nossa imaginação emprestamos ao morto, que já não é capaz de sentir nenhuma outra emoção humana [*but with the imaginary resentment which in fancy we lend to the dead, who is no longer capable of feeling that or any other human sentiment*]. Mas na medida em que nos colocamos na sua situa-

de nossos sentimentos pelo mérito daquele o concedeu. Aqui, pois, não é necessário uma correspondência real entre sentimentos. Basta imaginar que, caso se sentisse grato, haveria correspondência entre nossos sentimentos e os seus; por essa razão, nosso senso de mérito frequentemente se funda sobre uma dessas simpatias ilusórias, pelas quais, quando fazemos nosso o caso de outro, sempre somos afetados de uma maneira como o principal interessado é incapaz de se afetar" (TMS II.i.5.11, p.78, nota de rodapé; TSM, p.95).

> ção, na medida em que entramos, por assim dizer, no seu corpo, e em nossas fantasias, de certo modo, animamos novamente a disforme e decomposta carcaça do morto, quando dessa maneira mostramos seu caso para nosso próprio peito, nessa ocasião, como em muitas outras, experimentamos uma emoção que a pessoa diretamente atingida é incapaz de sentir* [*feeling*], a qual, contudo, experimentamos por uma simpatia ilusória* [*illusive sympathy*] para com ele (TMS II.i.2.5, p.71; TSM, p.86).

O efeito mais importante de nossa tendência a simpatizar até mesmo com os mortos é a aprovação da busca por justiça. Uma aprovação com características peculiares uma vez que a maior pungência do ressentimento obriga a ambos, agente e espectador, a prestar atenção nele. Eles adquirem assim, 'naturalmente', a consciência de alguns crimes e de seus efeitos:

> E pelo menos com relação a esse, o mais execrável de todo os crimes, a natureza, anteriormente* a todas as reflexões sobre a utilidade da punição, à sua maneira marcou no coração humano, com letras fortíssimas e indeléveis, uma aprovação imediata e instintiva da sagrada e necessária lei da retaliação (*ibidem*).

Deparamo-nos aqui com a maneira como Smith entende que a sensibilidade moral se encontra na base do ordenamento institucional da sociedade em geral, e da justiça em particular. Mais especificamente, as passagens acima demonstram como da interação entre a imaginação simpática (em relação àquele que sofre uma ação) e a intensidade peculiar a cada tipo de reação emocional (sensações desagradáveis são mais pungentes, atraindo a atenção dos indivíduos a elas) surge nos seres humanos uma tendência não apenas a buscar a justiça em casos particulares, mas a formar e refinar suas regras, procedimentos e instituições (ver 1.5 e cap.5).

Há um último ponto importante a ser ressaltado aqui. A própria *estrutura da causalidade* é reafirmada e confirmada pelo juízo de mérito;[5] julgar uma ação meritória consiste em aprovar tanto a relação causa-efeito particular (isto é, o

5 É importante não confundir essa questão (o ato como elo entre dois sentimentos, o segundo como efeito do primeiro) com o esquema argumentativo da razão prática (onde o ato é entendido como conclusão de um silogismo a partir de razões entendidas como premissas).

sentimento específico que motiva a ação e causa a gratidão relativa a essa ação) quanto a relação causa-efeito em geral (isto é, a ideia de que um sentimento motiva uma ação e esta ação causa um segundo sentimento).[6] Desse modo os juízos de mérito e demérito estabelecem uma espécie de *norma natural* da vida moral: boas ações merecem recompensa; más ações, punição. Como o capítulo seguinte da *Teoria* deixa claro, sem uma ação verdadeiramente conveniente como causa não há mérito real, ou inversamente, sem uma ação verdadeiramente inconveniente não há real demérito. O máximo que pode ocorrer nesses casos é uma aprovação parcial que é qualificada pela assimetria entre prazer e desprazer: "No primeiro caso, parece pouca a gratidão devida, e todo o tipo de ressentimento parece injusto no outro. Uma das ações parece merecer pouca recompensa, a outra, não merecer nenhuma punição*" (TMS II.i.3.1, p.71-2; TSM, p.87). Se a ausência de conveniência no primeiro caso diminui a simpatia com a gratidão, a ausência de inconveniência não apenas diminui como extingue por completo a aprovação de qualquer grau de ressentimento. No primeiro caso a primeira ação não merece mais do que "retribuição muito pequena" (TMS II.i.3.2, p.72; TSM, p.87), no segundo, "não temos nenhum tipo [*sort*] de simpatia com o ressentimento do sofredor, por mais que possa ter sido o dano a ele feito", uma vez que aprovamos os motivos do primeiro agente (TMS II.i.3.3, p.72; TSM, p.88). Esse último caso é particularmente interessante porque demonstra uma situação em que a simpatia com uma pessoa intervém no sentido de impedir por completo a simpatia com um segundo:

> Nossa simpatia pela pessoa com cujos motivos simpatizamos, e a quem portanto, julgamos estar com a razão, só pode nos endurecer contra toda a solidariedade para com a outra, a quem necessariamente julgamos estar errada (*ibidem*).

O exercício pleno da simpatia com o primeiro agente (a aprovação de seus motivos e ação) "endurece [*harden*]" o espectador para a reação emocional do

6 Por esse motivo, os juízos de mérito e demérito são os mais adequados para a determinação das alterações provocadas pela fortuna: há um efeito esperado que a fortuna impede que seja realizado. Acredito que esse seja o principal motivo de Smith apresentar a irregularidade do sentimento ao tratar do mérito (e não na conveniência, apesar da fortuna também influenciar nossos juízos de conveniência).

segundo agente e impede que seu ressentimento seja compartilhado. Em suma, a simpatia (ou ausência dela) com o primeiro agente delimita o campo de simpatia possível com o segundo agente, separando as emoções que não podem daquelas que podem ser compartilhadas (dimensão qualitativa) e reduzindo o espectro de intensidade aceitável dessas últimas (dimensão quantitativa).

A duplicação dos agentes da cena observada pelo espectador complexifica o funcionamento da simpatia, trazendo ao primeiro plano a *sociabilidade dos afetos*: há emoções que se reforçam mutuamente; há emoções que se chocam, exigindo a modulação de uma ou de ambas; há ainda emoções que exigem mais, a saber, o completo desaparecimento de outras. A análise do mérito ou do demérito força o espectador a encadear atos sucessivos de forma a compreende-los como causa e efeito, abrindo o campo para o reconhecimento de uma *regularidade própria aos sentimentos*, assim como para a introdução da fortuna na análise – o que, ademais, torna esse o juízo mais adequado para servir de base à compreensão histórica (TMS II.i.5.3, p.74-5). É isso o que Smith visa ao apontar que o juízo a respeito do primeiro agente se baseia numa "simpatia direta", aquele concernente ao segundo agente numa "simpatia indireta":

> Como não podemos, realmente, compartilhar inteiramente da gratidão da pessoa que recebe o benefício, a não ser que de antemão aprovemos os motivos do benfeitor, assim, por causa disso, o senso de mérito parece ser um sentimento composto, constutído de duas emoções distintas; uma simpatia direta com os sentimentos do agente, e uma simpatia indireta com a gratidão de quem recebe o benefício de suas ações (TMS II.i.5.2, p.74; TSM, p.90-1).

O senso de demérito é igualmente composto:

> Como certamente não podemos partilhar do ressentimento do sofredor, a não ser que nosso coração de antemão desaprove os motivos do agente e renuncie a toda a solidariedade com ele, o senso de demérito, bem como o de mérito, parecem ser um sentimento composto, constituído de duas emoções distintas: uma antipatia direta com os sentimentos do agente e uma simpatia indireta com o ressentimento do sofredor (TMS II.i.5.4, p.75; TSM, p.92).

Forma-se assim um quadro com oito possibilidades. O espectador pode aprovar:

(1.a) a aprovação do segundo agente (gratidão);
(1.b) a ausência de aprovação do segundo agente (ingratidão);
(2.a) a desaprovação do segundo agente (ressentimento);
(2.b) a ausência de desaprovação do segundo agente.

Inversamente, ele pode desaprovar:

(3.a) a aprovação do segundo agente (gratidão);
(3.b) a ausência de aprovação do segundo agente (ingratidão);
(4.a) a desaprovação do segundo agente (ressentimento);
(4.b) a ausência de desaprovação do segundo agente.

Cada tipo de juízo de conveniência engendra uma certa *expectativa* de juízo de mérito que lhe seja adequado (e a inconveniência cria uma expectativa de demérito). A simpatia indireta depende da simpatia direta: como veremos nas próximas seções, os sentidos de mérito e demérito garantem a inteligibilidade de um dos temas mais associados à obra e ao nome de Smith, a saber, a análise das *consequências não-intencionais*. Neles encontramos, no plano afetivo, uma estrutura capaz de organizar esse tipo de análise. Esse quadro igualmente permite que a dimensão quantitativa (as variações da intensidade dos sentimentos do segundo agente) seja igualmente avaliada: o espectador pode aprovar a gratidão do segundo agente, mas desaprovar sua baixa intensidade, ou aprovar seu ressentimento, mas desaprovar sua alta intensidade (caso em que o segundo agente, corretamente ressentido, busca vingança e não justiça, por exemplo). Mas para lidar corretamente com essas variações, é preciso retomar o juízo de mérito a partir de outro ponto de vista.

3. Intenção e mérito: as origens da regularidade e da individualidade

Retomemos, pelo ponto de vista da ação, a questão dos objetos adequados da gratidão e do ressentimento. Toda ação pode ser julgada em três elementos:

> primeiro, [em relação] à intenção ou afeto do coração [*affection of the heart*], do qual procede; ou, segundo, [em relação] à ação ou movimento externo do corpo, que esse afeto provoca; ou, final-

> mente, [em relação] às boas ou más consequências que na verdade e de fato dele procedem (TMS II.iii.intro.1, p.92; TSM, p.115).

Smith enfatiza que é apenas o primeiro desses elementos (a intenção do agente) que é verdadeiramente louvável ou censurável. Os outros dois devem ser julgados apenas em relação a esse primeiro elemento:

> As únicas consequências pelas quais o agente pode ser responsável ou pelas quais pode merecer qualquer espécie de aprovação ou desaprovação são as que foram de algum modo intencionadas ou, pelo menos, mostram alguma qualidade agradável ou desagradável na intenção do coração, a partir da qual ele agiu. À intenção ou afeto do coração, pois, à conveniêncica ou inconveniência, a beneficência ou malignidade do desígnio [*design*], deve em última instância pertencer todo o elogio ou censura, toda a espécie de aprovação ou desaprovação, que se possa conferir com justiça a cada ação (TMS II.iii.intro.3, p.93; TSM, p.116).

Assim exposta, em termos abstratos e gerais, não há quem discorde dessa máxima, "sua justiça autoevidente* é reconhecida pelo mundo todo [*Its self-evident justice is acknowledged by all the world*]" (TMS II.iii.4, p.93). Todos estão de acordo que consequências não intencionais não deveriam ser levadas em conta no julgamento moral; ou deveriam ser descontadas de algum modo. Contudo, ao deixarmos para trás o mundo das máximas abstratas e adentrarmos no mundo concreto, com seus casos particulares,

> as reais [*actual*] consequências que eventualmente procedem de qualquer ação têm um enorme efeito sobre nossos sentimentos a respeito de seu mérito ou demérito, e quase sempre tanto intensificam quanto reduzem nosso senso de ambos (TMS II.iii.5, p.93; TSM, p.116).

Eis o que Smith denomina de "irregularidade do sentimento [*irregularity of sentiment*]" (TMS II.iii.6, p.93) e decorre da influência (objetiva) da fortuna sobre os juízos morais. Para analisá-la, ele inicia se perguntando a respeito "das causas dessa influência da fortuna" (TMS II.iii.1, título do capítulo) e sua resposta traz à cena a imaginação em um de seus funcionamentos mais intrigantes:

> Sejam quais forem as causas da dor e do prazer, ou os modos como operam, parecem constituir os objetos que, em todos os animais, imediatamente suscitam essas duas paixões de gratidão e ressentimento. São suscitadas por objetos inanimados bem como por animados. Zangamo-nos, por um momento, até com a pedra que nos machuca. Uma criança bate nela, um cão late para ela, um homem encolerizado poderá amaldiçoá-la (TMS II.iii.1.1, p.94; TSM, p.117).

Desde a introdução insistimos na atividade conjectural própria à imaginação que aqui, adquire uma dimensão projetiva. Na espontaneidade de nossa reação emocional a determinado evento, tendemos a atribuir nossa gratidão ou ressentimento a tudo o que está ligado a ação, não apenas ao agente (e essa atribuição será tanto maior quanto mais intensa for nossa reação). Esse mecanismo não depende de sensações desagradáveis, nem está circunscrito ao ressentimento:

> Do mesmo modo, concebemos uma espécie de gratidão por aqueles objetos inanimados que foram causa de grande ou frequente prazer nosso. [...] Um homem passa a gostar de uma caixinha de rapé, de um canivete, de um bastão do que fez uso durante muito tempo, e a conceber algo parecido com um verdadeiro amor e afeto por eles. Se os quebra ou perde, seu aborrecimento é inteiramente desproporcional ao valor do prejuízo. [...] É provável que as dríades e os deuses-lares [*Lares*] dos antigos, espécie de gênios das árvores e das casas, tenham sido originalmente sugeridos por esse tipo de afeto que os autores dessas superstições sentiam por tais objetos, e que pareceria insensato se não houvesse nesses objetos nada de animado (TMS II.iii.1.2, p.94; TSM, p.117-18).

Como ele dirá em sala de aula: "O ressentimento é, no todo, um princípio que discrimina muito pouco/mal [*a very indiscriminating principle*]"[7] (LJB 201,

7 A passagem como um todo é relevante à discussão: "A man meets with little resentment for riding an unruly horse in the market place, but if he kill any body resentment is very high.

p.485). Nesse primeiro momento mesmo a pedra na qual tropeçamos se torna um alvo de nosso ressentimento, mas basta refletirmos por um momento para corrigir esse juízo (TMS II.iii.1.1, p.94).

O que há de censurável em casos dessa natureza está menos na projeção de afetos a um objeto externo inanimado do que no exagero desse movimento, afinal, como vimos há pouco, a busca pela punição a um assassino parcialmente se funda sobre uma ilusão dessa natureza (TMS II.i.2.5, p.71). Aliás, a semelhança desse processo imaginário com a simpatia salta aos olhos: basta pensar na figura do espectador imaginário imparcial para notar a mesma projeção de afetos, sentimentos e juízos (cabe lembrar: não basta internalizar um ponto de vista impessoal, é preciso imaginar um espectador com sensibilidade e imaginação, ver 3.6). Qual a diferença entre uma criança que pune a pedra que a atingiu porque crê que ela seja responsável pela dor que ela sente e o homem de senso que teme a morte porque "aloja" sua "própria alma viva" em "corpos inanimados"? (TMS I.i.1.13, p.13). Evidentemente, o objeto sobre o qual essa projeção é operada:

> Mas para que algo possa ser objeto apropriado de gratidão ou ressentimento, deve não apenas ser a causa do prazer ou dor, mas igualmente deve ser capaz de os sentir. Sem essa outra qualidade, aquelas paixões não podem dar vazão a nenhuma satisfação. Como são suscitadas pelas causas do prazer ou dor, sua gratificação consiste em revidar essas sensações sobre o que as causou, o que é inútil quando se trata de algo sem sensibilidade (TMS II.iii.1.3, p.94; TSM, p.118).

Lembremos que a peculiaridade da gratidão e do ressentimento, em relação ao amor e ao ódio, é a exigência de instrumentalidade, que aquele que é o seu objeto tenha consciência do motivo da recompensa ou da punição. Para que isso ocorra, a primeira condição é que esse objeto seja capaz de sentir o que lhe afeta.

For the same reason deodands, tho' inanimate objects, are accounted execrable. In many cases the resentment falls upon the very member of the body which perpetrated the action. Resentment is on the whole a very indiscriminating principle and pays little attention to the disposition of the mind. Certain persons are not to be considered as objects of punishment, such as ideots, madmen, and children. We are not so much shocked by an action done by a madman as one done by another person. We think binding the only punishment adequate to their crimes" (LJB 201, p.485).

A primeira condição é a própria sensibilidade. Mas se esse é o caso, animais são objetos adequados de gratidão e ressentimento? Mais ou menos:

> embora os animais não sejam apenas a causa de prazer e dor, pois também são capazes de sentir* essas sensações [*capable of feeling those sensations*], não constituem, todavia, objetos completos e perfeitos, seja de gratidão, seja de ressentimento, já que falta àquelas paixões algo que as satisfaça inteiramente. O que a gratidao mais deseja é não apenas fazer que o benfeitor sinta por sua vez prazer, mas fazê-lo saber que experimenta sua recompensa por causa de sua conduta passada, torná-lo feliz com essa conduta, e satisfeito, pois a pessoa a quem prestou seus bons serviços não é indigna deles (TMS II.iii.1.3-4, p.95; TSM, p.118-19).

A importância do elo causal é novamente trazida ao primeiro plano: o desenrolar dos fatos se torna o objeto consciente dos agentes por causa da ação do segundo agente, em certo sentido, é a estrutura causal que assume o centro do palco, ligando passado e presente. Para que isso ocorra é preciso que esse segundo agente possua a faculdade da simpatia. No fundo, é a habilidade de se imaginar no lugar de outrem o que garante a *regularidade dos sentimentos*: eu posso me imaginar no lugar daquele que sofrerá minha ação e determinar (se antes ou depois da ação é irrelevante aqui) o que ele deveria sentir (ou ter sentido). Aqui o ponto chave da hipótese anunciada no início do capítulo: ao contrário de Hume, para quem a causalidade remonta à impressão que a observação repetida da conjugação de dois eventos provoca, para Smith a causalidade remontaria às primeiras experiências de gratidão e recompensa, por um lado, e de ressentimento e punição, do outro. As relações de causa e efeito teriam assim uma origem moral, mais precisamente, na experiência da simpatia indireta. Em todo caso, independentemente dessa hipótese interpretativa estar correta, o critério definitivo para a determinação do objeto adequado a receber essa projeção é a habilidade de reciprocar essa projeção, a própria simpatia. Isso é mais facilmente observável no caso da gratidão:

> O que mais nos encanta em nosso benfeitor é a harmonia entre seus sentimentos e o nosso no que diz respeito ao que nos interessa tanto quanto o valor de nosso próprio caráter e a estima que nos é devida. Ficamos encantados ao encontrar uma pessoa que

> nos atribui o mesmo valor que nós mesmos nos atribuímos [*a person who values us as we value ourselves*], e nos distingue do resto dos homens com uma atenção semelhantes àquela com que nos distinguimos (TMS II.iii.1.4, p.95; TSM, p.119).

Uma consequência, à primeira vista paradoxal, da simpatia de Smith é que o compartilhamento afetivo é condição necessária da individualidade. É apenas quando encontramos alguém que sente o mesmo que nós sentimos que o processo de individualização verdadeiramente começa. O compartilhamento permite que o outro me veja do mesmo jeito que eu me vejo, que ele sinta o que eu sinto (em especial a respeito de mim mesmo) e, portanto, destaque-me da multidão. Aquilo que sinto subjetivamente adquire uma dimensão social, intersubjetiva, em outros termos, minha certeza subjetiva se torna uma verdade intersubjetivamente partilhada. Esse me parece o ponto que desarticula a crítica de Reid: a teoria da simpatia de Smith não é uma forma sofisticada de egoísmo porque, em última instância, o *eu* (self) é efeito (possível, não necessário) das interações sociais, não o seu ponto de partida. Mais especificamente, não há individualidade antes de interações que tenham na gratidão o seu impulso. Numa fórmula mais precisa: o eu é um efeito colateral (que pode ou não aparecer, dependendo das circunstâncias) das interações entre seres humanos.[8] Na filosofia de Smith, o que está dado desde o princípio é a natureza social da espécie humana, o que significa duas coisas: um corpo sensível e imaginativo (isto é, que compara e conjectura) que, necessariamente, interage com outros corpos sensíveis e imaginativos (em um processo de comparação e conjectura que recebe o nome de simpatia).[9] A gratidão desempenha duas funções sociais de extrema importância,

8 Seria interessante explorar se (e, se sim, em que medida) essa intepretação problematiza a leitura da filosofia de Smith como uma versão de individualismo metodológico, típica de obras que aproximam Smith e o Iluminismo escocês da escola austríaca, em especial, de Hayek. Um exemplo é o excelente livro de Craig Smith: "Such a spontaneous order approach remains, at base, a methodological individualist one: the explanation still invokes the behaviour of individuals as the primary unit of understanding, but insists that the order which they form was not part of the intentions behind their original action. Social order is spontaneous, the result of the mutual adjustment of individuals to their circumstances and to each other" (2005, p.165).

9 Na *Riqueza das nações*, Smith não se furta de fornecer uma descrição positiva desse aspecto da natureza humana: "A divisão do trabalho [...] é a consequência necessária, embora muito lenta e gradual, de uma certa propensão na natureza humana que não almeja uma utilidade

primeiro, garantir o *reconhecimento da individualidade* e, segundo, ao recompensar a boa intenção do sujeito, ela (parcialmente) garante a *regularidade dos sentimentos* (e com ela a constatação de que o mundo moral funciona como deveria e o mérito é recompensado). Ambas as funções são indispensáveis, ao menos para uma sociedade em que indivíduos busquem aprovação a seus afetos, sentimentos e atos (TMS III.2.6, p.116). Mas isso é apenas parte da questão. Não é qualquer afeto que pode ser compartilhado:

> Ao contrário, o propósito [*object*] mais almejado pelo ressentimento não é tanto fazer que nosso inimigo, por sua vez, também sinta a dor, mas fazê-lo saber que a sente por causa de sua conduta passada, fazê-lo se arrepender dessa conduta e perceber que a pessoa a quem ofendeu não merece ser tratada daquela maneira. O que mais nos enraivece no homem que nos ofende ou insulta é a pouca conta em que parece nos ter, a preferência insensata que dá a si mesmo em detrimento de nós, e o absurdo amor de si que o faze imaginar que outras pessoas podem a qualquer momento se sacrificar por seus caprichos ou humor (TMS II.iii.1.5, p.95-6; TSM, p.119).

Se à gratidão cabe confirmar a certeza subjetiva de cada um, ao ressentimento cabe a correção dessa mesma certeza, particularmente em casos de excesso. O ressentimento atua como uma espécie de freio a demandas individuais absurdas, inibindo sentimentos não justificáveis de superioridade. Na ação do ressentimento, a interação social encontra um *mecanismo espontâneo de freios e contrapesos* que limita aspirações individuais absurdas: para que eu aceite o ressentimento que me tem como alvo é preciso que eu admita que ofendi alguém, o que ocorreu porque eu me senti mais importante que essa pessoa. O ressentimento a mim dirigido me aponta, de modo preciso e na particularidade do caso, onde, quando e como exagerei em minhas pretensões. O ressentimento traça, assim, os limites do meu campo de ação, a fronteira até onde posso ir sem invadir o campo de ação dos demais. Ao fazer isso para todos os membros de uma comunidade, *o ressentimento traça os limites da individualidade* – limites que

---

tão abrangente: a propensão a cambiar, permutar e trocar uma coisa pela outra. [...] [E]ssa propensão é comum a todos os homens e não se encontra em nenhuma outra raça de animais, que parecem desconhecer esta e todas as outras espécies de contrato" (WN I.ii.1-2; RN1, p.18). Esse assunto será retomado em 5.9.

se tornarão o critério para o estabelecimento das regras gerais que regulam essas interações. Como veremos no próximo capítulo, essa é a inovação de Smith à tradição jusnaturalista, o ressentimento como mecanismo natural de delimitação da noção de pessoa, o sujeito de direitos. Contudo, não é qualquer ressentimento que é capaz de traçar esse limite. Um ressentimento mal fundamentado dirigido contra mim é motivo para que eu me ressinta contra essa pessoa pretensamente ofendida (é ela que exige mais do que lhe cabe, meu ressentimento servindo de freio à sua presunção). Fica claro que a imparcialidade é imprescindível para esse mecanismo funcione corretamente, caso contrário, entra-se numa espiral, potencialmente sem fim, de acusações mal fundamentadas (e de vinganças recíprocas, o que acaba por esgarçar o tecido social). O ressentimento é o modo mais veemente de censura, adequado apenas em casos de ofensa.

> Restaurar-lhe um sentido mais justo do que é devido aos outros [*a more just sense of what is due to other people*], fazê-lo perceber o que nos deve e o mal que nos fez, é frequentemente a principal finalidade [*end*] a que se propõe nossa vingança, a qual é sempre imperfeita quando isso não sucede (TMS II.iii.1.5, p.96; TSM, p.120).

É desse modo que gratidão e ressentimento atuam em conjunto para criar as condições de surgimento da individualidade, o primeiro validando a certeza de si, o segundo corrigindo e delimitando seu campo de ação. Ao mesmo tempo, por recompensar o mérito e punir o demérito, eles estabelecem o encadeamento regular dos sentimentos. A interpretação empirista sugerida nesse livro implica que a individualidade é um efeito das interações sociais e que é preciso aprender a ser quem se é. É preciso, por exemplo, aprender quais são seus interesses econômicos, isto é, quais são os interesses da classe a qual se pertence (lição que, na Grã-Bretanha dos séculos XVII e XVIII, comerciantes levavam a sério, ao contrário dos aristocratas [ver 5.8]).

Voltando ao tópico de partida dessa seção, para que gratidão e ressentimento operem de modo adequado é imprescindível que sejam 'aplicados' (isto é, a imaginação simpática pode convenientemente se projetar) sobre objetos que contenham as seguintes qualidades:

> Primeiro, deve ser causa de prazer num caso, e de dor no outro. Segundo, deve ser capaz de perceber essas sensações. E, terceiro, não

> deve apenas ter produzido essas sensações, mas deve tê-las produzido com um desígnio, e um desígnio que seja aprovado num caso, e desaprovado no outro. É pela primeira qualificação que um objeto qualquer pode suscitar aquelas paixões; pela segunda, é capaz de as satisfazer em algum aspecto; a terceira qualificação é necessária não apenas para a completa satisfação dessas paixões, mas, por provocar dor ou prazer a um tempo refinado e peculiar, constitui igualmente causa excitante adicional* daquelas paixões [*it is likewise an additional exciting cause of those passions*] (TMS II.iii.1.6, p.96; TSM, p.120).

Qualquer objeto pode excitar prazer e dor, mas apenas os animados são capazes de responderem aos afetos que lhe são dirigidos. Contudo, é apenas o *design*, o planejamento prévio, a intenção, o que verdadeiramente garante o excedente necessário à conveniência da gratidão ou do ressentimento (além de outros seres humanos, apenas deus estaria à altura desses sentimentos). O mérito e o demérito recaem, portanto, sobre a intenção... ou melhor, recairiam, não fosse a influência da fortuna.[10]

4. Efeitos da fortuna sobre os juízos de mérito e demérito[11]

O problema é que não basta a intenção para conseguir realizar aquilo que se almeja e a não realização plena dela altera esses sentimentos:

10 A esse respeito, gosto da leitura de Haakonssen, para quem Smith oferece "a most extraordinary combination of an ideal ethics of intentions with an actual ethics of consequences. Moreover, it serves Smith to good explanatory purpose, for it is precisely this combination which enables him to interpret morality as a guide to external action in a word of fortune and yet at the same time to see this morality as ultimately concerned with ideal and absolute propriety" (1981, p.65).

11 A interpretação da análise smithiana da fortuna costuma estar separada em duas partes: simpatia em relação aos ricos e poderosos (seção 6 abaixo) e *moral luck*. Esse último ponto tem recebido maior atenção recentemente (ver Flanders, 2006), apesar de um trecho da *Teoria* ser citado no artigo seminal de Thomas Nagel (1979; ver também Williams, 1981). Em minhas pesquisas, não encontrei nenhuma tentativa explícita de juntar esses dois tópicos. Ainda que esse não seja meu objetivo, a interpretação fornecida aqui me parece capaz de fornecer algumas balizas para uma leitura mais abrangente da importância, do alcance e da estrutura geral da fortuna na obra de Smith. Como espero demonstrar, a fortuna está no cerne de sua filosofia como um todo, envolvendo jurisprudência, linguagem e economia política.

> se não se conseguiu produzir o bem ou mal que se pretendia, por faltar nos dois casos uma das causas motrizes [*exciting causes*], menos gratidão parece se dever num caso, e noutro menos ressentimento. E, inversamente, ainda que nas intenções não houvesse de um lado, nenhum grau louvável de benevolência, ou, de outro, nenhum grau censurável de malignidade, se suas ações produzissem ou grande bem ou grande mal, por estar presente nessas duas ocasiões uma das causas motrizes, alguma gratidão pode surgir num caso e noutro, algum ressentimento (TMS II.iii.1.7, p.96; TSM, p.120).

Nesses últimos casos (o de bons efeitos sem boa intenção, ou de maus efeitos sem má intenção; ou ainda de efeitos em grau maior ou menor do que os intencionados) Smith poderá falar numa sombra de sentimento:

> Uma sombra de mérito parece recair sobre o homem no primeiro caso, e de demérito no segundo. E, na medida em que as consequências das ações estão inteiramente sob o império da fortuna [*empire of Fortune*], surge daí sua influência sobre os sentimentos dos homens, no que concerne a mérito e demérito (*ibidem*).

A noção de um "império da fortuna" será assunto da seção 8, abaixo. Por ora, para compreender o que Smith quer dizer com essa metáfora de uma sombra de sentimento convém retomar o par tipo(qualidade)-intensidade(quantidade) dos afetos. Aqui, mais uma vez, é a dimensão quantitativa, de variação intensiva, que mais chama a atenção no primeiro momento:

> O primeiro efeito dessa influência da fortuna é o de diminuir nosso senso do mérito ou demérito das ações que, originando-se das mais louváveis ou censuráveis intenções, são incapazes de produzir os efeitos propostos, o segundo, o de aumentar nosso senso do mérito ou demérito de ações que, excedendo os devidos motivos ou afetos dos quais se originam, provocam acidentalmente extraordinário prazer ou extraordinária dor (TMS II.iii.2.1, p.97; TSM, p.121).

a. Decréscimo de intensidade

Analisemos primeiro a diminuição da intensidade. O ato que falha em produzir os efeitos intencionados, seja a intenção conveniente e benevolente ou inconveniente e malevolente, faz com que "seu mérito se revele *imperfeito* num caso, e seu demérito *incompleto* no outro" (TMS II.iii.2.2, p.97; TSM, p.121 – itálicos meus). O exemplo de Smith é o de alguém que tenta fazer um favor (*solicits an office*) a um amigo mas não é bem sucedido, em relação a outro que não apenas tenta mas obtém esse favor ao amigo (*nor only solicits, but procures it*). Um homem generoso buscará expressar a mesma gratidão nos dois casos – e se ele for verdadeiramente generoso sentirá quase a mesma gratidão em ambos os casos (*the sentiments ... will be nearly the same*) – e verá a efetivação da intenção como um mero detalhe (*they seem to lose but a trifle*). Contudo, "se são iguais as circunstâncias restantes entre um amigo que malogra e outro bem-sucedido, mesmo no melhor e mais nobre espírito haverá uma pequena diferença de afeto em favor do bem-sucedido" (*ibidem*). Quando realizada, a intenção adquire um algo a mais que não tem como ser facilmente descartado. Se um homem generoso é capaz de evitar esse desnível, o homem comum (*mankind*) não. Para ele a intenção só conta se aquele que quer ajudar possuir efetivamente os meios de ajudar: as melhores intenções de alguém que não tem esses meios as desvalorizará perante aquele que se quer ajudar. Se mesmo assim essa ajuda é bem-sucedida, a gratidão será dividida com os demais envolvidos, sem cujo auxílio o objetivo não seria alcançado. Aos olhos do homem comum, seu débito moral será menor em relação ao que seria devido a alguém em posse plena dos meios de implementar sua intenção (*ibidem*, p.97-8). Além da ausência de meios, eventos que fogem completamente ao controle do indivíduo e que impedem a execução de um plano também interferem nos sentimentos (TMS II.iii.2.3, p.98). A mera superioridade de talentos e virtudes potenciais pode até ser reconhecida por um espectador generoso, mas não têm "o mesmo efeito que a superioridade das conquistas" (*ibidem*, p.99; TSM, p.124).

Aqui, ao contrário de inúmeros outros momentos de sua teoria, a assimetria entre prazer e dor não intervém e tentativas malsucedidas de fazer mal sofrem efeitos simétricos aos das tentativas que falham em produzir o bem: "O plano* [*design*] de praticar um crime, por mais que se comprove, dificilmente será punida com a mesma severidade com que se pune a prática efetiva [*the actual commission* *of it*]". Com exceção da traição,[12] para o restante dos crimes o mero planejamento (*design*) não é suficiente para exigir uma punição, ou ao menos uma punição severa, mesmo que seu "demérito real" seja o mesmo (TMS II.iii.2.4, p.99). O último exemplo de diminuição da intensidade é o mais interessante por seus efeitos. Alguém a ponto de cometer um crime é, no último instante, interrompido por um acidente (*accident*), resultado do acaso:

> A pessoa que, seja por paixão, seja por influência de más companhias, resolveu e talvez tomou medidas para perpetrar um crime, mas felizmente foi impedida por um acidente que a impossibilitou de praticá-lo, se lhe restar alguma consciência, certamente não deixará, ao longo de toda a sua vida, de considerar esse evento como uma grande e notável libertação [*great and signal deliverance*]. [...] Mas embora suas mãos sejam inocentes, sabe que seu coração tem tanta culpa quanto se de fato houvesse executado o que tão decididamente esperava fazer. Mas causa grande alívio à sua consciência considerar que não executou o crime, embora saiba que o malogro não se deve a nenhuma virtude sua. Contudo, considera-se menos merecedor de castigo ou ressentimento, e essa boa fortuna ou diminui ou *apaga inteiramente* seu senso* de culpa [*and this good fortune either diminishes, or takes away altogether, all sense of guilt*] (TMS II.iii.2.5, p.101; TSM, p.126 – itálicos meus).

Esse feliz acidente é capaz inclusive de contradizer a máxima moral de onde partimos: não apenas o demérito será diminuído, como ele pode, em alguns casos, extinguir-se por completo, não deixando para trás qualquer traço de culpa. Eis o momento em que a variação quantitativa se transforma em modificação qualitativa, fazendo desaparecer por completo um sentimento.

b. Acréscimo de intensidade

Aqui a fortuna intervém no sentido contrário ao dos exemplos anteriores, fortalecendo os efeitos intencionados, provocando mais prazer ou dor que o planejado. É aqui que Smith retoma a metáfora da sombra:

---

12 A traição é uma exceção devido ao ciúme/suspeita (*jealousy*) do soberano que faz com que ele, ao contrário do julgamento em crimes comuns, não consiga compensar sua própria parcialidade. (TMS II.iii.2.4, p.99).

> Os efeitos agradáveis ou desagradáveis da ação frequentemente lançam um sombra de mérito ou demérito sobre o agente, embora nada houvesse na sua intenção que merecesse louvor ou censura, ou pelo menos que os merecesse no grau em que estamos dispostos a concedê-los (TMS II.iii.2.6, p.101; TSM, p.126-27).

Historicamente, o mensageiro que entregava más notícias a um rei, por exemplo, corria risco de vida simplesmente por ser o portador delas, ao passo que o mensageiro que trazia boas notícias era, frequentemente, recompensado por isso. Essa 'coautoria' imaginária lhes garantia gratidão ou ressentimento transitórios, porém não menos reais. Se todas as cortes presenteavam os portadores de boas novas, um rei da Armênia certa vez matou o mensageiro que lhe avisou da chegada iminente de um poderoso exército inimigo. A nós, espectadores longínquos desses casos, tamanha brutalidade parece imprópria; ao passo que a recompensa nos parece adequada. Mas de onde vem essa diferença, uma vez que não há, em nenhum dos casos, demérito ou mérito reais?

> É porque qualquer espécie de razão* [*reason*] parece suficiente para autorizar o exercício dos afetos sociáveis e benevolentes; mas são necessários as mais sólidas e substanciais para compartilharmos os afetos insociáveis e malevolentes (*ibidem*, p.102; TSM, p.127).

Apesar disso, espectadores concordam e aceitam que ao menos um tipo de ato impróprio não malevolente merece punição: aqueles levados a cabo com negligência. Vejamos o exemplo de Smith:

> se uma pessoa jogasse uma grande pedra por sobre um muro na direção de uma via pública, sem advertir os que poderiam estar passando e sem pensar onde ela provavelmente cairia, mereceria certamente uma punição severa. [...] O culpado revela um insolente desprezo pela felicidade e segurança dos demais. *Há verdadeira injustiça em sua conduta*, pois expõe caprichosamente seu próximo a algo a que nenhum homem sensato decidiria se expor, e evidentemente falta-lhe o senso do que é devido aos seus semelhantes, o qual fundamenta a justiça e a sociedade [*sense of what is due to his fellow-creatures which is the basis of justice and of society*].

> De acordo com a lei, portanto, a flagrante negligência quase equivale a intenção dolosa [*malicious design*] (TMS II.iii.2.8, p.102 – itálicos meus).

Ao positivamente ignorar o bem-estar alheio, tal pessoa cruza a linha da ofensa, gerando ressentimento: ao jogar a pedra (ação imprópria), mesmo sem a intenção de provocar mal (ação não malevolente), mesmo ainda que a pedra não tenha atingido ninguém (não houve dano algum), o ressentimento por parte dos transeuntes é justificado (vale dizer, houve ofensa). Isso porque o ressentimento não é movido apenas pelo dano real mas também pela presunção (*conceit*) do agente, isto é, pela desconsideração por parte do agente ao que é devido às outras pessoas.[13] O ressentimento estará justificado aos olhos de um espectador imparcial se o perpetrador do ato agir de modo a desconsiderar os outros, de modo a desrespeitá-los. A *negligência* se torna assim um caso central no correto estabelecimento da justiça ao demonstrar como o ressentimento deve estar baseado não apenas nos danos causados pela ação criminosa, mas também em um princípio de igualdade entre os homens (ver 3.7). Contudo, qualquer leitura unilateral perde o que Smith tem em mente: é necessário que ambos (senso de equidade e dano real [TMS II.iii.2.8, p.103]) sejam levados em conta pelo espectador:

> se pela ação imprudente acima mencionada essa pessoa matasse acidentalmente um homem, segundo as leis de muitos países [...] seria passível da pena capital. E embora seja sem dúvida excessivamente severa, não é inteiramente inconsistente com nossos sentimentos naturais. Nossa justa indignação contra a insensatez e desumanidade da conduta dessa pessoa é agravada por nossa simpatia pelo infeliz sofredor. Mas nada agrediria mais nosso senso natural de equidade, do que levar ao cadafalso um homem apenas por ter jogado uma pedra descuidadamente na rua, sem ferir ninguém (*ibidem*).

13 Em português, *presunção* pode ser lido aqui em dois sentidos: como ofensa conjecturada, suposta (como na expressão *presunção de culpa*) ou como ofensa que se deve à sobrevalorização de si mesmo. Esse segundo sentido traduz o inglês *conceit*. É ele que Smith tem em mente.

Sem dano ou prejuízo, nosso "senso natural de equidade" nos impede de aceitar que o ressentimento seja levado às últimas consequências ao levar em conta a dignidade daquele que jogou a pedra, porque, afinal, apesar de negligente, ele também merece respeito (TMS II.ii.3.10, p.90). Contudo, caso a pedra atinja alguém, o ressentimento será justificado e justo. Assim como no caso do potencial criminoso impedido no último instante por um acidente, outro tipo de acidente intervém aqui para que um ato impróprio não malevolente, porém negligente, faça surgir a injustiça onde não há má intenção. Mais uma vez a fortuna é capaz de alterar não apenas a intensidade da gratidão ou ressentimento, mas também de criá-los onde não há base material para tanto.

Uma versão atenuada desse caso é a negligência que merece ser censurada e seu ato danoso compensado, mas não verdadeiramente punido: é o caso de um homem que por descuido (*carelessness*) causa algum dano a outrem. Toda indenização é uma espécie punição que "é aprovada pelos sentimentos naturais de todos os homens" para casos desse tipo (TMS II.iii.2.9, p.103; TSM, p.129).

O último caso de negligência é o mais leve e consiste na "falta do mais receoso acanhamento e circunspecção quanto a todas as possíveis consequências de nossos atos". O interessante desse caso é que, caso nada de errado aconteça, é a própria circunspecção e atenção excessivas (*excessive care*) que se tornam censuráveis: "Aquela tímida circunspecção que tudo receia nunca é vista como virtude, mas como uma qualidade que, mais do que qualquer outra, incapacita para a ação e os negócios" (TMS II.iii.2.10, p.103; TSM, p.129). O homem que antes de agir pensa em todos as consequências possíveis a partir desse ato raramente age. Pior, um homem que deixe de agir por conta de "um receio [*anxiety*] quanto a eventos meramente possíveis, que é inútil levar em conta" certamente merece ser censurado por essa hesitação. Vemos assim outro caso de sentimento criado pela fortuna apesar de não haver nada de material a lhe servir de base. Mais uma vez, a máxima geral de onde partimos (de que apenas há mérito ou demérito quando há intenção prévia) é negada não apenas do ponto de quantitativo (por conta de efeitos magnificados), mas há mesmo geração de demérito sem intenção.

Podemos enfim retomar a metáfora utilizada por Smith acima da sombra de um sentimento criada pela fortuna. Analisando com cuidado a passagem em questão, vemos que Smith restringe essa metáfora ao último caso, qual seja, o de criação de mérito ou demérito quando não há intenção. Aí ele fala numa sombra de (de)mérito *recaindo* sobre um agente que não tem qualquer intenção: o agente é aqui então a superfície sobre a qual essa sombra é projetada, vale dizer, a fortuna faz desse agente o alvo de gratidão ou ressentimento tendo ele, em realidade, não merecido nem um nem outro.[14]

5. Efeitos da fortuna sobre os juízos de conveniência e inconveniência

Os efeitos da fortuna são mais facilmente visíveis no caso dos juízos de mérito e demérito, mas ela também interfere no funcionamento dos juízos de conveniência e inconveniência, e, por consequência, no funcionamento da *simpatia como um todo*. Veremos que a fortuna influencia juízos de conveniência da mesma forma que afeta os juízos de mérito: intensificando ou diminuindo a emoção simpática até um ponto limite no qual ocorre uma alteração qualitativa. Em última instância, *a fortuna estabelece o quadro geral de possibilidade da simpatia*, mas caminhemos com calma. Para avaliar essa influência sobre a conveniência cabe começar pelo modo como simpatizamos com a dor e o prazer:

> seja do espírito ou do corpo, a dor é uma sensação mais pungente do que o prazer, e nossa simpatia* com a dor, embora seja inferior ao que naturalmente o sofredor sente, é em geral uma percepção mais viva e distinta do que a nossa simpatia pelo prazer embora [...] essa última se aproxime mais da natural vivacidade da paixão original (TMS I.iii.1.3, p.44; TSM, p.52).

14 O sentido da metáfora poderia ser facilmente extrapolado aos outros casos: quando o efeito tem sua intensidade diminuída, poder-se-ia falar em sombra no sentido de uma presença atenuada e que vai se esvaindo conforme diminui a intensidade da luz – quando a iluminação de um ambiente é diminuída através de um *dimmer* –, o limite aqui é alcançado quando se atinge a escuridão total: aí nem mesmo o objeto causador da sombra pode mais ser visto. Quando, ao contrário, a fortuna intensifica o efeito da ação, a metáfora da sombra poderia ser compreendida a partir das sombras aumentadas e deformadas obtidas quando o ângulo do feixe de luz é bastante obtuso em relação à superfície em que a sombra é projetada – a sombra na praia de uma pessoa assistindo ao pôr do sol, por exemplo –, o limite aqui é um teatro de sombras, onde as imagens formadas são ilusões criadas por coisas diferentes daquelas às quais as sombras projetadas remetem. Contudo, Smith restringe seu uso ao da criação de mérito ou demérito quando não intenção prévia.

Dois grandes efeitos decorrem da maior pungência da dor: primeiro, ela nos faz tentar evitar receber percepções dolorosas, sejam elas imediatas ou simpáticas; segundo, a diferença quantitativa entre dor original e dor simpática tende a ser maior do que aquela entre prazer original e simpático (o que tende a fazer de nossa simpatia com a dor alheia frustrante àquele que a sofre originalmente). Daí porque, "frequentemente lutamos para inibir nossa simpatia pelo sofrimento alheio" (TMS I.iii.1.4, p.44; TSM, p.52), ao passo que

> quando o caso não inspira inveja, nossa tendência a simpatizar com a alegria é muito mais forte do que a simpatizar com o sofrimento; e que nossa solidariedade pela emoção agradável se aproxima muito mais da vivacidade do que naturalmente sentem as pessoas diretamente atingidas, do que a que concebemos pela dolorosa (TMS I.iii.1.5, p.45; TSM, p.53).

A inveja (*envy*) não é apenas a exceção a essa regra, como é uma espécie de reverso da parcialidade: quando se inveja alguém, seu sofrimento gera prazer, ao passo que sua alegria gera sofrimento. Ela tem como objeto privilegiado a "grandeza [*greatness*]"[15] (TMS I.iii.2.1, p.51; TSM, p.61) e consiste em mal querer aqueles que a possuem: "A inveja é a paixão que vê com maligno desgosto [*malignant dislike*] a superioridade dos que realmente têm direito a toda a superioridade que possuem" (TMS VI.iii.16, p.244). Trata-se de uma paixão predominantemente determinada pela fortuna e nos fornece indícios preciosos de como ela afeta nossos juízos de conveniência. Sendo a grandeza seu objeto, os alvos óbvios da inveja são os ricos, poderosos e bem-sucedidos (na Europa do século XVIII, convém pensar naqueles que circulavam pelas cortes) e, contudo, precisamente eles estão fora de sua esfera de atuação: a multidão ou massa (*mob*) "jamais demonstra qualquer inveja por seus superiores [*never bear any envy to their superiors*]"[16] (TMS I.iii.1.11, p.47; TSM, p.55). Minha sugestão de interpretação é que nos deparamos aqui com mais um caso de alteração qualitativa provocada pela fortuna (isto

15 Ao lado da beleza, um dos objetos privilegiados da admiração (EPS, p.33; EF, p.187).

16 O tema da simpatia pelos ricos e poderosos é dos mais analisados na literatura secundária. Alguns excelentes estudos são Griswold (1999), Fleischacker (2002), Hanley (2009) e Rodrigues (2017).

é, um dado objetivo capaz de alterar a funcionamento regular dos sentimentos): os superiores a quem Smith se refere são aqueles que compõem a esfera próxima do soberano (ver seção abaixo). Indivíduos de famílias ricas e poderosas estariam fora do alcance da inveja porque estão muito afastados da multidão: "A grande multidão dos homens é constituída de admiradores e veneradores – e, o que talvez pareça mais extraordinário, frequentemente os mais desinteressados admiradores e veneradores – da riqueza e da grandeza [*disinterested admirers and worshippers, of wealth and greatness*]" (TMS I.iii.3.2, p.62; TSM, p.73). Toda simpatia demanda atenção ou preferência afetiva (*concern*) e, para que venha a ocorrer a contento, é preciso que exista alguma proximidade entre agente e espectador. É precisamente isso o que não ocorre aqui: quanto maior a fortuna, mais distantes esses indivíduos estarão da multidão desafortunada (não necessariamente má afortunada) – daí a entrada em cena de outro tipo de aprovação moral, desinteressada que responde pelo nome de beleza de utilidade (ver 6.4-7). Trata-se de uma situação da qual alguns sabem tirar proveito, aqueles que Smith denomina de "hipócritas da riqueza e da grandeza*":

> Muitas vezes homens fúteis [*vain men*] dão-se ares de moderna devassidão [*fashionable profligacy*], embora em seus corações não a aprovem e da qual talvez nem sejam realmente culpados. Desejam ser louvados pelo que eles próprios não julgam digno de louvor, e envergonham-se de virtudes fora de moda, que por vezes praticam em segredo, e pelas quais, secretamente, têm alguma real veneração (TMS I.iii.3.7, p.64; TSM, p.75).

Se tal "hipócrita da riqueza" não acredita verdadeiramente que a ostentação é o caminho correto para a obtenção de aprovação moral, mesmo ele julga seu próprio comportamento inconveniente ou impróprio. Mas por que alguém agiria dessa forma? Para obter o tipo de aprovação que a fortuna traz: "Considerando iguais* graus de mérito, quase não há homem que não respeite mais os ricos e grandes do que os pobres e humildes"[17] (TMS I.iii.3.4, p.62; TSM, p.73). Smith

17 Hume já afirmara algo nesse sentido no *Tratado*: "riches and power alone [...] naturally cause esteem and respect" (THN 2.2.5.6, p.359).

não hesita em apontar que se trata de um verdadeiro absurdo de um ponto de vista estritamente moral mas, ainda assim, um fato:

> Talvez raramente seja agradável à boa moral, ou mesmo à boa linguagem, afirmar que a mera riqueza e grandeza, asbtraídas de mérito e virtude, merecem nosso respeito. Devemos reconhecer* [*acknowledge*], contudo, que quase sempre o conquistam; e podem, por conseguinte, ser consideradas em alguns aspectos seus objetos naturais (TMS I.iii.3.4, p.62; TSM, p.73).

O moralista condena o fato que o filósofo não tem como deixar de reconhecer. Mas se a boa fortuna traz respeito (mesmo que seja não merecido), o que traz a má fortuna? Uma pessoa que passe por um grande sofrimento é alvo não apenas de simpatia, mas também de nossa indulgência (com o excesso de sofrimento para além daquilo que podemos simpatizar). Caso ela demonstre maestria no controle dessa emoção ela será igualmente alvo de nossa admiração. Ao contrário, uma pessoa "na plenitude da prosperidade" e que "também é capaz de dominar [*master*] sua alegria dificilmente parecerá merecer qualquer louvor*". Isso porque sabemos que o intervalo entre o que a pessoa originalmente sente ("*what is naturally felt*") e o grau que podemos atingir via simpatia é muito maior nos casos dolorosos que nos prazerosos (TMS I.iii.1.6, p.45; TSM, p.53). Smith chega mesmo a indicar qual seria o grau natural e ordinário a esse respeito que, no interior de nossa discussão a respeito da influência da fortuna, podemos denominar de grau zero dessa influência sobre nossos juízos:

> O que falta à felicidade do homem saudável [*in health*], que não possui dívidas, e tem a consciência limpa [*clear conscience*]? Pode-se dizer adequadamente que para alguém nessas condições todo acréscimo de fortuna é supérfluo; [...] essa situação pode muito bem ser considerada o estado natural e comum da humanidade [*natural and ordinary state of mankind*] (TMS I.iii.1.7, p.45; TSM, p.53).

A tripla exigência de Smith (saúde, ausência de dívidas e consciência limpa)[18] indica de forma bastante clara as possíveis fontes de intranquilidade (pro-

18 A tradução usual em português, *consciência tranquila*, poderia abrir espaço para mal-entendidos quando analisarmos a questão da tranquilidade em Smith. Ter uma "clear conscience"

blemas de saúde, má gestão do patrimônio pessoal e má reputação). Uma vez nesse estado a fortuna tem pouco a adicionar (do ponto de vista moral) e quem insiste demais nesse aspecto sofre com algum tipo de "paixão extravagante" (TMS III.3.31, p.149; ver seção 11 abaixo), caso contrário veria claramente que "não obstante a miséria e depravação do mundo atual, tão justamente lamentada, este é realmente o estado da maioria dos homens" (TMS I.iii.1.7, p.45; TSM, p.53). Uma vez que "pouco se pode acrescentar a esse estado", qualquer excesso de prazer ou felicidade (em relação a esse grau ordinário) pode ser facilmente alcançado pelo espectador via simpatia (exceções são fruto de inveja). Contudo, como "muito dele se pode subtrair", o fundo do poço pode estar muito distante do ponto de maior esforço simpático e, "por essa razão, a adversidade necessariamente lança o espírito sofredor para muito mais baixo [*depresses the mind*] do seu estado natural do que a prosperidade é capaz de elevá-lo acima desse estado" (TMS I.iii.1.8, p.45; TSM, p.54). Tal dificuldade simpática é sentida como um *segundo fardo* por parte daquele que sofre. Não bastasse o sofrimento original, ele agora tem de lidar com a relutância dos espectadores em simpatizar com seu sofrimento, sentindo-se, em alguns casos, envergonhado de sua própria situação:

> O desgraçado cujos infortúnios provocam nossa compaixão sente com que relutância provavelmente partilharemos de seu sofrimento, e por isso apresenta-nos sua dor com medo e hesitação: até dissimula parte dela [*smothers the half of it*] e, por ser tão duro o coração dos homens, envergonha-se de dar vazão à plenitude de sua aflição* [*affliction*]. (TMS I.iii.1.9, p.46; TSM, p.54-55).

Nesses casos o melhor que tal sofredor pode fazer é buscar, de forma magnânima, controlar ao máximo a expressão de seu sofrimento:

> Sentimos que um imenso esforço é necessário para silenciar as violentas emoções que naturalmente agitam e perturbam quem se encontra nessa situação. Admira-nos que esse homem tenha sobre si tamanho domínio [*We are amazed to find that he can command himself so entirely*]. Ao mesmo tempo, *sua firmeza coincide per-*

significa ausência de má-reputação, de má-fama, o que está ligado à dimensão jurídica da fortuna (ver seção 10).

> *feitamente com nossa insensibilidade* (TMS I.iii.1.13, p.48; TSM, p.56 – itálicos meus).

Eis um caso fascinante de funcionamento do mecanismo simpático: simpatizamos com o autocontrole de alguém que sofre porque não conseguimos verdadeiramente simpatizar com seu sofrimento. *Sua firmeza iguala nossa insensibilidade* e julgamos sua conduta além de conveniente, admirável, primeiro porque ele não exige demais de nós, espectadores, e, segundo, porque sua conduta é incomum:

> Não exige de nós aquele extraordinário grau de sensibilidade que descobrimos, e ficamos mortificados ao descobrir, não possuir. Existe a mais perfeita correspondência entre os seus sentimentos e os nossos e, por isso, a mais perfeita conveniência [*most perfect propriety*] em seu comportamento. Ademais, trata-se de uma conveniência que, por nossa experiência da usual fraqueza da natureza humana, não poderíamos esperar, sensatamente, que mantivesse. Imaginamos [*We wonder*], atônitos e surpresos, a força de espírito capaz de um esforço tão nobre e generoso (*ibidem*; TSM, p.56; cf. TMS I.ii.1.12, p.30-1).

O inverso ocorre no caso de alguém punido não com a morte, mas com penas desonrosas. Ser deixado vivo nessa situação é (moralmente) pior que a morte porque nela a única simpatia possível é "com sua vergonha, não com sua dor [*sorrow*]"; o que não lhe oferece nenhum conforto. A fortuna altera quantitativamente os juízos do espectador até certos limites, a partir dos quais ela impede por completo o funcionamento da simpatia. Má fortuna extrema gera uma piedade envergonhada, não simpatia: "Os que têm piedade dele coram e baixam as cabeças por sua causa. Ele baixa a sua da mesma maneira, e sente-se irrecuperavelmente degradado pelo castigo, ainda que não pelo crime" (TMS I.iii.2.10, p.60-1; TSM, p.71). Ser mandado à forca seria menos insuportável porque haveria espaço para alguma simpatia, mesmo que unicamente com o autocontrole demonstrado nos últimos passos.

A fortuna influencia nossos juízos de conveniência de dois modos, portanto. Quantitativamente, ao associar maior mérito aos bem afortunados e menos aos maus afortunados. Qualitativamente, ao subverter por completo o funcionamento da simpatia nos casos extremos: de boa fortuna, fornecendo àqueles nessa situação uma aura imaginaria de felicidade; de má fortuna, de duas formas, quando o sofrimento é muito grande e a simpatia com a dor é impossível, abre-se espaço para a simpatia entre indiferença do espectador e autocontrole do agente ou com a vergonha daquele que não se controla; já quando sofrimento é pequeno, a simpatia se transforma em desprezo (TMS I.iii.2.9, p.60). O resultado geral é o seguinte:

> assim como tornar-se o objeto natural das alegres congratulações e atenções simpáticas* da humanidade é a circunstância que confere à prosperidade todo esse ofuscante esplendor, nada anuvia tanto o desalento da adversidade quanto sentir que nossos infortúnios são objetos, não da solidariedade, mas do desdém e aversão de nossos irmãos (TMS I.iii.2.9, p.58; TSM, p.70).

De certo modo, a fortuna estabelece o quadro de possibilidades para o funcionamento da simpatia e dos juízos de conveniência e mérito. Ela igualmente estabelece os casos intermediários (os mais frequentes), em que esses juízos (de conveniência e mérito) se somam ao juízo desinteressado (da beleza de utilidade), formando um sentimento de aprovação "peculiar", parte simpático, parte abstrato (ver as próximas 3 seções e cap.6). Não nos parece um acaso, portanto, o termo *fortuna* aparecer já no primeiro parágrafo da *Teoria*.[19] Finalmente, cabe ainda destacar que estamos diante da explicação smithiana da dinâmica afetiva subjacente à busca incessante por riqueza e com ela um dos principais pontos de contato entre a *Teoria* e a *Riqueza das Nações*:

> É porque os homens estão dispostos a simpatizar mais completamente com nossa alegria do que com nossa dor, que exibimos nossa riqueza e escondemos nossa pobreza.[20] Nada mortifica mais do que sermos obrigados a expor nossa aflição aos olhos do público, e a sentir que, embora nossa situação esteja exposta aos olhos de toda

19 O que na tradução brasileira está parcialmente encoberto pelo termo empregado na tradução: "Por mais egoísta que se suponha o homem, evidentemente há alguns princípios em sua natureza que o fazem interessar-se pela sorte de outros [*fortune of others*]" (TMS I.i.1.1, p.9; TSM, p.5).

20 Um dos (não poucos) méritos do trabalho de Rodrigues (2017), está em destacar a importância desse fenômeno, que ele denomina de "desprezo pelos pobres", na argumentação smithiana a propósito da dinâmica de acumulação de riquezas (na *Teoria*) e de capital (na *Riqueza*).

> a humanidade, nenhum mortal é capaz de conceber um pouco que seja de nosso sofrimento (TMS I.iii.2.1, p.50; TSM, p.59).

6. Observando a fortuna

Apesar do largo alcance da fortuna sobre os juízos de mérito e conveniência, um verdadeiro espectador imparcial não se engana:

> A estima e a admiração que todo espectador imparcial concebe pelo mérito real dessas pessoas brilhantes e magnânimas e com princípios* [*high-minded*], por ser um sentimento justo e bem fundamentado, é também constante e permanente, independendo por completo de sua boa ou má fortuna (TMS VI.iii.30, p.252; TSM, p.315).

Um juízo moral estará bem fundamentado apenas se o espectador apreender corretamente a intenção do agente. Partir dali lhe permite delimitar quais efeitos se devem à intenção original e, consequentemente, quais são causados pela fortuna. Isso feito não restará nenhuma dificuldade para julgar a conveniência e o mérito do agente em questão. Ser-lhe-á evidente o excesso de presunção e autoestima daqueles cujo sucesso é mais fruto de eventos fortuitos que de mérito e que não veem com clareza o verdadeiro impacto de seus atos:

> O sucesso* [*success*] encobre de seus olhos não apenas a grande imprudência, mas muitas vezes, a grande injustiça desses empreendimentos; e, longe de censurar-lhes essa falha de caráter, com frequencia a vê com a mais entusiástica admiração. Quando malogram, entretanto, as coisas mudam de cores e de nomes. O que antes era heroica magnanimidade readquire sua própria designação de precipitação extravagante e loucura; e o negrum da avidez e injustiça, que antes se ocultava sob o esplendor da prosperidade, salta às vistas, e borra todo o brilho de seu empreendimento (*ibidem*; cf. VI.iii.27, p.249).

Não há prova mais clara de que nosso juízo estava nublado pela influência da fortuna do que o modo como ele reage a alterações que ela causa na situação da pessoa em questão. O impetuoso empreendedor se mostra agora como alguem afoito, suas decisões arrojadas parecem simplesmente arriscadas, sua ousadia vira petulância, seu tino empresarial se esvai em mero capricho... O exemplo de César é particularmente elucidativo:

> Se em vez de ganhar, César tivesse perdido a batalha de Farsália, nesse momento considerariam seu caráter pouco melhor do que o Caitilina, e talvez mesmo o mais fraco dos homens visse sua empresa contra as leis do seu país em cores ainda mais negras do que um Catão, com toda a animosidade de um partidário. Seu verdadeiro mérito, a justeza de seu gosto, a simplicidade e elegância de seus escritos, a propriedade de sua eloquência, sua habilidade em guerra, seus recursos na aclição, seu discernimento calmo e frio no perigo, sua fiel afeição aos amigos, sua generosidade inigualável com seus inimigos, teriam sido todos admitidos, do que mesmo modo como o verdadeiro mérito de Caitilina, que possuía muitas grandes qualidades, é reconhecido até hoje. Mas a insolência e injustiça de sua ambição insaciável teria obscurecido e extinguido a glória de todo esse verdadeiro mérito (*ibidem*).

A fortuna afeta o juízo do "homem mais fraco"[21] de forma diferente da parcialidade partidária de Cato. Um insucesso frente a Pompeu teria resultados mais nefastos sobre nosso juízo moral a seu respeito que a parcialidade mais arraigada em preconceitos facciosos ou discordâncias políticas. Preconceitos provocam desvios *subjetivos* dos juízos morais, a fortuna altera o resultado *objetivo* das ações. Tivesse César perdido aquela batalha e nossa fraqueza moral estaria objetivamente correta em pintá-lo com as cores mais escuras possíveis. A questão é que o oposto é igualmente verdadeiro: como ele derrotou Pompeu, sua boa fortuna fez com que suas qualidades morais fossem superestimadas (maior intensidade) e seus defeitos abrandados (menor intensidade) ou mesmo esquecidos (alteração qualitativa). Em suma, estamos objetivamente corretos em louvá-lo, talvez mesmo em enaltecê-lo:

21 O "homem mais fraco" de Smith é qualquer um cujos juízos sejam altamente voláteis, sendo particularmente impressionáveis por coisas externas, respondendo quase que exclusivamente a elas (TMS III.323-4, p.145-6).

> a fortuna exerce grande influência sobre os sentimentos morais dos homens, e, conforme for favorável ou adversa, pode tornar o mesmo caráter objeto de amor e admiração generalizados, ou de ódio e desprezo universais (*ibidem*, p.252-3, TSM, p.316).

É complicado argumentar contra o fracasso, mas ainda mais difícil argumentar contra o sucesso. Na *Riqueza das nações*, Smith retoma essas considerações ao desenvolver sua teoria salarial. A quinta circunstância que afeta a remuneração das diferentes profissões é a "probabilidade ou improbabilidade de sucesso nelas" (WN I.x.b.1, p.117). Seu exemplo é a jurisprudência:

> Caso se ponha um filho para ser aprendiz de sapateiro, é quase certo que ele aprenderá a confeccionar um par de sapatos; mas se for mandado para estudar leis haverá a probabilidade de vinte para um, pelo menos, de que ele consiga a proficiência necessária para poder viver dessa ocupação (WN I.x.b.22, p.122; RN, p.133).

Smith compara essa situação com a de uma loteria:

> Numa loteria perfeitamente equitativa [*fair*], os que retiram bilhetes premiados deveriam receber tudo o que perdem os que retiram bilhetes em branco. Numa profissão em que vinte pessoas fracassam para cada uma que alcança sucesso*, este um deveria ganhar tudo o que os outros vinte malsucedidos poderiam ganhar. [... Contudo] por mais exorbitante que pareçam algumas vezes os honorários de um advogado, sua retribuição real jamais se iguala a esse resultado. [...] A loteria do direito está, portanto, muito longe de ser uma loteria perfeitamente equitativa, e essa atividade, assim como a maioria das outras profissões liberais e dignas, está, do ponto de vista dos ganhos pecuniários, obviamente sub-remunerada (*ibidem*).

Mas por que, então, tantos jovens escolhem essas carreiras?

> Duas causas distintas contribuem as para recomendar: a primeira é o desejo de obter a reputação que acompanha a excelência em qualquer uma delas; e a segunda é essa confiança natural que cada

> um possui, em maior ou menor grau, não apenas em seus talentos, mas também na sua boa fortuna (WN I.x.b.23, p.123; RN, p.134).

Essas duas causas estão ligadas pelo modo como julgamos o mérito em situações onde a fortuna atua positivamente:

> Alcançar a excelência em qualquer profissão na qual muitos pouco nem sequer alcançam a mediocridade é a marca mais decisiva do que se chama gênio ou talento superior. A admiração pública que acompanha tão distintas habilidades constitui sempre uma parte de sua recompensa, maior ou menor, segundo sua admiração pública seja mais ou menos elevada; esta forma uma parte considerável da recompensa na profissão de médico, uma parte talvez ainda maior na de advogado e constitui quase a única recompensa dos que cultivam a poesia e a filosofia (WN I.x.b.24, p.124; RN p.134).

Chamamos a atenção para o fato de que as citações formam um único raciocínio (cujas consequências analisaremos abaixo, quando discutirmos o que motiva os *projectors* [seção 11]), cuja conclusão é a seguinte: tendemos a atribuir os efeitos da boa fortuna ao talento e ao gênio pessoais.[22] Não é à toa que, ao tratar do excesso de autoestima dos homens de sucesso, Smith chegue a mencionar uma "intoxicação" própria à prosperidade (*intoxication of prosperity*)[23] (TMS VI.iii.32, p.254). Apenas uma constituição subjetiva extremamente robusta seria capaz de transcender essa influência. E como deixa claro a citação que abre essa seção, onde se lê que um espectador verdadeiramente imparcial não se deixa enganar pela

22 Nesse ponto, concordo com Sandra Peart e David Levy: "Behind the fact of approbation that classical economists supposed for their wage theory there is a generating process that moves from an actor's good luck to the spectator's imputation of superior ability: those who succeed are presumed to be deserving of success" (2005, p.246). Veremos (no cap.6 como um todo, mas especificamente, em 6.3c) que esse é um caso particular de uma tendência mais geral da imaginação humana, de confundir meios e fins.

23 Tendo em vista que essas passagens da seção VI foram incluídas apenas na sexta edição da *Teoria*, de 1790, é razoável supor que esse argumento em particular tenha sido formulado mais claramente durante a redação da *Riqueza*. Como já deve ter ficado claro, porém, minha interpretação tende a enfatizar a continuidade entre as edições da *Teoria* e a complementaridade delas com a *Riqueza*.

fortuna (seja ela boa ou má), essa constituição é a mesma que resolve o problema da parcialidade. *Dois problemas, uma solução*: um sujeito que se cinde em agente a juiz e que busca se julgar como um espectador imparcial faria.

Além de apresentar a solução, contudo, há algo a mais que cabe à filosofia. Precisamente o reconhecimento de que essa influência da fortuna em nossos sentimentos morais, que essa irregularidade em seu funcionamento, não é apenas natural, mas também útil:

> Nossa grande admiração pelo sucesso* funda-se sobre o mesmo princípio do nosso respeito pela riqueza e grandeza*, e é igualmente necessária para estabelecer a distinção de posições [*ranks*] e a ordem da sociedade. Por essa admiração pelo sucesso*, somos ensiandos a submeter-nos mais facilmente aos superiores que nos forem reservados pelo curso dos assuntos humanos; a considerar com reverência, e às vezes até com uma espécie de afeto respeitoso, essa violência fortunada a que não mais somos capazes de resistir [...]. Essa admiração, contudo, ensina-os a aquiescer com menos relutância ao governo que uma força irresistível lhes impõe, e de que relutância alguma os poderia livrar (TMS VI.iii.32, p.254; TSM, p.316).

Vista pelos "olhos que não discernem bem da grande multidão da humanidade* [*undistinguishing eyes of the great mob of mankind*]", sucesso, riqueza e poder trazem consigo um 'esplendor' que nos faz aceitar mais facilmente as desigualdades e mesmo algumas injustiças delas resultantes. Essa verdadeira "fascinação pela grandeza [*fascination of greatness*]" é "tão poderosa que os ricos e eminentes [*great*] são muito frequentemente* preferidos aos sábios e virtuosos" [24] (TMS VI.ii.1.20,

24 Em um interessante livro, Antoine Lilti localiza a origem da cultura das celebridades precisamente na metade do século XVIII. Sua análise busca dar conta de um duplo fenômeno: primeiro, o modo como a cultura das celebridades "nivela o status" das celebridades, de modo que "figuras públicas não são julgadas apenas em relação à sua competência, mas muito mais em relação à sua capacidade de capturar e manter a curiosidade por parte do público" e, segundo, o modo como a curiosidade que é excitada por essas figuras envolve "um interesse particularmente forte em relação à vida privada das pessoas famosas", o que se traduz em uma "ligação de natureza fortemente emocional, frequentemente muito poderosa, da qual a figura do fã é a encarnação" (2017, Introdução). No capítulo 6, veremos que Smith considera como inovadora precisamente a sua análise do modo como uma

p.226; TSM, p.283; cf. I.iii.2.1, p.51). Mesmo pessoas sábias e virtuosas raramente conseguirão julgar corretamente a intenção e o mérito de outra pessoa (em certas situações, mesmo o próprio mérito pode ser de difícil discernimento), ao passo que qualquer um pode facilmente julgar sucesso, riqueza e poder. E se os moralistas frequentemente "nos exortam à caridade e à compaixão" na tentativa de se contrapor a essa tendência de nossa natureza, cabe ao filósofo analisar a situação em seu aspecto global:

> A natureza julgou sabiamente que a distinção em estratos, a paz e a ordem da sociedade, repousariam mais seguramente sobre a clara e palpável diferença de nascimento e fortuna do que sobre a diferença invisível, e muitas vezes incerta, de sabedoria e virtude. Os olhos que não discernem bem da grande multidão da humanidade podem bem perceber os primeiros, mas é com dificuldade que o bom discernimento dos sábios e virtuosos podem às vezes distinguir os últimos. Na ordem de todas essas recomendações, fica igualmente evidente a benevolente sabedoria da natureza (TMS VI.ii.1.20, p.226; TSM, p.283).

Enquanto a retórica do moralista frequentemente opõe fortuna e virtude, ao filósofo caberá demonstrar três coisas:

(1) de que modo a fortuna complexifica os juízos morais,

(2) que fortuna e virtude nem sempre se opõe (o indivíduo pode buscar a aprovação empírica de forma não vã, a partir de atos que merecem esse reconhecimento, no que Smith denomina de busca pela honra bem fundamentada, pela justa glória),

(3) que essa influência da fortuna se deve à boa constituição da natureza humana e

---

ideia abstrata é capaz de gerar um forte engajamento emocional. Esse é outro tema que a interpretação proposta aqui sugere uma hipótese que acredito mereça ser analisada com cuidado: a teoria da fortuna de Smith talvez possa servir de ponto de apoio, ou mesmo de ponto de partida, para uma teoria a respeito da cultura das celebridades e, tópico geralmente ignorado, de seu papel na manutenção de uma ordem social mercantil.

(4) que ela é útil: uma sociedade desordenada não pode existir e toda ordem social depende de algum tipo de autoridade.

Já vimos como Smith compreende a primeira dessas questões. O restante do capítulo buscará analisar as demais. Comecemos pela noção de autoridade de Smith.

7. Autoridade da fortuna: pessoas, trabalho e sentimentos

A autoridade está fundada na superioridade socialmente reconhecida, no sentimento de superioridade. Isso implica que ele tenha sido compartilhado, isto é, que os espectadores simpatizem com aquele que se sente superior.[25] A exposição mais sintética e acabada de Smith a respeito se encontra no Livro V da *Riqueza*, ao tratar do "segundo dever do soberano", a saber, "estabelecer uma rigorosa [*exact*] administração da justiça"[26] (WN V.i.b.1, p.708-9; RN, p.899-900). A teoria da justiça de Smith (ao menos o que podemos dela inferir de passagens da *Teoria* e da *Riqueza*, além de seus *Cursos de Jurisprudência* de 1762-3 e 1766) distingue três níveis de direitos a partir das três formas que o indivíduo pode ser ofendido: 1) enquanto ser humano (*man*), 2) enquanto membro de uma família e 3) enquanto cidadão de um estado. Enquanto ser humano ele pode ser ofendido em outras três instâncias: a) em sua pessoa, b) em sua reputação e c) em seu patrimônio (*estate*), também denominado de fortuna.[27] Os dois primeiros subníveis (1.a e 1.b) são naturais, o terceiro (1.c) adventício, isso é, de instituição humana e convencional (retomaremos essas questões no próximo capítulo). No que diz respeito a crimes contra a pessoa e a reputação, de certa forma, a natureza encaminha bem a situação:

25 Cabe lembrar do "senso de superioridade" de príncipes e reis (TMS I.iii.2.5, p.54; ver 1.4c). Surpreendentemente, há poucos estudos específicos a respeito da teoria da autoridade de Smith. Duas exceções: Khalil (2005) e Hont (in Bourke & Geuss, 2009). Em português, ver Paes Müller (2013).

26 Pouco antes, ao final do cap.9 do Livro IV, Smith reformula a tríade fisiocrata de funções da soberania (que abre a *Teoria do imposto*, de Mirabeau, publicada em 1760) em termos de deveres: defesa nacional, administração da justiça e algumas "obras e instituições públicas" (WN IV.ix.51, p.687-8).

27 "Confiamos nossa saúde ao médico [*physician*], nossa fortuna [*fortune*] e às vezes nossa própria vida ao advogado ou procurador [*lawyer and attorney*]" (WN I.x.b.19, p.122; RN I, p.152).

> Inveja, malícia ou ressentimento são as únicas* paixões que podem levar um homem a causar dano a outro na sua pessoa ou reputação. Porém, a maioria dos homens nem sempre está sob a influência dessas paixões, e mesmo os piores dentre os homens, somente estão submetidos a elas ocasionalmente. Além disso, a satisfação dessas paixões, por mais agradável que possa ser para certos caracteres, não traz *nenhuma vantagem real ou permanente*, e por isso a maior parte dos homens comumente a reprime por considerações de prudência. Os homens podem viver juntos em sociedade com algum grau aceitável de segurança, embora não exista nenhum magistrado civil para protegê-los da injustiça dessas paixões (WN V.i.b.2, p.709; RN, p.900 – itálicos meus).

Problemas mais sérios aparecem com a desigualdade patrimonial, o que exige soluções de outra ordem.[28] Com a propriedade surge a possibilidade de acumulação e, com ela, tanto as condições permanentes para um ganho real após o crime, quanto para o surgimento de determinadas paixões que impelem o indivíduo a cometer tais crimes.

> Mas, por um lado, a avareza e a mbição nos ricos e, por outro, a aversão ao trabalho e o amor ao ócio e aos prazer imediato nos pobres, são as paixões que inclinam a invadir a propriedade – paixões muito mais constantes em sua atuação e muito mais universais em sua influência. Onde existir grande propriedade haverá uma grande desigualdade. Para cada homem muito rico deverão existir, pelo menos, quinhentos outros homens pobres, pois a afluência* dos poucos pressupõe a indigência dos muitos. A

28 Esse é um dos pontos que demonstra o quanto Smith leva a sério o segundo discurso de Rousseau. Entre 1755-56 Smith contribuiu duas vezes para o *Edinburgh Review*, um jornal de resenhas editado por Alexander Wedderburn. Na segunda delas, uma carta em que insistia na necessidade do jornal não se restringir às obras publicadas na Escócia, mas na ampliação do escopo para levar em conta ao menos o que ocorria na Inglaterra e na França, Smith traduz três trechos do então recém-publicado *Discurso sobre a origem e o fundamento da desigualdade entre os homens*, de Rousseau. Esse relacionamento vem, ainda que de modo unilateral, atraindo atenção: ver Rassmussen (2005), Pimenta (2013, p.151-70), Hont (2015) e a coletânea de artigos em Paganelli, Rassmussen & Smith (2018). Uma notável exceção, de leitura a partir de um ponto de vista rousseuista, é Vargas (2019).

> afluência* do rico suscita a indignação do pobre, que muitas vezes é movido pela carência e incitado pela inveja a invadir as posses daquele (*ibidem*).

A conclusão:

> Portanto, a aquisição de uma valiosa e extensa propriedade necessariamente exige o estabalecimento do governo civil. Onde não houver propriedade, ou pelo menos nenhuma propriedade que exceda o valor de dois ou três dias de trabalho, o governo civil não será tão necessário (*ibidem*).

Para existir, todo governo civil "supõe certa subordinação". No entanto, isso não chega a ser um problema, uma vez que a própria desigualdade de riqueza é uma das principais fontes de superioridade. Para Smith elas são quatro, organizadas duas a duas. Primeiro, duas características individuais: qualificações pessoais (corpóreas e mentais) e idade. A respeito das "qualificações pessoais", Smith lista "força, beleza e agilidade" no que tange ao corpo, e "sabedoria, virtude, prudência, justiça, firmeza (*fortitude*) e temperança de espírito" no que tange à mente. Há dois poréns: as habilidades corpóreas, "a menos que reforçadas pelas qualidades do espírito" conferem pouca autoridade, "qualquer que seja o período da sociedade"; já as qualidades mentais são "qualidades invisíveis, sempre sujeitas a contestação, e em geral contestadas" (WN V.i.b.5, p.711). Quanto à idade, ela se faz valer em qualquer tipo de sociedade pois não gera disputas a respeito e garante uma superioridade relativa aos membros mais jovens da mesma comunidade (WN V.i.b.6, p.711).

Segundo, duas instituições sociais: fortuna (*fortune*) e nascimento (*birth*). A respeito dessa última, Smith aponta que ela se baseia na antiguidade da causa anterior.

> A superioridade de nascimento pressupõe uma antiga superioridade de fortuna na família da pessoa que a reivindica. Todas as famílias são igualmente antigas, e os ancestrais do príncipe, embora talvez sejam mais conhecidos, possivelmente não são mais numerosos que os ancestrais dos miseráveis. Em todos os lugares, a antiguidade da família indica a antiguidade da riqueza ou da grandeza que em geral se funda na riqueza ou que a acompanha (WN V.i.b.8, p.713; RN, p.904).

Sobra assim a superioridade de fortuna, que significa aqui desigualdade patrimonial.[29] Ela é maior em sociedades onde não há luxo, uma vez que ali o rico

> não consegue empregar esse aumento [da fortuna] de outra maneira que não seja para sustentar mil homens. O estágio primitivo [*rude state*] de sua sociedade não lhe permite obter nenhum produto manufaturado, nenhum tipo de quinquilharia ou bugiganga, pelos quais possa trocar a parte da produçõa bruta que excede seu consumo próprio. Esses mil homens que assim mantém , por dependerem exclusivamente dele para subsistir, devem tanto obedecer às suas ordens na guerra, como submeter-se à sua jurisdição em tempo de paz. Necessariamente, o chefe é a um só tempo general e juiz, sendo sua condição de chefe uma consequência necessaria da superioridade de sua fortuna (WN V.i.b.7, p.712; RN, p.902-03).

Sem uma bem estabelecida, complexa e extensa divisão do trabalho (que permita a existência de manufaturas), uma grande fortuna implica diretamente em poder político para seu possuidor, tanto militar (nas guerras, como general) quanto civil (em tempo de paz, como juiz). Em sociedades pouco refinadas, a

---

29 Há aqui um potencial problema terminológico. Em contextos propriamente jurídicos, Smith fala em patrimônio (*estate*) (LJ, p.399, por exemplo), mas na *Riqueza* ele introduz uma série de conceitos técnicos bastante precisos, a saber, riqueza (*wealth*), estoque ou fundo (*stock; fund*) e capital (*capital*). Riqueza é "O trabalho anual de cada nação constitui o fundo [*fund*] que originalmente lhe fornece todos os bens necessários e os confortos materiais que consome anualmente" (WN Intro.1, p.10; RN I, p.59). Estoque ou fundo é riqueza poupada para a manutenção de seu possuidor por um determinado período (WN III.intro.2). Capital é a parte do fundo utilizada para obter (ou da qual se espera obter) um rendimento (*revenue*), qual seja, o lucro (*profit*) (WN III.1.2). Há ainda dois outros termos: opulência (*opulence*) e riqueza (*riches*), ambos muito próximos ao de riqueza, mas sem o enquadramento temporal preciso dessa (a primeira palavra da *Riqueza* é "annual"), enquadramento que, muito provavelmente, Smith deve ao contato com a obra dos fisiocratas e de Turgot, durante sua estadia em Paris (ver Santos, 1996). Na *Riqueza*, a opulência normalmente aparece em expressões como "progresso da opulência" (título do Livro III, por exemplo) ou "grau de opulência" (WN III.ii.1) e também ao lado do termo 'desenvolvimento (*improvement*)', como em "an opulent and improved society" (WN V.I.h.2). O mesmo ocorre com *riches*, que geralmente aparece ao lado de termos como população ("riches and populousness" [WN I.iii.4]), pobreza ("riches or poverty" [WN I.vii.1; I.vii.33]) para designar a riqueza enquanto causa geral do estado de progresso de uma determinada sociedade ou país.

desigualdade de riqueza implica em um poderio de comando de um (ou poucos) indivíduo(s) sobre os demais membros por intermédio da dependência que esses últimos desenvolvem em relação ao primeiro. Sem ter como obter de outra forma os "bens necessários e convenientes da vida" (WN Introduction.1, p.10), essa horda de desafortunados têm de se submeter aos que possuem riqueza. Se nessas sociedades, a fortuna implicava em poder de comando sobre pessoas; ao contrário,

> Numa sociedade rica e civilizada, é possível que um homem possua uma fortuna muito superior e mesmo assim não seja capaz de comandar uma dúzia de pessoas. Embora a produção de sua propriedade seja suficiente para sustentar – e talvez de fato sustente – mais de mil pessoas, como essas pessoas pagam por tudo o que dele recebem – pois dificilmente ele dará algo a alguém a não ser em troca de um equivalente – é raro existir alguem que se considere inteiramente dependente dele, de modo que sua autoridade se estende apenas a uns poucos serviçais domésticos. Todavia, é imensa a autoridade da fortuna, mesmo numa sociedade rica e civilizada (WN V.i.b.7, p.712; RN, p.903).

Com a introdução do luxo, o afortunado passa a ter como gastar sua riqueza consigo mesmo (numa infinidade de "objetos frívolos", TMS IV.1.7, p.181) e não mais necessariamente na manutenção de um grande número de serviçais domésticos que, por estarem em sua total dependência, estão à sua mercê, podendo, facilmente serem empregados como uma milícia pessoal (WN II.iii.9, p.334). Como consequência, ele perde seu poder de comandar diretamente essas pessoas.[30] O que não significa que ele perca por completo seu poder:

> Riqueza, conforme afirma o Sr. Hobbes, é poder. Mas a pessoa que adquire ou herda uma grande fortuna não adquire ou herda necessariamente poder político, seja civil ou militar. Talvez a fortuna* possa proporcionar-lhe os meios de adquirir esses dois po-

30 A esse respeito, Smith se encontra na parte final de um longo debate que tomou boa parte dos séculos XVII e XVIII, opondo aqueles que viam o luxo como corruptor, fonte de vícios de toda ordem, e aqueles que viam no luxo um elemento civilizador. Ver Hont & Ignatieff (1983) e, em português, Monzani (1995, cap.1).

> deres, mas a mera posse dessa fortuna não lhe confere necessariamente um ou outro. O poder que essa posse lhe confere imediata e diretamente é o poder de compra [*power of purchasing*] – um certo comando* sobre todo o trabalho, ou sobre todo o produto do trabalho que então se encontra no mercado. Sua fortuna é maior ou menor precisamente em proporção à extensão desse poder, ou à quantidade do trabalho de outros homens, ou, o que é o mesmo, ao produto do trabalho de outros homens que ela lhe permite comprar ou comandar*. O valor de troca [*exchangeable value*] de todas as coisas deve ser sempre precisamente igual à extensão* desse poder que elas conferem a quem as possui (WN I.v.3, p.48; RN, p.39).

Em sociedades ricas e comerciais (com um largo espectro de atividades agrícolas, manufatureiras e comerciais e instituições jurídico-políticas bastante desenvolvidas), a mera posse de fortuna não implica mais necessariamente em poder político (civil e/ou militar), como era o caso em estágios de menor desenvolvimento econômico-jurídico-político.[31] O poder que a fortuna garante agora não é mais sobre pessoas, mas sobre "o trabalho de outros homens". A justaposição dessas duas passagens deixa claro que, para Smith, comandar pessoas é diferente de comandar o trabalho de pessoas. A diferença é precisamente aquela que foi apontada na primeira passagem, ao fornecer um equivalente pelo bem que adquirem, as relações passam a ter um elemento abstrato como termo médio (ver 6.5), o que opera, do ponto de vista jurídico, a passagem do direito pessoal ao direito real (ver 5.9), de modo que os desafortunados não se consideram mais dependentes do rico. Isso demonstra a importância política do luxo: ao dar vazão à fortuna de indivíduos ricos, o luxo acaba por diminuir a influência pessoal de afortunados sobre desafortunados (fundamentalmente porque diminui o número de serviçais que sua riqueza é capaz de sustentar). O advento de sociedades comerciais transforma relações de dependência pessoal em *relações de interdependência mercantil*,

---

31 A esse respeito o famoso esquema de quarto estágios econômico-jurídico-políticos de desenvolvimento: caça, pastoreio, agricultura e comércio. Ele está implícito em inúmeras passagens da *Riqueza* (como aqui, na discussão da autoridade, por exemplo) e é apresentado de forma mais extensa nos *Cursos de jurisprudência* (LJA, p.201 ss.; LJB, p.404 ss.). Ele será discutido em maior profundidade na seção 5.6.

onde "todo homem vive da troca ou em alguma medida torna-se comerciante, e a própria sociedade se vai convertendo numa verdadeira sociedade comercial" (WN I.iv.1, p.37; RN, p.29). Nas palavras de David Hume, uma sociedade onde a influência de ricos e poderosos "tornou-se moderada, como a que os consumidores têm sobre os comerciantes" (2014, p.216).

Esse é o modo como Smith reformula o argumento apresentado por seu amigo na *História da Inglaterra* (1754-1761) a propósito da "introdução e progresso da liberdade [*freedom*]" (ibid., p.125-126). Ali Hume descreve como uma série de circunstâncias acidentais (a redescoberta do Códex de Justiniano e o fato da Inglaterra ser uma ilha) se somaram a processos mais gerais (o progresso das artes e manufaturas e o advento do luxo), resultando, de modo não intencional, em um "plano de liberdade [*liberty*] regular e equitativo" (ibid., p.130). Smith transforma o argumento histórico de Hume em uma explicação geral, de ordem sociológica,[32] empregando para tanto (aqui a novidade em relação a Hume e a Steuart) os conceitos de valor e capital (temas herdados da fisiocracia e de Turgot). Questões que, contudo, estão fora do escopo desse livro.

No momento, insistamos que há um terceiro tipo de comando que a fortuna fornece a seu possuidor: o comando sobre sentimentos e opiniões: "Grande sucesso* no mundo, grande autoridade sobre os sentimento e opiniões da humanidade" (TMS VI.iii.28, p.250; TSM, p.313). Com essa passagem, fechamos a tríade da autoridade da fortuna: *riqueza* (comando sobre trabalho), *poder* (comando sobre pessoas, seja civil, seja militar) e *sucesso* (comando sobre sentimentos e opiniões). Esses três tipos de autoridade se reforçam mutuamente, sucesso gerando riqueza e poder, riqueza gerando sucesso e poder, poder gerando riqueza e sucesso.

Se a desigualdade de fortuna força as sociedades a desenvolverem instituições governamentais, ela igualmente provê o principal meio de sua estabilidade, a saber, a autoridade e, principalmente, a dinâmica sócio psicológica de admiração desinteressada de ricos, poderosos e bem-sucedidos por parte da "grande

32 Ele não é primeiro a fazê-lo. O próprio Hume já dera os primeiros passos nessa direção em alguns de seus *Ensaios*, como *Da liberdade civil* e *Do surgimento e progresso das artes e ciências* (ambos de 1741) e *Do comércio* e *Do refinamento das artes* (ambos de 1752), assim como nos Apêndices aos capítulos da *História da Inglaterra* (ver Pocock, 1999). Sir James Steuart também segue a via aberta por Hume em seu *Princípios de economia política* (1767), analisando os diferentes efeitos da introdução do luxo entre os antigos e os modernos: "Men were then forced to labour because they were slaves to others; men are now forced to labour because they are slaves to their own wants" (I.7; 1966, p.51).

multidão de homens" (TMS I.iii.3.2, p.62; TSM, p.73). A fortuna (mais especificamente, a desigualdade da fortuna) é um dos fundamentos mais importantes do governo civil, mesmo antes de sua utilidade ser levada em consideração (ver capítulo 6). É verdade que "Sem dúvida, a *consideração dessa necessidade* [a propósito da introdução da autoridade] surge posteriormente para contribuir em muito na manutenção e segurança daquela autoridade e subordinação* [*authority and subordination*]", mas esse raciocínio utilitarista vem *a posteriori* (WN V.i.b.12, p.715; RN II, p.191 – itálicos meus). A desigualdade de fortuna gera uma cisão entre afortunados e desafortunados, pressionando-os a entrar em relações dependência e autoridade que atuam em paralelo às relações de vantagem mútua. Para Smith, esse é um fato que o filósofo deve apreender corretamente se quiser entender como a natureza humana se desdobra em sociedade.

8. O império da fortuna

No último capítulo da segunda parte da *Teoria*, dedicada ao mérito, Smith recupera a questão da causa final da influência da fortuna sobre os sentimentos e os juízos morais dos homens:

> a fortuna, que governa o mundo, tem alguma influência onde menos desejaríamos lhe conceder alguma, e governa, em certa medida,os sentimentos dos homens quanto ao caráter e conduta deles próprios e de outros. Que o mundo julga pelo fato [*event*] e não pela intenção [*design*], tem sido a queixa de todos os tempos, e o maior desestímulo à virtude(TMS II.iii.3.1, p.104-5; TSM, p.130).

O problema da fortuna aparece quando saímos do plano geral das máximas e regras abstratas e adentramos na particularidade da vida, na concretude de situações específicas (onde mérito e fortuna se entrecruzam) que precisam ser julgadas. O fato, em princípio não muito agradável, é que a boa ou má opinião a respeito do caráter de alguém depende mais da fortuna que do mérito pessoal. No entanto, se a queixa convém ao moralista, ao filósofo cabe analisar o quadro mais amplo: o que aconteceria se julgássemos apenas a intenção?

> Sentimentos, pensamentos, propósitos [*intentions*], tornar-se-iam objetos de punição*; e se a indignação dos homens fosse tão intensa contra eles quanto contras as ações; se a baixeza do pensamento

> que deu origem à ação parecesse, aos olhos do mundo, clamar tão alto por vingança quanto a baixeza da ação, todos os tribunais de magistratura se transformariam numa verdadeira inquisição. Não haveria segurança para a mais inocente e circunspecta das condutas. Maus desejos, maus olhares, más intenções [*designs*], poderiam se tornar suspeitas; e quando estas suscitassem a mesma indignação que a má conduta, quanto se ressentisse tanto das más intenções como das más ações, a pessoa estaria exposta a igual punição e ressentimento (TMS II.iii.3.2, p.104; TSM, p.131).

Peço a meu leitor que se imagine, por exemplo, em um ambiente de trabalho em que não se poderia pensar mal a respeito de seu chefe (ou de seus empregados) ou numa conversa em que não fosse permitido se horrorizar internamente com algumas das opiniões proferidas... Qualquer afeto mal-intencionado justificando o ressentimento alheio. Tratar-se-ia de um mundo habitado por seres de natureza não humana, capazes de controlar seus afetos e, também, de ler a mente uns dos outros. Para Smith, ao contrário, uma das consequências de nossa natureza é que os afetos individuais diferem quantitativa e qualitativamente dos afetos simpáticos:

> Sentimentos, intenções [*designs*], afetos: embora deles, segundo o frio raciocínio humano, os atos humanos derivem todo o seu mérito ou demérito, o grande juiz dos corações os colocou além dos limites de qualquer jurisdição humana, reservando-os unicamente ao conhecimento do seu próprio infalível tribunal. Por conseguinte, a necessária regra da justiça, segundo a qual nesta vida são passíveis de punição somente os atos dos homens, não seus desígnios e intenções [*designs and intentions*], funda-se sobre essa salutar e útil irregularidade nos sentimentos humanos relativos a mérito e demérito, a qual à primeira vista parece tão absurda e inexplicável (*ibidem*; TSM, p.131-32).

Deparamo-nos aqui mais uma vez com o descompasso entre natureza e justiça: a fortuna altera o funcionamento dos juízos de mérito e demérito. Ela invalida a "máxima equitativa" de que apenas bons efeitos bem-intencionados são meritórios e, inversamente, de que apenas maus efeitos de más intenções são demeritórios (e adequadas a serem ressentidos). Note-se que essa máxima está intimamente ligada ao "senso natural de equidade" e ao espectador imparcial: um juízo que corretamente circunscreva a intenção é, necessariamente, um juízo que desconte os efeitos da fortuna (ver 3.7). É um juízo, portanto, que ignora as três dimensões de sucesso, riqueza e poder; que ignora patrimônio e receita, antecedentes e educação, cor de pele, orientação sexual, posicionamento político, educação, modos etc., e visa unicamente a relação entre intenção e ato. Numa palavra: o espectador imparcial vê e leva a sério a igualdade que existe entre os indivíduos, todos igualmente sujeitos a boas e más intenções e sujeitos de bons e maus atos.

A questão é que, a despeito disso, o funcionamento irregular dos sentimentos não apenas está fundado em nossa natureza humana, como é igualmente útil à humanidade como um todo e aos indivíduos:

> O homem foi criado para a ação e promover, pelo exercício de suas faculdades, as modificações nas circunstâncias externas, próprias e alheias, que lhe pareçam mais favoráveis à felicidade de todos. [...] A natureza lhe ensinou que nem ele nem a comunidade podem se satisfazer plenamente com sua conduta, concedendo-lhe todos os aplausos, a não ser que ele realmente os tenha produzido (TMS II.ii.3.3, p.106; TSM, p.132).

A vitória de César sobre Pompéu é um ótimo exemplo de como Smith compreende essa questão e de como, para ele, "a maior parte da humanidade" julga de acordo com a fortuna. Mas se esse é o caso, por que insistir em juízos de mérito e demérito? Se a "fortuna governa o mundo", por que então se preocupar com afetos e sentimentos individuais? Por que não se deixar levar como o "homem mais fraco"? Fundamentalmente, para *resguardar esse indivíduo* em particular e, com ele, a individualidade, em geral. Essa é a também função do senso de equidade e, de modo geral, da figura do espectador imparcial. Sob certos aspectos, a função mais importante desses dispositivos.

A argumentação de Smith sobre esse assunto gira em torno da recuperação do sentido antigo do termo latino *piaculum* (o estado de alguém que involuntariamente quebrou uma lei religiosa e cuja reparação exige algum tipo de expiação). Ele começa insistindo que "é até mesmo de considerável importância que se conceba o mal causado sem intenção como infortúnio para o agente bem como para o sofredor" (TMS II.iii.3.4, p.107; TSM, p.133). Ao afetar o resultado objetivo da ação, a fortuna afeta não apenas aquele que sofre a ação, mas também aquele que age:

> pela sabedoria da natureza, a felicidade de todo homem inocente é [...] tornada sagrada, consagrada, e cercada contra a aproximação de qualquer outro homem, para não se pisar nela à toa, e mesmo para não ser, em nenhum aspecto, violada, por ignorância ou involuntariamente, sem que seja necessária alguma expiação, alguma reparação, proporcional à grandeza dessa violaão não intencional (*ibidem*).

Para o escocês, alguém que tenha involuntariamente cometido um crime deve se sentir nesse estado, à espera de expiação (*piacular*), e não culpado. Algumas das cenas mais famosas de tragédias antigas e modernas estariam fundadas precisamente nesse "senso de culpa falacioso [*fallacious sense of guilt*]": Jocasta em Édipo Rei, de Sófocles, Monímia em *O órfão* (1680), de Thomas Otway e Isabella em *O casamento fatal, ou o adultério inocente* (1694), de Thomas Southerne.[33] Todas estariam nesse estado à espera de expiação, sem serem culpadas (TMS II.iii.3.5, p.108). A consciência da inocência é o último refúgio capaz de prover algum tipo de conforto ao indivíduo atormentado dessa maneira:

> o homem chama em seu socorro aquela máxima justa e equitativa segundo a qual os eventos que não dependem de nossa conduta não devem diminuir a estima que nos é devida. Evoca toda magnanimidade e firmeza de sua alma, e esforça-se por ver-se, não sob a luz em que agora se mostra, mas sob a luz em que deveria mostrar-se, em que teria se mostrado, fossem suas generosas intenções [*designs*] coroadas de sucesso, ou, a despeito do fracasso [*miscarriage*], em que ainda se mostrariam se os sentimentos dos homens fossem inteiramente sinceros [*candid*] e equitativos,

33 Não deixa de ser interessante notar que se trata de exemplos femininos que violaram (ainda que de modo inconsciente ou involuntário) algo que poderia ser denominado de regras ou leis do casamento: Jocasta tem uma relação incestuosa com seu filho Édipo sem o saber; Monímia aceita seu genro na cama pensando ser seu marido e Isabella se casa novamente pensando que seu marido está morto. Sobre a questão do gênero em Smith, ver a última nota da próxima seção.

> ou até perfeitamente consistes consigo mesmos. (TMS II.iii.3.6, p.108; TSM, p.134).

O espectador imparcial é aqui invocado sob a figura da máxima de que apenas a boa ou má intenção provoca mérito ou demérito, sendo igualmente capaz de prover consolo e acalmar os tormentos internos dessa pessoa, fornecendo-lhe algum grau da expiação que lhe seria devida pela "parte mais sincera e bondosa da humanidade", caso ela soubesse o que verdadeiramente se passa (*ibidem*).

9. Fortuna x consciência

A fortuna influencia a vida individual ao dar forma às circustâncias externas (corpo, reputação e patrimônio) em que uma pessoa vive e através de seu triplo poder de comando, sobre pessoas, trabalho e sentimentos (esse último através do modo como ela influencia os juízos de conveniência e mérito, em suma, as operações da simpatia). Há evidentemente, casos de boa fortuna (analisados acima, sob o tema da intoxicação da prosperidade). No entanto, os casos mais esclarecedores a propósito da interação entre fortuna e consciência são aqueles recolhidos sob o termo de *misfortunes* (que pode ser traduzido de modo geral por *infortúnio*, ou em escala de acordo com sua grandeza: calamidade, desgraça, adversidade ou mero contratempo, aqui do maior para o menor) do qual a situação de um homem falsamente acusado é a mais aterradora. Smith fala a esse respeito em "infortúnios privados [*private misfortunes*]" que nos afetam de dois modos: direta ou indiretamente.[34] *Infortúnios indiretos* nos atingem via simpatia, "por afetarem em primeiro lugar algumas outras pessoas que nos são especialmente caras".[35] Já

34 Há ao menos uma ocasião em que Smith utiliza a expressão "public misfortune", numa carta a Lorde Carlisle, datada de 08/11/1779, contendo suas opiniões a respeito das então recentes demandas irlandesas por "free trade": "It makes me very happy to find, that in the midst of the Public misfortunes, a person of Your Lordships rank and elevation of mind doth not despair of the Commonwealth; but is willing to accept of an active share in Administration" (Corr. 202, p.244). Para uma contextualização dessa e de outra carta de 30/10/1779, endereçada a Henry Dundas, sobre o mesmo assunto, ver Rae (1895, cap.XXIV).

35 De modo geral, infortúnios sobre aqueles a quem somos parciais são excelentes oportunidades para exercitar a simpatia e nossos juízos de conveniência. A partir deles chegamos à constatação de que, nesses casos, a insensibilidade é muito pior do o excesso afetivo e que uma "sensibilidade moderada" não nos impede de exercer nenhum de nossos deveres (TMS III.3.13-5, p.142-3; TSM, p.p.171-172).

os *infortúnios diretos* nos atingem pessoalmente, "em nosso corpo, ou fortuna, ou em nossa reputação" (TMS III.3.12, p.141-2; TSM, p.170-71). Se lembrarmos da tripla exigência smithiana para o "estado natural e ordinário da humanidade", a saber, saúde, ausência de dívidas e consciência limpa, vemos que, fundamentalmente, é de ausência de infortúnios que se trata (TMS I.iii.1.7, p.45).

Infortúnios podem recair sobre nosso corpo, nosso patrimônio (ou situação econômica) e nossa reputação. Dores corpóreas e pobreza (definida aqui como "mera falta de fortuna, mera probreza", isso é, como a situação de ausência de influência da fortuna) excitam pouca solidariedade (*fellow-feeling*)[36] (TMS III.3.18, p.144; TSM, p.173). Aliás, num caso que parecido ao do homem convenientemente ressentido, mas que devido à fúria de seu comportamento provoca mais medo do que simpatia nos espectadores (TMS I.i.1.7, p.11), um indivíduo pobre que reclame (*complaits*) demais gera mais desprezo (*contempt*) que simpatia. Caso contrário ao do rico que perde sua fortuna, do ex-afortunado que decreta falência: se ela consiste na perda do patrimônio, ela vem acompanhada da perda da reputação, sendo ao mesmo tempo uma humilhação (WN II.iii.29). Daí porque a passagem de uma situação onde a fortuna influia positivamente para uma na qual ela não intervém mais constitui um infortúnio, acompanhada por sofrimento pessoal e simpatia alheia (TMS III.3.17-8, p.143-4; I.ii.1.6, p.29). O pior tipo de infortúnio é aquele que tem como alvo a reputação (TMS III.3.19). Tais infortúnios são a grande escola da virtude do autocontrole ou autodomínio (*self-command*):

> Se examinarmos as diferentes nuanças [*shades*] e gradações de fraqueza e autodomínio tal como os encontramos na vida comum, muito facilmente nos convenceremos de que o domínio de nossos sentimento passivos deve ser adquirido não por abstrusos silogismos de uma dialética sofística [*quibbling dialectic*], mas pela grande disciplina que a natureza estabeleceu para a aquisição dessa e de todas as outras virtudes: a consideração dos sentimentos do espectador, real ou imaginário [*supposed*], de nossa conduta (TMS III.3.21, p.145; TSM, p.174).

36 Os motivos são dois: em primeiro lugar, paixões que se originam no corpo são mais complicadas de serem compartilhadas que paixões originadas na imaginação, segundo, a dor é mais pungente que o prazer fazendo com que espectadores evitem, direta e indiretamente, simpatizar com o sofrimento.

O controle sobre as "sensações passivas" tem início ainda na infância, especialmente quando a criança começa a frequentar a escola, onde o olhar protetor e parcial dos pais é substituído pelo olhar indiferente e, por vezes, mesmo agressivo de seus colegas:

> Quando está em idade de ir à escola, ou misturar-se com seus iguais, logo descobre que não terão essa parcialidade tolerante com ela. Naturalmente desejará conquistar os favores das outras, e evitar seu ódio ou desdém. Até mesmo a consideração da própria segurança lhe ensina isso; e logo verá pode fazer isso unicamente moderando, não apenas sua raiva, mas todas as suas demais paixões, a um nível que provavelmente agrade a seus colegas e companheiros (TMS III.3.22, p.145; TSM, p.175).

O olhar do espectador implica num tipo de vigilância (ver 2.3, 2.7 e 3.6-8). O fundamental aqui é que o agente sinta a presença desse olhar e perceba que está sendo vigiado. O grau de autocontrole demonstrado varia de indivíduo para indivíduo, mas a natureza demonstra o caminho para todos: ao ser visitado por seus amigos, ou por um estranho, um homem sofrendo infortúnios

> imediatamente se impressiona com o juízo que provavelmente fazem sobre sua situação. Isso desvia a sua atenção do juízo que faz sobre si mesmo, e de certa maneira seu peito se aquieta no momento em que vêm à sua presença. Esse *efeito é produzido instantaneamente*, como que* [*as it were*] mecanicamente; mas, num homem fraco, não tem longa duração (TMS III.3.23, p.145; TSM, p.175 – itálicos meus).

A instantaneidade da troca de ponto de vista e da ação de seus efeitos apaziguadores é aqui a marca de sua naturalidade, assim como o seu rápido desaparecimento. É aí que o autocontrole deve intervir, fixando a atenção sobre o olhar do espectador: "Com um homem um pouco mais firme, o efeito é mais permanente. Esforça-se o mais que pode para fixar sua atenção no juízo que os outros provavelmente fazem de sua situação" (TMS III.3.24, p.146; TSM, p.175). Nesse caso, controle significa *sustentar por um longo tempo uma posição naturalmente efêmera*. Sem autocontrole, o homem do primeiro exemplo [*weakest man*] age como uma criança, rapidamente retoma o seu ponto de vista pessoal e busca alívio afetivo através do apelo à compaixão de seus espectadores (TMS III.3.23, p.145-6). Tal via funcionará apenas diante de uma platéia muito parcial. Melhores resultados conseguirá o homem um pouco mais firme, que, ao invés de solicitar a compaixão alheia, opta por moderar seu sofrimento:

> Na maioria dos casos, evita mencionar seu próprio infortúnio; e seus amigos, se forem toleravelmente bem educados, têm cuidado em nada dizer que o faça lembrar disso. Tenta distraí-los de sua maneira habitual com diferentes temas, ou, se se sentir forte o bastante para aventurar-se a mencionar seu infortúnio, procura falar dele como julga que serão capazes de o fazer, e até busca não sentir mais do que eles serão capazes de sentir (TMS III.3.24, p.146; TSM, p.176).

O paradigma de compreensão do funcionamento completo do mecanismo da simpatia era a narrativa de um 'caso' pelo agente a um ouvinte/espectator atento (*concerned*), o que, no fundo, exige um alto grau de parcialidade. Agora Smith descreve como a comunicação emocional funciona em casos de menor parcialidade (ou de maior indiferença), quando o ouvinte/espectador não está à inteira disposição do agente. Em alguns aspectos, esse caso está muito próximo daquele visto acima, de simpatia entre a insensibilidade fingida pelo agente e a indiferença do espectador (TMS I.iii.1.13, p.48 – seção 5, acima). Sob essas circunstâncias (sem um "espectador atento" e realmente interessado, disposto a escutar todas as minúcias do 'caso' do agente), a boa comunicação afetiva é muito mais *implícita* do que explícita: ao evitar o assunto em questão o agente deixa claro seu esforço em se controlar, o que o (bem intencionado, mas em parte indiferente) espectador percebe como sinal da violência afetiva vivida pelo primeiro. Tudo o que realmente importa é dito enquanto se conversa sobre qualquer outro assunto.[37] Se o agente decide tocar no assunto de seu infortúnio é apenas superficialmente,

37 Aqui também as teorias de Smith e de Hume se aproximam: no ápice da simpatia para ambos há uma espécie de indução moral em ação por parte do espectador (THN 2.2.9.13, p.385-6). Como dirá George Eliot, ainda que em referência a outro tipo de situação: "When people are well known to each other, they talk rather of what befalls them externally, leaving their feelings and sentiments to be inferred" (Eliot, 1999, p.30).

num grau que não incomode a indiferença de sua visita demandando demais sua atenção e esforço simpático. Ambos partem de seu encontro satisfeitos consigo mesmos: o agente por ter sido capaz de se controlar a por não ter cansado demais sua visita; o espectador por não ter sido incomodado a respeito de um tema que não lhe interessa tanto assim e por ter permitido a seu anfitrião superar algumas horas sem pensar em seu infortúnio.

Vemos aqui como a operação da simpatia perante situações onde a fortuna tem influência impele (naturalmente, diria Smith) os sujeitos a desenvolver o autocontrole. Em sua tentativa de sustentar um ponto de vista menos parcial esse indivíduo começou a percorrer o caminho da virtude, cujo ideal é a identificação de seu ponto de vista com o de um espectador imaginário imparcial. Esse caso intermediário (do homem um pouco mais firme) é particularmente revelador da dinâmica de autocontrole, onde a relação entre (aprovação) moral e fortuna se desdobra sob a forma de um conflito interno:

> Ao mesmo tempo, percebe a estima e aprovação que naturalmente têm por ele quando desse modo preserva sua tranquilidade; e, embora sob a pressão de alguma grande e recente calamidade, nada demonstra sentir por si além do que seus companheiros realmente sentem. Aprova e aplaude-se por simpatia com a aprovação deles, e o prazer que extrai desse sentimento ampara e capacita-o mais facilmente a prosseguir nesse generoso esforço.[38] (TMS III.3.24, p.146; TSM, p.175-76)

Num mundo regido pela fortuna, o único espaço que resta ao mérito, sua última fortaleza, é a consciência individual:

> A recompensa que a natureza oferece ao bom comportamento no infortúnio é, assim, exatamente proporcional ao grau desse bom comportamento. A única compensação que ela possivelmente da-

38 No caso do homem verdadeiramente constante e firme, forjado em situações de caos social, esse conflito está decidido: "Ele não apenas afeta [*affect*] os sentimentos do espectador imparcial, realmente os adota. Quase se identifica com ele, quase se torna esse especatdor imparcial, e até mesmo quase sente o que esse grande árbitro de sua conduta comanda que sinta [*directs him to feel*]" (TMS III.3.25, p.147; TSM, p.177).

> ria pela amargura da dor e da aflição é, também assim, em graus idênticos de bom comportamento, exatamente proporcional ao grau da dor e da aflição. Em proporção ao grau de autodomínio necessário para conquistar nossa natural sensibilidade, o prazer e o orgulho são muito maiores; e esse prazer e orgulho são tão grandes que nenhum homem pode* ser inteiramente infeliz [*no man can be altogether unhappy*], se goza deles totalmente (TMS III.3.27, p.147; TSM, p.177-78).

Mas mesmo aí seu império é frágil. Repare a formulação da última oração: ninguém consciente de seu esforço para superar a desgraça em que está envolvido pode ser inteiramente infeliz. Smith não afirma que ele será feliz, apenas que ele obterá um prazer secundário ligado ao orgulho de ser senhor de si mesmo, uma espécie de compensação interna: "embora não a extinga inteiramente, certamente deve aliviar o senso de seus próprios sofrimentos [*sense of his own suffering*]" (*ibidem*). O máximo que esse juízo de mérito pessoal pode fazer é aliviar o "senso do sofrimento", não o próprio sofrimento. Mas o que isso pode significar? No trecho em questão Smith aponta que "esse prazer completo de aplaudir a si mesmo" evita que o indivíduo se torne miserável e caia em desgraça. Vimos como os sentidos internos operam a partir de uma sensação primária, espontânea, de prazer ou dor, gerando um prazer ou sofrimento secundários que reforçam ou se contrapõem a essa sensação original. O que a autoaprovação evita é o sofrimento de segunda ordem que a atuação desse sentido reflexo interno geraria. O problema com esse estado de infelicidade e desventura é que ele atrai o juízo mais severo que pode ser naturalmente dirigido a alguém inocente:

> sempre parece em certa medida mesquinho e desprezível aquele que mergulha em sofrimento e depressão por qualquer calamidade pessoal. Somos incapazes de sentir por ele o que ele sente por si próprio, e que talvez sentíssemos por nós, se estivéssemos na sua situação. Portanto o desprezamos injustamente, talvez, se for possível considerar injusto qualquer sentimento para o qual a natureza nos determinou de modo irresistível (TMS I.iii.1.15, p.49; TSM, p.58).

Tudo o que a natureza oferece de recompensa a um comportamento de tipo estoico diante de infortúnios de qualquer grau, portanto, é impedir que o próprio indivíduo se julgue injustamente por estar sofrendo. O nome desse autojulgamento é *vergonha* (TMS I.iii.1.9, p.46). Numa palavra, a completa satisfação interna (por saber-se plenamente senhor de si em momentos de infortúnio) impede que sintamos vergonha de nosso próprio sofrimento.[39] Mais uma vez, ocorre aqui uma dobra do sofrimento: além do sofrimento original, tal indivíduo sofre por saber que seu sofrimento não encontrará nenhum espectador capaz de verdadeiramente simpatizar com ele. Essa é a situação que Smith denomina de "paroxismo da aflição", situação em que a cisão subjetiva (entre agente e juiz) aparece com toda a força:

A própria sensação* natural [*natural feeling*] de sua aflição, sua visão* natural de sua própria situação, pressionam-no duramente, e não consegue, sem um enorme esforço, fixar sua atenção na visão* do espectador imparcial. As duas visões se apresentam a ele ao mesmo tempo.

> Seu senso de honra, sua consideração [*regard*] pela própria dignidade, obrigam-no a fixar toda sua atenção numa das visões. Suas sensações naturais, suas sensações que não foram cultivadas nem disciplinadas desviam-na continuamente para a outra. Nesse caso, não se identifica perfeitamente com o o homem ideal dentro do peiro, não se torna, ele mesmo, espectador imparcial de sua própria conduta. As diferentes visões de ambos os personagens [*characters*] existem em seu espírito apartadas e distintas uma da outra, e cada uma o dirige para um comportamento diferente (TMS III.3.28, p.148; TSM, p.178).

O primeiro momento é de não identificação plena entre agente e espectador imparcial. Aqui a tensão é explícita: a reação emocional imediata, "natural, não educada, indisciplinada", entra em conflito com o senso de honra, com a percepção e análise de sua própria dignidade (cuja quebra leva à vergonha). A primeira incita a deixar-se levar pelo sofrimento, a segunda a contê-lo. Ao optar

39 Mais uma vez, o filósofo enxerga aqui o bom ordenamento da natureza: "Se os reparasse inteiramente, ele poderia, por interesse próprio [*self-interest*], não ter motivos para evitar um acidente que deve necessariamente reduzir sua utilidade tanto para si próprio quanto para a sociedade; e a natureza, pelos seus cuidados maternais [*parental care*] para com ambos, quis que o homem evitasse ansiosamente todos esses acidentes" (TMS III.3.28, p.148; TSM, p.178-179). Sobre essas questões (utilidade, interesse, cuidado maternal e bom ordenamento da natureza), ver capítulo 6.

pela segunda via, a natureza fornece certa recompensa, incapaz de extirpar o sofrimento original (de primeiro nível), mas forte o suficiente para evitar a vergonha (sofrimento de segundo nível).[40] Para seguir essa via, tempo é requerido: para casos particulares, um pequeno tempo, já para a formação de um caráter firme e constante é necessário o exercício habitual (o que, paradoxalmente, gera resultados posteriores sem esforço).[41] Ao fazer o que sua honra e dignidade mandam,

> logo, sem esforço, voltará a gozar de sua habitual tranquilidade. [...] Logo* se identifica com o homem ideal dentro do peito, logo se tornar, ele mesmo, o espectador imparcial de sua própria situação. Não haverá mais de soluçar, de se lamentar, já nã sofrerá por isso como talvez um homem fraco faça no início. A visão* do espectador imparcial se torna tão perfeitamente habitual a ele que, sem qualquer esforço, sem qualquer dificuldade, nunca pensa em examinar seu infortúnio de outro ponto de vista [*in any other view*] (TMS III.3.29, p.148-9; TSM, p.179).

40 Passagens como essas deixam claro como os sentidos internos são eminentemente reflexivos e permitem Smith focar sua crítica a Hutcheson em torno da ideia de que eles são "poderes de percepção" específicos, retendo seu modo de funcionamento (TMS VII.iii.3.6, p.322).

41 Os trechos comentados nessa e nas seções anterior e posterior são o local privilegiado de análises que focam na questão de gênero. Smith compartilha com diversos autores do período o ideal de uma masculinidade sensível, ideal que serve de base para a obra do também escocês Henry Mackenzie, *The Man of Feeling*, de 1771 (2001). Esse é outro local em que a opção terminológica da tradução brasileira esconde a questão: "Ao invés de ser inconsistente com o vigor do autodomínio [*manhood of self-command*], nossa sensibilidade para com os sentimentos de outros é o princípio sobre o qual se funda esse vigor [*manhood*]. [...] O homem mais perfeitamente virtuoso [*The man of the most perfect virtue*], o homem a quem naturalmente mais amamos e reverenciamos, é o que associa aos mais perfeito controle [*command*] de seus sentimentos originais e egoístas a mais refinada sensibilidade para os sentimentos originais e solidários de outros [*original and sympathetic feelings of others*]" (TMS III.3.34-5, p.152; TSM, p.183). Sobre esse tema no século XVIII em geral, ver Bressenden (1974); Mullan (1988), Barker-Banfield (1992) e Philip Carter in Knott & Taylor (2005). Sebastiani (2013) discute esse tema no Iluminismo escocês e Harkin (in Berry, Paganelli & Smith, 2013) o caso de Smith.

10. Tranquilidade e liberalismo

Para Smith, cedo ou tarde, todos acabam se acomodando com o que a fortuna lhes reserva, aceitando seu lugar no mundo. É essa "certeza infalível" um dos aspectos que torna a filosofia estoica de particular interesse ao escocês:

> A infalível certeza com que todos os homens, cedo ou tarde, acomodam-se ao que vem a se tornar sua situação permanente poderia, talvez, induzi-lo a pensar que ao menos os estoicos estavam quase inteiramente certos; que entre uma situação permanente e uma outra nenhuma diferença essencial relativa à verdadeira felicidade havia; ou que, se houvesse alguma, seria suficiente apenas para converter algumas dessas situações em objetos de simples escolha ou preferência – não, contudo, em objetos de um desejo determinado e ansioso –, e outras, em objetos de simples rejeição, pois adequados a serem postos de lado ou evitados – mas não de alguma aversão determinada ou ansiosa.[42] (TMS III.3.30, p.149; TSM, p.179)

A primeira oração é um ótimo exemplo do tipo de dificuldades que a escrita smithiana às vezes cria. A ideia é relativamente simples: a observação de que os homens acabam por se acomodar a suas situações de vida é um bom indício de que algumas da noções centrais da filosofia estoicas estariam corretas. Alguns conceitos, como os de *ouk eph'emin* (coisas que não dependem de nós, que não estão sob nosso controle) e de *adiaphora* (coisas indiferentes do ponto de vista moral, nem boas nem más em si mesmas), por exemplo, poderiam ser facilmente lembrados aqui.[43] Mas o que mais chama a atenção nessa primeira oração é outro

42 No original: "The never-failing certainty with which all men, sooner or later, accommodate themselves to whatever becomes their permanent situation, may, perhaps, induce us to think that the Stoics were, at least, thus far very nearly in the right; that, between one permanent situation and another, there was, with regard to real happiness, no essential difference: or that, if there were any difference, it was no more than just sufficient to render some of them the objects of simple choice or preference; but not of any earnest or anxious desire: and others, of simple rejection, as being fit to be set aside or avoided; but not of any earnest or anxious aversion" (TMS III.3.30, p.149).

43 Sabe-se que Smith foi introduzido ao *Enchiridion* de Epíteto (o manual escrito por Arrião para seus alunos a partir dos ensinamentos do filósofo escravo) ainda muito jovem, na escola secundária que frequentou em Kirkcaldy, dirigida por David Millar – o outro livro

aspecto: a quantidade de qualificações. Apesar da certeza gerada por essa observação nunca falhar (*never failling*), ela ainda assim não nos faz pensar que os estoicos estavam corretos. O máximo que ela faz é poder nos induzir (ou melhor, talvez, induzir-nos) a pensar que os estoicos estavam do lado correto (*in the right*). Tal certeza infalível pode ou poderia, talvez, induzir-nos (*may, perhaps, induce us*) a pensar que os estoicos caminharam bastante na direção correta do estabelecimento de uma verdadeira teoria da felicidade (em especial do ponto de vista prático). A única coisa inequívoca nesse trecho é a hesitação de Smith em fazer uma afirmação forte a esse respeito. Felizmente, a continuação do parágrafo é muito mais clara a propósito de seu significado e permite ao leitor pensar que, o que quer que exista de correto nessas noções estoicas (a conveniência desses conceitos, para usar o termo smithiano), deve ser retomado a partir da ideia da tranquilidade necessária ao aproveitamento da vida:

> A felicidade consiste em tranquilidade e deleite [*tranquillity and enjoyment*]. Sem tranquilidade não pode haver deleite e onde há perfeita tranquilidade quase não há coisa que não seja capaz de agradar* [*amusing*]. Mas em toda a situação permanente, quando não há esperança de mudança, o espírito de todos homem cedo ou tarde retorna a seu natural e usual estado de tranquilidade. Na prosperidade, depois de algum tempo, recua [*falls back*] a esse estado; na adversidade, depois de certo tempo, avança [*rises up*] até ele (TMS III.3.30, p.149; TSM, p.179-80).

Posta num eixo temporal, a tranquilidade funciona como uma espécie de centro gravitacional para os estados de espírito associados à boa e má fortuna: a prosperidade leva a estados afetivos em que coisas aprazíveis parecem dominar; a adversidade gera estados afetivos em que o espectro de prazer possível é diminuído. Após algum tempo, ambos os estados afetivos retornam ao "estado natural e

---

antigo que servia como base para as aulas de filosofia moral era o *De officis* de Cícero (ver Phillipson, 2011, cap.1). A questão da presença de temas estoicos na filosofia de Smith é tema complexo e já foi objeto de inúmeros estudos (ver, por exemplo, a introdução dos editores da TMS, p.5-10; e a discussão introdutória em Forman-Barzilai, 2010; ver também Waszek 1984 e Vivenza, 2002). Para uma interpretação que nega, de modo sistemático, qualquer traço estoico em Smith, ver Schlisser (2017).

usual de tranquilidade". A "tranquilidade perfeita", por sua vez, se opõe a ambos esses estados gerados pela fortuna: nele o prazer possível de ser obtido em qualquer situação é realçado e apreciado, trata-se de um estado de espírito que nos faz perceber e aproveitar toda e qualquer oportunidade aprazível. Talvez esse seja o ponto em que as noções estoicas invocadas acima podem ter "margeado a verdade": a descrição do estado de espírito ideal ao bom aproveitamento da vida, em que os dados concretos da fortuna são tomados como indiferentes à verdadeira felicidade, abrindo-se assim espaço para a verdadeira apreciação daquilo que está a nosso redor (tanto a fonte de um grande ou um pequeno prazer, quanto a de uma grande ou pequena dor). Por isso a tranquilidade é igualmente o estado de espírito (tanto do ponto de vista afetivo quanto cognitivo) adequado ao correto funcionamento da simpatia: nele as dificuldades trazidas pela fortuna ao funcionamento da imaginação simpática são passíveis de serem superados.

O aspecto mais interessante da fortuna é a temporalidade. Tudo que é fortuito é *transitório*: "o estado da fortuna de um homem varia diariamente" (WN V.ii.j.2, p.867). Riqueza, poder e sucesso, mas também sorte e acaso, todos sujeitos aos efeitos da passagem do tempo. O local do desenrolar do "império da fortuna" é a história. A tranquilidade funciona como antítese individual a toda transitividade, nela o indivíduo recentra-se e reencontra a si mesmo. O que no mundo da simpatia significa, evidentemente, *reecontrar-se no outro e encontrar o outro em si mesmo*: acalmar-se para poder bem ler o outro, acalmar-se para poder ser bem lido, acalmar-se para bem se ler através do ponto de vista do outro (aqui o dispositivo da narrativa vem bem a calhar, ver 2.6-7 e 3.8). Tranquilidade é o estado de paciência ativa e de passividade atenta ao que se passa ao redor do indivíduo. É o estado do indivíduo simpático em que fortuna deixa de influenciar afetos e juízos:

> No fim, o tempo, grande e universal confortador, gradualmente traz ao homem fraco a mesma tranquilidade que ao homem sábio um olhar [*regard*] para sua própria dignidade e virilidade ensina a adotar já de saída. [...] Num período maior ou menor, o tempo, contudo, nunca deixa de trazer à mais frágil das mulheres a mesma tranquilidade do mais forte dos homens. Tão logo se anunciem as irreparáveis calamidades que o afetarão direta e imediatamente, um homem forte se esforça para se antecipar ao tempo e usufruir a tranquilidade, prevendo que certamente o curso de uns poucos meses ou anos afinal a restituirá a ele (TMS III.3.33, p.151; TSM, p.182).

A tranquilidade é o ponto de fuga ou, se quisermos falar com os economistas, o equilíbrio de longo prazo do indivíduo moral smithiano. A metafísica liberal smithiana garante que, deixada em si mesma, a natureza se autorregula: o indivíduo moral atingirá o estado ideal para o exercício simpático simplesmente deixando o tempo passar. *Il ne faut que laisser-passer le temps*... mas como o sistema mercantil prova, simplesmente laisser-faire é tarefa das mais complicadas: são poucos os que são capazes de aproveitar o bom ordenamento do mundo sem nele intervir e uma imaginação ociosa é fonte de fortes intempéries morais.

11. Ociosidade e extravagância passional

Se a tranquilidade é o estado afetivo e cognitivo em que o indivíduo é capaz de lidar corretamente (e aproveitar) o que se passa a seu redor, a intranquilidade pode ser caracterizada como o estado de espírito em que o indivíduo não é capaz de perceber e aproveitar o que está a seu redor. Os casos mais relevantes de intranquilidade são os de desvalorização da situação própria frente a outra, aparentemente mais agradável, denominados por Smith de "paixões extravangantes [*extravagant passions*]":

> Ao que parece, a grande fonte da miséria e ainda das perturbações da vida humana se origina de se supersestimar a diferença entre uma situação permanente e uma outra. A avareza superstima a diferença entre pobreza e riqueza; a ambição, a diferença entre condição pública e privada; a vanglória, entre obscuridade e reputação extensa* (TMS III.3.31, p.149; TSM, p.180).

Se é verdade que há situações objetivamente melhores que outras, é igualmente verdade que não há "situação ordinária da vida humana" que não possa ser tão calma e aprazível quanto qualquer outra para um "espírito bem disposto [*well-disposed mind*]", no duplo sentido de bem organizado, bem arranjado e de saudável, em bom estado. Smith qualifica o mais baixo desses estados ordinários como "a mais humilde posição, em que há só liberdade pessoal", estabelecendo a liberdade pessoal como a única condição mínima necessária.[44] Smith chega mesmo a afirmar que

44 Pode-se concluir que a escravidão consiste num triplo infortúnio (jurídico-econômico-político): propriedade de outrem, o escravo não pode formar patrimônio, sendo, necessariamente, pobre e estando inteiramente submetido (numa dimensão privada) a seu senhor.

> No conforto [*ease*] do corpo e na paz de espírito, todas as diferentes posições [*ranks*] da vida estão quase no mesmo nível, e o mendigo que se aquece ao sol junto da estrada possui a segurança por que se batem os reis (TMS IV.i.10, p.185; TSM, p.226).

Nada nas situações concretas de vida justifica uma busca apaixonada, onde o indivíduo quebre regras de prudência e muito menos as de justiça (TMS III.3.31, p.149-50). É apenas a ociosodade de nossa imaginação (*idle fancy*) que pinta a situação alheia com cores mais vibrantes:

> Na mais fulgurante e grandiosa situação que nossa ociosa imaginação pode nos apresentar, os prazeres dos quais nos propomos extrair nossa verdadeira felicidade são quase sempre iguais aos que, em nossa humilde posição real, temos todo o tempo à mão e em nosso poder (*ibidem*; TSM, p.181).

Os perigos de uma imaginação ociosa e das paixões extravagantes por ela engendradas são mais frequentes e ativos quando a *misfortune* parece ter solução (TMS III.3.33). Quando, ao contrário, parecem insolúveis, o trabalho do tempo é menos turbulento (TMS III.3.32). Em todo caso, tais paixões desempenham uma função econômico-política importante. Ambição, vaidade e orgulho estão na base de todos os negócios arriscados (*hazardous trades*), do contrabandista ao soldado, passando pelo planejador (*projector*) e pelo líder político: "A esperança presunçosa de sucesso parece agir aqui, assim como em todas as outras ocasiões, e atrair tantos aventureiros a estes negócios* arriscados" (WN I.x.b.33, p.128; RN I, p.157). Tipo de negócio que Smith recorrentemente compara a uma loteria,[45] estando fundado numa "esperança vã de ganhar" (WN I.x.b.27, p.125). O ponto que nos interessa é que, dentre esse 'negócios arriscados', Smith elenca o estabelecimento de qualquer novo empreendimento, negócio ou ocupação do *projector*:

> A implantação de uma nova manufatura qualquer, de um novo setor de comércio, de uma nova prática na agricultura é sempre

45 Trabalhos marítimos fazem parte da "loteria do mar" (WN I.x.b.31, p.126), mineração é a "loteria mais desvantajosa do mundo" (WN IV.vii.a.18, p.562; cf. I.xi.c.26, p.187), e mesmo a política colonial britânica é uma vez comparada a uma loteria (WN IV.vii.c.75, p.623).

> uma especulação, da qual o planejador espera auferir lucros extraordinários Esses lucros são às vezes muito grandes; em outros casos – talvez mais freqüentes – ocorre bem outra coisa: de modo geral, porém, esses lucros não guardam qualquer proporção em relação a outros antigos comércios na vizinhança. Se o projeto é em sucedido, os lucros costumam ser muito altos no início. Quando sua implantação estiver plenamente estabelecida e for completamente conhecida, a concorrência reduzirá o lucro ao nível de outros investimentos (WN I.x.b.43, p.131-2; RN I, p.160-61).

Trata-se do mesmo mecanismo de sobreavaliação imaginária que Smith descreve na *Teoria*. Trata-se do mesmo mecanismo que produz aquela intranquilidade subjetiva destruidora de toda possibilidade de verdadeira felicidade (TMS III.3.31, p.150). Trata-se daquele excesso do "princípio de autoavaliação [*self-evaluation*]" que, aos olhos do espectador imparcial, é mais censurável que sua falta (TMS VI.iii.22, p.246). Trata-se, enfim, daquela "altíssima presunção [*over--weening conceit*] que a maior parte das pessoas tem de suas próprias habilidades" adicionada à menos notada "absurda presunção que elas têm quanto à própria boa fortuna [*good fortune*]" (WN I.x.b.26, p.124), onde "a chance do ganho é naturalmente superestimada [*over-valued*]" (WN I.x.b.27, p.125) ao mesmo tempo em que "a chance de perda é frequentemente subestimada [*under-valued*]" (WN I.x.b.28, p.126). Numa palavra, trata-se daquela autoindulgência indispensável à realização de qualquer grande feito:

> Grande sucesso* no mundo, grande autoridade sobre sentimentos e opiniões da humanidade, raramente foram obtidos sem algum grau dessa excessiva admiração de si [*excessive self-admiration*]. Os mais esplêndidos personagens* [*characters*], os homens que realizaram as ações mais ilustres, que provocaram as maiores revoluções, tanto nas situações* [*situations*] quanto nas opiniões dos homens; os mais bem sucedidos guerreiros, os maiores estadistas e legisladores, os eloquentes fundadores e líderes das mais numerosas e bem sucedidas seitas e partidos – muitos destes não se distinguiram mais por seu imenso mérito do que por um grau de presunção e admiração de si inteiramente desproporcional até mesmo em relação a esse imenso mérito (TMS VI.iii.28, p.250; TSM, p.313).

À especulação desses planejadores (estejam eles atrás de riqueza, poder ou sucesso),[46] Smith opõe a sobriedade do homem prudente (WN II.iv.15, p.357). O ponto central da crítica de Smith à "prodigalidade" do *projector* parece ser a queima de capital à qual tal carreira especulativa geralmente leva (*ibidem*; cf. TMS III.3.31, p.150), mas sua crítica não é apenas econômica: "O sucesso encobre de seus olhos não apenas a grande imprudência, mas muitas vezes a grande injustiça de seus empreendimentos" (TMS VI.iii.30, p.252). A imprudência do planejador muito frequentemente o leva a quebrar as regras do *fair-play* em sua escalada social (TMS II.ii.2.1, p.83).

Definitivamente, Smith não era um grande admirador das especulações dessa figura (ou de qualquer um tomado por uma das paixões extravagantes). Ainda assim, na sexta edição de sua *Teoria*, publicada em 1790 – possivelmente como resposta às críticas que Bentham lhe dirige na 13ª carta de sua *Defesa da Usura*, publicada em 1787 – ele traça uma distinção entre vaidade e orgulho:

> O homem orgulhoso [*proud man*] é sincero e, no fundo de seu coração, está convencido de sua superioridade [...]. O homem vaidoso não é sincero e, no fundo do seu coração, raramente está convencido da superioridade que deseja que lhe atribuas (TMS VI.iii.35-6, p.255; TSM, p.318-19).

O homem vão busca "usurpar o respeito" dirigido ao estratos sociais mais altos [*rank and fortune*] se vestindo e se portando como se dali proviesse (TMS VI.iii.37, p.256; cf. TMS VI.iii.46, p.259). Já o homem orgulhoso se comporta de acordo com o seu próprio estrato devido a "seu senso de sua própria dignidade" (TMS VI.iii.38, p.256). O próprio uso corrente dessas palavras sugere essa interpretação: "As palavras *vaidoso* e *vaidade* nunca são tomadas num bom sentido. [...] As palavras *orgulhoso* e *orgulho*, ao contrário, às vezes são tomadas no bom sentido". Há assim um tipo de autovalorização excessiva que é apenas parcialmente demeritória: "nesse caso, orgulho confunde-se com magnanimidade"

46 Como meu objetivo aqui é expor o modo geral de funcionamento da autoridade da fortuna em Smith, não estou tratando em separado essas três dimensões da fortuna, mas, ao contrário, sobrepondo as passagens da *Riqueza* (a respeito do *projector*) e da *Teoria* (sobre homens poderosos e bem-sucedidos).

(TMS VI.iii.43-4, p.258; TSM, p.322). A pessoa orgulhosa, portanto, não estaria inteiramente perdida (especialmente se ela se encontra num ambiente competitivo [WN V.i.f.4, p.759-60]). Contudo, mesmo que tais paixões extravagantes sejam claramente distinguíveis entre si, elas raramente caminham separadamente, "o homem orgulhoso muitas vezes é vaidoso; o homem vaidoso é muitas vezes orgulhoso". Isso porque ambas são meras variações do mesmo sentido interno num tipo específico de situação: um senso de superioridade não justificado pelas circunstâncias fortuitas próprias ao nível social em que o indivíduo se encontra (TMS VI.iii.47, p.259; TSM, p.324). A imaginação simpática opera aqui através do senso de superioridade: o ambicioso busca simpatia por parte de uma plateia real, ele almeja que seu sentimento de superioridade seja compartilhado. Mas cabe a pergunta: uma vez que essa superioridade não é real, convém falar ainda em simpatia? Se o sentimento de superioridade do homem vão é pura ficção, uma ilusão da imaginação, em que pode consistir o seu compartilhamento? Numa simpatia vazia, num compartilhamento afetivo sem emoção verdadeira, num sentimento oco.[47] A vaidade aponta assim para um dos limites da imaginação simpática, pois

47 Um exemplo a esse respeito pode ser encontrado na obra *Vanity Fair* (1847-8), de William Makepeace Thackeray. É a propensão a simpatizar com o sofrimento alheio por parte de Amelia que a faz compartilhar as mentiras contadas por Rebecca a respeito de sua própria vida. O ultraje maior está na mentira central, que incita e sustenta a simpatia, a relação entre mãe e filho. No fundo, é o mesmo mecanismo imaginário que sustenta tanto a simpatia quanto a vaidade. Isso também pode explicar porque, em *Daniel Deronda* (1876), de George Eliot, a verdadeira solução para a vaidade de Gwendolen Harleth não é o amor, mas sim a simpatia de Daniel Deronda. A esse respeito, não deixa de ser interessante notar o desenvolvimento em relação a uma obra anterior, como *Silas Marner* (1861), onde Silas reencontra as relações sociais que ele abandonara através do amor pela pequena Eppie. A diferença entre amor e simpatia pode ser notada pelo fracasso de sua tentativa de retorno à cidade natal (cap.21). De modo geral, o amor permite a socialização apenas em esferas muito estreita (e relativamente protegidas), como é caso da pequena vila de Raveloe (inclusive porque Godfrey Cass, o homem mais rico e influente da vila, tem um interesse direto na vida de Eppie e age ativamente nesse sentido). Em sua obra madura (*Felix Holt*, *Middlemarch* e *Daniel Deronda*), os personagens de Eliot sempre buscam uma atuação mais ativa frente a círculos sociais mais amplos (inclusive no âmbito da história mundial, como é o caso de Deronda), o que não pode ser alcançado pelo amor. Cabe a questão: a simpatia é um mecanismo robusto o suficiente para essa tarefa? Eliot pensa que sim (leio nesse sentido a recuperação da parcialidade como elemento motivador nos momentos finais de *Middlemarch* e *Daniel Deronda*). Smith, não. Para o escocês, a simpatia não é exatamente um bom princípio de ação política (ver 5.9).

se sustenta numa espécie de *funcionamento abstrato* da simpatia, uma *simpatia sem afeto* a ser compartilhado – ou, mais precisamente, uma simpatia onde circulam apenas *afetos esteriotipados* (ver 3.8 e 6.4-7).

O segundo limite diz respeito à fortuna. O espectador imparcial pode não ser enganado pela fortuna, mas aquele que o invoca está necessariamente imerso num mundo fortuito. O espectador imparcial pode alargar o ponto de vista do indivíduo até que ele seja mesmo incapaz de se discenir perante seus iguais, mas não tem como impedir que ele sinta o que ele sente, que ele reaja emocionalmente ao que ocorre com ele. A tranquilidade pode ajudar o indivíduo, provendo um estado de espírito adequado a uma análise calma e pormenorizada da situação, mas ainda aqui é necessário tempo. Com efeito, todo ser humano é parcial e está imerso num mundo fortuito. Essa dupla dificuldade se faz sentir a todo momento em que uma decisão precisa ser tomada, em que algo precisa ser feito. E aí, no calor do momento, a imaginação simpática pouco tem a fazer. Sem tempo para ponderar os dados, sem distanciamento para analisar as emoções sentidas, para compará-las ao que outra pessoa sentiria em meu lugar, sem poder calmamente julgar o que se passa, sequer posso invocar o espectador imparcial. Uma segunda solução, de preferência mais eficiente, terá de ser encontrada: o emprego de regras gerais.

V. Regras e dever

(...) the populace, whose good nature, in most cases, forgets the crime of the condemned person, and dwells only on his misery.

Sir Walter Scott, The Heart of Mid-Lothian

FANCY what a game at chess would be if all the chessmen had passions and intellects, more or less small and cunning: if you were not only uncertain about your adversary's men, but a little uncertain also about your own; if your knight could shuffle himself on to a new square by the sly; if your bishop, in disgust at your castling, could wheedle your pawns out of their places; and if your pawns, hating you because they are pawns, could make away from their appointed posts that you might get checkmate on a sudden..

George Eliot (Mary Ann Evans), Felix Holt, XXIX

1. Autocontrole x autoengano

Para Smith, seres humanos são fundamentalmente movidos por emoções e paixões, de preferência reguladas por um espectador imparcial – o que nem sempre é possível. O problema da fraqueza de vontade ou incontinência (as duas traduções mais comuns para o grego *acrasia*) aparece assim como o pano de fundo geral da parte prática da filosofia moral de Smith. Problema legado pelo livro VII da Ética a Nicômaco de Aristóteles: "pode-se perguntar como uma pessoa que tem uma concepção correta das coisas pode ser incontinente em suas ações"[1] (1146 a, 1985, p.130). Sócrates, em especial no *Protágoras*, negara radicalmente essa possibilidade: "pois ninguém, dizia ele, age contrariamente ao que considera

1 A ressalva de Ogien deve sempre ser mantida em mente: o termo *acrasia* geralmente é retido devido a essa origem aristotélica, mas o fato é que se trata de um "conjunto de questões [*ensemble de questions*]" mais do que um problema único e bem definido (1993, p.6). Na tradição analítica do séc. XX esse problema (ou a formulação mais aceita) é nomeado de fraqueza da vontade (*weakness of will*): "In doing x an agent acts incontinently if and only if: (a) the agent does x intentionally; (b) the agent believes there is an alternative action y open to him; and (c) the agent judges that, all things considered, it would be better to do y than to do x" (Davidson, 1982, p.22).

melhor, consciente de estar agindo mal, a não ser por ignorância" (Aristóteles, 1146 a, 1985, p.130). Aristóteles aceita o que o intelectualismo de Sócrates nega, a possibilidade, no campo da moral, de um conhecimento puramente teórico.[2] É significativo que o capítulo dedicado a Platão e Aristóteles na Parte VII da *Teoria* finalize com uma referência a esse problema:

> De acordo com Platão, a virtude poderia ser considerada como uma espécie de ciência, e nenhum homem poderia ver clara e demonstrativamente o certo e o errado, sem agir de acordo. A paixão poderia nos fazer agir contrariamente a opiniões duvidosas e incertas, não a julgamentos claros e evidentes. Aristóteles, ao contrário, era de opinião que nenhuma convicção do entendimento seria capaz de vencer maus hábitos inveterados, e que a boa moral não se devia ao conhecimento, mas à ação (TMS VII. ii.1.14, p.272; TSM, p.342).

Esse problema é retomado a propósito da virtude do autodomínio, onde Smith explicitamente admite o problema legado por Aristóteles:

> O homem que age de acordo com as regras da perfeita prudência, da justiça estrita e da benevolência adequada pode ser considerado perfeitamente virtuoso. Mas *o mais perfeito conhecimento dessas regras não basta para capacitá-lo a agir dessa maneira*; suas próprias paixões podem muito facilmente induzi-lo – às vezes impelindo-o [*drive*], outras seduzindo-o – a violar todas as regras que ele mes-

2 A generalização do problema da *acrasia* está intimamente ligada à crítica de Smith à tradição racionalista: se a razão não é fundamento da moral, e sim "immediate sense and feeling", todo e qualquer conhecimento a respeito da ação desempenha papel secundário. Isso se reflete no fato básico de que simpatia não é questão de conhecimento, mas sim de afeto. Daí também a questão da *acrasia* aparecer somente a propósito do dever (como veremos, regras gerais são criadas pela razão). Do ponto de vista especulativo, portanto, tentativas de compreender a filosofia moral de Smith a partir da ideia de razão prática (ver Carrasco, 2004) englobam, na melhor das hipóteses, apenas um tipo de aprovação moral, o que concerne ao dever. Do ponto de vista prático, contudo, tais tentativas apresentam um escopo bastante mais amplo, uma vez que, como também veremos ao longo do capítulo, na maior parte das situações, as regras gerais aparecem como o critério mais estável e consistente no momento da tomada de decisão. Em certa medida, as regras garantem a moralidade e saber como agir de acordo com elas talvez seja a questão prática mais importante para Smith.

> mo, em seus momentos de sobriedade e lucidez, aprova. *O mais perfeito conhecimento*, se não for a amparado pelo mais perfeito autodomínio, *nem sempre o capacitará a cumprir o seu dever* (TMS VI.iii.1, p.237; TSM, p.297 – itálicos meus).

O conhecimento mais perfeito das regras a respeito do que deve ser feito não é suficiente para que alguém aja de modo virtuoso, é possível que alguém aja em contrário ao que estabelece seu dever, a despeito de possuir um conhecimento perfeito a seu respeito. A principal causa desse descompasso é a violência da reação emocional espontânea e imediata:

> A fim de que a retidão de nossos próprios juízos relativos à conveniência de nossa conduta sofra desvio [*to pervert*] nem sempre é necessário que o espectadore real e imparcial esteja muito distanciado. Quando está por perto, quando está presente, às vezes bastam a violência e a injustiça de nossas paixões egoístas para induzir o homem em nosso peito a fazer um relato [*report*] bem diferente do que as reais circunstâncias do caso são capazes de autorizar (TMS III.4.1, p.156-7).

Tamanha intensidade afetiva é particularmente sentida naquele que é o momento decisivo: o do impulso final da ação.

> As violentas emoções que nesses momento nos agitam nublam nossa visão* das coisas [*discolour our views of things*], mesmo quando nos esforçamos por ocupar o lugar de outro, e considerar os objetos de nosso interesse sob a luz em que ele naturalmente as consideraria. O ímpeto [*fury*] de nossas paixões nos chama constantemente de volta para nosso próprio lugar, onde, por causa de nosso amor de si, tudo parece ampliado e desfigurado [*where every thing appears magnified and misrepresented by self-love*] (TMS III.4.3, p.157; TSM, p.[illegible]).

O problema, contudo, é ainda mais grave, uma vez que persiste após a ação. Mesmo com emoções abrandadas e tempo à disposição raramente nosso autojulgamento será adequado:

> A opinião que cultivamos acerca de nosso próprio caráter em tudo depende de nosso juízo sobre nossa conduta passada. É tão desagradável pensarmos mal [*think ill*] de nós mesmos, que amiúde afastamos propositadamente nosso olhar das circunstâncias que poderiam tornar esse julgamento desfavorável (TMS III.4.4, p.158; TSM, p.190).

Nosso amor próprio se manifesta de modos diferentes, antes e depois da ação. Antes da ação, ele descolore nossa visão das coisas: o paroxismo das emoções não permite o trabalho da imaginação simpática, a busca por outra perspectiva, por um ponto de vista menos parcial. Após a ação, ele nos impede de verdadeiramente analisar a situação que desencadeou aquela emoção e a ação subsequente, impede o desagradável trabalho de reconstituição narrativa de um caso do qual talvez não sejamos o herói, mas o vilão da história. Contudo, se, no momento imediatamente prévio à ação, a espontaneidade e a intensidade emocionais aliadas à ausência de tempo para ponderar a respeito da situação servem como atenuantes da responsabilidade do agente, quando a ação se tornou pretérita a situação é de outra natureza. Aí, com emoções serenadas, efeitos da ação já visíveis e com tempo de sobra para refletir, o sujeito precisará intervir ativamente para justificar a ação:

> Ao invés de vermos nosso próprio comportamento sob um aspecto tão desagradável, com excessiva frequencia nos esforçamos, tola e fracamente, para exasperar de novo essas paixões injustas que já nos haviam desencaminhado antes; por meio de artifício, esforçamo-nos para despertar nossos antigos ódios e irritar uma vez mais nossos ressentimentos quase esquecidos; até nos aplicamos nesse miserável propósito e assim perseveramos na injustiça, apenas porque uma vez fomos injustos, e porque nos envegonhamos e temos medo de reconhecer que o fomos (*ibidem*; TSM, p.191).

Isso é o que Smith denomina de *autoengano* (self-deceit): a interferência ativa em nossos juízos a respeito de nós mesmos no intuito de evitar uma autocensura ou mesmo de reavivar emoções já serenadas e que, sem isso, seriam esquecidas. Em outras palavras: trata-se de um processo de *autojustificação a qualquer custo* e que envolve um enorme esforço afetivo nesse sentido. Para Smith, bastaria deixar o tempo passar que a tranquilidade necessária para julgar corretamente seria naturalmente atingida... e, no entanto, frequentemente nada fazer é muito mais complicado que fazer algo. O autoengano intervém precisamente aí, no trabalho moral do tempo. Se deixássemos as emoções arrefecer por conta própria e julgássemos a partir dali, mais facilmente veríamos onde erramos e nos censuraríamos. O autoengano não permite que esse processo natural ocorra: ao artificialmente reanimar nossas paixões passadas ele impede que o tempo exerça sua ação tranquilizante (TMS III.3.33, p.151).

Autoengano e autocontrole se opõem então não como processo passivo frente a um processo ativo, ou como um processo natural frente a um artificial: ambos são procedimentos ativos e artificiais que pospõem ou antecipam estados afetivos ou de espírito. Em certo sentido, eles são como truques ou ardis que brincam com a passagem do tempo. Através do autoengano, o indivíduo reanima as emoções do momento da ação, buscando manter vivo o mesmo estado de inquietação que o motivou a agir do modo que agiu. O autocontrole, por sua vez, permite ao indivíduo antecipar a tranquilidade que, inevitável e necessariamente, seria atingido se a natureza seguisse seu curso:

> Tão logo se anunciem as irreparáveis calamidades que o afetarão direta e imediatamente, um homem sábio esforça-se para, desde o princípio, antecipar e usufruir de antemão a tranquilidade que ele preve que a passagem de alguns meses ou de alguns anos certamente por fim lhe restituirá*.[3] (TMS III.3.32, p.151; TSM, p.182)

Autoengano e autocontrole são *procedimentos artificiais que visam alterar o curso natural dos sentimentos*, dois tipos de intervenção no curso ordinário dos afetos. A diferença principal é o sentido da intervenção: o primeiro tende a prolongar o estado afetivo que motivou uma ação intempestiva tendo em vista sua justificação posterior, o segundo busca evitar essas ações intempestivas antecipando o julgamento que posteriormente seríamos capazes de fazer a respeito. Autoengano e autocontrole distinguem-se, pois, como as duas formas possíveis de justificação

3 No original: "In all the irreparable calamities which affect himself immediately and directly, a wise man endeavours, from the beginning, to anticipate and to enjoy before-hand, that tranquillity which he foresees the course of a few months, or a few years, will certainly restore to him in the end" (TMS III.3.32).

de uma emoção ou paixão. Para caracterizá-lo, Smith recorre a Malebranche: "as paixões sempre justificam a si mesmas, e parecem razoáveis e proporcionais a seus objetos, enquanto continuarmos a senti-las* [*to feel them*]" (TMS III.4.3, p.157; TSM, p.190; cf., EPS, p.48). O autoengano visa precisamente isso, fazer o indivíduo continuar sentindo o mesmo que sentiu no momento da ação e enquanto isso ocorrer a paixão continuará a justificar a si mesma. Trata-se, evidentemente, de uma justificativa incompleta, uma vez que lhe ainda falta a comunicação (o compartilhamento afetivo). Tal indivíduo separa as duas etapas do duplo processo de justificação e comunicação afetiva que transforma emoções em sentimentos (ver 1.6): ao agir dominado por uma paixão ele assume que ela se justifica em si mesma, tendo que, posteriormente, lidar com as dificuldades da simpatia se quiser ter seu ato socialmente validado. O autocontrole, por sua vez, implica em um procedimento mais complexo de justificação: ao antecipar a tranquilidade futura que o permitirá julgar corretamente, o indivíduo busca uma ação que já nasce socialmente validada pela referência à figura do espectador imparcial interiorizado.

Finalmente, autoengano e autocontrole distinguem-se pelo tipo de justificativa que respectivamente almejam, a saber, parcial e imparcial. Se o autoengano é a forma egoísta, a mais parcial, de se justificar uma emoção, o autocontrole é o procedimento mais completo para enfrentá-lo. Recorrer a um espectador imparcial internalizado é a forma mais completa e, igualmente, a mais exigente ao indivíduo. Talvez exigente demais...

2. Natureza não se confunde com simplicidade: remorso como senso de justiça

Na *Teoria*, Smith expõe a justiça em conjunto com a benevolência, tendo em vista estabelecer uma oposição entre essas duas virtudes (TMS II.ii.1). Ações de tendência benevolente merecem recompensa, uma vez que são objeto de gratidão, tanto daquele que recebe a ação quanto do espectador (TMS II.ii.1.1, p.78). Já ações de tendência prejudicial ou danosa (*hurtful*) merecem punição, uma vez que são objeto de ressentimento, mais uma vez, tanto daquele a quem essa ação foi dirigida quanto do espectador (TMS II.ii.1.2, p.78; ver 4.2).

O ressentimento funda a justiça através do "senso de justiça" e ações de acordo com a "grande lei que nos dita a natureza", uma lei de reciprocidade que, nesse caso aparece como simples "retaliação" (TMS II.ii.1.10, p.82; TSM, p.102).

Uma forma justa e adequada dessa lei pode ser alcançada apenas através da operação conjunta do "senso natural de equidade" com a máxima geral de que apenas boa ou má intenção deve ser julgada meritória ou demeritória, isto é, quando o agente lança mão do espectador imparcial internalizado (ver 3.7 e 4.6). O ponto de Smith é que apenas nos é permitido prejudicar ou causar dano a outra pessoa se ela, anteriormente, tiver nos ofendido ou nos causado dano. Prejudicá-la apenas porque ela está em nosso caminho é não apenas injusto, mas também, em certo sentido, antinatural: a natureza nos fez egoístas e parciais, mas ela também "nos dotou de um desejo de agradar, e de uma aversão original* a ofender nossos irmãos" (TMS III.2.6, p.116; TSM, p.146) e o jeito mais evidente de agradar aos outros é agir de acordo com o que outras pessoas julgariam nossas ações, agir de acordo com um juízo formado a partir de seu ponto de vista. A internalização da figura de um espectador imparcial é, em larga medida, um processo espontâneo e natural. Para demonstrar isso, Smith expõe o caso de um criminoso e seu "senso de culpa [*sense of guilt*]", isto é, o remorso (*remorse*) causado por uma ação mal intencionada (*evil action*), que implique na quebra das "mais sagradas leis da justiça", aquelas concernentes à pessoa em seu corpo, propriedade e reputação (TMS, II.ii.2.2, p.83-4; TSM, p.104; cf., LJ, p.399). A base natural dessas leis deve ser procurada no juízo que o perpetrador do dano não pode se impedir de realizar:

> O violador das mais sagradas leis da justiça jamais poderá refletir sobre os sentimentos que a humanidade deve nutrir por ele, sem sentir todas as agonias de vergonha, horror e consternação. Quando a paixão [que o impele a cometer o ato criminoso] é saciada, e ele começa a refletir friamente sobre sua conduta passada, não consegue compreender nenhum dos motivos que a influenciaram (TMS II.ii.2.3, p.84-5; TSM, p.105).

A simples passagem do tempo faz com que o ofensor serene suas emoções e julgue severamente sua ação pretérita:

> [Esses motivos] parecem-lhe tão detestáveis agora quanto sempre o foram para os outros. Simpatizando com o ódio e o horror que outros homens cultivam por ele, torna-se, em certa medida, objeto de seu próprio ódio e horror. A situação da pessoa que sofreu

> por sua injustiça agora apela à sua piedade. Esse pensamento o faz sofrer; lamenta os infelizes efeitos de sua própria conduta e, ao mesmo tempo, percebe que o converteram no objeto apropriado de ressentimento e indignação da humanidade, e em objeto de vingança e punição, consequência natural do ressentimento. Tal pensamento o assombra perpetuamente, enchendo-o de terror e perplexidade (*ibidem*).

Piedade (ou compaixão) é a simpatia para com a o sofrimento alheio (TMS I.i.1.1, p.9; I.i.1.5, p.10). Mesmo o ofensor é naturalmente impelido a senti-la, isto é, a simpatizar com o alvo de seu ato ofensivo. Isso o faz sentir-se aflito ou pesaroso (*grieved*) (juízo de inconveniência) e arrependido pelos efeitos por ele causados (primeiro juízo de demérito). Ao alargar seu pensamento e levar em conta o que espectadores pensariam de seu ato ele concordará com a simpatia desses para com o ressentimento e a indignação do ofendido (segundo juízo de demérito, que também serve de confirmação aos dois juízos acima)[4] e mesmo com a necessidade de sua punição (aqui pode entrar o senso de dever aplicando a regra apropriada do código penal da sociedade em que a ofensa ocorreu). Tal conjunto de emoções passa a atormentá-lo dia e noite:

> Já não ousa olhar a sociedade de frente, pois se imagina rejeitado e expulso das afeições dos homens. Já não pode esperar pelo consolo da simpatia nessa sua imensa e terrível aflição. A memória de seus crimes estancou dos corações de seus semelhantes toda a solidariedade para com ele. O que mais teme são os sentimentos que cultivam quanto a ele. Tudo lhe parece hostil, e ficaria feliz em fugir para algum deserto inóspito, onde nunca mais tivesse de mirar o rosto de uma criatura humana, nem ler, no semblante dos homens, a condenação de seus crimes (*ibidem*).

Na tentativa de escapar ao olhar incriminador de todos os que viram ou ouviram falar de seu crime, ele busca evitar todo contato social. A solidão, contudo, é uma faca de dois gumes: se, por um lado, excluir-se do contato social evita

4 Não custa lembrar que os juízos de mérito (e demérito) estão fundados numa simpatia indireta, exigindo um juízo de conveniência (ou inconveniência) prévio (ver 4.1-2).

o olhar incriminador daqueles espectadores que simpatizaram com a vítima de seu crime, por outro, evita também o juízo daqueles que (por simpatia com seu sofrimento ou, em último caso, com seu remorso) poderiam amenizar sua consciência. Longe do intercâmbio social, a única voz que ecoa em sua cabeça é a de sua consciência, voz pesada e incriminadora:

> Mas a solidão é ainda mais terrível do que a sociedade. Seus próprios pensamentos só o podem defrontar com o que é negro, infeliz, desgraçado, a melancólica previsão da incompreensível desgraça e ruína. O horror da solidão o empurra de volta para a sociedade, e retorna à presença dos homens, surpreso [*astonished*] por se mostrar diante deles carregado de vergonha e transtornado pelo medo, para suplicar um pouco de proteção à autoridade dos mesmos juízes que, ele sabe, já o condenaram unanimente (*ibidem*).

De tal modo e em tal medida atormentado e desorientado, ao infeliz ofensor não resta outra alternativa a não ser retornar à sociedade e voluntariamente se entregar à punição que lhe for imposta. Eis a natureza do "mais terrível [*most dreadful*]" dos sentimentos que podem "adentrar no peito humano", a saber, o remorso:

> É composto de vergonha pelo senso de inconveniência da minha conduta passada; da dor [*grief*], pelos efeitos dessa ação; de piedade, pelo que por causa dela sofrem; e de pavor, terror da punição, pela consciência do justo ressentimento de todas as criaturas racionais (*ibidem*; TSM, p.105-6).

Vemos assim que Smith estabelece um sentimento incrivelmente complexo como a base natural da justiça: vergonha trazida pela lembrança dos motivos do ato (inconveniência), tristeza e pesar por seus efeitos deletérios (demérito), piedade daquele que foi o alvo de tal ação (simpatia com seu sofrimento) e medo e terror da possível punição (dever) que lhe será imposta (simpatia com o ressentimento do ofendido). Notemos, ademais, que sua descrição é impossível sem a narrativa dos sucessivos estados afetivos que o ofensor atravessa, o que faz desse parágrafo um dos momentos mais literários da *Teoria*.

O remorso é notável sob diversos aspectos. Em primeiro lugar, trata-se de um sentimento complexo, composto por várias emoções e juízos, de forma a deixar muito claro o duplo processo de justificação e comunicação que caracteriza os sentimentos em geral.[5] Em especial, no que tange à simpatia com o ressentimento: ao sentir remorso o ofensor, ao mesmo tempo, compartilha e aprova o ressentimento do ofendido e dos espectadores. A imparcialidade é imprescindível: para aprovar o ressentimento do ofendido o ofensor deve desaprovar radicalmente seus interesses parciais, interesses que, num primeiro momento, foram fortes o bastante para o levarem à ação.[6] Trata-se igualmente de um excelente exemplo do funcionamento do processo de internalização de um espectador imparcial: para aprovar o ressentimento do ofendido o ofensor deve ser capaz, primeiro, de julgar a si mesmo (cindir-se em agente e juiz) e, segundo, de se ver como igual ao ofendido (aplicar o princípio de equidade) e descontar os eventuais efeitos da fortuna (o remorso será sentido mesmo que os maus efeitos não se concretizem plenamente). A descrição smithiana destaca a diferença entre comunicação virtual e real: ao fugir da censura social e buscar a solidão, o ofensor arrependido se depara unicamente com a figura do espectador imparcial internalizado, cujo juízo é implacável. Sua única alternativa é retornar à sociedade, buscando partilhar, junto com sua culpa, seu sofrimento (o que lhe oferecerá algum tipo de consolo, especialmente se ele encarar a punição com magnanimidade; TMS I.iii.2.10). O momento da comunicação virtual (com um espectador imparcial internalizado) é isolado e posto em relação de complementaridade com o momento da comunicação real (com demais membros da sociedade, espectadores empíricos de seu ato). O remorso apresenta uma das possíveis interações entre comunicação virtual

5 Juízos complexos, mas que operam espontanea e inconscientemente: "A mais vulgar educação nos ensina a agir, em todas as ocasiões importantes, com alguma espécie de imparcialidade entre nós e outros, e até mesmo o ordinário comércio desse mundo é capaz de ajustar nossos princípios ativos a algum grau de conveniência" (TMS III.3.7; TSM, p.168; cf. TMS III.3.3).

6 Essa é, talvez, a diferença mais importante entre gratidão e ressentimento e certamente um dos motivos de Smith escolher o ressentimento como fundamento da justiça. B pode sentir gratidão em relação a A por conta de uma combinação fortuita de eventos e, nesse caso, A sabe que essa gratidão que B lhe dirige é inconveniente (ou ao menos, não inteiramente adequada) e ainda assim "qualquer espécie de raciocínio parece suficiente para autorizar o exercício dos afetos sociáveis e benevolentes; mas são necessários os maios sólidos e substanciais raciocínios para compartilharmos os afetos insociáveis e malevolentes" (TMS II.iii.2.6, p.102; TSM, p.127). Paixões insociáveis demandam mais para serem justificadas que paixões sociais; idealmente, elas demandam imparcialidade (TMS I.ii.3.8, p.38). O remorso pode ser sentido apenas por aqueles capazes de se verem e se julgarem de forma imparcial.

e real: o juízo interno antecipa o juízo externo e a consequente punição, mas o faz de forma intransigente e inexorável; o juízo externo, por sua vez, aparece como a confirmação do remorso, ao mesmo tempo que pode oferecer algum consolo ao ofensor arrependido (por ser também reação simpática ao remorso). Finalmente, o remorso mostra o comportamento correto por oposição (TMS II.ii.2.4, p.85).

Entretanto, o que mais salta aos olhos na descrição smithiana do remorso é o *enorme esforço subjetivo* necessário por parte daquele que cometeu a ofensa: são ao menos quatro emoções/juízos morais que levam em conta diversos aspectos de sua conduta passada (motivação, efeitos imediatos, efeitos remotos etc.). Isso sem contar o sofrimento subjetivo causado por cada uma dessas reflexões. Os encantos do autoengano parecem cada vez maiores: se minha motivação foi parcial, por que não a manter assim até as últimas consequências? Por que sofrer com uma implacável censura interna?

Alguém virtuoso, ao contrário, seria capaz de tomar decisões levando em conta o possível aparecimento futuro do remorso, evitando assim atos dos quais se arrependeria. Além de serem raríssimos os que efetivamente conseguem pautar (mesmo que apenas algumas de) suas decisões através do recurso a um espectador imparcial internalizado, eles estariam sujeitos a uma série de outras dificuldades, como a falta de informações completas (seja a respeito da situação ou das pessoas envolvidas) ou, mais corriqueiramente, simplesmente lhes faltaria o tempo necessário para operar todos as inferências nesse sentido. Mesmo numa situação particular em que todos esses juízos fossem plenamente articulados e uma solução completa do ponto de vista teórico, especulativo fosse atingida, sem autocontrole esse indivíduo será inteiramente incapaz de agir de acordo. Finalmente, mesmo que todas essas condições fossem observadas, nada impediria que a fortuna aí interviesse, alterando os efeitos intencionados quantitativa ou mesmo, em casos extremos, qualitativamente.[7] Mais do que uma questão teórica, para Smith a

7 O capítulo anterior ao que lida com o autoengano (TMS III.3) apresenta de forma resumida as dificuldades enfrentadas pela consciência no intuito de impor sua autoridade. Ele segue o seguinte esquema: critérios e procedimentos dos juízos morais (§§1-2); imparcialidade como critério adequado (§§3-7); dois métodos propostos por filósofos para lidar com a parcialidade (§§8-11): i. aumentar a sensibilidade para com os interesses alheios (§9-10), ii. diminuir a sensibilidade para com os nossos interesses (§§11); papel das *misfortunes* (§§12-20; §§32-3); graus de autocontrole (§§21-30) incluindo o caso extremo do paroxismo da aflição (§§27-8); paixões extravagantes (§31); ideal de homem, autocontrole e sensibilidade (§§34-7; §§44-5); solidão (§38); parcialidade (§§41-3).

acrasia é um problema prático. Frente a esse quadro não é surpreendente que uma alternativa seja bem-vinda, em especial uma que demande menos esforço e que, acima de tudo, seja mais eficaz e eficiente (dentre outras coisas porque, afinal, depender do remorso por parte de autores de ofensas talvez não seja o melhor princípio de jurisprudência).

3. O dever e seu juízo: a moral da razão

Uma vez que os juízos de um espectador imparcial internalizado estão sujeitos a inúmeras dificuldades, assim como sua implementação num comportamento concreto, em sua passagem ao ato, Smith apresenta a *segunda solução* a esse problema geral, e que se constitui na solução adequada ao autoengano:

> Porém, a natureza não deixou sem remédio essa fraqueza tão grave; tampouco nos abandonou inteiramente às ilusões do amor de si [*delusions of self-love*]. Nossa constante observação da conduta alheia imperceptivelmente nos leva a formar para nós próprios certas regras gerais quanto ao que é adequado e apropriado [*fit and proper*] fazer ou evitar (TMS III.4.7, p.159; TSM, p.191).

Apesar de serem artifícios, as regras têm uma origem natural: a observação contínua da aplicação das faculdades morais a casos específicos permite a posterior inferência de regras de conduta. Ao observarmos os outros e nós mesmos,

> Algumas ações alheias escandalizam todos os nossos sentimentos naturais. Cuidamos que todos ao nosso redor manifestam o mesmo horror a tais ações. Isso de novo confirma, e até agrava, nosso natural senso da sua deformidade. Ficamos satisfeitos por tê-las julgado de um modo conveniente quando notamos que outras pessoas as julgam do mesmo modo. Decidimos nunca ser culpados de ações semelhantes, nem jamais nos convertermos, assim, em objetos de desaprovação universal. Essa é a maneira como naturalmente estabelecemos a regra geral para nós, de acordo com a qual todas essas ações devem ser evitadas, porque tendem a nos tornar odiosos, desprezíveis ou passíveis de punição, e objeto de todos os sentimentos que nos inspiram o maior temor e aversão (TMS III.4.7, p.159; TSM, p.191-92).

Nossa natureza fornece uma primeira reação, espontânea e original (o choque em questão), que é confirmada e justificada pela reação de outras pessoas (a simpatia). Esse primeiro passo é o que Smith apresenta como a operação de nossos sentidos morais a partir dos quais tais regras são inferidas: tais regras "fundamentam-se em última instância na experiência do que, em casos particulares, aprovam ou desaprovam nossas faculdades morais ou nosso senso natural de mérito e de conveniência"[8] (TMS III.4.8, p.159; TSM, p.192). Ao conscientemente refletir sobre essa censura (*we resolve never to be guilt*) socialmente validada, o indivíduo se propõe uma regra negativa: nunca agir de modo a gerar essa reação. O esquema é o mesmo para casos de aprovação moral, com exceção de que aqui a regra será positiva (TMS III.4.7, p.159). O nome dessa atividade é *indução*, operação que cabe à razão:

> As máximas gerais da moralidade se formam, como todas as outras máximas gerais, por experiência e por indução. Observamos numa grande variedade de casos particulares o que agrada ou desagrada às nossas faculdades morais, o que elas aprovam ou desaprovam, e dessa experiência estabelecemos por indução essas regras gerais. Mas a indução sempre tem sido considerada como uma das operações da razão, e por isso se diz, com muita proprie-

8 A título de exemplo, para Smith, boas regras de economia política podem ser inferidas do senso comum: "As pessoas particulares que desejam fazer fortuna nunca pensam em dirigir-se às províncias longínquas e pobres do país, antes vão para a capital ou para alguma das grandes cidades comerciais. Sabem que onde circula pouca riqueza pouco podem conseguir, mas que, onde se movimenta uma grande riqueza, têm condições de partilhar de parte dela. Assim, as mesmas regras que devem dirigir o senso comum de um, de dez ou de vinte indivíduos, devem orientar o julgamento de um, de dez ou de vinte milhões, e fazer com que uma nação inteira veja as riquezas de seus vizinhos como uma provável causa e oportunidade para ela mesma adquirir riquezas. Uma nação que se enriquecesse com o comércio externo certamente teria maior probabilidade de se enriquecer quando seus vizinhos são todos nações ricas, operosas e comerciantes" (WN IV.iii.c.11, p.494-5; RN I, p.472). Aqui, uma boa regra para 10 ou 20 pessoas é uma boa regra para 10 ou 20 milhões. As condições e consequências desse tipo de agregação é um dos temas centrais da (interessante) leitura que David M. Levy faz de Smith em particular, e da economia política clássica, em geral: "Smith makes an inference that passes from the perceived well-being of the majority to a judgment about the well-being of society. I shall argue that this is an instance of what we might label "robust utilitarianism" (2001, p.214; cf. Peart & Levy, 2005, cap.11).

> dade que da razão derivamos todas essas máximas e ideias gerais (VII.iii.2.6, p.319; TSM, p.397).

Para corrigir uma possível confusão a esse respeito, Smith insiste que não é a quebra de regras que nos indigna, mas que a regra é formada porque anteriormente nos indignamos frente a atos de determinado tipo e mesmo o hipotético espetáculo da primeira ofensa concebível teria indignado seu espectador da mesma forma que nos indignaria hoje (TMS III.4.8, p.159). A precedência do mecanismo sensório-sentimental frente a regras não diz respeito apenas a uma hipotética situação prévia a toda legislação. Dito de outra forma, a precedência dos sentidos internos não é apenas histórica, mas também lógica:

> Uma ação amável, uma ação respeitável, uma ação horrenda, todas são ações que naturalmente suscitam, em relação a quem as realiza, o amor, o respeito ou o horror do espectador. A única maneira de formar regras gerais, determinando as ações que são ou não objetos de cada um desses sentimentos, é observar as ações que verdadeiramente e de fato suscitam tais sentimentos (TMS III.4.10, p.160; TSM, p.193).

O *critério definitivo de uma regra é o sentimento* que lhe serve de fundamento: uma boa regra é aquela que se restringe unicamente ao objeto que convém a cada sentimento. Nada impede que uma regra seja adequada a sentimentos parciais, como a legislação estabelecida pelo sistema mercantil (WN IV.iii.c.10, p.494). De modo geral, é altamente improvável que as primeiras regras a aparecer sejam precisas e completas; ao contrário, elas provavelmente demandam inúmeras correções antes de se parecerem com uma lei criminal ou civil. Para corrigir uma lei o processo é bastante similar ao de sua formação: a aplicação de qualquer regra a um caso particular se torna o objeto de nossos sentimentos morais, se uma determinada regra é bem aplicada, os espectadores aprovam, se ela é mal aplicada, os espectadores desaprovam. Várias aprovações indicam que a regra é satisfatória, várias desaprovações indicam que essa regra precisa de alterações ou mesmo ser substituída por outra – o emprego constante de leis temporárias, por exemplo, é sinal da impropriedade de um código legal (WN IV.b.34, p.536; cf. WN IV.b.38, p.538). Progressivamente, esse processo concomitante de formação e refinamento de regras gerará algo próximo a um código legal para lidar com os casos de ressentimento (mas para isso é necessário mais que a mera concorrência dos "sentimentos da humanidade", a saber, a existência de uma autoridade, devidamente sustentada pela influência da fortuna, capaz de arbitrar conflitos e de fazer valer suas decisões) ou um tratado moral para as demais virtudes (ver seção 5 abaixo). Tais regras são fundamentais para a estabilidade da moral, desempenhando um papel central na regulação de "nossos mais sólidos juízos relativos a certo e errado" (TMS VII.iii.2.6, p.319-20; TSM, p.397). Essa maior estabilidade por parte das leis cria a ilusão de que a moralidade esteja nelas baseadas, quando, em realidade, o inverso é o correto:

> [As regras gerais] são comumente citadas como o fundamento último do que é justo ou injusto na conduta humana, e essa circunstância parece ter confundido vários autores muito eminentes, levando-os a esboçar seus sistemas sobre a suposição de que originalmente os juízos humanos a respeito do certo ou do errado teriam se formado como as sentenças judiciais [*the decisions of a court of judicatory*], isto é, considerando-se primeiro a regra geral, e, em seguida, se a ação particular que se examina se inclui adequadamente na sua compreensão (TMS III.4.11, p.160).

Essa é a passagem mais explícita de Smith a respeito de como os juízos de dever funcionam: há uma regra geral e cabe determinar se o caso particular em análise lhe pertence ou não.[9] A formação das regras cabe à razão, assim como sua aplicação, de acordo com as particularidades do caso, a saber, qual é a paixão envolvida (sociável, insociável ou egoísta) e o tipo de regra (precisa ou imprecisa) (TMS III.6, p.171-8). Isso nos ajuda a compreender porque Smith aproxima a

9 Em sua filosofia crítica, Kant denominará esse tipo de juízo como "determinante [*bestimmend*]", em oposição aos juízos "reflexionantes [*reflektierend*]", isto é, aqueles em que apenas o particular é dado cabendo a partir daí encontrar o universal (*Kritik der Urteilskraft*, Einleitung, IV; 2008, p.23). Samuel Fleischacker (1990 e 1999) buscou estabelecer a ligação entre a *Riqueza das nações* e a terceira crítica de Kant a partir do tema dos juízos. Mais recentemente, Marcio Suzuki (2014) opera a mesma aproximação, mas o faz dentro de uma discussão maior, a respeito da persistência de temas da tradição britânica dos sentimentos morais (Shaftesbury, Hutcheson, Hume e Smith) na filosofia kantiana e no idealismo alemão.

consciência da razão, definindo-a como o "grande juiz e árbitro de nossa conduta": cabe a ela decidir se agimos ou não de acordo com o dever aplicando um silogismo[10] (TMS III.3.5, p.137).

O mais próximo a uma análise geral do dever na *Teoria* é a passagem onde Smith aponta que ele consiste naquilo "que [o indivíduo] deve a si mesmo e aos outros*" (TMS VII.iv.12, p.331-2; cf. II.i.2.5, p.71 e VII.ii.1.21, p.277). O conteúdo do dever é o mesmo das regras gerais de conduta, cabendo, pois, às faculdades morais determiná-lo (questão, portanto, de conveniência e mérito). Deveres da justiça (calcada em paixões insociáveis), por exemplo, exigem que a imparcialidade seja o critério predominante (TMS III.6.5, p.172). Deveres da benevolência (construída sobre paixões sociáveis), como aqueles envolvidos nos relacionamentos familiar e de amizade, precisam ser animados por sentimentos parciais (TMS III.6.4, p.172; cf. III.5.1, p.162). Deveres da prudência (fundados nas paixões egoístas), demandam um balanceamento entre uma regra fria e um sentimento vivo (TMS III.6.6, p.173; cf. III.6.7, p.173-4). Em geral, pois, os deveres (assim como os sentidos internos) formam um conjunto aberto, de modo que, na taxonomia da obrigação moral, há sempre espaço para mais um dever. Isso porque, no fundo, não é possível estabelecer de forma definitiva seus limites[11] (TMS V.2.13, p.209).

O senso de dever, por sua vez, pressupõe a existência de regras e atua, independentemente de seu conteúdo, fornecendo um suporte sensório-sentimental ao "respeito [*regard*] sagrado" (TMS III.5.2, p.163; cf. TMS III.5.1, p.161) e à "reverência" (TMS III.5.3, p.163) perante tais regras. Respeito e reverência que não envolvem necessariamente nenhum tipo de engajamento religioso (TMS III.6.1, p.171). Na interpretação que sugiro, a religião oferece argumentos e instituições que funcionam como confirmações ao funcionamento natural do senso de dever

10 Para Smith também vale a máxima de Cesare Beccaria, para quem "Em todos os delitos, o juiz deve fazer um silogismo perfeito: a premissa maior deve ser a lei geral, a premissa menor, a ação conforme ou não à lei, e a conclusão, a liberdade ou a pena" (*Dei delitti e dele pene* [1764]; trad. bras., 2020, p.26).

11 Por exemplo, há deveres de gratidão (TMS II.ii.1.3, p.79; III.6.9, p.174); existem os "deveres da polidez [*politeness*]", que são "facilmente observados", ao contrário daqueles da "justiça, da verdade, da castidade, da fidelidade" (TMS III.5.2, p.163); há deveres da religião (TMS III.5.13, p.170) etc.

que constituem um "laço adicional [*aditional tie*], além daqueles que regulam a conduta dos outros homens"[12] (TMS III.5.13, p.170; TSM, p.206).

O caso de um "homem de ressentimento violento [*furious resentment*]" serve para Smith expor o funcionamento subjetivo do senso do dever e da moral da razão:

> se ele escutasse os ditames dessa paixão, consideraria talvez a morte de seu inimigo como uma pequena compensação pelo mal que imagina ter recebido, o que, contudo, pode não passar de uma leve provocação. Mas suas observações sobre a conduta de outros ensinaram-lhe como parecem horríveis todas essas vinganças sanguinárias. A não ser que sua educação tenha sido muito peculiar, estabeleceu para si mesmo, como norma inviolável, abster-se inteiramente de tais vinganças (TMS III.4.12, p.160; TSM, p.193-94).

Apenas a "reverência" desse homem por essa regra é capaz de garantir que ela manterá sua "autoridade sobre ele", detendo a "impetuosidade" de sua paixão e impedindo-o de cometer tal violência (*ibidem*). Em certo sentido, o senso do dever garante a aplicação da regra nesse nível sensitivo-sentimental, através de um processo que não é nem inteiramente inconsciente, nem inteiramente reflexivo, e que geralmente se encontra a meio do caminho. Em algumas pessoas ele estará quase que inteiramente enraizado numa sensação vaga, em outros ele pode atuar empregando raciocínios mais ou menos complexos a respeito, por exemplo, da utilidade individual ou social dessa regra (ver 1.5). Em todo caso, um senso do dever bem fundamentado e operante gerará o seguinte sentimento:

> Antes que tome a última fatal resolução, atormentam-no todas as agonias da dúvida e da incerteza; o pensamento de violar uma regra tão sagrada o aterroriza, mas ao mesmo tempo a fúria de seu

12 Isso não implica dizer que Smith fosse ateu ou contrário à religião. Na interpretação que proponho aqui, a teoria dos sentimentos morais de Smith seria capaz de operar sem qualquer recurso à religião. A função dessa última é a mesma da filosofia moral, no melhor dos casos, confirmando os juízos naturais (e eventualmente, corrigindo algum desvio) e, no pior, pervertendo o funcionamento da natureza humana. A análise do posicionamento pessoal do ultra reservado Adam Smith a respeito envolve, necessariamente, muitas conjecturas para as quais há muito poucos indícios (ver, por exemplo, Gavin Kennedy in Berry, Paganelli & Smith, 2013).

> desejo o encoraja e o impele a violá-la*. Muda de propósito a todo momento; às vezes decide agarrar-se a seu princípio, e não alimentar uma paixão que pode corromper o resto de sua vida com os horrores da vergonha e do arrependimento; e uma calma momentânea toma posse de seu peito, em razão da perspectiva de gozar a segurança e tranquilidade, tão logo resolva não se expor aos perigos de uma outra conduta. Mas imediatamente a paixão se insurge de novo, e com fúria revigorada o leva a praticar o que um instante atrás decidira evitar. Exausto e perturbado por essas contínuas indecisões, finalmente, por uma espécie de desespero, dá o passo fatal e irreversível. Mas o faz com o terror e a incredulidade de alguém que ao fugir de um inimigo se lança sobre um precipício, onde o aguarda uma destruição mais certa do que aquela que encontraria se algo o atacasse pelas costas (*ibidem*; TSM, p.194-95).

O fundamental é que o processo psicológico foi simplificado em relação ao caso do remorso: há uma única oposição entre paixão e regra, isto é, há apenas um eixo organizando o conflito subjetivo, apenas um confronto a partir do qual esse homem deve decidir como se comportar (ao invés dos quatro níveis de julgamento envolvidos no remorso). A função pedagógica desse processo é igualmente destacada por Smith, uma vez que, essa tensão entre paixão e regra permite ao indivíduo parcialmente vislumbrar (e, no melhor dos casos, antecipar) o remorso que sentiria caso agisse de acordo com sua fúria passional. Isso é possível porque, como visto acima, o remorso envolve um juízo de dever, cuja possível transgressão é sentida como o medo e o terror da punição merecida.

> Tais são seus sentimentos, mesmo no instante de agir; embora então perceba menos a inconveniência de sua conduta do que depois de ter saciado e aniquilado sua paixão, começa a ver o que fez, do mesmo modo como tendem a vê-lo; e deveras sente o que apenas antevira muito imperfeitamente antes: as pontadas do remorso e do arrependimento principiando a perturbá-lo e atormentá-lo (*ibidem*).

Nessa seção, vimos a dimensão subjetiva do surgimento e funcionamento das regras. Para completar o quadro, é necessário acompanhar a dimensão social desse mesmo processo, o que significa analisar o modo como Smith entende que a sociedade está fundada na natureza.

4. O papel da utilidade

Por ter um senso de justiça, por ser capaz de sentir remorso e por naturalmente desenvolver a consciência do mérito (TMS II.ii.2), o ser humano "foi adequado [*fitted*] pela natureza à situação para a qual foi criado [*made*]", qual seja, a de viver em sociedade[13] (TMS II.ii.3.1, p.85; TSM, p.106). Para analisar o homem em suas interações objetivas, convém partir de sua "estrutura [*frame*] mais delicada e constituição mais frágil" que a de outros animais (LJA vi.9, p.334) e à consequente necessidade de assistência mútua. Por isso ele "pode subsistir apenas em sociedade" (TMS II.ii.3.1, p.85; TSM, p.106), e toda sociedade pode assumir várias formas dentro de um espectro delimitado pelos extremos da *benevolência* e da *justiça*: se essa assistência mútua for garantida "pelo amor, gratidão, amizade e estima, a sociedade floresce e é feliz" (*ibidem*); por outro lado, "ainda que não haja amor e afeto mútuos, a sociedade, embora menos feliz e agradável, não se dissolverá necessariamente" (TMS II.ii.3.2, p.86; TSM, p.106-107). Eis uma assimetria interessante. Sem atos benevolentes, a sociedade é menos agradável, sem justiça, ela não existe:

> A sociedade, entretanto, não pode subsistir entre os que estão sempre prontos a se ferir e se ofender mutuamente. No momento em que tem início a ofensa, no momento em que se instalam ressentimento e animosidade mútuos, rompe-se todos os elos da sociedade, e os diferentes membros de que ela consistia ficam como se dissipados e espalhados pela violência e oposição de seu afetos discordantes.[14] (TMS II.ii.3.3, p.86; TSM, p.107)

13 O capítulo em questão se inicia com "É assim que o homem [*It is thus that man …*]" (TMS II.ii.3.1, p.85). O capítulo anterior finaliza com a apresentação do caso do ofensor arrependido (TMS II.ii.2, p.82-5), discutido acima, na seção 3.

14 No original: "Society, however, cannot subsist among those who are at all times ready to hurt and injure one another. The moment that injury begins, the moment that mutual resentment and animosity take place, all the bands of it are broke asunder, and the different members of which it consisted are, as it were, dissipated and scattered abroad by the violence and opposition of their discordant affections" (TMS II.ii.3.3, p.86).

Mesmo uma sociedade de criminosos só pode existir caso eles se preservem mutuamente de seus atos ofensivos. No que diz respeito à constituição da sociedade, portanto, benevolência e justiça também diferem:

> a beneficência é, assim, menos essencial à existência da sociedade que a justiça. A sociedade poderá subsistir, ainda que não segundo a condição mais confortável, sem beneficência, mas a prevalência da injustiça deverá destruí-la completamente (*ibidem*).

A benevolência é apenas o ornamento que embeleza o edifício social, "a justiça, ao contrário, é o principal pilar que sustenta todo o edifício" (TMS II.ii.3.4, p.86; TSM, p.107). Para que a sociedade se mantenha enquanto um todo, para que ela não "se esfarele num amontoado de suas partes constituintes [*crumble into atoms*]", a natureza, em seu cuidado com a espécie humana, teria nos constituído de tal forma que nos ressentimos perante a injúria sofrida:

> A fim de constranger [*enforce*] a observação, portanto, a natureza implantou no peito do homem a consciência de mau merecimento, os terrores da merecida punição que resultam de sua violação, como grandes salvaguardas da associação humana, para proteger os fracos, frear os violentos, e castigar os culpados (*ibidem*; TSM, p.107-108).

Smith fala aqui em "consciência do mau merecimento" e "terrores de uma punição merecida". Isso significa que ele não está pensando nem em um "ressentimento animal" (TMS II.iii.2.10, p.104), tampouco em um "ressentimento furioso" (TMS III.4.12, p.160), mas sim em um ressentimento adequado, aprovado por espectadores imparciais. Precisamente o tipo de ressentimento que é parte constituinte do remorso, uma vez que para senti-lo, o ofensor deve primeiro superar sua visão parcial para desaprovar sua intenção. O remorso não pode ser sentido a não por aqueles que internalizaram a figura de um espectador imparcial e desenvolveram sua consciência (isto é, um eu cindido entre agente e juiz). Insistamos nessa questão sob um outro ângulo. Vimos (em 4.3), que o ressentimento alheio traça o limite de ação do eu, do *self* (processo que é complementado pela gratidão ao confirmar a boa intenção). O remorso é o sinal mais consistente de que esse processo de determinação dos limites do eu foi devidamente internalizado. O essencial é que o indivíduo se veja como autor de suas ações e que compreenda o encadeamento entre a sua intenção e ressentimento alheio como uma relação de causa e efeito. Se for capaz de levar isso em conta antes de agir, ele está apto a viver em sociedade. O que Smith enfatiza nas passagens que estamos comentando é que esse seria o resultado do exercício natural e adequado das faculdades simpáticas, de modo que o remorso pode servir de prova que a natureza formou os seres humanos para a sociedade.

Ainda não esgotamos a questão. O ressentimento alheio serve de critério a ser internalizado para a correta delimitação do campo de atuação desse indivíduo. Mas e o indivíduo ofendido? Qual papel o ressentimento desempenha em relação àquele que sofre a ofensa? Para o indivíduo que é atacado, o ressentimento desempenha, mesmo no estado mais rude desse sentimento (aquele do "ressentimento animal"), o papel de um princípio de autodefesa (e, consequentemente, de autopreservação). Além de uma paixão original da natureza humana, o ressentimento é útil aos indivíduos em seu convívio social:

> Embora sejam naturalmente simpáticos*, os homens sentem muito pouco por outro com quem não tenham nenhuma ligação particular, se comparado ao que sentem por si mesmos; a desgraça de um, que é apenas seu semelhante, é muito pouco importante para eles, mesmo se comparada a qualquer pequeno inconveniente próprio; têm tanto poder para feri-lo, e pode haver tantas tentações de o fazer, que se esse princípio não se impusesse entre eles para defendê-lo, e os subjugasse por reverente temor a respeitarem sua inocência, estariam prontos a lançar-se sobre ele a qualquer momento como animais ferozes, de modo que um homem entraria numa assembléia como quem entra num covil de leões (TMS II.ii.3.4, p.86; TSM, p.107).

A inovação trazida por Smith à tradição do jusnaturalismo moderno se encontra precisamente no estabelecimento do ressentimento como a base natural da justiça.[15] A peculiaridade de sua teoria da justiça se encontra na articulação dessa

15 A relação de Smith com a moderna escola do direito natural é um tema bastante complexo e extremamente interessante. De modo muito esquemático, é possível dizer que os jusnaturalistas pensam o conteúdo e a unidade das leis de natureza a partir da ideia de autoconservação.

base passional com uma compreensão a respeito da utilidade dessa paixão. Ideia que Smith encontra no oitavo *Sermão* de Joseph Butler, obra de 1726:

> A indignação pela crueldade e pela injustiça e o desejo de vê-la punida, sentidas por pessoas não diretamente afetadas [*unconcerned*] não é, de modo algum, maliciosa. Não. É ressentimento contra o vício e a depravação, é um dos laços comuns que mantém a sociedade junta, uma solidariedade [*fellow-feeling*] que cada indivíduo tem em nome de toda a espécie, assim como de si mesmo (Sermão VIII, 1726, p.70).

Há exceções (Hobbes, por exemplo), mas eles, geralmente, articulam essa questão a partir da tese da sociabilidade natural. O resultado é uma teoria minimalista, porque definida em termos de sobrevivência (e não mais daquilo que seria uma boa vida, como nos antigos), mas ainda assim universal em alcance. Em seu cerne se encontra uma concepção negativa de justiça (o justo é aquilo que não injusto), que faz do "direito à segurança o primeiro, e o mais fundamental, de todos os direitos" (Larrère, 1992, p.27). Nessa tradição, o sujeito de direitos é designado pelo termo *pessoa*. Como demonstra Haakonssen (1981, caps.3 e 5; 1996, cap.4), Smith articula sua teoria da justiça nesses termos. Contudo, há ao menos duas linhas de tensão dentro dessa tradição que são decisivas para a compreensão do modo como Smith nela se insere: primeiro, entre egoísmo e altruísmo e, segundo, entre instinto e razão (ou cálculo). Por um lado, a ideia da sociabilidade pode ser pensada tanto em termos estritos de autoconservação individual ou envolver algum grau de altruísmo (em relação a família, a tribo etc.). Por outro, ela também pode ser pensada em termos de instinto (como no caso do "desejo de sociedade [*apetitus societatis*]", de Grotius, um instinto que tem no bem estar alheio o seu objeto direto) ou de cálculo (como em Pufendorf, que pensa a sociabilidade em termos de um egoísmo esclarecido: os indivíduos chegam à conclusão de que para sobreviver, precisam do auxílio de outros, e agem de acordo com essa raciocínio). Como a maior parte de seus colegas do Iluminismo escocês (ver Berry, 2018, p.75-87) e dos economistas do período (Paes Müller, 2018), Smith insiste na dimensão instintiva da sociabilidade (ver 6.8) e preserva um lugar para o altruísmo, ao lado do egoísmo. Aqui a peculiaridade de Smith: de acordo com sua taxonomia das paixões (ver 1.4), ele analisa um terceiro tipo de comportamento ao lado do altruísmo e do egoísmo, o comportamento insociável (que tem no ressentimento o seu fundamento), precisamente aquele que a justiça busca controlar. Perante esse pano de fundo fica mais fácil compreender como Smith incorpora as ideias de Joseph Butler a propósito do ressentimento e sua utilidade (privada e pública). Isso permite a Smith, primeiro, enraizar o minimalismo jusnaturalista (em especial a ideia de justiça como virtude negativa) diretamente na natureza humana, através da compreensão do ressentimento como uma paixão original e do modo como ele é (naturalmente) corrigido pela simpatia; segundo, separar da natureza e isolar o papel da utilidade (individual e pública) na constituição e determinação da justiça (em especial o papel das regras); terceiro, como veremos nas próximas duas seções, delinear com razoável precisão os direitos individuais a partir das ações que provocam ressentimento e passam a ser lidas como ofensas.

Um pouco mais à frente ele aponta que

> A boa influência que essa paixão tem de fato sobre o curso [*the affairs*] do mundo é óbvio à observação de todos. Os homens claramente são constrangidos a não ofender seus semelhantes [*fellow-creatures*] por medo de seu ressentimento; e é muito bom que assim o seja, dado que eles não seriam constrangidos do mesmo modo em nome de princípios de virtude [*and it is very happy that they are so, when they would not be restrained by a principle of virtue*]. Após uma ofensa ser cometida e se observar a necessidade de levar o ofensor à justiça, a consideração calma [*cool*] da razão, de que a segurança e paz da sociedade requer exemplos de justiça, talvez seja suficiente para fazer as leis serem cumpridas e a sentença proferida; mas será que é essa reflexão calma por parte da pessoa ofendida que leva o ofensor à justiça na maioria das vezes? Ou não seria o ressentimento e a indignação perante a ofensa e seu autor? Receio que não haja dúvida sobre qual é comumente o caso. Isso, contudo, deve ser considerado como um bom efeito, não obstante fosse altamente desejável que os homens agissem a partir de um princípio melhor, da razão e da reflexão calma (ibid., p.73).

Cabe destacar o paradoxo: a virtude que é essencial à sociedade (justiça) está fundada não em uma paixão que tenha no bem-estar do outro o seu objeto (como o amor, a amizade ou a compaixão), mas numa paixão insociável, que tem como objeto imediato o mal-estar do outro. As paixões insociáveis estabelecem uma oposição de interesses entre dois indivíduos (ver 2.4c e próxima seção) que, para ser resolvida, exige que os efeitos dos atos (sua utilidade) sejam levados em conta. Entra em cena aqui uma espécie de *cálculo das consequências*, intimamente relacionada ao interesse pessoal, dependente, portanto, da existência de um eu (*self*) já constituído e capaz de apreender relações de causa e efeito (ver 4.3).

A exposição segue com Smith insistindo no equívoco daqueles que tomam a utilidade (pública) como o fundamento da justiça e não o ressentimento ou, de modo geral, alguma reação instintiva. Isso não significa que a utilidade não desempenhe um papel importante na constituição e aplicação das regras de justiça. A utilidade pública é muito provavelmente o argumento mais importante na justificativa de leis e punições e, enquanto tal, é a confirmação mais importante da conveniência de nossos sentidos e sentimentos a propósito da justiça:

> tão indubitavelmente verdadeira é essa descrição, que não raro temos a oportunidade de confirmar nosso natural senso de conveniência e adequação do castigo ao refletirmos em quão necessário é para conservar a ordem da sociedade (TMS II.ii.3.7, p.88; TSM, p.110).

Mais. A utilidade pública não apenas confirma nosso senso de conveniência da punição (e, por consequência, do ressentimento, isto é, do senso de demérito, que levou à punição) como também intervém no momento em que, acalmados os ânimos, o caráter terrível e violento da punição surge em primeiro plano:

> Quando o culpado está na iminência de sofrer a justa retaliação que a natural indignação dos homens lhe diz ser devida por aqueles crimes; quando a insolência de sua injustiça é destroçada e humilhada pelo terror de seu iminente castigo; quando cessa de ser objeto de medo, para se tornar, entre os generosos e humanos, objetos de piedade, o ressentimento destes pelos sofrimentos alheios que o culpado causou se extingue, ao pensarem no que está prestes a sofrer [*The thought of what he is about to suffer extinguishes their resentment for the sufferings of others to which he has given occasion*]. Estão dispostos a perdoá-lo e desculpá-lo, salvando-o daquele castigo que, nos momentos de lucidez, julgaram a retribuição devida a tais crimes (*ibidem*).

Aqui um momento em que o curso natural de nossos sentimentos implica num resultado que, para Smith, não é o mais adequado: o tempo entre o crime ser cometido e a punição é, geralmente, suficiente para ter apaziguado a simpatia com o ressentimento do ofendido por parte dos espectadores que começam agora a simpatizar com o sofrimento do ofensor. Ao contrário do que aponta Bentham – para quem "o princípio de simpatia e antipatia está mais inclinado a errar para o lado da severidade. Ao aplicar punições em muitos casos que não merecem nenhuma e ao aplicar punições maiores do que as devidas em casos que merecem alguma" (*Principles of Morals and Legislation*, Cap.II, §XVI) –, em Smith o curso natural dos sentimentos faz exatamente o oposto, gerando uma punição mais branda, uma vez que o os espectadores param de simpatizar com o ressentimento do ofendido e passam a simpatizar com o sofrimento do criminoso. Se o ressentimento impele à punição do crime, a aparência do aparato punitivo impele ao perdão.[16] Frente ao impasse, a solução se encontra no recurso a considerações de utilidade pública:

> Aqui, portanto, têm a oportunidade de chamar em auxílio a *consideração dos interesses gerais da sociedade*. Compensam o impulso dessa humanidade fraca e parcial[17] com os ditames de uma humanidade mais generosa e compreensiva. Refletem que a misericórdia com os culpados constitui crueldade para com os inocentes, e opõem à emoções da compaixão que sentem por um indivíduo uma compaixão mais ampla, pela humanidade toda (*ibidem*, p.88-9 – itálicos meus).

O esquema smithiano geral, pois, é de concorrência[18] do curso natural com essas considerações de utilidade pública, no sentido de "corrigir e regular os sentimentos naturais por regras gerais" (TMS II.ii.3.10, p.90; TSM, p.112). Smith, porém, não exclui casos em que tais sentimentos naturais não ocorram, seja porque circunstâncias particulares (a fortuna) impedem seu surgimento (TMS VI.ii.1.8,

16 Sir Walter Scott descreve os efeitos psicológicos da montagem e desmontagem da forca pública em Edimburgo, na década de 1780, quando a trama secundária de *The Heart of Mid-Lothian*, publicado em 1818, tem lugar: "It was the custom, until within these thirty years or thereabouts, to use this esplanade for the scene of public executions. The fatal day was announced to the public by the appearance of a huge black gallows-tree towards the eastern end of the Grassmarket. This illomened apparition was of great height, with a scaffold surrounding it, and a double ladder placed against it, for the ascent of the unhappy criminal and executioner. As this apparatus was always arranged before dawn, it seemed as if the gallows had grown out of the earth in the course of one night, like the production of some foul demon; and I well remember the fright with which the schoolboys, when I was one of their number, used to regard these ominous signs of deadly preparation. On the night after the execution the gallows again disappeared, and was conveyed in silence and darkness to the place where it was usually deposited, which was one of the vaults under the Parliament House, or courts of justice" (1982, cap. 2, p.27-28).

17 Segundo Sir Walter Scott (ver epígrafe desse capítulo), esse traço seria característico daquela parte da população menos educada e, por consequência, menos afeita a longos raciocínios.

18 Aqui como no restante desse livro, emprego *concorrência* em seu sentido geral de coparticipação, atuação conjunta de duas ou mais causas para a obtenção de um mesmo efeito, sentido literal do verbo concorrer, correr em conjunto. Essas causas podem ser convergentes, divergentes ou mesmo opostas. Nesse último caso, a concorrência envolve rivalidade e recebe o nome de competição.

p.220), seja porque há ofensas que não geram uma repercussão sentimental (em geral, atos que não se dirigem a uma pessoa em particular, mas à sociedade como um todo, isto é, ofensas contra a ordem pública). A solução para esses casos consiste em recorrer unicamente à utilidade pública (TMS II.ii.3.11, p.90).

Para o bem e para o mal, a *razão utilitarista é implacável*: se o interesse do todo se sobrepõe ao do indivíduo, é esse último que deve sofrer as consequências.

> Quando a conservação de um indivíduo é inconsistente com a segurança de uma multidão, nada pode ser mais justo do que preferir os muitos a um só. Contudo, por mais necessário que seja, esse castigo sempre se mostra excessivamente severo.[19] (*ibidem*)

Esse caráter apaziguador da passagem do tempo faz com que os sentimentos naturais entrem em conflito com as considerações de utilidade pública: o exemplo de Smith é o caso de uma sentinela que cai no sono durante seu turno de vigília e é sentenciada à morte. Basta ao espectador comparar sua aprovação à punição dessa "desafortunada vítima [*unfortunate victim*]" (a sentinela), com sua aprovação à punição de um "assassino ingrato ou parricida" para que fique claro que em cada um desses casos seu juízo deve seguir um critério diferente: "a aprovação de uma [das punições] está longe de se fundamentar sobre os mesmos princípios que a da outra" (*ibidem*, p.91).

Vê-se assim claramente o papel que a utilidade desempenha na teoria da justiça de Smith, mesmo não sendo o fundamento da moral: sempre que sentimentos naturais seguem seu curso esperado, o papel da utilidade é secundário, de correção ou regulação das consequências desses sentimentos (a utilidade intervém para auxiliar na determinação das leis ou para corrigir o rumo da punição, seja por excesso ou falta de ressentimento). Nos casos excepcionais, em que o curso dos sentimentos não corre da maneira esperada, a utilidade se torna o elemento

19 A crítica de Bentham é engenhosa ao empregar contra Smith uma crítica que esse dirigia ao emprego unilateral de considerações utilitaristas (ver também 6.2). Ainda a esse respeito, para Smith, uma vez estabelecido o sistema legal, um dos possíveis efeitos do ressentimento é a aceleração dos procedimentos que levam à punição: "Criminal causes have always a more speedy determination. One would indeed think that when a person's life is at stake, the debate should be longer than in any other case. But resentment is roused in these cases and precipitates to punish" (LJB 65, p.422; cf., o caso Malloch, LJA, p.109)

determinante, seja da constituição das regras, seja da punição (como a legislação militar em questão, que pune uma soneca durante a vigília com a morte).

No que tange à justiça, portanto, o sistema de Smith é refratário a qualquer nomenclatura simplista como utilitarista ou antiutilitarista.[20] Apesar de desempenhar funções importantes no "curso natural e ordinário" dos sentimentos e, em casos excepcionais, chegando mesmo substituir o sentimento, a utilidade não pode ser considerada o fundamento da justiça. Nem a utilidade em geral, inclusive a pessoal (por ela exigir reflexão e raciocínios que poucos se darão ao trabalho de fazer),[21] tampouco a utilidade pública (mais complicada de ser corretamente apreendida e, por isso, ainda menos conhecida):[22]

> Nos casos comuns* [*common cases*], a preocupação [*concern*] pela fortuna e felicidade dos indivíduos não surge da preocupação pela fortuna e felicidade da sociedade. Não nos preocupa mais a destruição e perda de um só homem – porque é membro ou parte da sociedade, e porque a destruição da sociedade deve nos preocupar – do que a perda de um só guinéu, porque esse guinéu é parte de mil guinéus, e porque deve nos preocupar a perda da soma total. Em nenhum dos dois casos nosso interesse [*regard*] pelos indivíduos se origina do interesse pela multidão; mas, nos dois casos, nosso interesse pela multidão é composto e constituído dos interesses particulares que sentimos pelos diferentes indivíduos que a compõem (TMS II.ii.3.10, p.89-90; TSM, p.111-12).

20 As referências a esse respeito podem ser encontradas em Montes (2004, p.114-5).

21 Como a argumentação em defesa das regras de propriedade deixa claro: "quando nos perguntam por que não deveríamos agir de tal e tal maneira, a própria pergunta parece supor que, para os que a fazem, esse modo de agir não parece ser por si mesmo o objeto natural e próprio daqueles sentimentos. Temos, pois, de lhes mostrar que deveria ser assim por bem de *algo mais*. Por essa razão geralmente procuramos outros argumentos, e a primeira consideração que nos ocorre é a desordem e confusão da sociedade que resultariam da prevalência universal daquelas práticas. Portanto, raramente deixamos de insistir nesse tópico" (TMS II.ii.3.8, p.89; TSM, p.111 – itálicos meus).

22 "Todos os homens, mesmo os mais ignorantes e estúpidos, têm horror a fraude, perfídia e injustiça, e regozija-nos vê-las punidas. Mas poucos homens refletiram sobre a necessidade da justiça para a existência da sociedade, por mais evidente que essa necessidade possa parecer" (TMS II.ii.3.9, p.89; TSM, p.111)

A continuação desse trecho deixa claro que para Smith, imparcialidade não se confunde com utilidade pública:

> quando se ofende ou destrói um só homem, exigimos punição pelo mal que lhe foi feito, menos por preocupação pelo interesse geral da sociedade [*from a concern for the general interest of society*], que por uma preocupação com aquele indivíduo ofendido. [...] A preocupação que se exige nesse caso não é mais do que a solidariedade geral [*general fellow-feeling*] que temos para com todo homem, meramente por ser nosso semelhante [*fellow-creature*] (*ibidem*, p.90; TSM, p.112).

Essa "solidariedade geral" é resultado da operação conjunta da imaginação simpática com o nosso "senso natural de equidade", não tendo relação alguma com um cálculo utilitarista. Para que não reste nenhuma dúvida: *o espectador imparcial de Smith não é um filósofo utilitarista.*[23] Defender o todo frente ao indivíduo é ir contra a própria natureza humana, como os sentimentos naturais do espectador da punição da sentinela dorminhoca demonstram:

> Considera a sentinela uma vítima infeliz [*unfortunate*] que, de fato, deve devotar-se à segurança de números* [*safety of numbers*], mas a qual, mesmo assim, em seu coração ficaria feliz de salvar; lamenta apenas que o interesse de muitos [*interest of the many*] se oponha a isso (TMS II.ii.3.11, p.91; TSM, p.113).

Pôr o interesse de "números" à frente do interesse de alguém de carne e osso (mesmo que tal indivíduo não se encontre diante de nós) não é tarefa simples, exigindo um alto grau de esforço e autocontrole: "Um humanitário [*man of humanity*] deve se recompor, fazer um esforço e exercer toda a sua firmeza e resolução antes de poder ou infligir a punição* [à sentinela dorminhoca] ou participar dela, quando infligido por outros" (*ibidem*, p.90; TSM, p.113). Novamente vemos como a simpatia tem como objetivo a salvaguarda do indivíduo, seja da parcialidade, seja da

---

23 O que não exclui a interpretação de David Levy, para quem o espectador *parcial* pode ser lido como dispositivo de um "robust utilitarianism" (2001, cap.9).

fortuna, seja, agora, do cálculo utilitarista. Se, no final das contas, o "humanitário" acaba por aprovar a punição da sentinela não é com a concorrência de seus sentimentos naturais, mas à sua revelia, e ao custo de muito esforço subjetivo.

5. Tipos de artifício

As paixões insociáveis (ódio e ressentimento) estabelecem uma divisão da simpatia e o consequente estabelecimento de uma oposição: "Com relação a todas essas paixões, nossa simpatia divide-se entre a pessoa que as sente, e a pessoa que é o objeto delas. Os interesses dessas duas pessoas são diretamente opostos" (TMS I.ii.3.1, p.34; TSM, p.38). Paixões insociáveis colidem e essa oposição de interesses obrigará toda comunidade humana a buscar uma solução específica nas regras de justiça. Nisso se funda uma diferença importante entre a justiça e outras virtudes:

> sentimo-nos sob a obrigação mais estrita de agir de acordo com a justiça, do que segundo o que é agradável à amizade, caridade ou generosidade; que a prática das virtudes recém-mencionadas parece ter sido deixada em certa medida à nossa própria escolha, mas que, de um modo ou de outro, sentimo-nos de maneira peculiar atados, forçados e obrigados ao respeito à justiça [*tied, bound, and obliged to the observation of justice*] (TMS II.ii.1.5, p.80).

Frente à benevolência, em particular, a justiça aparece como uma "virtude negativa" que, na maioria dos casos, não exige qualquer ação específica, apenas a abstenção de prejudicar outrem: "frequentemente podemos cumprir todas as regras da justiça sentando-nos, quietos e sem fazer nada" (TMS II.ii.1.9, p.82; TSM, p.102; TMS III.6.10, p. 175; LJB 6, p.399). Smith dá a entender que crianças aprendem benevolência através de experiências familiares (TMS II.ii.1.6), mas que ao adentrar em relações sociais mais complexas elas têm de lidar mais frequentemente com sua ausência do que com sua observação. Pior, numa sociedade de iguais, não temos como forçá-la, podemos apenas louvar seu perpetrador; no que tange à justiça, ao contrário, podemos (e devemos) exigir o seu mais rígido cumprimento (TMS, II.ii.1.7). Regras de benevolência são de um tipo peculiar, cuja imposição exige um delicado trabalho de persuasão. O quadro geral é de oposição entre as regras de justiça e as regras das outras virtudes:

> As regras de justiça podem ser comparadas às regras de gramática; as regras das outras virtudes, às regras que os críticos estabelecem para alcançar o sublime e elegante na composição. As primeiras são precisas, exatas, indispensáveis; as outras, imprecisas, vagas, indeterminadas, e nos apresentam mais uma ideia geral de perfeição que deveríamos buscar, do que orientações certas e infalíveis para a atingir.[24] (TMS III.6.11, p.175-6; cf. VII.iii.4.1, p.327)

Dos três atributos que Smith estabelece para as regras de justiça (precisas, acuradas e indispensáveis) o mais fácil de ser explicado é o último. Regras de justiça são indispensáveis porque a justiça é o "pilar principal que sustenta todo o edifício" social (TMS II.ii.3.4, p.86), porque elas são o *sustentáculo* da sociedade (TMS II.ii.3.6, p.87). Mais complicado é apontar o porquê de elas serem precisas e acuradas. De sua função de sustentáculo da sociedade pode-se se inferir que elas precisam ser precisas e acuradas. Mas o que precisão e acurácia significam nesse contexto?

> As regras da justiça são acuradas no mais alto grau*, e não admitem exceções, nem modificações, exceto as que podem ser determinadas de modo tão preciso quanto as próprias regras, e que geralmente derivam de fato dos mesmos princípios que essas (TMS III.6.10, p.175; TSM, p.212).

Por regras precisas e acuradas Smith não entende, portanto, regras imutáveis, mas, ao contrário, regras cujas alterações estejam inscritas em sua própria constituição. Mesmo a gramática do latim, com suas declinações nominais e conjugações verbais que parecem aceitar mais exceções que casos regulares, por exemplo, é um conjunto de regras precisas e acuradas, porque todas essas alterações e

24 Há passagens não publicadas onde Smith afirma que essa distinção não é tão clara, ao menos a propósito da punição: "Há de fato um certo grau de variação e imprecisão [*looseness and inaccuracy*] daquilo que pode ser denominado de princípios naturais da punição. Em quase todos os casos, a extensão do direito que foi violado e em que consiste a violação podem ser determinados com precisão exata. Mas o grau do ressentimento ou punição que é devido por essa violação não pode ser facilmente fixado através de regras gerais que possuam qualquer tipo de fundação na natureza; mas varia de acordo com qualquer variação de circunstâncias. E nesse quesito os princípios e regras da punição se assemelham àquelas da beneficência" (Appendix II in TMS, p.390). O caso da punição da sentinela dorminhoca poderia ser lido nesse sentido.

exceções são determinadas pelo mesmo princípio linguístico que anima os casos regulares. Ao contrário das regras de retórica e de boa escrita, cujos princípios não podem ser buscados na própria linguagem: nada na linguagem me impede de usar palavras estrangeiras em lugar de nacionais (LRBL, p.3-5) ou que determine qual a sequência mais adequada de palavras (LRBL, p.5-7) ou o tamanho das orações (LRBL, p.7). Aqui, para Smith, o melhor guia é o sentimento, um princípio extralinguístico (LRBL, p.25). O exemplo de Smith para demonstrar o funcionamento da gramática jurídica é uma dívida [*debt*]:

> Se devo dez libras a um homem, a justiça exige que eu lhe pague exatamente dez libras, ou no tempo acordado, ou quando ele o exigir. O que eu devo cumprir, quanto deveria cumprir, quando e onde devo cumprir, a natureza e as circunstâncias completas da ação prescrita, tudo isso está precisamente fixado e determinado (TMS III.6.10, p.175; TSM, p.212).

No caso do pagamento de uma dívida tudo está determinado: quem paga, quem recebe, quantia, data e local do pagamento. No caso da retribuição por uma benfeitoria, ao contrário, nada está determinado, exceto aquele que deve recebê-la. Mesmo para a gratidão que, dentre todas as outras virtudes, é aquela cujas "regras são as mais precisas, e admitem o menor número de exceções", predomina a indeterminação (TMS III.6.9, p.174; TSM, p.211).

Por serem indispensáveis, precisas e acuradas, as regras de justiça são o objeto mais adequado para o senso de dever. Dessa conjunção resultam "as leis mais sagradas da justiça", exatamente "aquelas cuja violação parece clamar mais alto por vingança e punição". Elas são compostas pelas

> leis que protegem a vida e pessoa do nosso próximo; a seguir vêm as que protegem sua propriedade e posses; por último, o que se chama seus direitos pessoais, ou o que lhe é devido pelas promessas de outros (TMS II.ii.2.2, p.83; TSM, p.104).

Pessoa (corpo e reputação), patrimônio (direitos reais) e direitos pessoais (promessas) são os três objetos privilegiados que caberia às leis de justiça regular e proteger.

6. Formação da gramática legal

Para Smith a justiça é virtude negativa, cujo objetivo é impedir danos e ofensas a outros:

> Consideremos então de quantos modos a justiça pode ser violada, isto é, em quantos aspectos um homem pode ser ofendido. 1º ele pode ser ofendido enquanto homem; 2º enquanto membro de uma família; e 3º, enquanto cidadão ou membro de um estado.[25] (LJA 9-10, p.7; LJB 6, p.399)[26]

Essas são as únicas três possibilidades: direito pessoal, direito familiar e direito público. Para os nossos propósitos, o caso relevante é o primeiro: enquanto homem, o indivíduo pode ser prejudicado em seu corpo (dano corporal ou aprisionamento), em sua reputação e, finalmente, em seu patrimônio (*estate*). O direito a seu corpo e a sua reputação constituem os "*iura homimum naturalia*", seus direitos naturais, já seu patrimônio constitui os "*iura adventitia*", direitos adventícios, isto é, direitos que precisam ser, de alguma forma, inventados e adquiridos (LJA 12, p.8; LJB 7, p.399). Esses últimos podem ser de dois tipos, a saber, real ou pessoal:

25 A respeito da teoria da justiça da justiça de Smith, a análise mais completa continua sendo a de Haakonssen (1981). Segundo ele, o aspecto mais relevante da teoria da justiça de Smith é a retomada da tradição jusnaturalista em termos de direitos individuais, algo que Hume não teria feito (principalmente devido à sua recusa em lançar mão de um vocabulário excessivamente ligado a questões teológicas): "Only if he [Hume] had found a way of seeing the ascription of rights to individuals as part of the process of socialization could he have reconciled rights with his moral theory. [Em nota de rodapé ele continua:] This was one of the most significant philosophical achievements of Adam Smith, who explained justice in terms of rights, rights in terms of injury, and injury in terms of reactions of spectators (ideal or actual)" (1996, p.119, note 14).

26 A LJA e a LJB apresentam basicamente o mesmo conteúdo, mas com diferenças importantes. De modo geral, a LJA é mais detalhada (são quase 400 páginas contra pouco mais de 250 da LJB), ao passo que a LJB é mais bem esquematizada (por exemplo, a questão da origem da propriedade abre a LJA, na LJB, por sua vez, é apresentada no capítulo dedicado ao direito privado – após a discussão sobre o que é a justiça, o direito público e o direito familiar). Sobre essa inversão, ver Haakonssen (1996, p.129 e ss.). Utilizaremos ambas sem problematizar as diferenças entre elas.

> Um direito real é aquele cujo objeto é uma coisa real e que pode ser reivindicado [*claimed*] *quocumque possessore* [não importa quem o possua]. Tais são todos os terrenos [*posessions*], casas, mobiliário.
>
> Direito pessoais são tais que podem ser reivindicados por uma ação judicial [*law-suit*] de uma pessoa particular, mas não são *quocumque possessore*. Tais são todas as dívidas cujo pagamento ou execução [*performance*] pode ser demandada de uma pessoa apenas (LJB 8-9, p.399-400).

Os direitos reais são quatros ("Property, Servitudes, Pledges, and Exclusive Priviledges"; LJB 9, p.400) e os direitos pessoais são três ("contract, quasi contract, or delinquency"). Esses sete direitos, ou melhor, "os objetos desses sete direitos perfazem a totalidade do patrimônio do homem [*man's estate*]" (LJB 10, p.400). Eles são os mais complicados de serem tematizados, tanto teórica quanto praticamente:

> A origem dos direitos naturais é bastante evidente. Ninguém discute que uma pessoa tem o direito a ver seu corpo livre de ofensas [*injury*], e sua liberdade livre de violações [*infringement*] a não ser que exista uma causa adequada. Os direitos adquiridos, como a propriedade, por sua vez, exigem mais explicações. A propriedade e o governo civil dependem em larga medida um do outro. A preservação da propriedade e a desigualdades de posse são as primeiras causas [*first formed it*], e o estado da propriedade deve sempre variar com a forma de governo (LJB 11, p.401).

Direitos naturais (a saber, direitos privados referente ao corpo e à reputação) são evidentes. Direitos adventícios (a saber, direitos de propriedade, direito doméstico e público)[27] não o são, exigindo não apenas a correta instituição de regras a seu respeito, mas igualmente um aparato governamental para obrigar o seu cumprimento, em especial aqueles concernentes à propriedade privada: a preservação da propriedade e, consequentemente, da desigualdade patrimonial, é a primeira função de todo governo civil. O texto da *Riqueza das nações* é bastante claro a esse respeito:

---

27 Haakonssen apresenta um quadro-resumo com todos os direitos no "sistema de jurisprudência natural de Adam Smith" (1981, p.105).

> Na medida em que é instituído* para a segurança da propriedade, o governo civil é, na realidade, instituído para a defesa dos ricos contra os pobres, ou dos que detêm alguma propriedade contra os que não têm propriedade alguma.[28] (WN V.i.b.12, p.715; RN, p.906)

A relação simbiótica entre a propriedade e o governo torna impossível explicar um sem apresentar o outro. A exposição de sua origem conjunta nas obras de Smith apresenta ao menos duas peculiaridades: o recurso ao espectador imparcial e o emprego de uma teoria estadial, que é mais conhecida como teoria dos quatro estágios. De um modo um tanto esquemático, alguns de seus traços fundamentais podem ser sintetizados, como no quadro a seguir:

28 No original: "Civil government, so far as it is instituted for the security of property, is in reality instituted for the defence of the rich against the poor, or of those who have some property against those who have none at all" (WN V.i.b.12, p.715). Uma das diferenças entre o texto das *Lectures on Jurisprudence* em relação àquele publicado na *Riqueza* é a substituição dos conceitos de propriedade (*property*) e patrimônio (*estate*) pelo de *fortuna*. A razão talvez esteja no fato de que, na *Riqueza*, Smith tematiza a origem da autoridade, e não como os direitos se organizam; a questão ali é como uma superioridade patrimonial se torna o fundamento adequado e legal da autoridade do governo (em uma passagem que enfatiza o papel secundário das considerações racionais a esse respeito).

Quadro 2: Teoria dos quatro estágios[29]						
Comunidade	**Atividade econômica**	**Propriedade privada**	**Desigualdade**	**Autoridade política**	**Governo**	**Exemplos**[30]
Selvagens	Caça/coleta	Não há	Não há	O melhor guerreiro, o mais velho, o mais sábio etc.	Não há	América setentrional (colônias)
Bárbaras	Pastoreio	Riqueza móvel (rebanhos)	A maior possível (um único rico)	O mais rico: proprietário do rebanho (riqueza = poder)	Autoritário (o mais rico legisla, executa e julga)	Povos germânicos, mongóis e muçulmanos
Pouco civilizadas	Agricultura	Riqueza imóvel	Grande (poucos proprietários)	O mais rico: proprietário da terra (riqueza = poder)	Algumas instituições (códigos e tribunais)	Roma republicana e Europa medieval
Muito civilizadas	Comércio	Riqueza mercantil	Grande, mas potencialmente gradual (riqueza se espalha)	Não necessariamente o mais rico (riqueza ≠ poder)	Institucionalizado (separação e especialização dos poderes)	Grécia antiga, Roma imperial, Grã-Bretanha e França (séc. XVIII)

Dentro de cada estágio, o espectador imparcial é invocado para resolver problemas de ordem geral e particular, cabendo a ele, pois, (des)aprovar o ressentimento daquele que sofre a ofensa, de modo a determinar, em alguns casos de modo completo, os limites das regras de propriedade. Tais problemas são peculiares a cada estágio, numa sucessão que garante um aumento progressivo da complexidade das leis de propriedade. Mas vejamos isso com calma.

Smith aponta as cinco possíveis fontes da propriedade: ocupação, acessão, prescrição, sucessão e transferência voluntária (LJB 149, p.459; LJA i.26, p.13-4). Aqui apenas a ocupação será brevemente analisada. A determinação da validade da ocupação, como de toda a propriedade (e, se quisermos, de toda a justiça), é o espectador:

29 Sobre ela ver Meek (1976); Pocock (1999); Marouby (2005), Sebastiani (2013) e Marchevsky (2018).

30 Elenquei sete itens por mera conveniência. As colunas poderiam ser facilmente multiplicadas: costumes (dos mais 'viris' aos menos), religião (da superstição à religião racional), modo de guerrear, linguagem, arte, ciência etc.

> A ocupação parece estar bem fundamentada quando o espectador pode compartilhar [*go along with*] meu [sentimento da] posse do objeto, e aprovar quando defendo minha posse pela força. Se apanhei alguns frutos selvagens pareceria razoável ao espectador que eu dispusesse deles como quisesse (LJB 150, p.459).

O problema básico gira em torno dos limites da posse imediata, nomeada de ocupação: "A primeira coisa que chama a atenção [*requires notice*] na ocupação entre caçadores é o que a constitui e quando ela começa, se no momento da descoberta do animal selvagem ou depois de ele estar realmente em posse [do caçador]" (*ibidem*). O estabelecimento da atividade econômica predominante é fundamental: no primeiro estágio todos os casos girarão em torno da coleta de uma fruta ou da captura de um animal. Mas mesmo ali é o espectador imparcial que intervirá para criar a propriedade a partir da posse:

> A primeira coisa a ser observada [*attended to*] é como a ocupação, isto é, a mera posse de um objeto, nos fornece um direito exclusivo sobre o objeto adquirido. Como chegamos a imaginar que um homem, por colher uma maçã, possui um direito àquela maçã e o poder de excluir todos os outros – e a considerar que uma ofensa é cometida quando tal objeto é tomado de seu possuidor. [... P]odemos considerar que alguém sofreu uma ofensa quando um espectador imparcial de alguém que acha que foi ofendido, juntar-se a ele em sua preocupação [*concern*] e o acompanhar enquanto defende o objeto em sua posse contra qualquer ataque violento ou emprega a força para recuperar o que foi injustamente [*wrongfully*] arrancado de suas mãos. [...] A causa da simpatia ou concordância [*concurrence*] entre o espectador e o possuidor é que o primeiro entra nos pensamentos do segundo e concorda com sua opinião, de que ele pode formar uma expectativa razoável [*reasonable expectation*] de utilizar o fruto ou o que quer que seja do modo que preferir (LJA i.35-7, p.16-7).

A propriedade de algo que está em minha posse (ou da qual eu fui o primeiro possuidor) está fundada no fato de que a minha *expectativa de usufruto* é partilhada por qualquer espectador imparcial, ao passo que ele não pode partilhar dos sentimentos de alguém que interfira nesse usufruto:

> No espírito [*mind*] do espectador, essa expectativa justifica a tentiva do possuidor de se defender de quem busca privá-lo do que ele previamente adquirira ou de recuperar esse bem pela força. – O espectador compartilha de sua expectativa, mas ele não pode compartilhar da intenção [*designs*] daquele que toma os bens do primeiro possuidor (LJA i.37, p.17).

Em caso de interferência sobre minha posse, o espectador partilha de meu ressentimento ante aquele que nela se intromete, simpatizando comigo e não com ele. Eis o fundamento da propriedade baseada na posse para Smith: o compartilhamento da expectativa de usufruto, uma expectativa socialmente validada através da simpatia.

Podemos assim passar para a segunda questão: a determinação da posse no tempo, seu início e final. Comecemos pelo início: "em que momento se considera que a propriedade começa com a ocupação. – Quando avistamos o objeto, ou quando o temos de fato em nossa posse [*actual possession*]" (LJA i.37, p.17). Aqui a regra continua sendo a posse efetiva, mas é necessário entrar numa análise de casos particulares que serão circunscritos pela atividade econômica predominante do estágio em questão (no caso, caça ou colheita):

> Na maior parte dos casos, não se considera que a propriedade de um objeto tenha início até que ele esteja de fato em minha posse. Uma lebre acuada não parece estar ainda inteiramente em meu poder; posso ter uma expectativa de obtê-la mas ainda pode ocorrer dela me escapar. O espectador não vai tão longe comigo e não considera que eu estaria justificado em exigir uma reparação pela ofensa que fosse cometida contra mim, caso alguém subtraisse essa caça de meu poder (LJA i.38, p.17-8).

As múltiplas soluções propostas a esse respeito deixam claro que há um grau de arbitrariedade inevitável: há juristas que pensam que a propriedade começa com o ferimento, outro apenas com a posse efetiva; há juristas que fazem distinção a partir da arma pela qual o ferimento foi feito (um projétil não determinaria propriedade, uma arma de mão sim); há autores que estabelecem uma divisão da propriedade em caso de ferimento não mortal seguido, dentro das 24 horas seguintes, por um ferimento mortal por outra pessoa etc. Mesmo aqui, no estágio mais simples, algum tipo de poder capaz de arbitrar as contendas em potencial é necessário, mas como nesse estágio há apenas fontes pessoais de autoridade, talvez o mais forte ou inteligente, provavelmente o mais idoso da comunidade, será o encarregado pela decisão. A próxima questão diz respeito à continuidade temporal e ao final da propriedade (LJA i.40, p.18). Aqui, mais uma vez, a posse efetiva é a primeira regra que surge:

> De partida, assume-se que a propriedade termina assim como inicia, com a posse. Considera-se que uma coisa deixa de ser minha, em qualquer sentido, assim que perco a posse imediata dela. Se um animal selvagem que capturei escapa de meu poder, não é mais considerado meu. Mas como existe uma conexão maior entre o possuidor que perde a posse da coisa que ele obtivera do que aquela que havia antes dele a ter obtido, considera-se que a propriedade se estende um pouco além, e inclui não apenas aqueles animais que possuo no momento presente, mas também aqueles que possuí, apesar de no momento estarem fora de meu alcance, com a condição de que eu [ainda] esteja os procurando e de que exista a probabilidade de que eu os recupere (LJA i.41, p.18-9).

Fica claro que problemas surgem sempre que a posse atual não é evidente, o que pode ocorrer não apenas quando se perde a posse imediata de um objeto facilmente apreensível, mas também quando o objeto em questão é de apreensão mais complicada. Smith trata essa questão a partir de duas séries de casos hipotéticos, o primeiro de alguém no movimento de pegar uma maçã de uma árvore sendo interrompido por um segundo agente, o segundo de alguém caçando, mas igualmente interrompido por um segundo agente, seguido pelas considerações respectivas de um espectador (LJA i41-4, p.19). Tais casos estão resumidos no quadro a seguir:

Quadro 3: Juízo do espectador imparcial em casos de ofensa

Segundo agente interfere quando o primeiro	**Consideração do espectador imparcial**
está indo pegar a maçã.	Incivilidade, mas não roubo.
coletou a maçã, mas ela caiu no chão.	Incivilidade beirando o roubo.
coletou a maça. O segundo a toma de sua mão.	Roubo.
está caçando uma lebre.	Incivilidade.
capturou a lebre. Ela foge e a caçada continua.	Incivilidade beirando o roubo.
capturou a lebre. Ela foge e é perdida de vista.	Perda do direito sobre a caça.

No primeiro estágio, a única situação que verdadeiramente pode gerar controvérsias, portanto, é o ato da caça, uma vez que é apenas ali que a posse não está inteiramente assegurada. Uma vez em posse da caça (e não se caça algo que não seja móvel e passível de ser carregado) não há mais discussão alguma possível: "entre selvagens a propriedade começa e termina com a posse e não parece que possuam qualquer ideia de propriedade de algo que não esteja próximo a seus corpos" (LJB 150, p.460; cf., LJA i.44, p.20). Tal é o caso, por exemplo, dos instrumentos de caça, objetos individuais, facilmente carregados pelo seu possuidor e enterrados junto a ele por ocasião de sua morte, não se tornando, pois, assunto de controvérsias.

A situação muda conforme se passa ao estágio seguinte, de pastoreio: em que consiste a posse e a propriedade de um rebanho? O eixo da resposta está na noção de domesticação e passa pelo concomitante aumento da extensão da propriedade para além da posse. O primeiro a domesticar um animal pode clamar sua posse (LJA i.46, p.20). A mudança no tipo de atividade econômica predominante afeta a ocupação: com a caça e a coleta, a posse atual determina a propriedade, mas o pastoreio estabelece uma primeira distinção entre posse e propriedade. Qualquer animal passível de ser domesticado é relativamente independente em relação às pessoas. A solução se encontra na noção de primeira ocupação: proprietário é aquele que domesticou o animal (que primeiro o possuiu). Smith enfatiza que esse processo exige um aumento da extensão da noção de propriedade que culmina com a apropriação da terra, já no estágio agrícola. A agricultura é indissociável do processo de sedentarização da humanidade e desencadeia um alargamento progressivo da noção de propriedade, primeiro as residências fixas, depois o próprio terreno onde essas residências foram construídas:

> No início, a noção de propriedade parece ter sido confinada ao que estava próximo a uma pessoa, suas roupas e instrumentos dos quais poderia precisar. Naturalmente esse seria o costume entre caçadores, cuja ocupação continuamente os leva a mudar de lugar de estadia.
>
> A introdução dos rebanhos torna sua habitação um pouco mais fixa, mas ainda consideravelmente incerta. [...] Por que uma cabana deveria ser propriedade de alguém que a deixa periodicamente? Uma caverna ou gruta seria considerada como pertencente àquele que dela tomou posse enquanto ele ali permanecesse; mas não parece que ele teria qualquer direito a ela amanhã à noite por

> ter ali se protegido hoje. A introdução da propriedade de casas, portanto, deve ter sido [obtida] pelo consenso comum dos vários membros de alguma tribo ou sociedade (LJA i.47-8, p.20-1).

Dois pontos valem ser destacados: primeiro, o estabelecimento de novas atividades econômicas impulsiona alterações na noção de propriedade; segundo, a propriedade de bens imóveis demanda o consentimento da comunidade, de modo a ser necessário uma decisão que sustente essa instituição. Formas menos simples de propriedade envolvem, necessariamente, uma decisão de natureza política (nesse exemplo, o consenso da comunidade), capaz de estabelecer e sustentar inclusive os elementos arbitrários envolvidos em sua delimitação.

> Considerar-se-ia que a propriedade do local [*spot*] sobre o qual a casa foi construída deixaria [de existir] tão logo ele a deixasse, do mesmo modo que os assentos em um teatro ou uma tenda na praia pertencem a alguém apenas enquanto elas estão ocupadas. Não é fácil conceber como um objeto de tamanha extensão, como um terreno, deva pertencer a um objeto tão pequeno como um único homem. Seria mais fácil conceber que um corpo grande como a sociedade como um todo seja a proprietária da terra (LJA i.48-9, p.21).

A desmesura entre a grandeza da terra e a pequenez do homem dificulta o trabalho da imaginação (i.e., a associação dessas ideias), fazendo com que o primeiro tipo de propriedade fundiária tivesse como referência a própria comunidade: essa passagem dá a entender que, para Smith, o mais provável que a primeira apropriação da tenha sido comunal. Mesmo com a introdução da agricultura, em princípio, é apenas a presença efetiva do indivíduo sobre um determinado trecho que lhe garantiria algum direito (LJA i.51, p.22). Assim, para a origem da apropriação privada da terra convergem dois processos, um socioeconômico, outro político: a sedentarização legada pela agricultura em conjunto a uma decisão, no fundo arbitrária, seja por parte de uma aristocracia citadina (LJA i.51-2, p.22), ou pela comunidade como um todo (LJB 151, p.460). Ainda que os dois cursos divirjam a propósito da forma particular do ato em questão, em ambos os casos não há dúvida: é um *ato político que instaura a propriedade fundiária*. Smith não chega a analisar em particular nenhum desses casos (decisão aristocrática ou consentimento da comunidade), mas cada um está ligado a um tipo específico de governo, aristocrático ou democrático, cada um respectivamente mais próximo de um dos princípios de toda sociedade: autoridade e utilidade (LJB 12, p.401). Em última instância, eles também são fortuitos, dependendo da história única de cada sociedade.[31] Isso nos lembra que a precisão e acurácia de qualquer regra, mesmo as de justiça, só pode ser determinada em relação a uma situação particular.

7. A função reguladora das regras: leis contra usura

No sistema de Smith, as regras desempenham duas funções primordiais, uma relacionada aos indivíduos, a outra referente à sociedade como um todo, respectivamente *facilitar o processo decisório* (ver seção 3, acima) e *regular a interação passional*. Elas podem atuar nessa segunda função pois são capazes de alterar uma ou mais circunstâncias no contexto em que essas paixões se tornam atos. A forma mais fácil de ver isso é através de um exemplo. Vejamos a defesa que Smith faz das leis contra usura:

> Em países em que os juros são autorizados, a lei em geral fixa, a fim de impedir a extorsão pela usura, a taxa máxima que se pode cobrar sem incorrer em penalidades. Essa taxa deve ser sempre um pouco superior ao preço mínimo de mercado, ou seja, ao preço que normalmente pagam pela utilização do dinheiro, os que oferecem segurança absoluta (WN II.iv.14, p.356; RN, p.447).

Antes de qualquer outra coisa, essa lei deve ser bem estabelecida em relação às condições econômicas vigentes: se o valor máximo permitido estiver abaixo do valor mínimo observado no mercado, isso significa uma restrição total. Se ela estabelecer um máximo igual ao menor valor observado no mercado, ela arruinará "o crédito de todos os que não têm condições de oferecer as melhores garantias [*the*

31 A história estadial de Smith é conjectural (e não circunstancial, como a *História da Inglaterra*, de Hume), apresentando, basicamente, a trajetória mais provável (ou mais prováveis) de acordo com os princípios de sua filosofia moral. Sua função heurística é a mesma de todas as demais conjecturas: oferecer um ponto de referência com o qual a história das sociedades particulares pode ser comparada. O livro III da *Riqueza das nações*, onde a história da Europa após a queda do Império romano é avaliada comparativamente a essa teoria, deve ser lida nesses termos.

very best security]". A lei deve, portanto, estabelecer um limite máximo um pouco acima do mínimo observado:

> Num país como na Grã-Bretanha, onde o dinheiro é emprestado ao governo a 3% e às pessoas privadas, com boas garantias a oferecer, a 4% ou 4,5%, a atual taxa legal de 5% talvez seja a mais apropriada (*ibidem*; RN, p.448).

Se ela estabelecer um limite máximo muito acima do menor valor observado no mercado ela perde sua utilidade e é como se ela não existisse (WN II.iv.15, p.357). Smith considera que, ao menos desde Henrique VIII, os estatutos regulatórios britânicos a esse respeito podem ser vistos como exemplares, afinal, "parecem ter sido estabelecidos com grande propriedade [*propriety*]" (WN I.ix.5, p.106; RN p.113). Sem um limite máximo legal, ou com um limite muito acima do valor normalmente observado no mercado, o emprestador buscaria elevar ao máximo a taxa de juros cobrada, o que, aos olhos de Smith, resultaria numa alteração do *tipo de tomador de empréstimo*:

> Pessoas sensatas [*sober*], que só aceitam pagar pelo uso do dinheiro uma parte do que provavelmente ganharão com esse uso, não se aventurariam a entrar na competição* [*competition*]. Assim, grande parte do capital do país se manteria fora do alcance dos que teriam mais possibilidade de a utilizar de modo lucrativo e vantajoso, sendo então lançada nas mãos dos que mais provavelmente a desperdiçariam e destruiriam. Ao contrário, onde a taxa legal de juros é fixada um pouco acima do preço mínimo de mercado, sempre se preferem, como devedores, pessoas sensatas, em detrimento das pródigas e imaginosas [*projectors*] (WN II.iv.15, p.357; RN p.449).

Smith compreende a diferença entre sensatez e prodigalidade, ou melhor, entre uma pessoa prudente e outra pródiga, a partir de duas estruturas diferentes de gasto privado, enraizadas em dois tipos diferentes de paixões, e que geram dois tipos de perspectiva de sobrevivência do capital emprestado. O pródigo é normalmente impulsionado por uma paixão extravagante, como a ambição ou a vaidade, nas quais a imaginação opera sem um senso de realidade correto, como se corresse sem freios. Leis contra a usura interferem precisamente aí, diminuindo o espectro de possibilidades dessa extravagância ao aumentar a competição pelos fundos disponíveis. Taxas de juros extremamente altas atraem apenas projetos fantasiosos (com expectativas de retorno muito acima dos "lucros ordinários [*ordinary profits*]"), envolvendo riscos maiores e que, mais frequentemente que o contrário, levam à perda do capital da sociedade como um todo. Ao estabelecer um teto legal aos juros cobrados, essa regra aumenta o número de potencial tomadores de empréstimo, permitindo às "pessoas sensatas" considerar tomar emprestado junto ao fundo social de crédito disponível. Smith acredita que uma regra dessa natureza, ao aumentar a competição do lado da demanda, levaria ao aumento da qualidade desses empréstimos:

> O credor recebe das primeiras quase os mesmos juros que ousa cobrar das últimas, embora esse dinheiro esteja muito mais seguro nas mãos do primeiro grupo de pessoas do que nas do outro. Grande parte do capital do país é, assim, depositada [*thrown into*] nas mãos dos que têm maior probabilidade de empregá-la com vantagem (*ibidem*).

Para Smith, altas taxas de juros diminuem a competição entre os potenciais tomadores de empréstimo. Como muitos depois dele, Bentham não aceitou esse raciocínio:

> Como o senhor observou muito bem, embora muito pouco adaptadas à situação do pródigo, taxas de juros altas e extraordinárias são, sem dúvida, particularmente adaptadas à situação daquele que executa projetos [*projector*]. Não, contudo, adaptada apenas à situação daquele que o faz de modo imprudente [*imprudent projector*], nem mesmo a seu caso mais do que dos outros, mas àquela de quem o faz de modo prudente e bem fundamentado [*prudent and well-grounded projector*], se tal ser existir (*Em defesa da usura*, 1787, Carta 13).

O pressuposto benthamita está muito mais de acordo com crenças econômicas contemporâneas onde a taxa de juros responderia ao risco associado aos projetos. *Projectors* podem então ser definidos como aqueles que buscam grandes retornos, estando dispostos a executar projetos de alto risco, daí terem de lidar com taxas de juros mais altas. Com Bentham, a figura daquele que age a partir de projetos (como empreendedores) deixa de vez o campo moral: *projectors* podem ser prudentes ou imprudentes, como qualquer outra pessoa, seu "negócio [*trade*]" simplesmente demanda que eles lidem com riscos maiores (e maior incerteza) mais frequentemente que outros homens de negócios. A teoria econômica de Smith simplesmente não funciona desse modo: o que ali está em jogo é a *interação entre regras e paixões*. Isso pode ser visto no modo como Smith entende o tipo de comunicação que sustenta as relações mercantis. Comércio é essencialmente comunicação (WN I.ii.2, p.25-6) e para obter dinheiro, o potencial tomador de empréstimo deve persuadir aquele que empresta. Nos termos da *Teoria* (TMS I.i.3.2, p.17), emprestar dinheiro para a execução de um projeto fantasioso significa aprovar a extravagância passional desse *projector*. Sua ambição é impulsionada por uma autoavaliação excessiva, por uma "opinião pessoal excessivamente confiante" somada a uma "absurda presunção" em relação "à própria boa fortuna" (WN I.x.b.26, p.124). Ele acaba superestimando os ganhos potenciais e subestimando os riscos (WN I.x.b.27-8, p.125-6), além de associar uma igualmente "presunçosa esperança de sucesso" a seus projetos (WN I.x.b.33, p.128), precisamente aquela que o traz mais próximo daquela "ideia distante de felicidade [*felicity*]" que ele associa a riqueza e poder (TMS IV.1.8, p.181). Para Smith, o diferencial da taxa de juros é muito mais signo do diferencial de extravagância passional dos tomadores de empréstimo que do diferencial de risco associado aos projetos. Que melhor prova de que alguém não está pensando adequamente do que a disposição a tomar um empréstimo a juros exorbitantes... e isso vale para qualquer tipo de projeto, empresarial ou pessoal. O *projector* de Smith é muito mais uma figura moral que econômica: ele é alguém que assume riscos maiores que os ordinários porque confia em demasia em suas habilidades e fortuna. Emprestar dinheiro a alguém assim significa aprovar (e validar socialmente) essa superestimanção pessoal e uma economia que opere com taxas de juros elevadas é indulgente com as paixões extravagantes. O verdadeiro alvo das leis anti-usura de Smith é precisamente esse excesso de auto-estima: taxas menores atraem mais demandantes, aumentando a competição e complicando o processo de convencimento do tomador de empréstimos. Do ponto de vista passional, isso significa que o *projector* terá de se tornar um melhor avaliador de si mesmo (seus juízos a respeito de si próprio terão de ser mais próximos a suas reais possibilidades) se quiser o empréstimo. Para regular um curso extraordinário da natureza (os excessos causados pelo trabalho sem limites da imaginação de um *projector*) uma das opções que o soberano possui em sua caixa de ferramentas consiste em estabelecer um teto legal às taxas de juros. Isso leva a um engajamento sentimental mais sério e rigoroso por parte dos demandantes de empréstimos, consequentemente, reduzindo as perdas do capital social. Finalmente, do ponto de vista da teoria da sociedade, uma lei anti-usura bem estabelecida é um dispositivo artificial que permite à sociedade melhor seguir seu curso natural.[32]

8. Revertendo o curso natural da sociedade: subsídios

Regras bem concebidas e dimensionadas ao contexto preciso em que se inserem imediatamente sugerem o seu inverso, regras mal concebidas ou mal dimensionadas, regras que, ao invés de auxiliar o curso da natureza, contrapor-se-ão a ele. O exemplo que seguiremos aqui é a crítica smithiana a "subsídios ou prêmios [*bounties*] sobre exportação" (WN IV.v.1, p.505). O caso mais importante por ele analisado é o do "subsídio parlamentar sobre a exportação de cereais [*corn*]",[33] concedido em 1688 pelo Parlamento inglês.[34] Um *bounty* sobre exportações é um tipo de prêmio ou subsídio monetário dado por uma quantidade determinada de um bem específico por ocasião de sua saída do país. O subsídio sobre o cereal era "um expediente para artificialmente aumentar" seu preço (WN I.xi.g.10, p.215) e cujo "fim declarado" era "encorajar a lavoura [*tillage*]", mesmo "nos anos mais abundantes" (WN I.xi.g.12, p.216). As técnicas modernas de cultivo aumentavam consideravelmente a produtividade (fazendo o preço real cair), mas consis-

32 "Aider la nature – et c'est là toute l'ambigüité du libéralisme naissant –, c'est ne rien faire, laisser faire la nature, ne pas intervenir, mais ce peut être aussi à l'occasion se montrer artificieux, c'est-à-dire savoir lorsqu'il le faut opposer la nature à elle-même au nom de l'intérêt supérieur de la survie» (Deleule, 1979, p.283).

33 Nesse contexto, *corn* significa o cereal mais importante produzido em um determinado país ou região, por exemplo, trigo na Inglaterra e aveia na Irlanda e Escócia.

34 O requerimento e concessão desse subsídio é um excelente exemplo de como circunstâncias fortuitas dão forma ao desenvolvimento histórico: (1) o baixo preço do trigo (cujo mínimo teria sido alcançado em 1687), (2) a publicação das estimações de Gregory King sobre o preço contratado por atacadistas de trigo junto aos produtores, (3) a composição parlamentar pendendo para o lado da aristocracia rural e (4) um rei ainda frágil (Guilherme III) (5) tentando estabelecer um imposto anual sobre a terra (WN I.xi.g.8-10, p.214-5).

tiam em procedimentos caros, demandando grandes capitais e, mais importante, um preço de mercado elevado (ou ao menos igual ao preço real) capaz de pagar todos os custos incorridos pelo produtor.[35] Os cereais estão no núcleo da teoria economia de Smith,[36] de modo que a relação do trigo com a prata (isto é, ao preço monetário, nominal ou de mercado dos cereais e suas variações) adquire um estatuto único em sua teoria. Em sua longa "Digressão sobre as variações no valor da prata ao longo dos últimos quatro séculos", ao final do Livro I da *Riqueza*, o preço médio dos cereais é o instrumento de medida das variações do valor da prata[37] (ver os quadros ao final do capítulo, WN I.xi.p, p.267-75; RN, p.333-35). Esses dados empíricos mostram que o preço médio dos cereais era declinante desde 1688, o que muitos afirmavam ser efeito do subsídio (WN.IV.v.a.5, p.506-7). A linha de raciocínio era basicamente a seguinte: o subsídio permite ao cereal nacional ser vendido mais barato em outros países, aumentando sua demanda externa, além de também aumentar o preço recebido pelo produtor, encorajando novos investimentos. A soma desses dois elos levaria a um tal aumento na produtividade que o preço cairia, sendo, no final das contas, benéfico a todos (WN IV V.a.7, p.507-8). Smith não concorda. Primeiro,

35 "No preço do trigo [*corn*], por exemplo, uma parte paga a renda do proprietário de terra, outra paga os salários ou a manutenção dos trabalhadores, assim como a dos animais de trabalho empregados na sua produção, e a terceira constitui o lucro do arrendatário. Essas três partes parecem constituir imediatamente, ou em definitivo, o preço total do trigo" (WN I.vi.11, p.68; RN, p.63). O "preço real" de Smith foi inspirado no "*bon prix*" fisiocrata, isto é, o preço mínimo que permite a reprodução do mesmo processo produtivo (o custo de produção, incluindo salários e renda da terra, mais o lucro 'normal' do setor).

36 De modo que seu preço monetário "regula o preço de todas as demais mercadorias produzidas no país" (WN IV.v.a.13-4, p.509-10; RN, p.641). Isso ocorre, fundamentalmente, porque os "cereais [são] o alimento da gente do povo [*Grain, the food of the common people*]" (WN I.viii.33, p.93; RN, p.94).

37 Para Smith haveria uma maior estabilidade no salário calculado em provisões do que em dinheiro: "em épocas bastante afastadas umas das outras, iguais quantidade de serão adquiridas por quantidade de trigo (a subsistência do trabalhador) mais aproximadamente do que as quantidades de ouro e prata ou, talvez, do que qualquer outra mercadoria. Logo, iguais quantidades de trigo, em épocas bastante distantes umas das outras, terão aproximadamente o mesmo valor real, ou permitirão ao seu possuidor comprar ou adquirir quantidades mais aproximadamente iguais de trabalho de outras pessoas" (WN I.v.15, p.53; RN, p.44; cf. WN I.xi.g.16, p.216).

> Seria mais apropriado, talvez, considerar essa variação no preço médio em dinheiro do trigo como o efeito antes de algum aumento gradual no valor real da prata no mercado europeu do que de alguma queda no valor real médio do trigo (WN I.xi.g.16, p.216; RN, p.255).

Se é verdade que a descoberta das minas sul-americanas levou à queda do valor do dinheiro na Europa, esse efeito teria acabado na década de 1630 (WN I.xi.g.1, p.211). A partir daí, ao menos na Grã-Bretanha, a guerra civil (WN I.xi.g.3, p.212), o subsídio (WN I.xi.g.4, p.212) e o aviltamento das moedas de prata (WN I.xi.g.5, p.213) teriam feito o preço da prata cair, aumentando o preço nominal dos cereais. A partir do fim do século XVII em diante, o preço da prata teria continuamente subido devido ao aumento da demanda causada por dois fatores: uso da prata como moeda no mundo inteiro (WN I.xi.g.25-9, p.220-5) e o aumento do consumo de prata para uso industrial (WN I.xi.g.30, p.225-6). Para Smith, esses são os reais motivos da queda no preço nominal dos cereais, e não o subsídio. Os verdadeiros efeitos desse último teriam sido de natureza completamente diversa:

> seja qual for a extensão* do mercado externo que o subsídio às exportações possa conquistar, isto ocorrerá, todos ano, inteiramente às expensas do mercado interno [...]. Observe-se que o subsídio ao trigo, a exemplo de todos os subsídios à exportação, faz incidir dois tributos* [*taxes*] diferentes sobre a população: primeiro, o tributo* que é obrigada a recolher a fim de pagar o subsídio; em segundo lugar, o tributo* que consiste no elevado preço da mercadoria no mercado interno, o qual tem de ser pago por toda a população [*the whole body of the people*], pois todo o conjunto desta última é comprador de trigo. No caso específico dessa mercadoria, portanto, o segundo tributo* é em larga medida o mais oneroso. [...] Um tributo* de tal modo oneroso, incidente sobre o artigo de maior necessidade [*first necessary of life*], deve reduzir os meios de subsistência do trabalhador pobre ou causar algum aumento de seu salário, proporcional ou incidente sobre seu sustento. Na medida em que causar o primeiro efeito, deve esse tributo reduzir a capacidade de o trabalhador pobre criar e educar seus filhos, tendendo ainda, nessa medida, a reduzir a população do país. Na medida em que causar o segundo efeito, deve reduzir a

> capacidade que os empregadores dos pobres têm de empregar um número tão grande destes como aconteceria noutras circunstâncias [*as they otherwise might do*], tendendo por conseguinte, nessa medida, a restringir a atividade [*industry*] do país (WN IV.v.a.8, p.508; RN, p.640-41).

Se a primeira concessão desse subsídio pode ser explicada por uma conjunção peculiar de fatores fortuitos (WN I.xi.g.8-10, p.214-5 – ver nota 34 acima), sua permanência por tanto tempo exige outras explicações. A mais importante é a prevalência da absurda

> doutrina da balança comercial, na qual se basearam não apenas essas restrições, mas quase todas as demais regras do comércio. Quando dois lugares comerciam entre si, supõe essa doutrina que se a balança se mantiver equilibrada, nenhum deles ganhará ou perderá; mas, se a balança se inclinar em qualquer grau para um dos lados, um deles perde e o outro ganha conforme o desvio do ponto exato de equilíbrio. Ambas as suposições são falsas. Como procurarei mostrar adiante, o comércio imposto por subsídios e monopólios pode e costuma ser desvantajoso para o país em cujo favor se estabeleceu (WN IV.iii.c.2, p.488; RN, p.610-11).

Essa absurda doutrina foi "originalmente inventada e propagada" pelo "espírito de monopólio" (WN IV.iii.c.10, p.493; RN, p.617) e consiste, basicamente, no mais mesquinho egoísmo transformado em teoria. Aqueles tomados por ele consideram seu interesse privado como o único fim válido (ou, ao menos, como estando muito acima de todos os outros), buscando impô-lo sobre a sociedade como um todo.[38] Para atingir seus objetivos, eles recorrem a raciocínios traiçoeiros e "sofística" (*ibidem*, p.493-4; IV.i.9, p.433), incitando "preconceitos populares" (WN IV.v.b.23, p.533; IV.i.5, p.431) e inflamando "preconceitos nacionais e a

38 Sobre a legislação que os manufatureiros de lã conseguiram implementar na Inglaterra e na Grã-Bretanha, ao longo dos séculos XVI ao XVIII, Smith aponta que "ouso afirmar que a mais cruel de nossas leis fiscais [*revenue laws*] é suave e branda em comparação com algumas das leis que o clamor de nossos comerciantes e manufatores arrancou ao legislativo para manterem seus absurdos e opressivos monopólios. Pode-se dizer que, assim como as leis de Draco, todas essas leis foram escritas com sangue" (WN IV.viii.14, p.647-8; RN p.822).

animosidade" entre países (WN IV.iii.a.1, p.474). Chegam mesmo a corromper a moral de legisladores (WN IV.viii.20, p.649). Em seu núcleo, o "ciúme comercial [*mercantile jealousy*]" (WN IV.iii.c.13, p.496), originada no "espírito corporativo [*corporation spirit*]" de segredo e sigilo (WN I.x.c.22, p.142), escolhendo "alguns bens" (lã e linho, na Grã-Bretanha) como "objetos particulares" e sujeitando-os a medidas monopolísticas (WN IV.iv.7, p.500).

> Artifícios tortuosos de comerciantes reles [*sneaking arts of underling tradesmen*] são assim erigidos em máximas políticas para a direção* [*conduct*] de um grande império. [...] Máximas como essas, entretanto, têm ensinado às nações que seu interesse consiste em empobrecer todos os seus vizinhos. Fez-se cada nação olhar com cobiça [*invidious eye*] para a prosperidade de todas as nações com que comercia, e a considerar o ganho destas como perda para si mesma (WN IV.iii.c.8-9, p.493; RN, p.616-17).

A natureza de ganho mútuo do comércio (WN I.ii.2, p.26-7; IV.iii.c.2, p.489) é reduzida a um jogo de soma-zero, "transformando-se na mais fecunda fonte de discórdia e de animosidade" (*ibidem*). A suspeita (*jealousy*) e a inveja (*envy*) invertem o funcionamento da simpatia, transformando paixões egoístas em paixões insociáveis (ver 3.1-2). Apesar de ser capaz de "confundir o senso comum da humanidade", a "sofística interesseira dos comerciantes e manufatores" dificilmente pode ser considerada sofisticada em sua negação de verdades evidentes sobre o real interesse do "grande corpo do povo [*great body of the people*]". No fundo, há sempre algo de ridículo em tentar mostrar a falácia em algumas das suposições e argumentos mercantilistas (WN IV.iii.c.10, p.494; IV.i.17, p.438).

O caso do subsídio dos cereais é particularmente interessante porque *o cereal não é um dos objetos particulares do "ciúme mercantil"* (WN IV.iv.7, p.500). Esses subsídios, como visto, foram introduzidos por proprietários fundiários, em contradição com seus verdadeiros interesses (WN I.xi.p.8, p.265, ver 6.4). Por que eles formularam uma medida tão incongruente?

> Ao introduzir o elevado imposto [*duties*] sobre a importação de trigo estrangeiro, equivalente em tempos de moderada abundância à proibição, e ao instituir o subsídios, nossa aristocracia rural parece ter imitado a conduta de nossos manufatores. [...]

> Talvez não tenha nossa aristocracia atentado para a grande e essencial diferença, estabelecida pela natureza, entre o trigo e quase todos os outros tipos de mercadorias (WN IV.v.a.23-24, p.515; RN, p.648).

Ao contrário da fabricação de lã e linho, cujas medidas monopolísticas geraram de fato um aumento em seu preço real, as medidas impositivas sobre o mercado de cereal afetam unicamente seu preço nominal:

> A natureza das coisas imprimiu no trigo um valor real que não se pode alterar apenas alterando-se seur preço. [...] Os tecidos de lã ou de linho não são mercadorias reguladoras, pelas quais o valor real de todas as demais mercadorias será em última instância medido e determinado – o trigo é. O valor real de todas as demais mercadorias, em última instância, é medido e determinado pela proporção que seu preço médio em dinheiro guarda com o preço médio em dinheiro do trigo. O valor real do trigo não varia de acordo com essas variações de seu preço médio em dinheiro, que às vezes ocorrem de um século para outro. É o valor real da prata que se modifica de acordo com essas variações (*ibidem*, p.515-6; RN, p.648-49).

Proprietários de terra imitaram manufatores sem uma "compreensão completa de seu próprio interesse" (WN IV.v.a.24, p.516; cf. I.xi.p.8, p.265). Mas, afinal, quais as consequências econômicas dos subsídios? O modo mais simples de compreendê-las é apontar os efeitos deletérios dos "subsídios por tonelagem dado à pesca de arenque branco e baleia," que existiam à época na Escócia (WN IV.v.a.26, p.518). Seguindo a mesma lógica do caso dos cereais, eles "parecem ter sido tomados de empréstimo" da Holanda. O problema geral dos subsídios é o tipo de estrutura de incentivos que eles estabelecem:

> Tais subsídios costumam ter o efeito de incentivar empresários imprevidentes [*rash undertakers*] a se aventurar em negócios [*business*] que não compreendem, de modo que as perdas causadas por sua própria negligência e ignorância compensam com sobras tudo

> o que poderiam ganhar graças às extrema liberalidade do governo (WN IV.v.a.35, p.522; RN, p.656).

Um subsídio desse tipo distorce o mecanismo de preços e reverte [*overturn*] "o equilíbrio natural dos empregos [*the natural balance of employments*]" (WN IV.v.a.39, p.523; cf. WN I.xi.p.8, p.265). O subsídio por peso, por exemplo, "guardando proporção não com a diligência ou o êxito da pesca, mas com a carga do navio," faz com que embarcações frequentemente saiam "ao mar com o objetivo único de obter* não o peixe, mas o subsídio" (WN IV.v.a.32, p.520; RN, p.654). Tal distorção também pode ser explicada em termos de preços reais: por meio deles "uma parcela do capital do país é empregada em colocar no mercado mercadorias cujo preço não remunera seu custo, juntamente com os lucros normais do capital [*stock*]" (WN IV.v.a.26, p.518; RN, p.651). O resultado de longo prazo é a falência dessas empreendimentos (WN IV.v.a.35, p.522), não sem antes desintegrar por completo as empresas mais antigas do setor: tal subsídio "arruinou a pesca em botes [*boat-fishery*]" e com ela a oferta ao mercado local na Escócia (WN IV.v.a.34, p.521; RN, p.655).

Ao contrário de uma lei anti-usura bem estabelecida, que auxilia o curso natural, regras como essa distorcem e, em alguns casos, chegam inclusive a reverter "o equilíbrio natural das atividades, a divisão e a distribuição natural do trabalho [*the natural balance of industry, the natural division and distribution of labour*]" (WN IV.iv.14, p.504). Muito mais importante, é ter leis que garantam que o produto do trabalho individual seja usufruído por aquele que o produziu:

> Portanto, tal sistema de leis, que guarda relação com a instituição do subsídio, não parece merecer parte alguma do elogio que tem recebido. O desenvolvimento [improvement] e a prosperidade da Grã-Bretanha, tantas vezes imputado a essas leis pode muito facilmente ser atribuídos a outras causas. *A segurança que as leis na Grã-Bretanha dão a cada indivíduo, garantindo-lhe que desfrutará do produto de seu trabalho, é por si suficiente para fazer que um país prospere, não obstante essas vinte outras regulamentações absurdas do comércio*. E essa segurança foi consolidada, pela revolução, quase simultaneamente à instituição do subsídio (WN IV.v.b.43, p.540; RN, p.682 – itálicos meus; cf. WN II.iii.36, p.345-6).

A imputação dessa prosperidade aos *bounties* é fruto de mera coincidência temporal entre sua criação e implementação (1688) e a Revolução Gloriosa (1689-90). Para Smith, a verdade é que a Grã-Bretanha prosperou *apesar deles*.[39]

9. A natureza da sociedade

O "equilíbrio natural dos empregos" ou da "indústria" consiste, simplesmente, na "divisão e distribuição naturais do trabalho", resultado de um longo e complexo processo de desenvolvimento a partir interação de múltiplos interesses individuais que o século XVIII denominava de *comércio* (*commerce*, não *trade*). Smith é um dos economistas do período a se debruçar sobre as relações entre comércio e divisão do trabalho. Invertendo a equação predominante à época, que via nas diferenças individuais a causa da divisão do trabalho e nos diversos produtos a causa do comércio,[40] Smith assume que as diferenças entre os indivíduos são efeito do lugar ocupado por cada indivíduo na divisão do trabalho[41] (WN I.ii.4, p.28; RN, p.21) e que essa última, por sua vez, tem como causa, o comércio, ou mais corretamente, a "propensão a cambiar, permutar e trocas uma coisa pela outra [*propensity to truck, barter and exchange one thing for another*]" (WN I.ii.1, p.25; RN, p.18):

> Numa tribo de caçadores ou pastores, um determinado indivíduo produz, por exemplo, arcos e flechas com maior prontidão e destreza do que qualquer outro. Frequentemente os troca com seus companheiros por gado ou caça a aba descobrindo que, dessa maneira, pode obter mais gado e mais caça do que se fosse ao campo para apanhá-los. Assim, atendendo ao próprio interesse, a fabricação de arcos e flechas passa a constituir sua principal ocupação, e ele se torna uma espécie de armeiro. Outro sobressai na fabricação de estruturas e coberturas para as pequenas cabanas ou tendas utilizadas pela tribo. Ele está acostumado a ser útil dessa maneira

39 A metáfora de um dique que segura a água até certo ponto, mas não consegue impedir por completo o curso do rio também é empregada por Smith a propósito desses subsídios (WN IV.v.a.19-20, p.511-4).

40 Sobre essa inversão, ver Paes Müller (2018).

41 Já discutimos o papel e a importância do 'senso natural de igualdade' (ver 3.7). Sobre seu uso como um postulado de homogeneidade na economia política clássica, ver Peart & Levy (2005 e 2008).

> a seus vizinhos, que da mesma forma o recompensam com gado e caça, até que ele descobre ser do seu interesse dedicar-se exclusivamente a essa atividade e tornar-se uma espécie de carpinteiro. Do mesmo modo, um terceiro torna-se ferreiro ou caldeireiro, um quarto tanoeiro ou curtidor de peles, o principal elemento do vestuário dos selvagens (WN I.ii.3, p.27-8; RN, p.20).

Essa passagem é central para a compreensão da teoria da sociedade de Smith. Em primeiro lugar, vemos que o comércio é causa da especialização: é a "certeza de poder trocar" tudo aquilo que está acima de suas necessidades individuais de consumo (o seu excedente) por tudo aquilo que está acima do consumo individual de todos os outros indivíduos (isto é, seus respectivos excedentes), que "estimula todo homem a dedicar-se a uma atividade específica, e a cultivar e aperfeiçoar todos o talento ou gênio que possa ter por essa espécie particular de atividade [*particular species of business*]" (*ibidem*).

Em segundo, o motor desse processo é o interesse pessoal, com a ressalva de que é através do comércio que cada um "descobre ser do seu interesse dedicar-se exclusivamente a essa atividade" Acabamos de ver que a aristocracia fundiária inglesa desconhecia o seu próprio interesse. De modo geral, vimos (em 4.3) que o eu (*self*) não está dado de antemão, que os limites de sua atuação são estabelecidos pelo ressentimento e que seu valor é confirmado pela gratidão alheios. Entre gratidão e ressentimento se abre um espaço, preenchido pelo eu (ver 2.4c-e), cujos interesses cada um descobre nessa interação comercial com outros eus, igualmente confirmados e limitados pela gratidão e ressentimento alheios. Como Smith aponta nesse capítulo da *Riqueza*, "essa propensão é comum a todos os homens e não se encontra em nenhuma outra raça de animais, que parecem não conhecer esta e todas as outras espécies de contrato" (WN I.ii.2, p.25; RN, p.18). Seres humanos são animais que transacionam, que negociam, e ao fazê-lo, formam a si mesmos, constituem seus respectivos eus.

Em terceiro lugar, ao aprenderem e desenvolverem habilidades e talentos próprios a uma única atividade particular, os indivíduos se especializam e, ao se especializarem, especificam-se, isto é, tornam-se uma espécie de ser humano. É importante notar que Smith não associa aqui qualquer conteúdo biológico ao termo *espécie*. Como apontado na *Introdução*, de acordo com sua lógica gramatical, espécie é um nome que designa um grupo de seres semelhantes entre si, o que permite a sua localização em um quadro taxonômico mais amplo (LRBL, p.205; EF, p.47). O princípio organizador da taxonomia social de Smith é a divisão do trabalho. O desenvolvimento social ocorre, portanto, por especificação: uma sociedade é tão mais desenvolvida quanto mais espécies de trabalhos e negócios estiverem envolvidas na produção de sua riqueza.[42] Na realidade, no início do Livro II, Smith aponta que,

> Assim como a acumulação de capital deve, segundo a natureza das coisas* [*in the nature of things*], anteceder a divisão do trabalho, também o trabalho poderá ser cada vez mais subdividido à proporção que se tenha previamente acumulado mais e mais capital (WN II.Intro.3, p.277; RN, p.340).

Assim, é possível dizer que, na *Riqueza* como um todo, Smith articula um modelo de *acumulação por especificação*: uma sociedade possui tanto mais capital quanto mais atividades específicas existem, e quanto maior a especialização dos indivíduos que as desempenham. Especificação em um duplo sentido, portanto: i. especialização em uma atividade particular, especificação profissional, ii. concomitante à constituição do eu, de um *self*, cujos interesses guiam esse processo de interação comercial. Para Smith, seres humanos se assemelham em sua capacidade de se diferenciar uns dos outros, de se individualizar, capacidade que é desenvolvida conforme esses seres interagem uns com os outros.

Em quarto lugar, num estágio avançado de desenvolvimento econômico (como a Grã-Bretanha e a França do século XVIII), a produção de qualquer bem comporta tantos tipos diferentes de trabalho que "o número de pessoas" envolvida em sua produção "supera todas as possibilidade de cálculo [*exceeds all computation*]" (WN I.i.11, p.22, RN, p.15). Mesmo assim ainda é possível compreendê-la por analogia com uma manufatura "trivial" como a de alfinetes, com pouco empregados e na qual "é possível reunir na mesma oficina todos os que se ocupam dos diferentes ramos do trabalho, de modo que todos se coloquem ao mesmo tempo à vista do observador [*under the view of the spectator*]" (WN I.i.2, p.14; RN, p.7). Em seu famoso exemplo de abertura da *Riqueza*, Smith mostra como, em algumas fábricas, as dezoito diferentes operações envolvidas na fabricação de um alfinete "são todas

42 O crescimento econômico que Smith tem em vista envolve retornos crescentes de escala e externalidades positivas. Algo percebido, com muita clareza, por Allyn Young (1928).

executadas por pessoas diferentes, ao passo que, em outras, o mesmo operário às vezes executa 2 ou 3 delas" (WN I.i.3, p.15; RN 1, p.66). Um aspecto importante, raramente destacado, é que não há diferença entre dentro e fora de um negócio:

> da maneira como essa atividade [*business*] é atualmente realizada, não só o conjunto do trabalho constitui uma ocupação específica [*peculiar trade*], como a maior parte das tarefas em que o trabalho está subdividido consiste, igualmente, em ocupações especializadas [*peculiar trades*] (*ibidem*, p.14-5; RN, p.8).

Para Smith, portanto, *trade* é menos sinônimo de *commerce* que de *business*.[43] A totalidade de um negócio é uma ocupação especializada, subdividida em inúmeras outras ocupações, como a colocação da cabeça na parte superior do alfinete: "o encaixe da cabeça é uma ocupação específica [*peculiar business*], assim como é o alvejar os alfinetes; mesmo a embalagem dos alfinetes é uma tarefa distinta [*trade by itself*]" (*ibidem*, p.15; RN, *ibidem*). Do ponto de vista conceitual, Smith parece sugerir que compreensão da economia ocorre a partir das ocupações ou atividades específicas e tem como modelo a divisão do trabalho interna à manufatura – economistas diriam hoje, à firma.[44] Em última instância, as necessidades particulares de cada um desses negócios ou ocupações específicos (sua 'natureza') determinam a "divisão e distribuição naturais do trabalho":

> A atividade [*trade*] do comerciante de trigo [*corn merchant*] compõe-se de quatro diferentes segmentos, os quais, embora possam às vezes ser levados a cabo pela mesma pessoa, constituem por sua natureza quatro atividades separadas e distintas (WN IV.v.b.2, p.524; RN, p.659).

O grau de desenvolvimento pode ser assim determinado pelo grau de aprofundamento de duas coisas, simplificação e especialização:

43 A crítica de Smith à doutrina mercantil da *balance of trade* começa aqui, no primeiro capítulo do primeiro livro.

44 Ele talvez tenha sido o primeiro a fazê-lo, ver Sylvie e Daniel Diatkine (1991). Convém lembrar que *firma* (*firm*) não é um termo empregado por Smith.

> A separação* entre as diversas atividades e empregos [*separation of different trades and employments*] parece ter-se realizado em consequência dessa vantagem. Aliás, verifica-se que essa separação* é geralmente levada mais longe nos países que desfrutam um nível mais elevado de atividade e aperfeiçoamento[*highest degree of industry and improvement*]: o que constitui o trabalho [*work*] de um homem num estágio primitivo [*rude stage*] da sociedade corresponde comumente ao de vários homens numa sociedade mais desenvolvida (WN I.i.4, p.15; RN, p.9).

Se as atividades agrícolas não podem ser tão divididas como as manufatureiras, isso se deve a características naturais, inerentes a esse tipo de negócio (*ibidem*). Contudo, ao comparar negócios similares, a especialização vem à tona: há fábricas de alfinetes onde cada uma das dezoito operações são desempenhadas por indivíduos diferentes, em outras alguns indivíduos desempenham duas ou mais operações. A primeira fábrica é mais desenvolvida que a segunda. Esse é um dos locais onde a legislação pode interferir: devido ao "ódio popular" (WN IV.v.b,7, p.527), em 1551, o rei Eduardo VI proibiu a ocupação de atacadista de cereais [*the trade of inland corn merchant*] (WN IV.v.b.10, p.528).

> Nossos antepassados parecem ter imaginado que a população compraria o trigo mais barato do agricultor que do comerciante, já que este, segudo receavam, exigiria um lucro exorbitante sobre o preço pago ao agricultor. Esforçaram-se, portanto, por aniquilar totalmente esse tipo de comércio [*trade*] (WN IV.v.b.11, p.528; RN, p.666).

Baniu-se a figura do comerciante, mas não a necessidade (e tampouco o custo) do transporte do trigo, da fazenda ao consumidor final, a diferença é que o fazendeiro foi forçado a somar seu próprio negócio àquele do "comerciante ou varejista de cereais" (WN IV.v.b.12, p.529). O resultado é o inverso daquele almejado pelo governo: forçado a dividir seu capital em dois e a exercer uma ocupação com a qual ele não estava acostumado, o fazendeiro não era mais capaz de desempenhar de forma adequada nenhuma delas, entregando um produto mais caro (WN IV.v.a.24, p.516). Ao contrário,

> O comerciante [*dealer*] que pode empregar todo o seu capital [*stock*] num único ramo de negócios possui vantagem semelhante à do operário que pode empregar todo o seu trabalho em uma única operação. Assim como este último adquire uma destreza que lhe permite, com as mesmas duas mãos, executar quantidade muito maior de trabalho, do mesmo modo adquire o comerciante um método tão fácil e pronto de transacionar, de comprar e vender suas mercadorias, que poderá, com o mesmo capital, efetuar volume muito superior de negócios. Assim como normalmente o operário pode oferecer seu trabalho a um preço muito menor, também pode oferecer seu trabalho a um preço muito menor, também o comerciante pode normalmente oferecer suas mercadorias por um pouco menor do que praticaria se estivessem seu capital e sua atenção disseminados por uma variedade maior de objetos (WN IV.v.b.15, p.530; RN, p.668).

Um emprego mais eficiente do capital, das habilidades, da atenção, do tempo individuais é o efeito mais importante da divisão do trabalho, aumentando a produtividade dos trabalhos e dando origem, "numa sociedade bem administrada [*well-governed society*], àquela opulência generalizada que se estende às mais baixas camadas do povo"[45] (WN I.i.10, p.22; RN, p.15; cf. WN I.i.1, p.13 e I.i.5, p.17). O verdadeiro interesse da maior parte da população é claro e evidente: "Em qualquer* país, o interesse do grande conjunto da população [*great body of the people*] sempre é – e deve ser – comprar tudo o que precise de quem venda mais barato"

45 Esse é um dos argumentos que explicam porque seria do interesse dos indivíduos passar do "estágio antigo e primitivo que precede a acumulação de capital [*stock*] e a apropriação da terra" (WN I.vi.1, p.65), no qual "o produto do trabalho pertence inteiramente ao trabalhador;" (WN I.vi.4, p.65) para um estágio no qual "o produto total do trabalho nem sempre pertence ao trabalhador" e "deve ser repartido com o detentor do capital que o emprega" (WN I.vi.7, p.67), além de ter "ceder ao proprietário [da terra] uma parcela do que seu trabalho colheu ou produziu" (WN I.vi.8, p.67). Aos olhos de Smith, o fator decisivo é que o incremento das forças produtivas do trabalho aumenta a quantidade de riqueza *à disposição das camadas mais pobres* da população. Obviamente, não é porque viram essa utilidade que tais 'selvagens' se civilizaram, essa vantagem individual é, como qualquer consideração utilitarista, um "after-thought" (TMS I.i.4.4, p.20).

(WN IV.iii.c.10, p.493-4; RN, p.617; cf. WN IV.iii.c.12, p.495). Barateza ou careza mensuradas pelo preço real, nunca pelo nominal.[46]

Em quinto lugar, esse paralelo entre capital e trabalho é explicitamente afirmado num trecho famoso da *Riqueza*, onde Smith estende a noção de propriedade para aí incluir as habilidades individuais:

> A mais sagrada e mais inviolável de todas as propriedades é a do próprio trabalho, porque ela é o fundamento originário de todas as outras propriedades. O patrimônio [*patrimony*] de um homem pobre reside na força e na destreza de suas mãos, e impedi-lo de empregar essa força e destreza da maneira que julga apropriada, desde que não cause prejuízo a seu próximo, constitui violação manifesta da mais sagrada propriedade. Trata-se de uma flagrante usurpação [*encroachment*] da lícita liberdade, tanto do trabalhador como dos que estariam dispostos a dar-lhe trabalho; é impedir, a um só tempo, o primeiro de trabalhar no que julga conveniente, e os últimos, de empregar quem melhor lhes pareça. Decerto se pode confiar na discrição* [*discretion*] do empregador para julgar se o trabalhador que escolhe é adequado para o emprego, porque isso lhe interessa diretamente. Essa afetada preocupação [*affected anxiety*] do legislador em impedir que se empreguem pessoas incapazes é evidentemente tão absurda como opressiva (WN I.x.c.12, p.138; RN, p.155-56).

Muito já se discutiu a respeito dessa passagem, em especial por conta da primeira oração. Smith estaria recorrendo a uma espécie de teoria lockeana da propriedade em total desacordo com sua própria teoria da justiça, baseada no compartilhamento simpático de uma expectativa razoável de usufruto.[47] Minha

---

46 O preço natural é central na economia de Smith devido a, pelo menos, dois aspectos: primeiro, ele determina o nível adequado da reprodução econômica (é aquele que cobre salários, lucro e renda da terra, permitindo à sociedade como um todo se reproduzir) e, segundo, serve de centro gravitacional para as oscilações do preço de mercado.

47 "Though men as a whole own the earth and all inferior creatures, every individual man has a property in his own person; this is something that nobody else has any right to. The labour of his body and the work of his hands, we may say, are strictly his. So when he takes something from the state that nature has provided and left it in, he mixes his labour with

interpretação é que ele absorve o aspecto lockeano articulando-o a partir de sua própria teoria (do mesmo modo como faz com a teoria do poder de Hobbes [ver 4.7] ou com as considerações utilitárias de diversos filósofos [ver 6.3], retendo o que há de conveniente [*proper*] nesses sistemas). Em todo caso, qualquer solução que se proponha a essa questão[48], o aspecto que mais nos interessa nesse parágrafo está na segunda oração, *o alargamento da noção de patrimônio individual* visando incluir aí as habilidades pessoais. Se esse for o caso, temos mais um campo coberto pela noção de *fortuna*: um músico ou esportista talentoso é alguém afortunado, a exibição de seus talentos comandando a admiração dos espectadores. O decisivo é que esse mesmo raciocínio vale igualmente para todos, mesmo para aqueles, em princípio, menos hábeis: do "patrimônio" do pobre, assim como do rico, fazem parte suas "habilidades adquiridas e úteis", uma vez que "essa aquisição sempre se faz a um custo real, que é um capital fixo e, por assim dizer, convertido em sua pessoa", ainda que se trate de um capital bastante modesto[49] (WN II.i.17, p.282; RN I, p.290). O exercício dessas habilidades (como de qualquer outro tipo de

---

it, thus joining to it something that is his own; and in that way he makes it his property" (Second Treatise, chap.5, §27). A meu ver, isso é diferente do que ocorre em Smith, onde o trabalho produtivo "fixes and realizes itself in some particular subject or vendible commodity, which lasts for some time at least after that labour is past" (WN II.iii.1, p.330). Como apontado, o trabalho produtivo é decisivo na transformação de um direito pessoal (contrato) em um direito real porque seu produto é um objeto cuja posse é evidente, forçando os espectadores a reconhecê-la. A propriedade é determinada por esse mecanismo simpático, o trabalho produtivo apenas fornecendo um objeto mais de mais fácil apropriação.

48 Pessoalmente, gosto da elegante interpretação de Haakonssen: "the two clause beginning 'as' and 'so', respectively, seem to be parallels rather than to constitute an argument in which the latter is a conclusion from the former" (1981, p.106). Ver também Fleischaker (2002, p.192-3).

49 A passagem inteira, no original: "Fourth [part of fixed capital], of the acquired and useful abilities of all the inhabitants or members of the society. The acquisition of such talents, by the maintenance of the acquirer during his education, study, or apprenticeship, always costs a real expence, which is a capital fixed and realized, as it were, in his person. Those talents, as they make a part of his fortune, so do they likewise of that of the society to which he belongs. The improved dexterity of a workman may be considered in the same light as a machine or instrument of trade which facilitates and abridges labour, and which, though it costs a certain expence, repays that expence with a profit" (WN II.i.17, p.282). Reparem que a fórmula é a mesma da definição do trabalho produtivo: *to fix and to realize*.

capital) é um direito, uma vez que possuir a propriedade de algo necessariamente implica a expectativa de usufruto desse algo.

Os subsídios dos cereais e sobre a tonelagem da pesca, por sua vez, são exemplos do quão "impertinentes e opressivas" más regras podem se tornar. O indivíduo submetido a regras como essas deve se ressentir (qualquer espectador imparcial simpatizaria com ele), uma vez que se trata de uma ofensa: a lei que obrigava o fazendeiro a se tornar comerciante era uma "evidente violação da liberdade natural, sendo portanto injusta", mas não apenas, pois era também "tão impolítica quanto injusta". Além de injustos, legisladores que criam e governantes que aplicam leis desse tipo demonstram não terem uma compreensão adequada do funcionamento da sociedade:

> Interessa a toda sociedade que tais coisas jamais sejam forçadas ou obstruídas. Quem emprega seu trabalho ou seu capital numa variedade de objetos superior à exigida por sua situação nunca poderá prejudicar seu vizinho vendendo mais barato que este. Pode prejudicar a si próprio, e isso geralmete ocorre (WN IV.v.b.16, p.530; RN, p.669).

Ninguém está mais interessado no próprio negócio que o indivíduo. Ninguém sabe melhor a respeito de suas próprias habilidades, possibilidades e fortuna: "a lei deve sempre confiar às pessoas o cuidado de seus próprios interesses, pois estas sempre avaliarão sua situação local* [*local situation*] melhor que o legislador"[50] (*ibidem*). A *Teoria* emprega uma metáfora que hoje denominaríamos burocrática: ninguém conhece melhor a respeito das particularidades de seu "pequeno departamento [*little department*], no qual ele próprio tem algum poder de administração e direção* [*management and direction*]" (TMS VII.ii.1.39, p.290).

> Quanto a saber qual a espécie de atividade nacional que seu capital pode pôr em atividade, e cuja produção acena com os maiores valores, é evidente que cada indivíduo, em sua situação local*, tem condições de julgar muito melhor do que qualquer estadis-

50 Quando as pessoas não podem confiar que a legislação vai deixá-los tomar esse tipo de decisão, eles escondem seu capital de modo que a sociedade como um todo perde (WN II.i.31, p.285).

> ta ou legislador [*stateman or lawgiver*] teria em seu lugar (WN IV.ii.10, p.456; RN, p.567-68).

Dado que o objetivo da justiça é garantir a segurança dos indivíduos (incluindo a de sua fortuna), os responsáveis por observar o seu cumprimento devem estar particularmente atentos a respeito das consequências de seus próprios atos. O local ocupado por legisladores, homens de estado, magistrados civis e pelo soberano impõe sobre eles apenas três deveres:

> De acordo com o sistema da liberdade natural, o soberano tem apenas três deveres a cumprir [...]: primeiro, o dever de proteger a sociedade da violência e da invasão de outras sociedades independentes; segundo, o dever de proteger, na medida do possível, todo membro da sociedade da injustiça e opressão de qualquer outro membro ou, antes, o dever de instituir uma rigorosa [*exact*] administração da justiça; terceiro, o dever de erigir e manter certas obras públicas e certas instituições públicas que jamais algum indivíduo ou pequeno número de indivíduos terão interesse em erigir e manter, porque jamais o lucro poderia reembolsar a despesa, ainda que em relação a uma grande sociedade esse lucro faça mais do que reembolsar as despesas (WN IV.ix.51, p.687-88; RN, p.873-74).

Para garantir o cumprimento desses objetivos (e de outros igualmente desejáveis),[51] o soberano deve recorrer não apenas ao interesse de seus cidadãos, mas igualmente a suas paixões e juízos, a sua sensibilidade e razão. Ele deve, para usar uma metáfora de Smith (que é retomada de modo magnífico por George Eliot no

51 "Ao magistrado civil é confiado o poder não apenas de conservar a paz pública, contendo a injustiça, mas de promover a prosperidade da república [*commonwealth*], estabelecendo boa disciplina e desencorajando toda sorte de vício e de inconveniência; pode, portanto, prescrever regras, proibindo não apenas as mútuas ofensas entre os concidadãos, mas ordenando, em certo grau, ajudas recíprocas [*mutual good offices*]" (TMS II.ii.1.8, p.81; TSM, p.100-101). Dentre as prerrogativas do magistrado civil, portanto, estão não apenas a exigência de um comportamento justo, mas também o comando sobre algum grau de benevolência entre seus cidadãos. Com efeito, uma das dificuldades em ser soberano está na correta determinação do quanto de benevolência e como exigi-la de seus súditos.

trecho que serve de epígrafe a esse capítulo), agir como um enxadrista, mas de um xadrez extremamente peculiar:

> [O homem de sistema] parece imaginar que pode dispor o diferem membros de uma grande sociedade com a mesma facilidade com que dispõe as diferentes peças sobre um tabuleiro de xadrez; não considera que as peças sobre o tabuleiro não têm outro princípio de movimento senão o que a mão lhes imprime, mas que, no grande tabuleiro de xadrez da sociedade humana, cada peça isolada tem um princípio de movimento próprio, inteiramente diferente do que a legislatura pode escolher imprimir-lhe. Se esses dois princípios coincidirem e agirem na mesma direção, o jogo da sociedade humana prosseguirá fácil e harmonicamente, e é muito provável que seja feliz e bem-sucedido. Se forem opostos ou diferentes, o jogo prosseguirá de maneira miserável, e a sociedade estará a todo momento no maior grau de desordem (TMS VI.ii.2.17, p.234; TSM, p.292-293).

Estabelecer e impor leis antinaturais é mais do que simplesmente contraprodutivo, esgarça a ordem social. Como os exemplos do subsídio sobre os cereais e sobre a pesca demonstram, leis antinaturais (regras que vão contra a natureza da sociedade) são injustas, pondo em risco o ordenamento da sociedade (o que não significa que toda regra seja inadequada). Sistemas de economia política como o mercantil e o agrícola, tendem a esquecer que, assim como o rei, os peões do xadrez social também agem por vontade própria: indivíduos agem a partir de motivos particulares, determinados pela interação entre sua constituição sensitivo-intelectual e sua situação local, pela interação entre sentimentos e fortuna (riqueza, status, educação, sorte etc.). Smith desenvolve toda uma teoria moral baseada em um mecanismo imaginário capaz de lidar com essa interação, a simpatia. Contudo, nunca é demais lembrar que a simpatia sempre visa *um indivíduo numa situação particular*. Há, portanto, bons motivos para suspeitarmos que ela não seja um bom princípio de política de estado:

> Comumente, não é por solidariedade [*fellow-feeling*] com cocheiros condutores de carruagens que um homem de espírito público encoraja o conserto das estradas. Quando a legislatura estabelece prêmios e outros estímulos para o progresso das manufaturas de

> lã ou linho [como as políticas mercantilistas], essa conduta raramente procede de mera simpatia com o usuário de roupas finas ou baratas, muito menos com o manufaturista ou comerciante (TMS IV.1.11, p.185; TSM, p.226-227).

A utilidade pública, por seu turno, é um princípio excessivamente abstrato, cuja imposição "apenas se deve exercer – e que somente pode ser perdoado – em casos da mais extrema necessidade", uma vez que implica em "sacrificar as leis normais da justiça a uma consideração de utilidade pública [*idea of publick utility*], a uma espécie de razão de estado" (WN IV.v.b.39, p.539; RN, p.680). Para Smith, considerações utilitaristas são excessivamente racionalistas.[52] Se o homem

52 Em nota de rodapé citamos uma passagem em que Smith aponta que uma regra boa para 10 ou 20 pessoas é boa para 10 ou 20 milhões (WN IV.iii.c.11, p.494-5). Ela demonstra com clareza que Smith prefere operar com analogias ao invés de procedimentos agregativos. Isso é visível em sua análise dos componentes do preço natural: "Assim como o preço ou valor de troca de toda mercadoria, tomada separadamente, reduz-se a uma ou outra, ou a todas essas três partes, também o preço de todas as mercadorias que compõem todo o produto anual do trabalho de cada país, tomadas em conjunto [*taken complexly*], reduz-se necessariamente a essas mesmas três partes e deve ser distribuído entre todos os diferentes habitantes do país, seja como salários do seu trabalho, como lucros de seu capital, ou como renda de suas terras" (WN I.vi.17, p.69; RN, p.65). A relação entre capital social e capital individual também é pensada nesses termos: "Assim como acontece com um único indivíduo, o capital de todos os indivíduos que compõem uma nação tem seus limites e é capaz de realizar apenas certos objetivos. O capital de todos os indivíduos de uma nação aumenta da mesma forma que o de um único indivíduo: pela contínua acumulação, e por se acrescentar a ele tudo o que for possível poupar do rendimento* [*revenue*]" (WN II.v.20, p.366; RN, p.458-59). Ao contrário, é famosa a desconfiança de Smith em relação à aritmética política: "Não tenho muita fé em aritmética política, não pretendo garantir a exatidão de qualquer desses cálculos [*computations*]" (WN IV.v.b.30, p.534-4; RN, p.674). No caso da economia, o fundamento dessa desconfiança é a constatação de que a divisão do trabalho atingiu tal grau de complexidade que torna vã toda tentativa de cálculo: "Observe-se a moradia do mais comum artífice ou jornaleiro num país civilizado e próspero, e se perceberá que o número de pessoas cuja atividade, ainda que só numa pequena parte, foi necessário empregar para lhe proporcionar essa moradia supera todas as possibilidades de cálculo [*exceeds all computation*]" (WN I.I.11, p.22; RN, p.15). A cesta de consumo do trabalhador mais comum exige a concorrência de tantos e tão variados tipos de trabalho numa interação que escapa à capacidade humana de raciocínio (tópico central ao liberalismo do século XX, principalmente na obra de Friedrich Hayek). No que tange a Smith, isso o leva a buscar o fundamento da apreensão do funcionamento global da sociedade (inclusive o da economia política) não na razão, mas em operações não simpáticas da imaginação, em particular, em analogias entre sistemas complexos formados espontaneamente (ver cap.6).

de sistema tende a esquecer que indivíduos agem a partir de motivos particulares, o utilitarismo tende a esquecer que homens agem a partir de motivos impulsivos, reações mais ou menos naturais e espontâneas, e não a partir de raciocínios sofisticados e cálculos complexos. Contra o primeiro, Smith insiste em respeitar (e proteger) a particularidade, como se ela possuísse um valor intrínseco. Contra o segundo, ele deverá mostrar como enraizar concepções globais na sensibilidade, como é possível sentir o mundo em sua totalidade. Numa palavra, ele precisa mostrar em que consiste o *sentimento do mundo*.

VI. Beleza e utilidade

People in Vanity Fair fasten on to rich folks quite naturally. [...] Their affections rush out to meet and welcome money. Their kind sentiments awaken spontaneously towards the interesting possessors of it.

William Makepeace Thackeray, *Vanity Fair*

Human sympathy has its limits [...].

Francis Scott Fitzgerald, *The Great Gatsby*

1. A beleza de utilidade como um tipo peculiar de juízo estético

A certa altura de sua apresentação sobre a forma como, enquanto espectadores, julgamos a conveniência dos sentimentos de outras pessoas, Smith traça uma distinção a respeito dos objetos envolvidos na situação: eles podem ter alguma relação particular conosco ou com o agente (uma casa ou um carro que constituam seu patrimônio, por exemplo) ou não. O primeiro tipo de relação envolve parcialidade e já foi objeto de nossa análise (ver 3.1-4). O segundo tipo, por sua vez, é compreendido por Smith como um juízo de gosto:

> Quanto aos objetos considerados sem nenhuma relação particular conosco ou com a pessoa cujos sentimentos estamos julgando, sempre que seus sentimentos corresponderem inteiramente aos nossos, atribuiremo-lhe qualidades de bom gosto ou discernimento [*taste and good judgment*]. A beleza de uma planície, a grandiosidade de uma montanha, os ornamentos de uma edifício, a expressão de uma pintura, a composição de um discurso, a conduta de uma terceira pessoa, a proporção entre distintas quantidades e números, as várias aparências que a grande máquina do universo exibe perpetuamente, com as secretas rodas e molas que as produzem; todos os assuntos gerais que ocupam a ciência e o bom gosto, são o que nós e nossos companheiros consideramos como desprovidos de uma relação peculiar com qualquer um de nós.[1] (TMS I.i.4.2, p.19; TSM, p.19)

1 A estética de Smith envolve, além da beleza que a aparência de utilidade confere, a beleza de imitação (EPS p.176-86) e a beleza própria à música instrumental (EPS p.187-209). Apesar de essencialmente diferentes, o elemento propriamente estético é resultado da maestria

Gosto não é, portanto, questão de simpatia. Juízos estéticos são juízos desinteressados (*desinterested* e não *unconcerned*) e é precisamente a indiferença dos envolvidos para com o objeto que está sob avaliação que faz com que julgamentos desse tipo não sejam obra da simpatia:

> Ambos os vemos segundo o mesmo ponto de vista, e não temos motivo para simpatia, ou para aquela mudança imaginária de situações da qua ela brota, a fim de produzir, com respeito a eles, a mais perfeita harmonia de sentimentos e afetos (ibidem).

Eventuais diferenças não se devem, portanto, à parcialidade dos envolvidos para com o objeto ou agente em questão, mas surgem

> devido aos diversos graus de atenção que nossos diferentes hábitos de vida nos permitem conceder facilmente às distintas partes daqueles objetos complexos, ou dos diferentes graus da perspicácia natural da faculdade do espírito à qual esses objetos se dirigem (ibidem).

Nesses casos, a aprovação gerada pela mera concordância afetiva é muito menos importante que nos casos onde a simpatia impera: a concordância de sentimentos gera aprovação, mas ela tem pouca importância em si mesma. Aqui, muito mais importante que o acordo sentimental é o próprio *juízo*:

---

com que algo entendido como um obstáculo é superado: nas artes imitativas o obstáculo é a matéria-prima da obra de arte ("That pleasure is founded altogether upon our wonder at seeing an object of one kind represent so well an object of a very different kind, and upon our admiration of the art which surmounts so happily that disparity which Nature had established between them"; EPS, p.185), na música instrumental é a criação de um sentido musical ("That music seldom means to tell any particular story, or to imitate any particular event, or in general to suggest any particular object, distinct from that combination of sounds of which itself is composed. Its meaning, therefore, may be said to be complete in itself, and to require no interpreters to explain it"; EPS, p.205) e na aparência de utilidade o obstáculo é a própria finalidade, o que é avaliado é o modo como o objeto atinge seu objetivo. Sobre a estética de Smith como a apreciação da (boa) superação de obstáculos dessa natureza, ver a introdução de Didier Deleule para a tradução francesa de alguns desses textos, sob o título de *Essais esthétiques* (1997). A respeito dessas questões ver também Suzuki (2014, p.303-43) e Jaffro (2019).

> Quando os sentimentos de nosso companheiro coincidem com nossos em coisas desse tipo, [... ele] não parece merecer elogio ou admiração por causa disso. Mas quando não apenas coincidem com os nossos, mas ainda os orientam e dirigem; quando, formando-os, demonstra ter considerado muitas coisas que nós tínhamos ignorado, e ajustado a todas as várias circunstâncias de seus objetos, então não apenas os aprovamos, sua incomum é inesperada agudeza e abrangência, mas nos espanta e surpreende, e ele nos parece merecer enorme admiração e aplauso (TMS I.i.4.3, p.19-20; TSM, p.19-20).

Em se tratando de um objeto indiferente a ambos, nossos juízos aparecem como a matéria-prima adequada para o aprendizado a respeito deles próprios. Os sentimentos que entram em cena são mais a surpresa, o espanto e a admiração, do que a aprovação simpática (ver seção 6 abaixo). Aqui, o resultado importa menos do que o *modo como ele é alcançado*:

> É a sutileza e delicado discernimento do homem do bom gosto, que distingue as minuciosas e quase imperceptíveis diferenças de beleza e deformidade; e a abrangente precisão do matemático experiente, que sem dificuldade desvenda as mais intrincadas e enigmáticas proporções; é o grande líder em ciência e bom gosto, o homem que orienta e conduz nossos próprios sentimentos, cujos talentos nos deixam atônitos de espanto* e surpresa pela extensão e superior justeza, que desperta nossa admiração e parece merecer nosso aplauso; e sobre esse alicerce funda-se a maior parte do louvor que se dirige àquelas que chamamos virtudes intelectuais (ibidem, p.20).

Essas qualidades intelectuais, capazes de gerar admiração e mesmo de dirigir os sentimentos alheios, também se tornam alvo de novos juízos. Por que admiramos ou almejamos adquirir tais qualidades? Uma das respostas possíveis é porque elas são úteis:

> Pode-se pensar que a utilidade dessas qualidades é o primeiro que as recomenda a nós, e, sem dúvida, tal consideração [*consideration*], quando atentamos para ela, recobre-as de *novo valor* [*gives them a new value*]. Porém, originalmente, aprovamos o jul-

> gamento de outro homem não como algo útil, mas como algo certo, acurado, conforme à verdade e à realidade; e é evidente que se lhe atribuímos essas qualidades é porque descobrimos que concorda com nosso próprio julgamento. Da mesma maneira, o bom gosto recebe aprovação originalmente não por ser útil, mas justo, delicado, e precisamente adequado ao seu objeto. A ideia de utilidade de todas as qualidades desse tipo é claramente* uma *reflexão posterior* [*plainly an after-thought*], não aquilo que primeiro as recomenda à nossa aprovação (TMS I.i.4.4, p.20; TSM, p.20; cf. IV.2.7, p.189 – itálicos meus).

Vimos, em especial a propósito do ressentimento, que a utilidade entra em cena porque há situações nas quais o curso natural dos sentimentos é ambíguo e pode levar a consequências não inteiramente desejáveis, porque há situações em que a simpatia não fornece a solução mais adequada. Nesses casos, Smith sugere uma espécie de cálculo das consequências baseada na maior ou menor utilidade dos efeitos de cada objeto ou ato. Mas como ele não cansa de repetir, esse cálculo é *secundário* e, ponto talvez ainda mais importante, raramente é elemento motivador de uma ação.

Por pressupor a indiferença dos envolvidos, os juízos de gosto são particularmente claros a respeito da subordinação da (ideia de) utilidade em prol do sentimento que surge a partir de sua consideração. É inegável que nos interessamos por aquilo que nos é vantajoso, por aquilo que é útil. O argumento de Smith é que a *consideração a respeito da utilidade* de algo também deveria ser levada em conta, pois ela fornece um "novo valor" a esse algo, que não deve ser confundido nem com o valor atribuído pelos juízos naturais (a saber, os valores de conveniência e mérito) e tampouco com o cálculo envolvido para a determinação da utilidade. Em termos mais gerais, toda atividade intelectual bem-sucedida (uma explicação, um argumento, uma teoria etc.) – ou que assim o pareça para quem a fez ou ouviu – gera uma reação afetiva de aprovação, a saber, os sentimentos de espanto e admiração. Isso posto, o ponto de Smith é duplo: primeiro, esse sentimento é o verdadeiro elemento motivador da conduta que, segundo, tendemos a associar à atividade intelectual, ao cálculo de utilidade. No núcleo de nossa conduta dita 'racional' (bem pensada, bem informada, ponderada etc.), Smith vê uma confusão entre a dimensão afetiva (verdadeira fonte de nossos atos) e cognitiva (que, equivocamente, assumimos ser o nosso motivo), tanto mais relevante quanto mais acredito (estou persuadido) da minha ideia, teoria ou argumento. Ao me deparar com uma ideia (ou teoria), sou tomado por um espanto e admiração (perante sua beleza) que me impelem a implementá-la, ao mesmo tempo que acredito estar agindo unicamente por causa dela (porque teria sido intelectualmente convencido de que essa ideia é correta ou superior). Como veremos, é esse último ponto que Smith assume ser sua contribuição original ao campo da filosofia moral. Para tanto é necessário *isolar a dimensão afetiva própria à atividade intelectual.* A partir disso, o escocês acredita ter encontrado aí a origem de uma imensa variedade de comportamentos, dos mais banais aos mais grandiosos e sublimes, da compra de quinquilharias à ação política, da ambição à atividade filosófica. Sua argumentação gira em torno do modo como a utilidade entra em cena na vida moral, sempre *a posteriori*, e geralmente quando estamos envolvidos em alguma situação que envolva persuasão, seja de outros, seja de si mesmo.

2. Utilidade e considerações utilitaristas

A consideração mais sistemática a respeito do papel da utilidade na obra de Smith se encontra na parte IV da *Teoria* e consiste, basicamente, na determinação de sua conveniência (*propriety*), isto é, na delimitação adequada de seu papel na estética e na moral (respectivamente, capítulos 1 e 2 dessa quarta parte). Smith começa pelo que considera o acerto de teorias utilitaristas. Na estética:

> A comodidade [*conveniency*] de uma casa proporciona tanto prazer ao espectador, quanto a regularidade; e do mesmo modo causa-lhe pesar observar o defeito contrário, como, por exemplo, ver que as janelas correspondentes são de diferentes formatos, ou a porta não colocada exatamente no meio do edifício. Que a aptidão* [*fitness*] de qualquer sistema ou máquina para produzir a finalidade para a qual foram planejadas confere certa conveniência e beleza [*propriety and beauty*] ao todo e torna agradável tão somente imaginá-lo ou contemplá-lo, é algo tão óbvio que ninguém jamais deixou de notar (TMS IV.1.1, p.179; TSM, p.219).

E na moral:

> Os caracteres [*characters*] dos homens, bem como os produtos de arte ou as instituições do governo civil, podem servir ou para pro-

> mover ou para perturbar a felicidade, tanto do indivíduo quanto da sociedade. O caráter prudente, equitativo e diligente, resoluto e sóbrio, promete prosperidade e satisfação, tanto para a própria pessoa, como para todas as que a ela se relacionam. Ao contrário, o imprudente, o insolente, o relaxado, o efeminado e voluptuoso, prenuncia a ruína do indivíduo, e a desgraça de todos com que mantenha alguma relação. O primeiro desses modos de ser tem pelo menos toda a beleza que pode adornar a máquina mais perfeita jamais inventada para promover o mais agradável fim; e o segundo, toda a deformidade da mais desastrada e desajeitada invenção [*awkward and clumsy contrivance*] (TMS IV.2.1, p.187; TSM, p.229).

Esses são os termos nos quais Smith estabelece a analogia entre estética e moral, entre juízo de gosto e juízo moral.[2] Um ponto importante é que ela é delineada a partir dos limites da simpatia: as características em questão são avaliadas em termos de utilidade (de promoção da felicidade, ou não), sendo objeto de um cálculo que, como já destacamos, gera uma reação emocional nos sujeitos que calculam. E, muito frequentemente, essa reação emocional se torna mais importante que o próprio cálculo que lhe serve de base. A utilidade sempre foi, é e continuará sendo um aspecto importante: objetos são úteis a seu possuidor, o caráter moral é útil ao indivíduo, instituições são úteis à sociedade. Não há equívoco algum nessas constatações. Tampouco em valorizar a utilidade: ela é central tanto no plano pessoal quanto no plano social. O problema se encontra em teorias que não se limitam a afirmar apenas isso, mas acabam por hipostasiar essas considerações a respeito da utilidade:

> Mas, até onde sei, ninguém antes cuidou que essa aptidão* [*fitness*], essa feliz invenção de qualquer produto de arte* [*happy contrivance of any production of art*] seja com frequência mais valorizada do que o fim para o qual tais objetos foram designados e, do mesmo modo, que o ajuste exato de meios para obter qualquer comodidade ou prazer [*that the exact adjustment of the means for attaining any conveniency or pleasure*] seja, não raro, mais valorizado do que a própria

2 Cabe lembrar que essa aproximação é um dos temas que une a tradição britânica do senso moral ou dos sentimentos morais. De Shaftesbury a Reid, pelo menos, todos articulam, cada um a seu modo, essa analogia entre juízos estéticos e juízos morais.

> comodidade ou prazer, em cuja obtenção pareceria residir todo seu mérito (TMS IV.1.3, p.179-80; TSM, p.220).

A originalidade que Smith reclama para si não é a de ter sido o primeiro a notar a importância da utilidade, mas sim de ter sido o primeiro a notar que "em mil instâncias, tanto nos mais frívolos, quanto nos mais importantes assuntos da vida humana" as *considerações sobre a utilidade sejam frequentemente mais importantes que a própria utilidade* (ibidem, p.180). Vejamos seu exemplo:

> Quando uma pessoa entra em seu aposento e vê as cadeiras todas no meio do espaço* [*room*], fica zangada com seu criado, e, ao vê-las nessa desordem, prefere, talvez, o trabalho [*trouble*] de colocá-las em seus lugares com os encostos contra a parede. Toda a propriedade dessa nova situação surge da conveniência superior* de deixar o assoalho livre e sem estorvos [*The whole propriety of this new situation arises from its superior conveniency in leaving the floor free and disengaged*] (TMS IV.1.4, p.180; TSM, p.220).

A utilidade de uma cadeira não varia de acordo com o seu posicionamento numa sala (pode variar em relação a uma mesa), dispostas todas de costas para a parede ou aleatoriamente no espaço vazio da sala, em ambos os casos elas continuam servindo para que pessoas possam se sentar. Ao serem dispostas da primeira forma, contudo, elas deixam esse espaço no meio da sala vazio, permitindo a livre circulação, o que fornece ao conjunto (sala + cadeiras) uma "conveniência superior [*superior conveniency*]", um outro tipo de *propriety*, cujo custo escapa à utilidade:

> Para obter* essa conveniência, impõe-se voluntariamente mais trabalho do que a falta dela teria provocado, pois nada seria mais fácil do que se sentar numa das cadeiras, o que provavelmente fará, quando seu trabalho terminar. Portanto, parece que desejava não tanto a conveniência como o arranjo que as coisas promovem [*that arrangement of things which promotes it*]. E, no entanto, é essa conveniência o que em última instância recomenda o arranjo e o que lhe confere toda a sua propriedade e beleza.[3] (ibidem)

3 O mesmo vale para um tipo de inovação tecnológica que visa apenas incrementos marginais à performance de alguns objetos já existentes: "Da mesma maneira, um relógio que se

Arranjo é o termo chave aqui. *Arranjo* no sentido de um todo formado por partes que se relacionam de modo a constituir algum tipo de ordem. A disparidade entre o custo de obtenção (o preço) e a utilidade do objeto é indicativo de algo além da utilidade está em jogo, a saber, considerações a respeito dessa utilidade. O que Smith aponta ser a originalidade de sua teoria é a análise do papel da *apreciação estética a respeito da utilidade desses arranjos.* Isso é mais facilmente notado através do modo como ele apresenta os sistemas filosóficos que teorizaram a respeito. Ao seguir essa história, o que veremos é uma sucessão de diferentes tipos de equívocos entre meios e fins e de más analogias, resultado da busca por persuadir ouvintes e leitores, e que Smith buscará corrigir a partir do que ele acredita ser a correta delimitação da função da utilidade, ou mais especificamente, das considerações sobre ela.

3. História filosófica da beleza da utilidade[4]

a. Epicuro: hedonismo 'utilitarista'

Epicuro teria sido o primeiro filósofo a verdadeiramente se debruçar sobre a utilidade e dela derivar um tipo peculiar de raciocínio como justificativa moral a todo ato. O núcleo de sua filosofia moral consiste na redução de toda a moralidade ao prazer e dor corpóreos: assumindo como evidente que prazer e dor são os objetos naturais do desejo e da aversão, Epicuro faz dessa proposição o princípio maior de sua filosofia moral. Tudo remete a ela, tudo é a ela reduzida (TMS VII. ii.2.2, p.295). Não apenas objetos são avaliados a partir da tendência a produzir prazer ou dor, mas prazeres e dores mentais também são reduzidos a prazeres e

---

atrasa mais de dois minutos por dia é desprezado por um indivíduo interessado em relógios. Talvez o venda por um par de guinéus, e compre outro por cinquenta, desde que este não se atrase mais do que um minuto a cada quinze dias. A única utilidade dos relógios, entretanto, é dizer-nos as horas, impedindo-nos de descumprir qualquer compromisso, ou de passar por outro incômodo por ignorarmos o horário. Mas a pessoa que tem tanto zelo por essa máquina nem sempre seria mais escrupulosamente pontual do que outros homens, nem por algum outro motivo teria uma preocupação maior de saber exatamente a hora do dia. O que a interessa não é tanto a obtenção desse conhecimento particular, como a perfeição da máquina que serve para alcançá-lo" (TMS IV.1.5, p.180; TSM, p.221).

4 Assim como no caso de Hutheson, estou interessado unicamente na forma como Smith lê esses autores. Não farei qualquer tentativa de discutir em que medida a leitura de Smith poderia ser válida.

dores corpóreos (TMS VII.ii.2.3, p.295). Os prazeres e dores mentais são em maior número que seus correlatos corpóreos, fundamentalmente, porque o corpo vive no instante, enquanto a mente lembra do passado e antecipa o futuro (TMS VII.ii.2.4, p.295). Sendo efêmeros, prazeres e dores corpóreos constituem parte menor na felicidade ou miséria do indivíduo, pouco adicionando a elas (ibidem, p.295-6). Se a mente é a principal fonte de felicidade ou miséria, sua disposição, ou melhor, sua boa disposição (*well disposed*), é essencial (TMS VII.ii.2.5, p.296). Pode-se assim deduzir o objetivo maior da filosofia moral de Epicuro:

> No bem-estar do corpo e na segurança ou tranquilidade do espírito consistiria, pois, de acordo com Epicuro, o mais perfeito estado da natureza humana, a mais completa felicidade que o homem seria capaz de usufruir. Obter essa grande finalidade do desejo natural seria o único objeto de todas as virtudes, as quais, ainda segundo Epicuro, não seriam desejaveis por si sós, mas por sua tendência a causar essa situação (TMS VII.ii.2.7, p.296; TSM, p.368).

Ao reduzir o moral ao corpóreo, Epicuro reduz toda virtude à prudência, mas mesmo essa não é compreendida como um fim em si mesma:

> O estado de espírito cuidadoso, laborioso e circunspecto, sempre alerta e sempre atento às mais distantes consequência de cada ação, seria prazeroso ou agradável não por si só, mas por sua tendência a promover o maior bem e manter afastado o maior mal (TMS VII.ii.2.8, p.296-7; TSM, p.368).

Para Smith, a prudência é virtude cujo objeto é a felicidade individual (TMS VI.i.5, p.213), mas nem por isso deve deixar de ser tomada como um fim em si mesma. Para Epicuro, o valor de toda virtude (inclusive da prudência) não viria de si mesma (TMS VII.ii.2.12, p.297-8), mas sim de sua utilidade:

> Ademais, abster-se do prazer, controlar e restringir nossas paixões naturais pelo deleite, o que estaria a cargo da temperança, jamais poderia ser desejável por si. Todo o valor dessa virtude resultaria de sua utilidade, de nos capacitar a adiar o deleite presente em benefício de outro maior que viria, ou de evitar uma dor maior que

> poderia sobrevir-lhe. Em suma, a temperança nada seria senão prudência relativa ao prazer (TMS VII.2.9, p.297; TSM, p.369).

O mesmo ocorre com a força moral (*fortitude*) (TMS VII.ii.2.10, p.297) e com a justiça, virtude eminentemente social, ambas reduzidas às vantagens que trazem aos próprios indivíduos. Tanto a justiça comutativa quanto a justiça distributiva são reduzidas a meios de obtenção de certos efeitos individuais benéficos (vantagens) e de se evitar certos efeitos individuais maléficos (segurança). Em suma, a justiça não seria nada mais do que prudência para com nossos vizinhos (TMS VII.ii.2.11, p.297).

Apesar de fundamentalmente equivocado, o sistema de Epicuro não teria deixado de margear a verdade, guardando alguma "verossimilhança [*probability*]" com a realidade:

> Não é difícil, porém, descobrir de que [...] visão particular ou aspecto da natureza essa descrição das coisas deriva sua verossimilhança. Pela sábia invenção [*contrivance*] do autor da natureza, a virtude é, em todas as ocasiões ordinárias, mesmo as relativas a esta vida, uma sabedoria real, e o meio mais certo e imediato de obter segurança e vantagem (TMS VII.ii.2.13, p.298; TSM, p.370).

O bom ordenamento do mundo faz da virtude o meio mais apropriado para a obtenção da segurança e tranquilidade individuais almejadas por Epicuro. A confusão epicurista entre meios e fins aparece assim de forma clara: de acordo com essa teoria, ser amável, respeitável e estimável é menos importante que os efeitos corpóreos deles derivados. O inverso é igualmente verdadeiro: evitar ser odiável, desprezível e indigno se torna menos importante do que evitar os efeitos corpóreos deles derivados (TMS VII.ii.2.12, p.298). O fim é tomado como meio, toda virtude reduzida a mero instrumento. O equívoco teórico do epicurismo pode ser corrigido tão logo a beleza que a aparência de utilidade confere à virtude é isolada:

> Uma vez que a prática da virtude é, portanto, geralmente tão vantajosa, e a do vício tão contrária ao nosso interesse, a consideração dessas tendências opostas indubitavelmente imprime *beleza e propriedade adicionais* numa, e uma *nova deformidade e impropriedade* na outra [*stamps an additional beauty and propriety*

> *upon the one, and a new deformity and impropriety upon the other*]. Temperança, magnanimidade, justiça e beneficiência, vêm a ser assim aprovadas, não apenas por seus caracteres próprios [*proper characters*], mas pelo *caráter adicional* [*additional character*] da mais elevada sabedoria e mais verdadeira prudência. E, da mesma maneira, os vícios contrários da intemperança, pusilanimidade, injustiça e malevolência, são desaprovados não apenas por seus caracteres próprios, mas pelo *caráter adicional* da mais míope insesatez e fraqueza. Em toda virtude, Epicuro revela ter atentado unicamente a essa espécie de propriedade (TMS VII.ii.2.13, p.298; TSM, p.271 – itálicos meus).

Tal "caráter adicional" é precisamente isso, uma adição: os argumentos epicuristas "imprimem beleza e propriedade adicionais" à virtude, um algo a mais. Por si só, esse processo não é um problema, muito pelo contrário (TMS VII.ii.2.13, p.298). Toda virtude gera "prosperidade externa" ao indivíduo que a pratica, mas esses efeitos individuais não podem ser confundidos com a própria virtude (TMS VII.ii.4.5, p.307). O problema é a confusão que resulta do não isolamento das considerações a respeito da utilidade das virtudes. Uma confusão entre meios e fins que é particularmente comum quando se busca convencer alguém (TMS VII.ii.2.13, p.299) ou quando se busca mostrar engenhosidade através da economia nos princípios:

> Juntando [*By running up*] todas as diferentes virtudes nessa uma espécie de propriedade*, Epicuro permitiu, ademais, uma propensão – natural a todos os homens, embora os filósofos sejam particularmente capazes de a cultivar com especial afeição, por ser o grande meio de exibir sua inventividade [*ingenuity*] – a propensão a explicar todas as aparições, partindo do menor número possível de princípios. E sem dúvida, permitiu que essa propensão fosse ainda mais longe, quando atribuiu todos os objetos primários do desejo e aversão naturais aos prazeres e dores do corpo (TMS VII.ii.2.14, p.299).

O sistema de Epicuro aparece como o primeiro na história da filosofia a expor de forma clara o tipo de confusão entre meios e fins que apenas a correta percepção e isolamento da beleza proveniente da aparência de utilidade seria capaz de corrigir. Seu sistema moral é uma espécie de hedonismo utilitarista (se pelo último termo entendermos não considerações de utilidade pública, mas considerações prudenciais) onde tudo se reduz ao corpo do indivíduo, às sensações de prazer e dor. Tais equívocos surgem ao se levar longe demais dois objetivos: a busca pela *engenhosidade* (através da redução do funcionamento de tudo a um único princípio) e pela *eloquência* (dada a ênfase excessiva em argumentos racionais visando a persuasão de uma audiência).

b. Hobbes: mecanicismo dedutivista

No século XVII, Hobbes cometerá equívocos da mesma natureza. Sob vários aspectos seu sistema é bastante próximo do de Epicuro: primeiro, eles compartilham um princípio individualista, para Hobbes, o amor de si é a fonte de toda moralidade (TMS VII.iii.1) e, segundo, para ambos a virtude é apreendida enquanto meio, mero instrumento para a obtenção de segurança e tranquilidade. A diferença estaria, principalmente, na linha de argumentação. Para Hobbes a virtude é meio para a manutenção da ordem social (indispensável ao "conforto e segurança" individuais), já o vício perturba (*disturb*) essa ordem (tornando-se "ofensivo" a todos) (TMS VII.iii.1.1, p.315). No sistema hobbesiano a ênfase recai sobre a forma de funcionamento da sociedade:

> A sociedade humana, quando a contemplamos de certo ponto de vista abstrato e filosófico [*certain abstract and philosophical light*], mostra-se uma imensa máquina, cujos movimentos regulares e harmoniosos produzem inúmeros efeitos agradáveis. E assim como em qualquer outra máquina bela e nobre produzida pelo artifício humano, tudo o que tendesse a tornar seus movimentos mais suaves e fáceis extrairia beleza desse efeito e, ao contrário, tudo o que tendesse a obstruí-los seria, por essa razão, desagradável [...] (TMS VII.iii.1.2, p.316; TSM, p.393).

Se Epicuro apresentava os efeitos individuais da virtude como o cerne de sua argumentação, Hobbes funda seu sistema numa compreensão mecanicista dos efeitos sociais da virtude. Ao apreender a sociedade como um enorme mecanismo (que opera de modo fascinante, tal qual um relógio), virtude e vício individuais também adquirem aquele "caráter adicional" que Smith aponta a propósito do sistema de Epicuro:

> Que a tendência da virtude a promover, e do vício a perturbar a ordem da sociedade, quando a consideramos fria e filosoficamente, reflete grande beleza sobre uma, e grande deformidade sobre outra, não pode [...] ser posta em dúvida. [...] Portanto, essa explicação [*account*] acerca da origem da aprovação e desaprovação, na medida em que a deriva de uma *atenção à ordem da sociedade** [*regard to the order of society*], junta-se* ao princípio que confere beleza à utilidade [*runs into that principle which gives beauty to utility*], [...] (ibidem – itálicos meus).

Ao partir da ideia de que toda sociedade é artificial, de que não há nada na natureza humana que impeliria à formação de comunidades, Hobbes se depara com a necessidade de convencer seus leitores das vantagens da vida em sociedade. O que será feito de forma dedutiva: "esses autores deduzem do amor de si o nosso interesse pelo bem-estar da sociedade, e por conseguinte a estima que conferimos* à virtude" (TMS VII.iii.1.3, p.316; TSM, p.393). O resultado é um sistema indiscutivelmente persuasivo:

> Quando esse autores descrevem as inúmeras vantagens que a vida cultivada e social leva sobre a vida selvagem e solitária, quando discorrem sobre a necessidade da virtude e da boa ordem para a manutenção de uma, e demonstram quão infalível, a prevalecer o vício e a desobediência às leis, é a volta da outra vida, o leitor se sente fascinado com a novidade e grandiosidade das visões que se lhe descortinam; vê claramente uma *nova beleza* na virtude e uma *nova deformidade* no vício, as quais nunca até então notara; e o mais das vezes a descoberta o delicia de tal modo, que raro tem tempo de refletir que essa visão política, por jamais lhe ter ocorrido antes em sua vida, possivelmente não é o fundamento da aprovação e desaprovação com que se habituou a considerar essas diferentes qualidades (TMS VII.iii.1.2, p.316; TSM, p.393 – itálicos meus).

Como a *História da astronomia* nos ensina, tudo que é novo gera um sentimento de surpresa e tudo que é fora do comum um sentimento de espanto (EPS, p.33). Eis dois sentimentos fundamentais para o desenvolvimento científico e para o da moral, mas não porque as teorias de Epicuro e de Hobbes estariam corretas. Seus sistemas fornecem uma "nova beleza" e uma "nova deformidade" à virtude e ao vício, respectivamente, e que, devido a sua "novidade e grandiosidade", acabam por fascinar o leitor, e isso apesar da confusão entre esse "caráter adicional" ou "nova beleza" e os níveis mais fundamentais de aprovação moral, esses sim o verdadeiro fundamento da aprovação. Mais uma vez, a mera apresentação dessa dimensão adicional não é perniciosa por si mesma, o problema consiste em tomá-la como a única (ou principal) fonte da moralidade, como a única (ou principal) forma de se conferir valor à virtude.

c. Hume: organicismo 'utilitarista'

A ênfase na descrição das operações e do papel do ressentimento serve de crítica a todos os que acreditam que a virtude da justiça esteja fundada na existência das leis, como se a ofensa ocorresse apenas porque uma determinada lei foi quebrada. Ao contrário, leis exigem o funcionamento prévio de nossas faculdades morais para que possam ser criadas (e uma vez criadas possam ser corrigidas). Trata-se de uma confusão entre causa eficiente e final, bastante comum quando o assunto são as "operações [...] da mente ou espírito [*mind*]". Em realidade, estamos diante de outro caso de má analogia, uma vez que quando o assunto é mecânico (um relógio) ou orgânico (o corpo animal) raramente nos confundimos (TMS II.ii.3.5, p.87). Sistemas digestório e circulatório são tão pouco conscientes de seus propósitos e movimentos quanto o mecanismo de um relógio. A preservação do indivíduo e a propagação da espécie estão tão distantes do suco gástrico e do sangue quanto a marcação da hora para molas e engrenagens. O funcionamento correto do todo exige que as partes funcionem, não que elas tenham consciência da função que desempenham. Isso é evidente quando a parte em questão é incapaz de refletir. Mas o que acontece quando seres humanos são tomados como a parte? O que ocorre quando o que está em jogo é a relação entre indivíduo e sociedade?

> Quando os princípios naturais nos levam a promover esses fins que uma refinada e esclarecida razão teria nos recomendado, temos a forte tendência de *imputar a essa razão*, como causa eficiente desses princípios, *os sentimentos e ações pelos quais promovemos aqueles fins*, e de imaginar que se trate da sabedoria do homem, quando na realidade se trata da sabedoria de deus (TMS II.ii.3.5, p.87; TSM, p.109 – itálicos meus).

Temos aqui um caso parecido ao da atribuição do resultado da boa fortuna às habilidades do indivíduo (ver 4.6). Ali, o fim (o feliz resultado), efeito de diversas causas, era atribuído a uma única delas (as habilidade do indivíduo), aqui, o fim (instauração da justiça), efeito de diversas causas (a principal delas, o ressentimento), é atribuído a um raciocínio (a consideração de sua utilidade) que só pode ser construído *a posteriori*. É essa confusão que Smith denuncia em algumas teorias a respeito da origem da justiça:

> Como a sociedade não pode subsistir sem que as leis da justiça sejam razoavelmente cumpridas, como nenhum intercâmbio social pode ocorrer entre homens que em geral não se abstenham de ofender uns aos outros, a *consideração dessa necessidade* [*consideration of this necessity*], pensou-se, constitui o fundamento [*ground*] de aprovarmos que as leis da justiça coagissem pela punição* os que as violasse (TMS II.ii.3.6, p.87; TSM, p.109 – itálicos meus).

Não se trata aqui de uma explicação de tipo egoísta: apesar da semelhança entre esse tipo de argumentação e a de Hobbes, o alvo de Smith aqui são teóricos que veem a justiça como o resultado da sociabilidade natural da humanidade (pacote que engloba tanto jusnaturalistas, como Grotius e Pufendorf, quanto economistas políticos, como os fisiocratas,[5] mas também Hume, que compreende a justiça como virtude artificial):

> Dizem que o homem tem um amor natural pela sociedade, e deseja que a união deva ser preservada por seu próprio bem, mesmo que não tire benefício disso. O estado ordeiro e florescente da sociedade lhe agrada, e deleita-se em contemplá-la. A desordem e confusão, ao contrário, são o objeto de sua aversão, e tudo o que tende a produzi-las causa-lhe pesar (ibidem, p.88).

O princípio desse tipo de apreensão ou sistema filosófico é estético: a observação da sociedade enquanto totalidade organizada (seja ela prazerosa ou desprazerosa) interviria como elemento motivador do comportamento individual. Isso po-

5 Sobre esse tema, ver Paes Müller (2018).

deria ocorrer porque, diferentemente das engrenagens de um relógio ou do sangue em um animal, seres humanos também veem a si mesmo como parte desse todo:

> Também percebe que seu próprio interesse está associado à prosperidade da sociedade, e que a felicidade, talvez mesmo a conservação de sua vida [*preservation of his existence*], depende da conservação da sociedade. Por todos esses motivos, portanto, o homem detesta tudo o que pode tender a destruir a sociedade, e está disposto a usar de todos os meios para impedir um evento tão odiado e temido (ibidem).

Dentro desse quadro explicativo, a motivação a ser justo viria não de emoções espontâneas, mas da consideração racional a respeito da utilidade da justiça para a manutenção da ordem social. A consideração a respeito da necessidade da justiça, isto é, a apreensão consciente a respeito da utilidade pública da legislação e da punição, serve não apenas de justificativa e confirmação, mas também de *elemento motivador*, fundamentando a justiça em todos os seus aspectos. Voltemos por um instante a Hume:

> Seria supérfluo provar que a justiça é útil à sociedade e, consequentemente, que pelo menos *parte* de seu mérito deve originar-se dessa consideração. Mas a afirmação de que a utilidade pública da justiça é a única origem da justiça e que as reflexões sobre as consequências benéficas dessa virtude são a única fundação de seu mérito, sendo uma proposta mais inusitada e significativa, é mais merecedora de nosso exame e investigação (EPM 3.1.1, p.183; IPM, p.241 – itálicos no original).

Smith concorda com a primeira proposição (a justiça é útil e daí deriva parte de seu mérito), mas não com a segunda (a utilidade pública é a única origem da justiça e do mérito a ela associada), pois, ao contrário, em seu sistema, a justiça tem dois princípios: ressentimento e utilidade. O equívoco se encontra nesse último elo do raciocínio. A utilidade pública é a principal justificativa para a justiça e, enquanto tal, é a principal confirmação da conveniência de nossos sentidos e sentimentos a esse respeito. No mesmo sentido, ela também pode atuar como critério regulador no processo de constituição e aplicação das leis (ver 5.4), mas não tem como prover o ponto de partida desse processo: a utilidade de algo só pode ser estabelecida *a posteriori*, isto é, a partir da observação e análise de seu funcionamento. No caso da justiça, o ressentimento oferece o impulso necessário, não apenas na origem, mas todo momento em que uma ofensa é cometida, porque é uma das "antecipações naturais da natureza" fornecida pelo exercício correto de nossas "faculdades morais" (TMS III.5.5, p.164-5; ver 1.5). A teoria de Smith exige a separação do ressentimento enquanto causa eficiente da utilidade como causa final da justiça, apesar da tentação filosófica em identificá-las:

> Segundo uma visão superficial, essa causa [a utilidade] parece suficiente para produzir os efeitos a ela atribuídos; e *o sistema da natureza humana parece ser mais simples e agradável quando todas as suas diferentes operações são dessa maneira deduzidas de um só princípio* (TMS II.ii.3.5, p.87; TSM, p.109 – itálicos meus).

Mais uma vez encontramos a dupla crítica a teorias que buscam em demasia a engenhosidade e a eloquência: essa "visão superficial" redunda num sistema "mais simples e agradável" precisamente porque fundado num princípio único. Mas podemos nos perguntar se o problema estaria realmente aí, na identificação entre causa eficiente e final? No Livro I da *Riqueza das Nações*, por exemplo, a "propensão [*propensity*] a cambiar, permutar e trocar uma coisa pela outra" é, ao mesmo tempo, causa eficiente e causa final da divisão do trabalho: "Assim como é essa propensão [*disposition*] que cria a diferença de talentos, tão notável entre homens de diferentes profissões, também a mesma propensão que torna essa diferença útil" (WN I.ii.5, p.29; RN, p.21). Apesar de critérios importantes, simplicidade e aprazibilidade dizem muito pouco a respeito da validade de uma teoria. Em última instância, a questão é de *conveniência*: a primeira causa da riqueza permite uma explicação elegante a partir de um único princípio. Causa que remete à sociabilidade natural, mesmo que Smith se recuse a desenvolver o assunto nessa obra (ver 6.8). Mas assim como a justiça, a riqueza também tem duas causas: o princípio da troca e o princípio de "melhorar a própria condição [*better one's condition*]" (WN Introd.2, p.10; I.ii.2, p.25 e II.iii.28, p.341). É esse segundo princípio que permite a Smith corrigir a analogia organicista que está na base da teoria fisiocrata, em especial, como François Quesnay estabelece a relação entre corpo animal e corpo político. A questão mais importante por ocasião do emprego de uma analogia consiste na correta delimitação de seus limites:

> Alguns médicos com gosto para especulação [como Quesnay] parecem ter imaginado que somente seria possível conservar a saúde do corpo humano por meio de um certo regime preciso de dieta e de exercícios [*precise regimen of diet and exercise*], e toda e qualquer violação desse regime necessariamente provocaria algum grau de doença ou perturação proporcional ao grau de violação. No entanto, a experiência parece mostrar que o corpo humano frequentemente conserva, pelo menos em aparência, o mais perfeito estado de saúde [*state of health*] sob uma imensa variedade de regimes diversos [*vast variety of different regimens*], mesmo sob regimes que, de acordo com a opinião geral, estão muito longe de ser perfeitamente saudáveis [*wholesome*]. Parece então que o estado saudável* [*healthful state*] do corpo humano contém algum princípio desconhecido de conservação, capaz de prevenir ou corrigir, em muitos aspectos, mesmo os maus efeitos de um regime extremamente nocivo [*very faulty regimen*] (WN IV.ix.28, p.673-4; RN, p.856-57).

No que tange à economia política, o equívoco de Quesnay se encontra na compreensão excessivamente estreita, a de um "regime preciso" a propósito dos meios de se atingir esse estado de saúde social:

> Não considerou porém, ao que parece, que no corpo político [*political body*] o esforço natural que cada homem continuamente faz para melhorar sua condição constitui um princípio de conservação capaz de prevenir e corrigir, em muitos aspectos, os maus efeitos de uma economia política em certo grau* parcial e opressiva (ibidem, p.674; RN, p.857).

No que tange à justiça, o ressentimento atua de modo similar ao princípio de "melhorar a própria condição" no campo econômico. Isso ocorre porque estamos diante duas de formas complementares do mesmo princípio de autopreservação inerente a todo ser vivo:

> O esforço uniforme, constante e ininterrupto de cada homem para melhorar a sua condição, princípio de que originalmente deriva a opulência pública e nacional, bem como a privada, muitas

> vezes é suficientemente poderoso para manter o progresso natural das coisas em direção ao desenvolvimento [*the natural progress of things toward improvement*], a despeito das extravagências do governo e dos maiores erros da administração. *A exemplo do desconhecido princípio da vida animal*, consegue frequentemente restituir a saúde e o vigor à constituição, malgrado não apenas a doença, mas tamém as absurdas prescrições do médico (WN II.iii.31, p.343; RN, p.429-30 – itálicos meus).

Vimos (em 5.8) como, em sua crítica ao subsídio sobre a exportação de cereais, Smith também apontava que a Grã-Bretanha havia se desenvolvido apesar da equivocada legislação mercantil. No plano da prudência, esse princípio de melhoria da própria condição garante segurança dos indivíduos (fundamentalmente através da aquisição de fortuna [WN II.iii.28, p.341-2]), além de fornecer o impulso e o material (os bens e serviços) necessários para que o princípio da troca possa organizar a distribuição do trabalho de forma natural (WN II.intro.3, p.277). Isso ocorre através da interação social baseada em considerações de utilidade pessoal, através do entrelaçamento das vantagens individuais (ver 5.9):

> Mas o homem quase sempre precisa da ajuda de seus semelhantes, e seria vão esperar obtê-la somente da benevolência. Terá maiores chances de conseguir o que quer se puder interessar o amor-próprio deles a seu favor e convencê-los de que terão vantagem em fazer o que deles pretende. Todos os que oferecem a outro qualquer espécie de trato propõem-se fazer isso. Dê-me aquilo que eu desejo, e terás isto que desejas, é o significado de todas as propostas desse gênero e é dessa maneira que nós obtemos uns dos outros a grande maioria dos favores e serviços [*good offices*] de que necessitamos. Não é a da benevolência do açougueiro, do cervejeiro e do padeiro que esperamos o nosso jantar, mas da consideração que eles têm pelos próprios interesses [*from their regard to their own interest*].[6] (WN I.ii.2, p.26-7; RN I, p.74)

6 É dessa forma que Smith enraiza outro dos argumentos jusnaturalistas em sua teoria das paixões (aqui, nas paixões egoístas), o da fragilidade humana como origem da necessidade de assistência mútua: "No caso de quase todas as outras raças de animais, cada indivíduo, ao atingir a maturidade, é totalmente independente e, em seu estado natural, não tem necessidade da ajuda de

Smith insiste novamente no modo como a utilidade exige persuasão, aqui entrelaçando os interesses pessoais e sem que qualquer tipo de compreensão mais ampla a respeito da utilidade pública desse fenômeno seja necessária:

> Essa divisão do trabalho, da qual derivam tantas vantagens, *não é, originalmente** [*originally*], *o efeito de uma sabedoria humana qualquer*, que preveria e visaria esta riqueza geral à qual dá origem. Ela é a conseqüência necessária, embora muito lenta e gradual, [... d] a propensão a intercambiar, permutar ou trocar uma coisa pela outra (WN I.ii.1, p.25; RN I, p.73 – itálicos meus).

Aqui, como na justiça, a apreensão consciente das vantagens mútuas obtidas por esse processo espontâneo (no sentido de não planejado) aparecem apenas posteriormente, como confirmações racionais do bom ordenamento da natureza humana. Sendo particular, a utilidade pessoal está sempre ligada a um indivíduo. A utilidade pública, por sua vez, é abstrata, demandando a intervenção consciente de alguém com autoridade para tanto: a "segurança de números" passa à frente da segurança individual apenas em casos excepcionais e a um custo subjetivo bastante alto (TMS II.ii.3.11, p.90-1 – ver o caso da sentinela dorminhoca em 5.4). Isso reforça a necessidade de uma instância social que busque, de modo consciente, regular a interação desses casos (onde o ressentimento aparece) com as leis de justiça, necessidade que não se observa com a mesma intensidade no caso econômico (apesar dela existir, como visto a propósito da defesa das leis de usura e da crítica aos subsídios [ver 5.7-8]) – o que permite o emprego da violência em uma instância (justiça), mas não na outra (economia). Apesar das diferenças, ressentimento e o princípio de "melhorar a própria condição" concorrem de modo complementar no que tange à garantia da segurança individual e ao fundamento da sociedade como um todo:

> A mera existência da sociedade exige que a imerecida e gratuita maldade [*malice*] fosse contida por punições adequadas; e, por consequência, que infligir tais punições fosse considerada uma

nenhuma outra criatura vivente" (WN I.ii.2, p.26; RN I, p.74). Ver Larrère (1992, p.25-9). A peculiaridade de Smith, como bom escocês (ver Berry, 2018, cap.5, p.75-87) está no fato de que o princípio de "bettering one's condition" é um princípio instintivo que não demanda a apreensão consciente das vantagens envolvidas na obtenção de fortuna pessoal.

> ação conveniente e louvável. Portanto, embora o homem seja naturalmente dotado de um desejo de bem-estar e conservação da sociedade, o autor da natureza não confiou à sua razão descobrir que uma certa aplicação punitiva constitui o meio adequado para alcançar esse fim; mas *o dotou de uma imediata e instintiva aprovação daquela aplicação*, a qual é a mais adequada para alcançá-lo (TMS II.i.5.10, p.77-8; TSM, p.94 – itálicos meus).

O equívoco de Hume (e, em certa medida, também de alguns jusnaturalistas) foi supor que a preservação da sociedade dependeria da apreciação consciente a respeito da utilidade da justiça para manutenção da ordem social. Para Smith, o "autor da natureza" sabe muito bem que não se pode recorrer unicamente à razão humana quando um objetivo tão importante está em jogo. Hume não teria considerado que há um tipo de reação espontânea capaz de fundar a justiça, sem que considerações utilitaristas tenham de ser tomadas como elemento motivador (apesar delas desempenharem um papel regulador indispensável). Como veremos abaixo (seção 7), a crítica geral de Smith à teoria de seu amigo insiste precisamente nesse aspecto: Hume não teria distinguido os juízos (ou sentimentos) de conveniência e mérito dos juízos de beleza da utilidade, reduzindo os primeiros (e com eles toda simpatia) aos últimos (TMS VII.iii.3.17, p.327).

d. Mandeville: muito barulho por nada

Para Smith, Mandeville é o pensador por excelência da confusão entre meios e fins, sua teoria sendo inteiramente construída sobre ela. Daí a *Fábula das abelhas* ser o exemplo mais bem-acabado de completa degradação da filosofia moral, uma espécie de epítome do pensamento moral corrompido. Se os tratados de Epicuro, em seu afã de tudo reduzir à utilidade individual, ainda retinha algo de positivo:

> Podemos aprender do sistema de Epicuro [...] o quanto a prática, seja das virtudes amáveis, seja das respeitáveis, é favorável ao nosso próprio interesse, nosso próprio bem-estar, segurança e sossego, até mesmo nessa vida (TMS VII.ii.4.5, p.307; TSM, p.381).

Se as intenções de Hobbes parcialmente escusam sua opção por "uma doutrina tão odiosa" (TMS VII.iii.2.3, p.318), em especial devido aos acontecimentos do tempo em que viveu:

> A intenção confessa do Sr. Hobbes, ao propagar essas ideias, era sujeitar a consciência dos homens imediatamente ao poder civil, não ao eclesiástico, em cuja turbulência e ambição aprendera a ver, pelo exemplo de seu próprio tempo, a principal causa [*source*] das desordens da sociedade (TMS VII.iii.2.2, p.318; TSM, p.395-96).

Se a grandeza de Hume mais do que compensa seus equívocos:

> Também, a causa por que nos agrada o útil indicou-nos ultimamente um filósofo engenhoso e agradável, que reúne grande profundidade de pensamento à maior elegância de expressão, e que possui o singular e feliz talento de tratar os temas mais abstrusos não apenas com a mais perfeita perspicuidade, mas com a mais viva eloquência.[7] (TMS IV.1.2, p.179; TSM, p.219-20)

Mandeville, por sua vez, é imperdoável: "Há contudo, um outro sistema que parece remover toda distinção entre vicio e virtude, e cuja tendência é, por isso, totalmente perniciosa. Falo do sistema do Dr. Mandeville" (TMS VII.ii.4.6, p.308; TSM, p.382). O núcleo teórico desse "sistema licensioso" (TMS VII.ii.4, p.306) consiste, primeiro, na redução de todo comportamento ao amor de si para, em seguida, apresentar a vaidade como o único móbil da vida em sociedade (TMS VII.ii.4.7, p.308). Isso é possível pela cobertura promovida pela existência de palavras ambíguas (algumas paixões apenas são nomeadas quando se apresentam sob grau ofensivo ou desagradável) e pelo "engenhoso sofisma de seu raciocínio [*ingenious sophistry of his reasoning*]" (TMS VII.ii.4.11, p.312; TSM, p.387). Para Mandeville, portanto, não apenas nenhuma ação é desinteressada, como toda aparência de desinteresse é hipócrita (TMS VII.ii.4.7, p.308-9). O sofisma se esconde no *duplo deslizamento* apontado acima: só há amor de si e todo amor de si é vaidade. O eixo do sistema mandevilliano, portanto, encontra-se na noção de vaidade e sua descrição será retida por Smith, afinal,

7 Acabamos de ver que, para Smith, é possível pecar por excesso de engenhosidade e aprazibilidade: basta construir um sistema que remonte a um único princípio e cujo encadeamento ocorra sem qualquer tipo de salto, permitindo à imaginação percorrer a cadeia de raciocínios sem qualquer interrupção ou sobressalto. Esse é o pecado de Hume aos olhos de seu amigo.

> por mais destrutivo que esse sistema possa parecer, jamais poderia ter ludibriado tão grande número de pessoas, nem provocado um alarma tão generalizado entre os amigos dos melhores princípios, se não tivesse em alguns aspectos margeado* a verdade [*bordered upon the truth*]. Um sistema de filosofia natural pode parecer muito plausível, encontrar recepção generalizada no mundo e mesmo assim não ter fundamento sobre a natureza, nem guardar nenhuma espécie de semelhança com a verdade [*resemblance to the truth*. ...] O mesmo não se dá, porém, com os sistemas de filosofia moral, pois um autor que pretenda explicar a origem de nossos sentimentos morais não pode nos enganar de modo tão grosseiro, nem afastar-se tanto de toda a semelhança com a verdade (TMS VII.ii.4.14, p.313-4; TSM, p.388-89).

Temos aqui uma importante diferença entre filosofia natural e moral. Um sistema de filosofia natural pode se manter plausível por tempo considerável mesmo estando inteiramente equivocado (como a explicação cartesiana a propósito do movimento interplanetário a partir da existência de vórtices no éter que constituiria o universo [EPS, p.92-98]). Um sistema moral, ao contrário, jamais será aceito se não contar com ao menos alguma "semelhança [*resemblance*]" ou "verossimilhança [*probability*]" com a realidade. Por outro lado, revisitar textos antigos de filosofia da natureza é válido apenas na medida em que queiramos analisar os "princípios que guiam e dirigem a investigação filosófica" (ver *História da Astronomia* e *História da física antiga*), ao passo que textos antigos de filosofia moral ainda têm muito a nos dizer (ver a parte VII da TMS).

Smith insiste que, apesar de errado "em quase todos os aspectos" (TMS VII.ii.4.6), o sistema mandevilliano ainda assim teria "margeado a verdade" em alguns pontos. Para invalidar o seu raciocínio, portanto, ele terá de desarticular o sofisma que lhe serve de base, buscando delimitar o espaço da vaidade em sua teoria dos sentimentos morais. Isso pode ser feito de duas formas: através de sua teoria da virtude (ver 3.8) ou por sua concepção da moral como um teatro-tribunal (ver 3.6). Retomando sua teoria da virtude, ele insiste que há três níveis possíveis de fundamentação de um comportamento. Ao lado da vaidade há pelo menos dois outros níveis de comportamento: a busca pela virtude e a busca por fama e reputação bem fundadas (TMS VII.ii.4.12, p.313). O cerne do equívoco de Mandeville se encontra na generalização sub-reptícia da vaidade enquanto meio para a obtenção de estima e aprovação. A "afinidade remota [*remote affinity*]" que existe entre vaidade e busca pela glória, ao ser "exagerada pela bem-humorada e divertida eloquência de seu vivaz autor, capacitou-o a ludibriar seus leitores" (TMS VII.ii.4.9, p.310; TSM, p.384). A esse deslizamento se soma a recusa falaciosa de toda virtude:

> É a grande falácia do livro do Dr. Madeville representar cada paixão como inteiramente viciosa, em qualquer grau e sentido.[8] É assim que trata como vaidade tudo o que guarde alguma referência com o que são ou deveriam ser os sentimentos alheios; e é por meio desse sofisma que estabelece sua conclusão favorita, de que vícios privados são benefícios públicos (TMS VII.ii.4.11, p.312; TSM, p.387).

Diferentemente de Hobbes, para quem as virtudes pessoais adquiriam esse caráter pela utilidade social de seus efeitos, para Mandeville são os vícios que trazem efeitos sociais benéficos. Sua *concepção organicista de sociedade* (analogia com uma colmeia de abelhas) é complementada por uma *versão licenciosa de utilitarismo*. Apoiado em uma premissa falaciosa (todo comportamento humano que não seja perfeito é vicioso) e em um raciocínio sofístico (a vaidade é o único meio de obtenção de aprovação e estima), o sistema mandevilleano apresenta a forma mais tresloucada e pervertida de raciocínio equivocado entre meios e fins: a identificação entre vícios privados e benefícios públicos.

Os equívocos de Mandeville também podem ser expostos a partir da ideia da moral como um teatro-tribunal. O homem virtuoso busca unicamente a aprovação de uma plateia imaginária e imparcial, ele deseja que seu comportamento não apenas seja aprovado, mas que seja o objeto próprio da aprovação, ele almeja merecer a aprovação, independente dela ocorrer ou não. O homem honrado busca uma dupla aprovação, tanto da plateia imaginária quanto da plateia empírica, sob a condição de que ambas sejam imparciais, ele deseja que os signos externos de aprovação recebidos por ele sejam bem fundamentados, ele almeja a aprovação merecida. O homem vaidoso, por sua vez, busca apenas a aprovação de uma pla-

8 O que, no fundo, é uma posição ascética, pois consiste em afirmar que há virtude apenas na perfeição. Posição criticada por Smith no parágrafo seguinte e que já fora corrigida (TMS I.i.5.7-10, p.25-26; TSM, p.26-28).

teia empírica sem se importar com sua parcialidade, ele deseja os signos externos da aprovação, almeja unicamente ser aplaudido:

> Também se diz que é culpado de vaidade quem não se contenta com os sentimentos silenciosos de estima e aprovação, quem *parece gostar mais de suas expressões e aclamações ruidosas do que dos sentimentos em si*, quem nunca está satisfeito senão quando seus próprios louvores ressoam a seus ouvidos, e quem com a mais ansiosa importunidade *busca todas as marcas exteriores de respeito*; quem gosta de títulos, elogios, de ser visitado, de ser atentido, de ser notado em lugares públicos com deferência e atenção (TMS VII.ii.4.8, p.309-10; TSM, p.384 – itálicos meus).

A fina modulação sentimental necessária para o funcionamento da simpatia é simplesmente impossível de ser alcançada quando se está nesse caos sonoro, em tal balbúrdia. Imersa em tal ambiente a imaginação se vê impedida de operar o complicado e delicado trabalho de harmonização sentimental exigido pela simpatia. A simpatia demanda silêncio como pando de fundo, caso contrário não é possível perceber emoções menos violentas nem tampouco variações sutis, mesmo aquelas em torno de emoções violentas. Quanto mais alto o volume da algazarra emocional provocada pela vaidade, menor é o espectro afetivo que pode ser transmitindo e apreendido (ver 3.8). No limite, apenas gritos referentes a afetos altamente estereotipados poderão ser escutados – e isso pela conjunção de dois motivos, a presença dessa espiral sonora (onde cada um busca superar o outro na expressão de seus afetos) e da consequente surdez devido à exposição prolongada.[9] A vaidade apresenta assim ao menos dois grandes empecilhos ao funcionamento correto da simpatia: no centro da cena o homem vaidoso se mantém inteiramente na aparência, evitando a todo custo que sua verdadeira paixão emerja à superfície (aqui cabe lembrar da hipocrisia da riqueza [TMS I.iii.3.7, ver 4.5]), busca apenas os signos externos da aprovação, cujo barulho impede que tanto o homem

9 Smith não desenvolve sua análise nesse sentido, mas talvez possamos pensar que essa surdez pode ser passageira – como quando se sai de um concerto de rock com o ouvido zunindo e impossibilitado de escutar sons mais suaves – ou permanente – quando a vaidade se torna uma espécie de deficiência adquirida.

vaidoso quanto aqueles ao redor escutem pequenas variações na comunicação emocional e reflitam por conta própria.[10]

O estilo de Mandeville é igualmente ruidoso: os traços da vaidade, que constituem o "ar de verdade e verossimilhança [*air of truth and probability*]" desse sistema, são "descritas e exageradas pela eloquência viva e bem-humorada, ainda que vulgar e rústica", de modo a "lograr os pouco versados [*impose upon the unskillful*]" (TMS VII.ii.4.6, p.308; TSM, p.382). Há, portanto, uma interessante adequação de forma e conteúdo na obra de Mandeville: o estilo escandaloso da *Fábula das abelhas* mimetiza traços do único comportamento adequadamente teorizado na obra, a vaidade, sendo um dos responsáveis pelo ruído gerado por ocasião de sua publicação[11] (TMS VII.ii.4.13, p.313).

---

10 O ruído de tais aclamações é capaz de confundir inclusive pessoas "de sóbrio discernimento [*of sober judgment*]": "O próprio rumor [*noise*] dessas tolas aclamações contribui muitas vezes para confundir seu entendimento [...]" (TMS VI.iii.27, p.250; TSM, p.312). No mesmo sentido, Smith aponta que uma censura imputada de forma violenta e barulhenta afeta o funcionamento do tribunal da consciência: "A violência e o alarido [*loudness*] com que às vezes a censura é despejada sobre nós parecem embrutecer e embotar nosso senso natural do que é louvável ou censurável e, assim, os juízos do homem interior, ainda que talvez não se tenham absolutamente alterado ou pervertido, ficam tão abalados na constância e firmeza de suas decisões, que seu efeito natural de assegurar tranquilidade ao espírito é frequentemente em grande medida destruído. Mal nos atrevemos a absolver a nós mesmos, quando todos os nossos irmãos parecem nos condenar clamorosamente [*appear loudly to condemn us*]" (TMS III.2.32, p.131; TSM, p.160).

11 Caso ainda mais interessante é o de Rousseau. A combinação química de uma doutrina egoísta com um republicanismo exacerbado (orbitando ao redor de noções como contrato social e vontade geral, conceitos inaceitáveis no quadro sentimentalista), tudo isso através de uma pena habilidosíssima, é explosiva aos olhos de Smith. Se apenas espíritos grosseiros estão sujeitos à retórica mandevilleana, a maestria retórica do genebrino produz uma obra capaz de cooptar a juventude: "The life of a savage, when we take a distant view of it, seems to be a life either of profound indolence, or of great and astonishing adventures; and both these qualities serve to render the description of it agreeable to the imagination. The passion of all young people for pastoral poetry, which describes the amusements of the indolent life of a shepherd; and for books of chivalry and romance, which describe the most dangerous and extravagant adventures, is the effect of this natural taste for these two seemingly inconsistent objects. In the descriptions of the manners of savages, we expect to meet with both these: and no author ever proposed to treat of this subject who did not excite the public curiosity. Mr. Rousseau, intending to paint the savage life as the happiest of any, presents only the indolent side of it to view, which he exhibits indeed with the most beautiful and agreeable colours, in a style, which, tho' laboured and studiously elegant, is every where sufficiently nervous, and sometimes even sublime and pathetic.It is by the help

4. A (auto)persuasão utilitarista: a ambição

A separação entre utilidade e sua apreciação, o isolamento das considerações a respeito da utilidade, permite a Smith não apenas criticar os sistemas filosóficos de Epicuro, Hobbes, Hume e de certos jusnaturalistas e economistas, além de Mandeville, como também explicar algumas das interações sociais de maior consequência para as sociedades comerciais. O mais evidente deles é o consumo de quinquilharias de toda ordem, objetos frívolos cuja utilidade está longe de ser óbvia (TMS IV.1.6-8, p.180-2). A partir dela, porém, Smith aponta ser capaz também de explicar "o motivo secreto das mais sérias e importantes ocupações da vida, seja privada, seja pública", a saber, a ambição (TMS IV.1.7, p.182; TSM, p.221). O caso do *ambicioso filho de um homem pobre*, que "admira a condição dos ricos" é o exemplo de Smith de alguém motivado mais por considerações a respeito da utilidade do que pela utilidade de fato dos objetos que ele deseja obter (TMS IV.1.8, p.181; TSM, p.221). A ambição é uma dessas paixões extravagantes que se caracterizam pela "superestimação [*over-rating*] da diferença entre uma situação permanente e uma outra", em especial da situação de ricos, poderosos e bem-sucedidos (em uma palavra, de pessoas bem afortunadas [ver 4.7]) em relação à sua situação de pobreza e anonimato (TMS III.3.31, p.149; TSM, p.180). Sobreavaliação ou superestimação gerada por um trabalho imaginário desenfreado:

> Ele está encantado com a remota ideia dessa felicidade [trazida pela fortuna]. Em sua imaginação [*fancy*], essa parece a vida de algum ser superior, e para ascender a ela consagra-se a perseguir para sempre riqueza e grandeza* [*wealth and greatness.* ...] Durante toda a sua vida, persegue a ideia de certo repouso artificial e elegante, que talvez jamais alcance, e pelo qual sacrifica uma tranquilidade verdadeira que a todo tempo está a seu dispor; repouso que, se nos extremos da velhice chega por fim a conquistar,

---

of this style, together with a little philosophical chemistry, that the principles and ideas of the profligate Mandeville seem in him to have all the purity and sublimity of the morals of Plato, and to be only the true spirit of a republican carried a little too far. (EPS, p.251). A resposta adequada a Rousseau, contudo, exigirá de Smith bem mais do um capítulo em sua história da filosofia moral e é, ademais, assunto interessante demais para ser espremido em algumas poucas frases. Para uma excelente análise de alguns dos aspectos dessa crítica, ver Pimenta (2013, p.135-50), para uma possível resposta de Rousseau, Vargas (2019).

> descobrirá que não é, de modo algum, preferível a essa humilde segurança e contentamento que abandonou por ele (TMS IV.1.8, p.181; TSM, p.222).

Se filósofos utilitaristas conseguem persuadir alunos ou leitores através de argumentos engenhosos e aprazíveis, apesar de equivocados, esse ambicioso jovem *persuade a si mesmo* através da concepção fantasiosa de uma felicidade distante que ele poderia obter, ainda que a muito custo. Cabe ressaltar que não se trata de uma identificação grosseira entre riqueza e poder com felicidade, mas uma maneira bastante peculiar de conceber essa relação:

> se examinarmos por que o espectador distingue com tal admiração a condição dos ricos e poderosos, descobriremos que não obedece tanto ao ócio e prazer [*ease or pleasure*] de que supostamente desfrutam [os ricos], quanto aos inumeráveis expedientes [*contrivances*] artificiais e elegantes de que dispõem para obter esse ócio e esse prazer. Na realidade, o espectador não imagina que gozem de maior felicidade que as outras pessoas: *imagina que disponham de mais meios* para alcançá-la. E a principal fonte* de sua admiração radica na *engenhosa e inventiva adaptação desses meios para a finalidade para que foram criados* [*And it is the ingenious and artful adjustment of those means to the end for which they were intended, that is the principal source of his admiration*] (ibidem – itálicos meus).

Assim como no exemplo da sala com as cadeiras bem organizadas, o que atrai o ambicioso é o arranjo gerado pelo conjunto (pessoa rica + objetos bem adaptados à satisfação de seus desejos).[12] O ambicioso está perfeitamente consciente que pessoas ricas e poderosas não são necessariamente mais felizes que as pobres, mas possuem "mais meios" de obtenção de felicidade. O que não significa necessariamente uma maior quantidade de objetos úteis, mas sim a posse de objetos aparentemente mais bem desenhados e construídos para o objetivo a que se propõem (assim como o arranjo que diversos desses objetos compõem). Entre

12 Como deve estar claro ao leitor atento, minha interpretação sugere que Smith pensa que algo semelhante poderia estar em jogo em toda leitura do *Leviatã*, de Hobbes, ou do *Contrato Social*, de Rousseau: o espanto pelo arranjo sugerido por essas teorias.

riqueza e felicidade se interpõem esses objetos que parecem mais bem desenhados e executados e cuja performance parece ser superior. São eles que garantem essa espécie de "adequação", esse feliz estratagema ou expediente (*contrivance*) entre o lugar ocupado pelo rico e a obtenção da felicidade, de acordo com o qual os ricos estariam numa posição mais propícia para alcançar a felicidade.[13] Antes de explorarmos mais a fundo esses objetos, notemos que esse tipo de consideração a respeito da utilidade da riqueza tem duas peculiaridades: i. ela não leva adequadamente em conta as características individuais da pessoa rica (seu *character*) e ii. fundamentalmente envolve uma "ideia distante", no caso, "de felicidade". No núcleo da ambição encontramos assim um raciocínio duplamente problemático, porque fundado em uma abstração não cuidadosa, que ignora a importância do caráter individual (tanto do rico quanto de si mesmo) e associa coisas que não se relacionam de modo imediato (riqueza e felicidade). Na base do esforços sobre-humanos desse jovem ambicioso para alcançar a situação do rico se encontra assim um *raciocínio mal feito*, uma *má abstração* (ibidem, p.181). É apenas idoso e doente, com corpo e mente esgotados por uma vida estafante:

> que ele finalmente começa a se dar conta de que riqueza e grandeza* são meros enfeites frívolos em nada mais capazes de propiciar alivio ao corpo e tranquilidade ao espírito do que os estojos dos aficionados por bugigangas e que, como elas, são um fardo mais pesado para quem as carrega, que cômodas pela soma de vantagens que poderiam proporcionar (ibidem, p.182).

O resultado de uma vida dominada por uma paixão extravagante é o adoecimento do corpo. Em seus últimos dias de doença, mesmo aquela "ideia de felicidade" desaparece deixando para trás nada além de uma visão crua da realidade:

> Então poder e riqueza [*power and riches*] se mostram como o que são*, gigantescas e trabalhosas máquinas fabricadas para produzir algumas poucas insignificantes comodidades para o corpo [[illegible]

13 Não é apenas o objeto engenhoso (por exemplo, uma carruagem) que fascina a imaginação, mas também a série de objetos acessórios que ele sugere à imaginação: quem possuía uma carruagem também possuía cavalos, e um estábulo, e uma residência grande etc. Esses dois aspectos do funcionamento da imaginação estão intimamente ligados, mas podem ser isolados.

> *mous and operose machines contrived to produce a few trifling conveniencies to the body*], consistindo de molas belas e delicadas que se devem manter em bom estado com a mais ardorosa atenção, e que, apesar de todos os nossos cuidados, estão sempre prontas a arrebentar em mil pedaços, esmagando, em seus detroços, seu infeliz dono. São imensos edifícios [*fabrics*] que exigem o trabalho de uma vida inteira para serem erguidos, a todo momento ameaçam dominar quem neles habita, e que, enquanto estão de pé, embora possam poupá-lo de algum dos menores incômodos, não o podem proteger de nenhuma das mais severas inclemências da estação (ibidem, p.182-3).

Se em tempos de "doença e infortúnios [*sickness and low spirits*]" todo homem está familiarizado com essa "filosofia biliosa [*splenetic philosophy*]", com essa lúgubre visão das coisas, em tempos melhores, quando "desfruta de melhor saúde e melhor humor", ele igualmente

> jamais deixa de considerá-los sob um aspecto mais agradável. *Nossa imaginação*, que na dor e no sofrimento parece confinada e encerrada dentro dos limites de nós mesmos, *em tempos de conforto e prosperidade expande-se para tudo que nos rodeia*. Encanta-nos, então, a beleza do conforto que reina nos palácios e na economia dos grandes [*We are then charmed with the beauty of that accommodation which reigns in the palaces and oeconomy of the great*], e admiramos como tudo concorre para promover sua tranquilidade, para evitar que lhes falte algo, e para divertir seus mais frívolos desejos (TMS IV.1.9, p.183; TSM, p.224 – itálicos meus).

A *expansividade* talvez seja o traço definidor da imaginação. Ela aparece já nos primórdios da experiência, ao sugerir as noções de substância e de espaço externo (ver 1.2). Ela atua na construção dos sistemas científicos e filosóficos (ver *Introdução*). Ela define a simpatia: a capacidade de se imaginar no lugar do outro, a expansão imaginária sobre o outro (ver 2.2). Ela reaparece quando buscamos punir objetos inanimados que nos causaram dor ou sacralizamos objetos que nos são preciosos, a expansão imaginária própria ao ressentimento e à gratidão (ver. 4.1-2). Ela ressurge aqui adicionando um "novo caráter", uma "nova beleza" a objetos úteis:

> Se considerarmos por si só a satisfação que todas essas coisas são capazes de proporcionar, *separada da beleza daquele arranjo* adequado para suscitá-la*, sempre parecerá muito desprezível e trivial. No entanto, raras são as vezes em que as vemos sob essa luz abstrata e filosófica. *Em nossa imaginação, naturalmente a confundimos com a ordem, o movimento regular* e harmonioso do sistema, a máquina ou economia que a produzem* [*We naturally confound it in our imagination with the order, the regular and harmonious movement of the system, the machine or oeconomy by means of which it is produced*]. Os prazeres da riqueza e da grandeza*, considerados desse ponto de vista complexo, atingem a imaginação como se se tratasse de algo grandioso, belo e nobre, cuja obtenção vale bem todo o trabalho e cuidado [*toil and anxiety*] que tão dispostos estamos a lhe dedicar (ibidem – itálicos meus).

A única forma de evitar essa confusão consiste em isolar esses dois momentos: a satisfação real e a satisfação obtida pela apreciação da beleza que a aparência de utilidade confere. Precisamente nisso consiste a "visão abstrata e filosófica" mencionada por Smith. Sem ela, a confusão é inevitável: essas duas satisfações se combinam perfazendo uma "visão complexa" das coisas, característica de uma apreensão saudável do mundo, mas que, em casos extremos (e mórbidos), coopta a imaginação ociosa e guia o desejo de homens ambiciosos. O ambicioso claramente vê a satisfação imaginária proporcionada por tais objetos, mas a confunde com a satisfação real obtida pelos ocupantes do topo da escala social (sua imaginação se expande sobre esses objetos, ou, se quisermos, ele projeta a sua "ideia distante de felicidade" sobre tais objetos). Apesar de seu fusquinha ser tão útil quanto a Ferrari de um astro de futebol ou do CEO de uma multinacional (ambos os carros levam seus respectivos donos do ponto A ao ponto B), de algum modo a Ferrari parece mais apropriada a seu propósito, parece estar mais próxima do que um carro deveria ser. Seu arranjo interno, sua "maquinaria ou organização [*oeconomy*]" simplesmente parece mais ajustada à sua finalidade, e a maior parte das pessoas (e, talvez, mesmo a totalidade das pessoas, ao menos por alguns instantes) vai confundir essa "conveniência superior" com a conveniência 'ordinária' de ser um simples carro (TMS IV.1.4, p.180). O ponto central é precisamente esse: um supercarro não é um simples carro, eles são projetados e produzidos tendo esse *algo a mais* que Smith denomina de beleza que a aparência de utilidade confere em mente e que consiste, basicamente, em oferecer um suporte adequado à atividade expansiva da imaginação de jovens ambiciosos.[14] O ambicioso soma essa satisfação imaginária à satisfação real. O resultado é que toda pessoa rica ou poderosa parece ser mais feliz do que realmente é. Sugeri (em 3.8) que o mundo da vaidade se caracteriza pela circulação de *afetos estereotipados*. Aqui vemos o que isso significa: *um afeto associado a uma ideia mal abstraída* (nesse caso, a associação entre riqueza e felicidade). Evidentemente, esse equívoco não está confinado às classes menos abastadas: com exceção dos "hipócritas da riqueza e da grandeza" que cinicamente assumem as aparências (TMS I.iii.3.7, p.64), a maior parte das pessoas ricas ou poderosas é igualmente enganada por essa satisfação imaginária (de que outro modo supercarros seriam comprados?) e realmente pensa que é mais feliz que o restante da população.

O filósofo smithiano, por sua vez, não apenas é capaz de separar esses dois tipos de prazer, como é igualmente capaz de avaliar os efeitos benéficos dessa confusão imaginária:

> E é bom que a natureza se imponha a nós dessa maneira. É essa ilusão que dá origem e mantém em contínuo movimento a indústria* dos homens [*It is this deception which rouses and keeps in continual motion the industry of mankind*]. É o que primeiro os

14 Em seu texto sobre as artes imitativas, Smith fornece algumas indicações a propósito das características (objetivas ou quasi-objetivas) que sustentam esse tipo de juízo estético: "The exact resemblance of the correspondent parts of the same object is frequently considered as a beauty, and the want of it as a deformity; as in the correspondent members of the human body, in the opposite wings of the same building, in the opposite trees of the same alley, in the correspondent compartments of the same piece of carpet-work, or of the same flower--garden, in the chairs or tables which stand in the correspondent parts of the same room, etc. But in objects of the same kind, which in other respects are regarded as altogether separate and unconnected, this exact resemblance is seldom considered as a beauty, nor the want of it as a deformity" (EPS, p.176-177). Trata-se de uma apreciação estabelecida a partir da *correspondência mútua das partes de um todo* e que surge da análise do *objeto em relação a si mesmo* (o que envolve aquilo que esse ordenamento interno sugere que ele seja capaz de fazer) e não da relação entre esse objeto e outros da mesma espécie. Para usar um exemplo sugerido por esse trecho (mas que não é o dele): uma asa isolada, ou duas asas uma de ponta cabeça em relação à outra, não sugerem a ideia de voo (aquilo para o qual elas servem, sua finalidade) do mesmo modo que duas asas conectadas pela base. Em seu livro mais recente (2019), Jaffro contextualiza essas considerações de Smith no debate estético oitocentista britânico e sugere a expressão "semelhança estrutural" (cap.3, seção 2) a esse respeito.

> incitou a cultivar o solo, a construir casas, a fundar cidades e estados [*commonwealths*] e a inventar e a aperfeiçoar todas as ciências e artes, que enobrecem e embelezam a vida humana; que mudaram toda face do globo, transformando as rudes florestas naturais em planíveis agradáveis e férteis, o insondável e estéril oceano em nova fonte de subsistência, e na grande via de comunicação entre as diferentes nações da terra. Por causa desses trabalhos humanos, a terra foi obrigada a redobrar sua fertilidade natural, para manter um número maior de habitantes (TMS IV.1.10, p.183-4; TSM, p.225 – itálicos meus).

Ao ser tomado por uma dessas paixões extravagantes, o indivíduo se vê irrequieto, ansioso, desassossegado, consumido numa busca incessante por riqueza, poder e sucesso. Ele está permanentemente insatisfeito sendo incessantemente impulsionado para frente. Esse é o modo como Smith formula a tese, corrente à época, a propósito da intranquilidade própria à humanidade.[15] Uma vez envolvido por essa busca ele alcança muito mais do jamais poderia consumir por si próprio (Smith lembra aqui o provérbio popular "o olho é maior que a barriga"),[16] forjando as bases não apenas do que ele denomina de "economia da grandeza", mas da riqueza como um todo:

> A capacidade de seu estômago não mantém nenhuma proporção com a imensidão de seus desejos, pois não receberá nada além do que o mais vil camponês. É a obrigação a distribuir o que sobra entre os que melhor preparam ao pouco de que ele faz uso, entre os que arrumam o palácio em que consumirá esse pouco, entre os que provêm e mantêm em ordem todas as diversas miudezas e bugigangas empregadas na economia da grandeza [*oeconomy of greatness*];

15 Trata-se do que pode ser denominado de antropologia da inquietude ou da intranquilidade (ver Monzani, 1995). Em sua obra *Da moeda* (1751), Galiani, formula a questão central de modo preciso e sintético: "o homem é constituído de tal forma que, logo que aplacou um desejo, lhe desponta outro que o estimula com força igual ao do primeiro; e assim ele é mantido perpetuamente em movimento, sem nunca chegar a ficar de todo satisfeito" (2000, p.75).

16 Peart e Levy articulam uma interpretação (utilitarista) da obra de Smith no qual a sabedoria proverbial desempenha, para indivíduos comuns, um papel heurístico em certa medida análogo ao que modelos científicos desempenham para especialistas (2005, cap.11).

> entre todos os que de seu luxo e capricho extraem a porção dos bens necessários* [*necessaries*] da vida que debalde teriam esperado de sua humanidade ou de sua justiça (ibidem, p.184; TSM, p.226).

Ao separar teoricamente satisfação real e satisfação imaginária, o filósofo pode analisar como elas se comportarão através do desdobramento temporal da sociedade: o incremento da produção global gerada pelos indivíduos guiados por tais paixões extravagantes não tem como ser inteiramente apropriado por eles. Numa argumentação que antecipa a análise do curso natural e ordinário da riqueza (campo > cidade e, consequentemente, comércio interno -> comércio exterior), no Livro III da *Riqueza das nações*, Smith foca aqui no primeiro nível de desenvolvimento econômico, a agricultura:

> Em todos os tempos, o produto do solo sustenta aproximadamente o número de habitantes que é capaz de sustentar. Os ricos apenas escolhem do monte o que é mais precioso e agradável. Consomem pouco mais do que os pobres; e a despeito de seu natural egoísmo e rapacidade [*selfishness and rapacity*], embora tão somente pensem em sua própria conveniência, embora a única finalidade [*end*] que buscam, ao empregar os trabalhos de muitos, seja satisfazer seus próprios desejos vãos e insaciáveis, apesar disso dividem com os pobres o produto de todas as suas melhorias (ibidem; TSM, p.226).

Ao contrário de uma espiral sem fim de crescimento da desigualdade, a instituição da propriedade privada da terra gera um resultado diferente:

> São conduzidos por uma mão invisível a fazer quase a mesma distribuição dos bens necessários à vida* que teria sido feita, caso a terra fosse dividida em porções iguais entre todos os seus moradores; e assim, sem intenção, sem saber, promovem os interesses da sociedade, e oferecem meios para multiplicar a espécie. Quando a providência dividiu a terra entre uns poucos e orgulhosos senhores [*lordly masters*], não se esqueceu e tampouco abandonou os que pareciam ter ficado fora dessa partilha. Também estes susufruíam sua parte em tudo o que a terra produz. No que se refere à verdadeira felicidade da vida humana, não são em nada inferiores aos que pare-

> ceriam estar acima deles. No conforto do corpo e na paz de espírito, todas as diferentes posições da vida estão quase no mesmo nível, e mesmo o mendigo que se aquece ao sol junto da estrada possui a segurança por que se batem os reis (ibidem, p.184-5).

A satisfação real de ambos os grupos (ricos proprietários fundiários e camponeses pobres) é quase a mesma ou, ao menos, difere muito pouco. Smith explicitamente afirma que pessoas pobres estão (ao menos potencialmente) mais próximos da verdadeira felicidade que ricos e poderosos, pois estariam menos sujeitos a serem arrebatadas por uma dessas paixões extravagantes (talvez, porque experimentem menos tais objetos engenhosos e os arranjos que eles compõem). Em certo sentido, é mais fácil ao pobre obter aquela tranquilidade necessária para o verdadeiro desfrute da vida. A exceção, evidentemente, é a do ambicioso filho de um homem pobre: esse está no pior dos mundos, além de uma imaginação irrequieta, ele não tem acesso aos caros objetos capazes de satisfazer (ao menos parcialmente) sua vaidade. Pior ainda, na tentativa de satisfazer sua imaginação ele buscará entrar na balbúrdia emocional própria ao "círculo da ambição" (TMS I.iii.2.7, p.57; TSM, p.69), sendo-lhe assim quase impossível analisar calmamente sua própria situação e distinguir, como o filósofo, satisfação real e satisfação imaginária. Sua constituição subjetiva (uma mente intranquila dominada por uma paixão extravagante) reforça e é reforçada pelo ambiente no qual busca se inserir (a barulheira emocional da economia da grandeza). É apenas o esgotamento físico de seu corpo que lhe propiciará a tranquilidade necessária para refletir corretamente:

> No fundo do seu coração amaldiçoa a ambição e em vão lamenta a preocupação e indolência da juventude, prazeres que se foram para sempre, e que tolamente sacrificou por algo que, quando o possui, já não pode lhe proporcionar uma satisfação verdadeira. Tal é o miserável aspecto que oferece a grandeza a todo homem reduzido, por melancolia ou doença, a observar atentamente sua própria situação, e a considerar o que realmente falta para sua felicidade (TMS IV.1.8, p.182; TSM, p.223-24).

Aqui mais um exemplo da crença smithiana na naturalidade do estabelecimento de uma moral correta. Bastaria deixar correr o tempo para que a tranquilidade necessária ao correto julgamento de uma situação naturalmente se estabeleça, e uma vez ela entre em cena, a (auto)persuasão utilitarista da ambição cessaria de funcionar:

> no langor da enfermidade e no cansaço da velhice, desaparecem os prazeres das vãs e quiméricas distinções* de grandeza [*the pleasures of the vain and empty distinctions of greatness disappear*]. Para alguém que se encontre nessa situação, esses prazeres já não possuem atração suficiente para recomendar os penosos desvelos [*toilsome pursuits*] que antes o ocuparam (ibidem).

Se tomarmos essas passagens seriamente, veremos que Smith verdadeiramente acredita que a tranquilidade cedo ou tarde se impõe, permitindo ao indivíduo pensar corretamente a respeito de sua situação. O que não impede que ela, por vezes, chegue tarde demais.

5. Linguagem e comércio: valor, utilidade e trabalho

A expansividade da imaginação também se encontra no núcleo da compreensão econômica de Smith, e não apenas devido a comportamentos guiados pela ambição. Sua teoria do valor econômico depende dessa característica:

> É preciso observar que a palavra "VALOR" possui dois diferentes significados; algumas vezes expressa a utilidade de algum objeto em particular, e outras, o poder de comprar outros bens, que a posse desse objeto transmite. O primeiro pode ser designado por "valor de uso [*value in use*]"; o segundo, por "valor de troca [*value in exchange*]" (WN I.iv.13, p.44; RN, p.36).

O ponto de partida é a palavra valor e a distinção entre dois de seus significados. Na *Introdução*, apontamos que Smith emprega uma lógica-gramatical, baseada na análise das funções das diferentes espécies de palavras. O paralelo que proponho aqui é com as considerações de Smith a propósito dos adjetivos e das preposições, palavras que "servem para distinguir objetos particulares de outros da mesma espécie" (LRBL, p.206; EF, p.49). Minha hipótese: o valor serve para distinguir entre as diferentes "espécies de mercadorias [*species of commodities*]" (WN I.vii.17, p.76) – cada uma delas produto de diversas "espécies de trabalho [*species of labour*]" (WN I.vi.1-2, p.65) operando em conjunto e – que compõem a riqueza das nações (WN Intro.1, p.10), o que ocorre de dois modos. Assim como os *adjetivos* indicam "certa qualidade concreta do objeto particular" (LRBL, p.206; EF, p.48), o *valor de uso* dos bens se refere às qualidades concretas das mercadorias. Por sua vez, assim como as *preposições* indicam diferenças "quando tais objetos particulares não podem ser propriamente assinalados por qualidades que lhe são peculiares", mas o são pela "relação entre dois objetos considerada em concreto" (LRBL, p.206; EF, p.48-49), o *valor de troca* também se refere a essas relações entre bens: "o que se pode chamar de *valor relativo*, ou de troca, dos bens [*what may be called the relative or exchangeable value of goods*]" (WN I.iv.12, p.44; RN, p.36 – itálicos meus). Valor de uso e de troca estão para as mercadorias como adjetivos e preposições estão para os nomes (ou espécies). Em outros termos, o valor é aquilo que qualifica essa espécie que são as mercadorias; qualificação que pode ser de dois tipos: pela *utilidade*, uma "qualidade concreta" dessas mercadorias, "valor *no* uso [*value in use*]", ou pela posição dessa mercadoria em relação aos demais nas transações comerciais, no processo de intercâmbio social, como "valor *na* troca [*value in exchange*]".

Ao contrário de seus amigos Anne-Robert Jacques Turgot e Andre Morellet, que poucos anos antes (em 1769 e 1770, respectivamente), articularam esses dois níveis a partir de uma sofisticada teoria do valor econômico baseada na comparação entre as avaliações individuais de duas pessoas isoladas em uma ilha,[17] Smith dissocia valor no uso e na troca. O famoso 'paradoxo da água e do diamante', como ficou conhecido, serve de argumento decisivo a esse respeito:

> As coisas que possuem o maior valor de uso frequentemente possuem pouco ou nenhum valor de uso. Nada é mais útil que a água e, no entanto, ela não permite comprar quase nada; poucas coisas se podem obter em troca dela. Um diamante, pelo contrário, não possui quase nenhum valor de uso, mas normalmente é possível obter em troca dele uma enorme quantidade de outras mercadorias (WN I.iv.13, p.44-45; RN, p.36).

17 Ver, de Turgot, *Valores e moedas* (1769; S3, p.78-83 e ss.) e, de Morellet, a digressão sobre o valor em seu *Prospecto a um novo dicionário de comércio* (1770, p.89-182). Para comentários, ver Perrot (1992, p.97-125) e Van den Berg (2014).

Smith remete o valor no uso às qualidades materiais e formais dos objetos e o valor na troca à quantidade de trabalho que esse bem pode comandar no mercado. Dois capítulos antes, Smith conclui seu argumento sobre o estabelecimento da divisão e do aumento da produtividade do trabalho a partir do comércio apontando, para a espécie canina,

> Por falta da capacidade ou da propensão para a troca, não é possível reunir os efeitos desses diferentes gênios ou talentos em num patrimônio comum [*common stock*], e por isso, nenhum cão contribui minimamente para satisfazer as necessidades e melhorar o conforto da espécie [*do not in the least contribute to the better accommodation and conveniency of the species*] (WN I.ii.5, p.30; RN, p.22).

A fortuna determina o grau de participação de cada indivíduo nesse patrimônio ou fundo comum, de onde cada pessoa "pode adquirir todas as partes produzidas pelos talentos de outros, de acordo com suas necessidades [*he has occasion for*]" (ibidem). Uma participação que Smith compreende como um poder, cuja quantidade é determinada por sua extensão:

> Riqueza é poder, como diz Hobbes. [...] O poder que a posse dessa fortuna lhe assegura, de forma imediata e direta, é o poder de compra; um certo comando sobre todo o trabalho ou sobre todo o produto do trabalho que está então no mercado. Sua fortuna é maior ou menor, exatamente na proporção da extensão desse poder; ou seja, de acordo com a quantidade de trabalho alheio ou – o que é a mesma coisa – do produto do trabalho alheio que esse poder lhe dá condições de comprar ou comandar. O valor de troca de cada coisa será sempre exatamente igual à extensão desse poder que essa coisa traz para o seu proprietário (WN I.v.3, p.48; RN I, p.88).

Riqueza é poder e, por consequência, a economia é política[18] – essencialmente política, porque é caracterizada por um tipo específico de poder, o po-

18 "As riquezas [*riches*] e, na medida em que o poder depende das riquezas, o poder de um país devem ser sempre proporcionais ao valor de sua produção anual, o fundo [*fund*] com

der de comandar trabalho alheio. Já analisamos essa passagem em seu contexto adequado, a teoria da autoridade de Smith (ver 4.7), na qual a desigualdade de fortuna aparece como a mais importante das fontes da autoridade. Fortuna que, assim como a beleza de utilidade, tem na atividade expansiva da imaginação a sua origem (ver 4.3). A peculiaridade desse tipo de poder também é mais facilmente delimitada a partir da analogia com a linguagem. Em *Formação das línguas*, é precisamente por ocasião de sua análise dos adjetivos e das preposições que Smith introduz a questão da *abstração*:

> Um adjetivo é, por natureza, uma palavra geral, em alguma medida abstrata, que necessariamente pressupõe a ideia de uma certa espécie ou sortimento de coisas às quais é aplicável sem distinção. [...] Quem primeiro distinguisse um objeto particular pelo epíteto *verde* teria de observar outros objetos que não fossem verdes e dos quais pretendesse separá-lo com essa denominação. Portanto, a instituição desse nome pressupõe uma comparação, e pressupõe, igualmente, algum grau de abstração. Quem primeiro inventasse essa denominação teria de distinguir a qualidade do objeto a que ela pertencia e conceber o objeto como capaz de subsistir sem essa qualidade. Portanto mesmo a invenção do mais simples dos nomes adjetivos requereria mais metafísica do que se costuma imaginar. Operações mentais* [*mental operations*] como classificação, comparação e abstração teriam de ser empregadas antes mesmo que os nomes das diferentes cores, que são adjetivos menos metafísicos, pudessem ser instituídos (LRBL, p.207; EF, p.49-50).

Para as preposições, que denotam relações, o caso é mais complicado, uma vez que

> uma relação é, por si mesma um objeto mais metafísico do que uma qualidade. [...] Qualidades são sempre objetos de nossos sentidos externos, relações nunca o são. Não admira, portanto, que o conjunto daqueles objetos seja muito mais compreensível que o

base no qual todos os impostos são, em última instância, pagos. Mas o grande objetivo da economia política em cada país é aumentar as riquezas e o poder desse país" (WN II.v.31, p.372; RN, p.466).

> destes. [...] Uma preposição denota uma relação e nada mais que uma relação. Mas, antes que os homens pudessem instituir uma palavra que significasse uma relação e nada mais, eles teriam, em alguma medida, de considerar tal relação em abstrato, separada dos objetos relacionados, pois a ideia desses objetos não entra na significação da preposição (LRBL, p.209-10; EF, p.54).

Não surpreende que a análise do valor na troca, do valor relativo, seja tão complexa. Antes mesmo de poder ser sequer designado, é necessário o emprego de todo um largo aparato metafísico, de uma série sucessiva e recursiva de operações de *classificação*, *comparação*, *abstração* e *generalização*. É o que Smith admite de partida. Logo após elencar as questões que sua teoria do valor na troca busca elucidar (WN I.iv.15-17, p.46), ele aponta que, apesar de seus melhores esforços, sua exposição ainda pode envolver "certa obscuridade por se tratar de um assunto que é, por sua própria natureza, extremamente abstrato" (WN I.iv.18, p.46; RN, p.37). Tomemos a primeira das questões elencadas por Smith, a da medida real do valor na troca. A operação central aqui é a comparação. Na sequência ao parágrafo com a referência a Hobbes, ele aponta que "embora o trabalho seja a medida real do valor de troca de todas as mercadorias, não é por trabalho que normalmente se estima o valor delas". Ao tentarmos comparar diferentes tipos de trabalhos, duas dificuldades aparecem, porque i. há diversos tipos de trabalhos e ii. porque "é preciso também levar em conta os diferentes graus de dificuldade* [*hardship*] e de engenho [*ingenuity*]" (WN I.v.4, p.48; RN, p.38-39). Contudo, é raramente em termos de trabalho que comparamos as mercadorias, geralmente empregamos outras mercadorias:

> Além disso, é mais frequente que cada mercadoria seja trocada por outras mercadorias do que por trabalho e que, por conseguinte, seja àquelas comparadas. Assim, é mais natural estimar o seu valor de troca pela quantidade de alguma outra mercadoria do que pela quantidade de trabalho que ela pode comprar. A maior parte das pessoas, ademais, compreende melhor o significado de [*what is meant by*] uma quantidade de uma certa mercadoria do que de uma quantidade de trabalho. Uma consiste num objeto simples e palpável [*plain palpable object*]; a outra, numa *noção abstrata* [*abstract notion*] que, embora possa tornar-se suficiente-

> mente inteligível, de maneira geral não é tão natural e evidente (WN I.v.5, p.49; RN, p.40 – itálicos meus).

Um comentário pormenorizado dessa questão foge ao escopo desse livro. O que nos interessa é mostrar que a análise lógico-gramatical de Smith busca isolar a abstração: nessas passagens está em jogo duas comparações (entre trabalhos, entre mercadorias), uma analogia (entre o sistema dos trabalhos e o sistema das mercadorias)[19] e uma abstração (do trabalho). Assim como na análise da beleza de utilidade, cabe ao economista político smithiano isolar o elemento abstrato para melhor lidar com ele. Salvo engano, essas são as duas únicas ocorrências da palavra *abstrato* nas mais de mil páginas da *Riqueza*.

Mas o que significa dizer que o trabalho é uma noção abstrata? Em primeiro lugar, que ele não é percebido pelos sentidos, mas sim uma criação da imaginação. Em segundo, que, por ser produto de uma abstração, uma operação mental, seu significado é geral, o mesmo para todas as situações e circunstâncias:

> É possível afirmar que iguais quantidades de trabalho, em todos os tempos e lugares, possuem o mesmo valor para o trabalhador. Em seu estado comum* [*ordinary state*] de saúde, de força e de disposição [*spirits*], em seu grau comum [*ordinary degree*] de habilidade e destreza, o trabalhador sempre deve sacrificar a mesma porção de sua tranquilidade [*ease*], sua liberdade e felicidade (WN I.v.7, p.50; RN, p.41-42).

Eis as condições da abstração: um ser humano em seu estado comum ou ordinário de saúde, força e disposição, aplicando sua habilidade e destreza de modo comum ou ordinário, abrindo mão de quantidades iguais de tranquilidade,

19 A questão fica ainda mais complicada com a introdução da moeda e a substituição do escambo por trocas monetárias: "É mais natural e simples para ele, portanto, estimar seu valor pela quantidade de dinheiro, que é a mercadoria pela qual o açougueiro imediatamente a troca, do que pela quantidade de pão e cerveja, que são as mercadorias pelas quais ele poderá trocá-la apenas pela mediação de outras mercadorias; ele prefere dizer que a carne vale 3 ou 4 pence por libra, a dizer que vale 3 ou 4 libras de pão, ou 3 ou 4 quartas de cerveja. Daí resulta que com frequência estimemos o valor de troca de qualquer mercadoria mais pela quantia em dinheiro do que pela quantidade de trabalho ou de qualquer outra mercadoria por que se pode trocar tal mercadoria" (WN I.v.6, p.49; RN, p.40-41).

liberdade e felicidade. Esse é "o único padrão real e definitivo [*ultimate and real standard*] que pode servir, em todos os tempos e lugares, para estimar* e comparar o valor de todas as mercadorias. É o seu preço real, o dinheiro não é senão seu preço nominal" (ibidem). Se nas "transações mais comuns e habituais da vida humana" (aquelas que não envolvem separação espaço-temporal entre compra e venda) essa distinção é de pouca importância prática[20] (WN I.v.18, p.55; RN, p.47), para o economista político smithiano ela é decisiva. Aferrar-se ao "sentido popular" (WN I.v.9, p.51) da noção de preço e de moeda é um dos equívocos fundamentais do sistema mercantil: "Tornar-se rico é o mesmo que adquirir dinheiro; em suma, na linguagem comum*, riqueza e dinheiro são considerados como termos absolutamente sinônimos" (WN IV.i.1, p.429; RN, p.533). A exemplo de Mandeville, que tomava os nomes das virtudes e vícios pelas próprias coisas (ver 6.3d), economistas mercantilistas tomam o preço nominal pelo preço real, e, empregando de modo não crítico "noções populares" (WN IV.i.5, p.431), confundem dinheiro e riqueza. A lógica mercantilista é defeituosa porque, no fundo, os economistas mercantilistas são maus gramáticos. A solução implementada por Smith na riqueza é a mesma da *Teoria*: isolar a abstração e, a partir dela, reorganizar o sistema da economia política.

E para isolar a abstração, Smith recorre ao principal método lógico-gramatical da época, a *histórica conjectural*. Como Dugald Steuart aponta em sua biografia de Smith, de 1793, é na *Formação das línguas*, de 1761, que Smith utiliza pela primeira vez esse recurso bastante difundido à época[21] (in EPS, p.293). Se lembrarmos que a passagem para a sociedade comercial se caracteriza pela alte-

20 "Mas, embora a distinção entre o preço real e o preço nominal possa ser útil no estabelecimento de rendas perpétuas, ou mesmo nos arrendamentos por períodos muito longo, não é de serventia alguma para as compras e vendas, que são as transações mais comuns e habituais da vida humana. No mesmo tempo e lugar, o preço real e preço nominal de todas as mercadorias são exatamente proporcionais um ao outro" (WN I.v.19, p.55; RN, p.47). As dificuldades surgem precisamente da separação (espacial ou temporal) entre os atos de compra e venda, uma vez que as circunstâncias locais são passíveis de variação, enquanto o trabalho, por ser uma noção abstrata, permanece sempre o mesmo.

21 A formulação que talvez seja o ponto de partida desse dispositivo é a Parte II do *Ensaio sobre a origem dos conhecimentos humanos* de Condillac, publicada em 1746, e que serve de modelo para a *Formação das línguas*, de Smith. Rousseau emprega um dispositivo parecido no *Segundo discurso*, de 1754, assim como vários dos enciclopedistas, dentre eles, Turgot, o outro formulador da teoria dos quatro estágios.

ração do tipo de autoridade (ou de influência da fortuna) que a riqueza garante (comando sobre pessoas -> comando sobre trabalho de pessoas), vemos que essa passagem envolve o estabelecimento de um princípio abstrato no cerne da vida social, o valor como trabalho comandado (ver 5.9).[22] Recontar a história do advento das modernas sociedades comerciais, ou mais especificamente, a passagem do trabalho escravo, no mundo antigo, pelas relações de servidão, na idade média, até o advento do trabalho livre, objetivo primordial do Livro III da *Riqueza*, no fundo, é o modo smithiano de isolar a abstração econômica do trabalho, característica definidora do mundo moderno.

6. Espécie (*species*) e caráter (*character*)

A falta de habilidade no emprego de noções abstratas também é o principal problema do jovem ambicioso filho de um home pobre. Como visto na seção 4, na base da ambição se encontrava um tipo de raciocínio caracterizado por duas peculiaridades: i. não levar adequadamente em conta o caráter (*character*) do indivíduo admirado e ii. envolver uma "ideia distante". Em resumo, no cerne da ambição se encontra uma *abstração duplamente problemática*, primeiro porque lida mal com a particularidade do seu suporte (o caráter do rico) e, segundo, porque associa a esse suporte uma "ideia distante". Para compreender o que está em jogo nesse caso é preciso analisar a diferença entre espécie e caráter.

Retomando um tema já comentado na Introdução, em sua *História da astronomia*, Smith apresenta as ciências (ou melhor, toda "investigação filosófica") como uma espécie de construção imaginária que responde a três tipos de sentimentos (surpresa, espanto e admiração) que nos impulsionam em busca conhecimentos sistemáticos (EPS, p.33). O sentimento central é o espanto, que se desdobra em dois tipos: 1) aquele gerado por objetos novos e singulares e 2) aquele gerado por uma sequência não esperada na cadeia de raciocínios que vai sendo construída.

22 Já analisamos a principal consequência positiva desse processo: a substituição de relações de dependência pessoal por relações de interdependência mercantil (ver 4.7). Há, porém, ao menos uma consequência negativa considerável: o embotamento (mental, moral e físico) da classe trabalhadora submetida a longas jornadas de um trabalho extremamente simples, cujas atividades se resumem a alguns poucos movimentos puramente mecânicos sob condições controladas (dentro de uma fábrica) (WN V.i.f.50, p.781-782; RN II, p.244).

O primeiro resulta em um tipo de ordenamento, taxonômico, com base na descoberta de semelhanças de vários graus entre diversos objetos, de modo a permitir a classificação em várias ordens, da mais particular à mais abstrata (EPS, p.37-8). Conhecer é, portanto, *especificar* ou *tipificar*, isto é, colocar sob o mesmo nome uma quantidade cada vez maior de objetos, ao mesmo tempo em que se aumenta a complexidade do quadro criado – uma pessoa que desconhece botânica pode contentar sua curiosidade dizendo que tal vegetal é uma erva ou mesmo uma planta; um botânico jamais (EPS, p.38). A dinâmica do trabalho da imaginação na atividade taxonômica pode ser assim resumida: um naturalista que avista um animal até então desconhecido se surpreenderá com a novidade; conforme pesquisa mais e se acostuma com seu novo objeto de pesquisa – isto é, quando ele deixa de ser novidade – a surpresa dá lugar ao espanto e seu trabalho passa a ser o de buscar e enumerar as semelhanças capazes de encaixá-lo da melhor maneira possível no quadro taxonômico (dependendo do animal, pode ser necessário alterar o quadro para comportá-lo); uma vez encaixado, a série está novamente completa e o espanto se esgota; sobra apenas a admiração pelo sistema taxonômico que daí resulta (EPS, p.38-9).

O segundo tipo de espanto engendra outro tipo de ordenamento, baseado na associação de ideias: o encadeamento aqui não é mais constituído por semelhança, mas por contiguidade (espacial e temporal). Três objetos que aparecem sucessivas vezes na mesma ordem fazem a imaginação supor que a sucessão entre eles não é casual: a cada nova observação que confirme essa ordem "essa associação das suas ideias se torna cada vez mais determinada [*becomes stricter and stricter*] e o hábito da imaginação de passar da concepção de um para a do outro se fixa e se confirma cada vez mais [*grows more and more rivetted and confirmed*]" (EPS, p.41; EF, p.199). A sucessão habitual dos objetos cria uma expectativa por parte da imaginação (EPS, p.41), mas basta uma aparição desses objetos em outra ordem para que os sentimentos de surpresa e espanto tomem de assalto a imaginação (EPS, p.40; cf., p.41). A imaginação não encontra a facilidade habitual no fluxo de suas ideias que se vê interrompido em um de seus encadeamentos por um "vão [*gap*] ou intervalo" (EPS, p.41). Se a alteração no curso habitual das coisas é real ou apenas imaginada é menos importante para Smith que o movimento desencadeado por essa sensação: uma inquietação que impele o cientista/filósofo a buscar "uma cadeia de eventos intermediários, ainda que invisíveis" capaz de ligar os eventos separados e fazer o fluxo voltar a correr como antes (EPS, p.41-2).

Dois tipos de espanto e investigação que organizam duas etapas do trabalho científico: *especificação* e *síntese*. Ressaltemos dois pontos importantes: 1) o desenvolvimento científico/filosófico serve para apaziguar ou satisfazer um tipo peculiar de sentimento, o espanto, que se caracteriza precisamente pela busca da ordem[23] e 2) a filosofia como um todo "pode ser vista como uma daquelas artes que se dirigem à imaginação [*adress themselves to the imagination*]" (EPS, p.45-6), e não diretamente à razão.[24] Sistema ordenado que se desdobra em dois momentos complementares, 1) de especificação 2) e de síntese.

No momento, estamos interessados na primeira etapa, taxonômica. Ela tem na noção de *espécie* o seu núcleo. Esse é o tema principal da *História da lógica e metafísica antigas*, obra que busca retraçar os primeiros passos da história desse termo:

> [De acordo com a metafísica antiga,] portanto, em todo corpo, seja simples ou composto, há evidentemente dois princípios cuja combinação constitui a totalidade de sua natureza em particular. O primeiro é o ingrediente [*Stuff*], ou o material [*Subject matter*] de que ele é feito, o segundo é a espécie [*Species*], a essência específica [*Specific Essence*], o essencial* [*Essential*] ou, como diziam os escolásticos, a forma substancial do corpo [*the Substantial Form of the Body*]. O primeiro parecia ser o mesmo em todos os corpos, não ter qualidades ou forças [*powers*] de nenhuma sorte, e ser totalmente inerte e imperceptível por* todos os sentidos, até que seja qualificado e apresentado como sensível por sua união com alguma espécie ou forma essencial (EPS, p.118; EF, p.310).

Nesse texto aprendemos que *species* é o termo técnico de Smith para designar aquilo que distingue os objetos entre si, não enquanto indivíduos particulares, mas enquanto tipos dentro de uma classe ou gênero mais abrangente. Ela é o que

23 "Spontaneous order theorists like Adam Smith believe that [human beings] are engaged in a 'scientific' project. They regard science as the search for order, and the classification of experience, to explain that which appears wondrous to us. Science represents a formalized, deliberative version of the operation of the human mind undertaken to stabilize our expectations" (Smith, 2005, p.165).

24 O que, no fundo, implica que as exigências de coerência e completude lógicas não são relevantes em si mesmas, mas apenas na medida em que servem para gerar um sistema capaz de apaziguar essa inquietude e curiosidade próprias ao espanto.

há de característico em determinado grupo de objetos capaz de distingui-los de todos os outros, exceto de outros indivíduos de mesmo tipo, isto é, que carregam a mesma característica, ou que são da mesma espécie. Como já vimos e repetimos, para Smith, espécie é, antes de tudo, um nome (LRBL, p.205; EF, p.47). Do ponto de vista epistemológico, por sua vez, trata-se o termo médio entre a particularidade do indivíduo e a universalidade da substância, permitindo o próprio trabalho científico (como no exemplo do naturalista [EPS, p.39-40]). É o que é apreendido como fixo e estável na experiência imediata:

> O homem [*man*] é perpetuamente alterado em cada partícula de seu corpo e todo pensamento em seu espírito [*mind*] está em um contínuo fluxo e sucessão. Mas a humanidade, ou natureza humana, sempre foi existente, é sempre a mesma, nunca é gerada ou corrompida. Esse, portanto, é o objeto da ciência, razão e entendimento, assim como o homem é o objeto dos sentidos [*of sense*] e de suas inconstantes opiniões que são fundadas sobre os sentidos (EPS, p.120; EF, p.313-14).

Smith dissocia aqui entre uma perspectiva da percepção ou dos sentidos e uma perspectiva da imaginação ou do entendimento. Para a primeira, só há indivíduos; para a segunda só espécies.[25] Espécie é a *humanidade* no homem e a *gatidade* no gato, mas também a *cadeiridade* na cadeira, a *casidade* na casa etc. É o que distingue as dezoito operações em que a manufatura de alfinetes se divide[26]

25 Dentre os naturalistas do período, Buffon defendia algo semelhante: "na perspectiva da percepção humana, que analisa a experiência, nada há na natureza além de indivíduos; na perspectiva da imaginação, que adota a conjectura do protótipo, tudo na natureza é transitório, exceto pela espécie" (Pimenta, 2018, p.162-163). Um pouco mais à frente, "tudo o que a experiência mostra são indivíduos, coleções e séries numerosas que não perfazem totalidades articuladas; mas a experiência sugere, ao mesmo tempo, a recorrência de padrões, que a imaginação identifica a partir de semelhança e sucessão entre percepções. É a partir desses critérios que a mesma imaginação chega à noção de permanência, numa operação de construção de identidade como noção ficcional, cujo mecanismo [...] é descrito por Hume no *Tratado da natureza humana* (I, 4, 5)" (ibid., p.164).

26 A taxonomia da *Riqueza das nações* é consideravelmente variada. Nela encontramos espécies de *work* (WN I.i.5, p.17; I.viii.44, p.100), de *labour* (WN I.vi.2-3, p.65; I.viii.14, p.85; e várias outras ocorrências), de *industry* (WN I.vii.17, p.75-6; I.x.c.18, p.141; e várias outras ocorrências), de *trade* (WN IV.viii.40, p.657), de *business* (WN I.ii.3, p.28), de

(WN I.i.3, p.15). Smith pensa as espécies a partir da noção de um padrão (*pattern*) ou estrutura (*fabric*):

> Toda classe de coisas [*class of things*] tem uma conformação peculiar, que se aprova, e possui uma beleza própria, distinta da beleza de todas as outras espécies. [...] É a forma que a natureza parece ter visado em todos eles, da qual, porém, ela se desvia por uma grande variedade de linhas, e muito raramente acerta com precisão, e com a qual todos esses desvios ainda guardam forte semelhança. Quando se faz uma quantidade de desenhos segundo um padrão [*pattern*], embora todos sejam diferentes deste num aspecto, serão mais parecidos com ele [*resemble it more*] do que com os outros; o caráter geral do padrão há de traspassar por todos eles [*general character of the pattern will run through them all*]; os mais singulares e bizarros serão os que mais se afastam dele; e posto muito pouco o copiem com precisão, as linhas mais acuradas terão maior semelhança com as mais descuidadas do que as descuidadas terão entre si. Da mesma maneira, em cada espécie de criatura, a mais bela traz os caracteres mais fortes da estrutura geral da espécie [*the strongest characters of the general fabric of the species*], e guarda a mais forte semelhança com a maior parte dos indivíduos com que se classifica. Monstros, ao contrário, ou tudo que seja completamente deformado, são sempre mais singulares e bizarros, e guardam a menor semelhança com o gênero da espécie a que pertencem.[27] (TMS V.1.8, p.198-9; TSM, p.244)

---

stock (WN V.ii.g.10, p.857). Ele também menciona espécies de cultivo (WN I.xi.b.27, p.171), de fazendeiros (WN III.ii.11, p.389), de arrendatários (*tenants*) (WN III.ii.13, p.391), de arrendamento (*tenancy*) (WN III.ii.14, p.391), do comércio como uma espécie de contrato (WN I.ii.2, p.25), de obrigações (WN II.ii.67, p.309), de propriedade (WN II.iv.17, p.358), de mercadorias (*commodities*) (WN I.vii.17, p.76; I.xi.g.37, p.228), de rendimentos (WN V.ii.j, título do artigo, p.867; V.ii.e.10, p.844; e várias outras ocorrências), de renda da terra (*rent*) (WN V.i.g.22, p.801; V.ii.c.13, p.831), de imposto fundiário (*land-tax*) (WN V.ii.c.18, p.833), de alimento (WN I.xi.b.7, p.164), de vestuário (WN I.xi.c.6, p.180). Essa lista não é exaustiva.

27 Essa passagem se encontra num parágrafo crítico à teoria estética de Claude Buffier que iria longe demais no sentido de considerar os juízos estéticos como inteiramente fundados no costume: "não posso ser induzido a acreditar que nosso senso de beleza, mesmo externo, fundamente-se inteiramente sobre o costume" (TMS V.1.9, p.199; TSM, p.146). Essa

Nessa passagem, Smith parte da espécie em direção aos indivíduos recorrendo à ideia de um desenhista que tenta imitar um padrão através de sucessivos rascunhos.[28] Na *História da astronomia*, o movimento é o inverso, do naturalista que parte do espécime individual (inesperado e espantoso) e busca, de algum modo, reconstituir esse modelo (inclusive para localizá-lo em um quadro taxonômico mais amplo). Uma análise detalhada de como esses dois modelos se articulam no campo da filosofia da natureza de Smith foge ao escopo dessa obra. Aqui nos interessa apontar que, no campo da *filosofia moral*, Smith articula essa relação entre indivíduo e gênero não a partir da noção de *species*, mas de *character*. Trata-se de um termo com, ao menos, dois grandes significados. Em primeiro lugar, o *character* é aquilo que caracteriza, que especifica, que estabelece as diferenças no campo da moral: não apenas entre os homens (*character of men*), mas também a virtude e o vício, por exemplo (TMS III.1.7, p.113; VI.título da parte, p.212). Em segundo lugar, *character* invoca a dimensão teatral da moralidade em dois momentos distintos, mas interligados: a formação da consciência moral depende do sujeito ser capaz de se imaginar representado os dois papéis de agente e espectador/juiz (TMS III.1.6, p.113; ver 3.6), já a prática moral depende da forma como o sujeito é capaz de interpretar o *personagem* que ele constrói para si mesmo (ver 3.8). É na superposição desses dois significados que o sentido propriamente moral de *character* surge:

> Ser amável e ser meritório, isto é, merecer amor e recompensa, são as grandes características da virtude [*the great characters of virtue*]; e ser odioso e passível de punição, as do vício. Mas *todas essas características* [ou caráteres, ou mesmo personagens] têm uma referência imediata aos sentimentos dos outros* [*But all these*

argumentação serve de base para uma recusa ainda mais forte no campo da moral: "Os princípios da imaginação, dos quais depende nosso senso de beleza, são de natureza muito sutil e delicada, e podem ser facilmente alterados por hábito e educação; os sentimentos de aprovação e desaprovação moral, contudo, fundamentam-se nas mais fortes e vigorosas paixões da natureza humana e, ainda que possam de alguma forma ser distorcidos, nunca podem ser inteiramente pervertidos" (TMS V.2.1, p.200; TSM, p.247). Voltaremos a esse tema nas próximas seções, a propósito da crítica de Smith a Hume.

28 Acredito que as noções de semelhança desenvolvidas no texto sobre as artes imitativas (ver nota 14 acima) também devem ser lidas tendo essa problemática em vista (EPS, p.176-213).

> *characters have an immediate reference to the sentiments of others*].[29] (TMS III.1.7, p.113; TSM, p.142 – itálicos meus)

Não que não exista uma conexão entre membros da mesma espécie (particularmente importante no processo reprodutivo, essencial para a manutenção da espécie enquanto tal), mas não existe ali uma *referência imediata ao outro*. Um indivíduo em completo isolamento continua sendo um membro de sua espécie, ao passo que um ser humano não tem como desenvolver seu *character* em completo isolamento:

> Se fosse possível que uma criatura humana vivesse em algum lugar solitário até alcançar a idade madura, sem qualquer comunicação com sua própria espécie [*species*], não poderia pensar em seu próprio caráter [*character*], a conveniência ou demérito de seus próprios sentimentos e conduta, a beleza ou deformidade de seu próprio espírito, mais do que na beleza e deformidade de seu próprio rosto (TMS III.1.3, p.110; TSM, p.140).

A presença de outros seres humanos é indispensável para o desenvolvimento do caráter. Simpatia é o nome do intercâmbio social de emoções, paixões e juízos que fundamenta a moralidade e a construção do caráter (ver 1.6). Junto com os atos, o *character* é o grande objeto do exercício de nossas faculdades morais, dos sentidos de conveniência e mérito.[30] Eles são o objeto dos primeiros juízos morais de qualquer espectador, sendo a base para o autojulgamento (TMS III.1.5, p.112). Para o estabelecimento de um bom caráter, a seleção de um modelo adequado a ser imitado (ou mais corretamente, emulado) é indispensável:

29 Na edição brasileira, essa passagem vem com um erro grave de tradução: "Mas todas essas características quase não têm uma imediata referência com os sentimentos de outros." Como visto, o sentido é precisamente o inverso: as características morais estão imediata e diretamente ligadas aos sentimentos alheios. Se quisermos, é precisamente isso o que as caracteriza.

30 Em vários momentos Smith os apresenta em dupla: "character and behaviour" (TMS I.iii.3.2, p.62), "character and conduct" (TMS II.i.1.6, p.68; II.ii.3.10, p.90; várias outras ocorrências) e "character and action" (TMS II.i.5.3, p.74; IV.2.título, p.187; várias outras ocorrências).

> Dois diferentes caráteres [*characters*] são apresentados à nossa emulação: um, o da orgulhosa ambição e ostentosa avidez; o outro, o da humilde modestia e justiça equitativa. Dois modelos diferentes, dois retratos [*pictures*] diferentes oferecem-se a nós, segundo os quais podemos desenhar nosso próprio caráter e comportamento; um, mais vistoso e brilhante em suas cores; outro, mais correto e mais sutilmente belo em seu contorno [*the other more correct and more exquisitely beautiful in its outline*]; um, impondo-se a todo olho errante [*forcing itself upon the notice of every wandering eye*]; outro, atraindo a atenção de quase ninguém, senão do observador mais atento e cuidadoso [*the most studious and careful observer*] (TMS I.iii.3.2, p.62).

A ideia de um desenhista não apenas é retomada como desenvolvida: ao pintor-desenhista, que volta sua atenção principalmente ao contorno dos objetos retratados, opõe-se agora o pintor-colorista, mais interessado em imediatamente chamar a atenção dos espectadores do que delinear o contorno preciso de seu tema. Ao focar na dimensão visível do comportamento, parece-me que Smith está focando mais na oposição (de ordem especulativa) da virtude à dupla honra-vaidade, do que na oposição (de ordem prática) entre a dupla virtude-honra e vaidade. Daí porque a verdadeira imitação moral, a única que merece esse nome, é a *emulação*, a imitação que almeja a excelência:

> A emulação, o aflito desejo de sermos excelentes [*the anxious desire that we ourselves should excel*], funda-se originalmente em nossa admiração pela excelência de outros. Tampouco nos satisfaz sermos admirados tão somente pelo que outros o são; ao menos devemos acreditar que somos admiráveis pelo que elas são. Mas, para obtermos essa satisfação, devemos nos tornar espectadores imparciais de nosso próprio caráter e conduta (TMS III.2.3, p.114; TSM, p.143).

Não basta, pois, ter escolhido o modelo adequado, tampouco reproduzi-lo em seus mais ínfimos detalhes: a imitação aqui é de outra ordem. No campo da virtude, a ultrapassagem do dado empírico não se dá por abstração, como no campo da natureza e da moral não virtuosa, mas pela internalização de um *character* que resulta na cisão de minha subjetividade: devo internalizar a mim mesmo enquanto espectador de mim mesmo (ver 3.5). A teoria da simpatia de Smith exige, de modo radical, o respeito à particularidade da situação e do sujeito (ver 2.6 e 3.8). Ao invés de abstração, *simulação* (o que alguém com as características pessoais do indivíduo que tomo como modelo agiria em determinadas situações) e *encenação* (o que eu, com minhas características pessoais, deveria fazer na situação concreta em que me encontro). Mas o que isso significa do ponto de vista especulativo próprio ao filósofo moral? Para analisar essa questão, retomemos a crítica de Smith a Hume.

7. Quem pensa abstratamente?

A confusão humeana a propósito do papel da beleza que a aparência de utilidade confere pode ser mais facilmente delimitada a partir da forma como se julga o *character*, em especial aquele que determina a virtude.[31] É inegável que "os caracteres dos homens, bem como os produtos de arte ou as instituição do governo civil" possuem uma beleza ao serem vistos como meios de promover "a felicidade, tanto do indivíduo quanto da sociedade" (TMS IV.2.1, p.187; TSM, p.229). Não há problema algum na constatação de que a utilidade é agradável e de que a percepção dela é uma importante fonte de aprovação moral, ainda que uma dentre outras. O próprio Hume não deixou de notar que há outros tipos de percepção moral: "algumas qualidades produzem prazer porque são úteis à sociedade, ou úteis ou agradáveis para a própria pessoa; outras o produzem de maneira mais imediata" (EPM VIII, nota de rodapé, p.261; IPM, p.337). No entanto, ele parece reter unicamente a utilidade em suas explicações morais de forma a permitir que Smith aponte a confusão maior de sua filosofia moral, a saber, *ter tomado esse mecanismo de aprovação baseado na utilidade pela simpatia*:[32]

31 Em seu capítulo sobre o juízo moral baseado na beleza de utilidade, Smith visa explicitamente Hume: "O mesmo autor engenhoso e agradável que pela primeira vez explicou porque o útil agrada impressionou-se tanto com essa maneira de ver as coisas, que reduziu toda a nossa aprovação da virtude a uma simples percepção dessa espécie de beleza que resulta da aparência de utilidade. Nenhuma qualidade do espírito, adverte, é aprovada como virtuosa, senão as que são úteis ou agradáveis, seja para a própria pessoa, seja para outra; e nenhuma qualidade é desaprovada como viciosa, exceto as de tendência contrária" (TMS IV.2.3, p.188; TSM, p.230). Aqui, mais uma vez, a acusação de que Hume não teria tomado os devidos cuidados para não se deixar levar pela engenhosidade de sua própria teoria (ver 6.3c).

32 Essa é a crítica geral de Smith a Hume, não ter distinguido os sensos de conveniência e de mérito (e, consequentemente, a simpatia) da beleza de utilidade: "Um outro sistema distinto do que venho me esforçando por estabelecer [o de Hume], procura explicar a origem dos nossos sentimentos morais por meio da simpatia. É o que faz a virtude residir na utilidade, e

> Esses são alguns exemplos das várias espécies de mérito valorizadas pelo prazer imediato que proporcionam à pessoa que as possui. Nenhuma perspectiva de utilidade ou de futuras conseqüências benéficas toma parte nesse sentimento de aprovação; e, no entanto, ele é semelhante ao sentimento que surge de uma percepção da utilidade pública ou privada. Observamos que a mesma simpatia social, ou sentimento de solidariedade [*fellow feeling*] pela felicidade ou miséria humanas, está na origem de ambos; e essa analogia, em todas as partes da presente teoria, pode justificadamente ser tomada como uma confirmação desta.[33] (EPM VII.29, p.260;IPM, p.335-336)

---

atribui o prazer com que o espectador examina a utilidade de qualquer qualidade à simpatia pela felicidade dos que por ela são afetados. Essa simpatia difere tanto daquela pela qual nos introduzimos nos motivos do agente [a saber, o sendo de conveniência], como daquela pela qual partilhamos da gratidão das pessoas beneficiadas por seus atos [a saber, o senso de mérito]. Trata-se do mesmo princípio pelo qual aprovamos uma máquina bem engendrada [*a well-contrived machine*]. No entanto, nenhuma máquina pode ser objeto de uma ou outra dessas duas simpatias recém-mencionadas. Na quarta parte desse discurso, já forneci alguma explicação desse sistema" (TMS VII.iii.3.17, p.327).

33 A mesma analogia pode ser encontrada na argumentação do *Tratado* sobre como estimamos os ricos: "Além disso, se considerarmos a natureza dessa faculdade [a saber, a imaginação] e a forte influência que todas as relações exercem sobre ela, poderemos facilmente nos convencer de que, embora as ideias das amenidades de que desfrutam os ricos, como vinhos, músicas ou jardins, possam se tornar vívidas e agradáveis, a fantasia não se limita a elas, dirigindo seu olhar também para os objetos relacionados, particularmente para quem os possui. O mais natural é que a ideia ou imagem prazerosa produza neste caso uma paixão pela pessoa, mediante sua relação com o objeto; desse modo, é inevitável que essa pessoa entre na concepção original, por ser objeto da paixão derivada. Mas se ela entra na concepção original, e se consideramos que usufrui desses objetos agradáveis, então é a simpatia que é propriamente a causa do afeto" (THN 2.2.5.5, p.359; TNH, p.393). No parágrafo seguinte, Hume reafirma que a beleza da utilidade cede espaço à simpatia, ao insistir que "riqueza [*riches*] e o poder, por si sós, ainda que não sejam empregados, causam naturalmente estima e respeito; por conseguinte, essas paixões não surgem da ideia de objetos belos ou agradáveis". Apesar de ver o dinheiro como um objeto capaz de obter uma série de objetos agradáveis, essa percepção por si só não gera aprovação, sendo necessário recorrer à simpatia: "É verdade que o dinheiro implica uma espécie de representação desses objetos, porque nos dá o poder de obtê-los; e, por essa razão, pode-se considerá-lo apropriado para transmitir essas imagens agradáveis capazes de gerar a paixão. Mas, como tal perspectiva é muito distante, é mais natural que tomemos um objeto contíguo, a saber, a satisfação que esse poder proporciona à pessoa que o possui" (THN 2.2.5.6, p.359; TNH, p.393-394). Agora devido à maior distância do prospecto da obtenção de objetos que podem ser adqui-

O problema todo está, mais uma vez, numa analogia mal construída. Para Smith não há similitude entre simpatia e esse mecanismo de aprovação pela utilidade: "deve-se observar que, na medida em que o sentimento de aprovação se deve à percepção da beleza de utilidade, não tem relação alguma com os sentimentos alheios" (TMS IV.2.12, p.192; TSM, p.235). A beleza que a aparência de utilidade confere é um tipo de aprovação moral não simpática (ibidem). Para Smith, beleza de utilidade e simpatia (ou mais corretamente, os sentidos de conveniência e mérito) são princípios de aprovação distintos e que funcionam de modo completamente diferente. Ao contrário da simpatia, que busca reconstituir o que indivíduos particulares em situações particulares sentiram, a beleza de utilidade se estrutura de forma predominantemente cognitiva e racional, relacionando meios e fins, atos e consequências, em torno da noção de vantagem:

> se fosse possível uma pessoa crescer e tornar-se adulta sem qualquer comunicação com a sociedade, apesar disso, suas ações poderiam lhe ser agradáveis ou desagradáveis, segundo tendessem para sua felicidade ou desvantagem. Poderia perceber uma beleza dessa espécie na prudência, na temperaça e na boa conduta, e uma deformidade no comportamento oposto; de um lado poderia considerar seu próprio caráter e temperamento com essa espécie de satisfação com que vemos uma máquina bem construída [*a well--contrived machine*], ou, de outro, com essa espécie de desgosto e insatisfação com que contemplamos um objeto muito incômodo e inconveniente [*a very awkward and clumsy contrivance*] (TMS IV.2.12, p.192-3; TSM, p.235-236).

Ao buscar o seu próprio interesse, um homem em completo isolamento poderia chegar a aprovar determinados comportamentos devido à beleza advinda do bom ajustamento entre esses comportamentos e os fins almejados. Seria incorreto qualificar esse princípio de egoísta uma vez que, para Smith, não há eu (*self*) fora da sociedade, mas estamos diante do mais próximo daquilo que seria um juízo moral emitido por um ser autossuficiente e independente. Situação puramente

ridos pelo dinheiro do que a satisfação real de seu possuidor, a beleza de utilidade é novamente remetida à simpatia. O que Smith lê no sentido contrário, de *redução da simpatia ao tipo de aprovação estética baseada na beleza de utilidade*.

hipotética que serve para melhor isolar esse mecanismo.[34] Uma vez isolado, é possível utilizá-lo na análise de situações envolvendo seres humanos em interação. A originalidade que Smith reclama para a sua teoria, consiste em não apenas ter notado e descrito esse princípio por si só, mas em ter apontado que ele está em plena operação "tanto nos mais frívolos, quanto nos mais importantes assuntos [*concerns*] da vida humana" (TMS IV.1.3, p.180; TSM, p.220). Dos amantes de quinquilharias e bugigangas úteis ou inúteis (TMS IV.1.5-6, p.180) ao patriota que se sacrifica em prol da sociedade (TMS IV.1.11, p.185), do ambicioso (TMS IV.1.8-9, p.181-3) ao soberano liberal (TMS IV.1.11, p.185-7), do homem de sistema (TMS VI.ii.2.17, p.233-4) à "grande massa da humanidade" que admira e cultua de forma desinteressada, "riqueza e grandeza" (TMS I.iii.3.2, p.62); em todos esses casos, a beleza de utilidade sustenta a ordem social comercial. Do consumo conspícuo (TMS IV.1.6, p.180) à hierarquia social (TMS I.iii.2.3, p.52), da corrupção dos sentimentos morais (TMS I.iii.3.1, p.61) à "indústria da humanidade" (TMS IV.1.9, p.183), a ilusão envolvida nessa confusão entre meios e fins, entre aparência de utilidade e vantagem propriamente dita ajuda a sustentar a sociedade como um todo. Nada mais nada menos que a autoridade e influência da fortuna (trazendo consigo, nas sociedades comerciais, a teoria do valor como trabalho comandado e, com ela, o conceito de capital) se erigem sobre esse equívoco teórico do qual a filosofia smithiana assume ter fornecido os meios adequados de desvendar. Não por ter sido a primeira a ver corretamente o papel da utilidade no conjunto da vida social, mas por ter sido a primeira a isolá-lo, daí tirando uma série de consequências:

> Essa beleza e deformidade que os caracteres demonstram retirar de sua utilidade ou inconveniência *tendem a impressionar de maneira peculiar aos que consideram em abstrato e filosoficamente as*

34 Além de Hume, Smith também visa Rousseau, que no *Segundo discurso*, denomina de estado de natureza essa situação de completo isolamento e independência. Para o genebrino, o estado de natureza está baseado em "raisonnements hypothétiques et conditionnels; plus propres à éclaircir la Nature des choses qu'à montrer la véritable origine" (OCIII, p.133), e que se caracteriza, fundamentalmente, por ser "un état où les hommes vivoient isolés" (OCIII, p.218, nota XII.4). Smith concorda que a hipótese de um estado de completo isolamento é um dispositivo útil para a análise da vida moral e social, mas não tem como denominá-lo de estado de natureza.

> *ações e a conduta dos homens* [*are apt to strike, in a peculiar manner, those who consider, in an abstract and philosophical light, the actions and conduct of mankind*]. Quando um filosofo examina por que se aprova a humanidade [*humanity*] e se condena a crueldade, nem sempre forma para si de modo claro e distinto o conceito de uma ação particular, seja de crueldade, seja de humanidade, mas habitualmente se contenta com a ideia vaga e indeterminada que as designações gerais dessas qualidades lhe sugerem. No entanto, é só nesses casos particulares [*particular instances*] que a conveniência ou inconveniência, mérito ou demérito das ações são óbvios e discerníveis. Apenas quando se dão exemplos particulares podemos perceber com distinção o acordo e desacordo entre nossos próprios afetos e os do agente, ou ainda sentir, num caso, que surge uma gratidão social* [*social gratitude*] por ele, ou de ressentimento simpático* [*sympathetic resentment*] no outro (TMS IV.2.2, p.187-8; TSM, p.229-230 – itálicos meus).

O erro de Hume (e dos filósofos utilitaristas em geral) consiste em considerar o *character* apenas de forma abstrata, separado das situações concretas nas quais ele foi construído e está envolvido. Muito frequentemente, eles se contentam apenas com o significado sugerido pelas palavras. O erro da "grande massa" ao lidar com a riqueza e o poder é, de certa forma, o oposto, o de julgar esse princípio sem abstraí-lo corretamente de uma situação concreta (retomamos aqui temas analisados em 2.6 e 3.8, sob outro ponto de vista):

> Ao examinarmos a condição dos homens eminentes segundo as enganosas cores [*delusive colours*] em que a imaginação a pinta, parece-nos quase a ideia abstrata de uma condição perfeita e feliz [*the abstract idea of a perfect and happy state].* É a condição que, quando sonhamos despertos ou devaneamos à toa [*in all our waking dreams and idle reveries*], entrevemos como o propósito final de todos os nossos desejos [*the the final object of all our desires*]. Por conseguinte, sentimos uma peculiar simpatia [*peculiar sympathy*] pela satisfação daqueles que nela se encontram (TMS I.iii.2.2, p.51-2).

A peculiaridade dessa simpatia para com os afortunados, consiste em tomar *uma situação concreta por uma ideia abstrata* (no caso, de felicidade). Ela está fundada numa má abstração que não separa corretamente o cognitivo do afetivo – aqui o fundamento daquilo que denominei estereotipia afetiva. A diferença entre a visão atenta (*concerned*) própria à simpatia e a visão interessada (*interested*) não é difícil de ser estabelecida: simpatia é questão de afeto, interesse de cognição. Diferença que persiste para as respectivas negações, a imparcialidade deve ser compreendida predominantemente no plano afetivo, o desinteresse no plano cognitivo. Nada impede que se conceba uma imparcialidade interessada (posição ideal a um magistrado, por exemplo) ou um desinteresse parcial (alguém que admira o presidente de um país estrangeiro distante, mas despreza o do país vizinho, ou que admira determinado empresário, mas despreza seus competidores). A peculiaridade dessa simpatia para com ricos e poderosos se deve a um tipo de confusão a propósito do papel da dimensão cognitiva: esses conhecimentos a respeito da utilidade (de ordem geral) são tomados como se fossem um afeto (de ordem particular), em termos humeanos, são ideias que acabam sendo percebidas como impressões. Para Smith é perfeitamente concebível que uma ideia cause uma reação afetiva, basta que o indivíduo se apaixone por ela. E, para tanto, não é necessário ser um filósofo (ver 2.4b), afinal, a diferença entre esse e um carregador é mero efeito do local por eles ocupado na divisão do trabalho (WN I.ii.4, p.28-29; ver 5.9).

O que Smith não pode admitir é que esse processo seja nomeado de simpatia, precisamente o que Hume faz (THN 2.1.11.4), ao mesmo tempo em que aproxima seu funcionamento ao do entendimento (THN 2.1.11.9; ver 2.7). Smith, ao contrário, afasta esses dois mecanismos ao ponto da ruptura: a simpatia correta sempre visa um indivíduo particular numa situação concreta[35] (TMS II.ii.3.10, p.89-90), ao passo que o entendimento lida exclusivamente com regras e princípios gerais (TMS IV.2.6, p.189; cf. VI.i.7, p.213). Em termos gerais, o

---

35 Na formulação sintética e precisa de Haakonssen: "Moral judgement is a particular judgement, not a general and typifying judgement" (1981, p.69). Em certo sentido, a "grande massa" não distingue ou não sustenta a separação entre o que ele denomina de "contextual knowledge" do "system knowledge": o primeiro "is the kind of concrete knowledge which arises from specific situations and which gives rise to common-sense ideas of behavior wherever people live together. It concerns the immediate circumstances of individual actions, and it almost automatically gives rise to an evaluation. In contrast to this, system knowledge is the understanding of things, events, or persons in some sort of functional relationship to a greater 'whole' or system – or the understanding of all the elements in such a system" (1981, p.79).

risco de não se isolar corretamente o elemento cognitivo presente em todo juízo moral, é tomá-lo como afetivo e incorrer em alguma variação da confusão entre meios e fins descrita e criticada na *Teoria*. Essa verdadeira *crítica da razão utilitarista* levada a cabo por Smith[36] lhe permite delinear, por exemplo, o equívoco dos sistemas utilitaristas (excluindo o que é da ordem do afeto em prol daquilo que é da ordem da cognição), assim como a confusão envolvida na atribuição imprópria de uma ideia abstrata de felicidade a uma situação particular, esse engano (*deception*) que "dá origem e mantém em contínuo movimento a indústria da humanidade" (TMS IV.1.10, p.183; TSM, p.225).

8. Especulação e sobrevivência

O problema central apontado por Smith a propósito da noção de utilidade e da beleza a ela associada é que elas seriam cognitivas demais, envolvendo raciocínios excessivamente complexos para poderem servir de base para a vida social e para a moral. Não é possível dizer que Hume não tenha oferecido uma solução a essa questão. Apesar de não podermos "pretend[er] revelar as qualidades originais e últimas da natureza humana" ou de "explicar os princípios últimos da alma" (THN Introduction.8-9, p.xvii; TNH, p.22-23), a ciência da natureza humana exige que certas hipóteses a esse respeito sejam formuladas.[37] Muito possivelmen-

36 No sentido kantiano do termo, de ciência que determina os limites e a extensão de determinado tipo de conhecimento (*Kritik der reinen Vernunft*, Einleitung III, B6-10; A2-6).

37 De que outra forma fazer juz à esperança de sua filosofia: "revelar, pelo menos até certo ponto, os móveis e princípios ocultos que impulsionam a mente humana em suas ações"? (EHU I.15, p.14; IEH, p.29-30). "Parece-me evidente que, a essência da mente [mind] sendo-nos tão desconhecida quanto a dos corpos externos, deve ser igualmente impossível formar qualquer noção de seus poderes e qualidades de outra forma que não seja por meio de experimentos cuidadosos e precisos, e da observação dos efeitos particulares resultantes de suas diferentes circunstâncias e situações. Embora devamos nos esforçar para tornar todos os nossos princípios tão universais quanto possível, rastreando ao máximo nossos experimentos, de maneira a explicar todos os efeitos pelas causas mais simples e em menor número, ainda assim é certo que não podemos ir além da experiência. E qualquer hipótese que pretenda revelar as qualidades originais e últimas da natureza humana deve imediatamente ser rejeitada como presunçosa e quimérica" (THN Introduction.8, p.xvii; TNH, p.22-23). A respeito do estatuto dessas hipóteses em relação ao campo da experiência entendido enquanto aquilo que é observável, ver Monteiro (2009, p.25-68).

te, a principal dessas hipóteses é aquela empregada sob as noções de costume e de hábito (*custom* e *habit*):

> Suponha-se que seja trazida de súbito a este mundo uma pessoa dotada, não obstante, das mais poderosas faculdades da razão e reflexão. É verdade que ela observaria imediatamente uma contínua sucessão de objetos, e um acontecimento seguindo-se a outro, mas não conseguiria descobrir mais nada além disso. Ela não seria, no início, capaz de apreender, por meio de nenhum raciodnio, a idéia de causa e efeito, já que os poderes específicos pelos quais se realizam todas as operações naturais jamais se manifestam aos sentidos, e não é razoável concluir, meramente porque em uma certa ocasião um acontecimento precede outro, que o primeiro é então a causa, e o outro o efeito. [...] Suponhamos agora que ela tenha adquirido mais experiência e vivido no mundo o bastante para observar que objetos ou acontecimentos semelhantes estão constantemente unidos uns aos outros. Qual é o resultado dessa experiência? O resultado é que essa pessoa passa a inferir imediatamente a existência de um objeto a partir do aparecimento do outro. E, no entanto, com toda sua experiência, ela não terá adquirido nenhuma idéia ou conhecimento do poder secreto pelo qual o primeiro objeto produz o segundo, e não é nenhum processo de raciocínio que a leva a realizar essa inferência. Ainda assim, ela se vê determinada a realizá-la; e, mesmo que viesse a se convencer de que o entendimento não toma parte na operação, seu pensamento continuaria a fazer o mesmo percurso. Há aqui algum outro princípio que a faz chegar a essa conclusão. Esse princípio é o *hábito* ou *costume* (EHU V.i.3-5, p.46-7; IEH, p.73-74).

Essa longa passagem demonstra que, para Hume, o hábito e o costume fornecem inferências causais *sem a intervenção da razão*. A causalidade é produzida de forma instintiva: "Todas essas operações são uma espécie de instintos naturais [*a species of natural instincts*] que nenhum raciocínio ou processo do pensamento ou entendimento é capaz de produzir ou de evitar" (EHU V.i.8, p.36-7; IEH, p.79). Essa ligação do hábito ao instinto é o que permite a Hume compreendê-lo como condição necessária à sobrevivência do homem: "O hábito [*custom*] é o princípio pelo qual veio a se produzir essa correspondência, tão necessária à sobrevivência [*subsistence*] de nossa espécie e à direção [*regulation*] de nossa conduta, em todas as situações e ocorrências da vida humana"[38] (EHU V.ii.21, p.55; IEH, p.89). Para Smith, ao contrário, nossa habilidade em formar inferências causais está associada ao cálculo de benefícios e prejuízos, que como vimos, está fundada nos juízos de mérito e demérito (ver 4.3):

> As qualidades mais úteis a nós mesmos são em primeiro lugar, razão e entendimento superiores, que nos capacitam a discernir as consequências remotas de todos os nossos atos, e a prever o benefício ou prejuízo que provavelmente resultarão deles [...] (TMS IV.2.6, p.189; TSM, p.231; cf. VI.i.7, p.213).

Nesse capítulo da Teoria, a terminologia de Hume é empregada no intuito explícito de refutar sua metafísica.[39] Para Smith, a associação de ideias remete a algo mais fundamental que o costume e o hábito que, no caso da moral, é a conveniência (*propriety*). O costume é sempre posterior, apenas confirmando (ou pervertendo) nosso senso natural de conveniência: "Quando existe alguma conveniência natural [*natural propriety*] na união, o costume aumenta nosso senso dela, e faz uma disposição [*arrangement*] diferente parecer ainda mais desagradável do que de outro modo seria" (TMS V.1.2, p.194; TSM, p.240; cf. V.2.2, p.200). Há casos onde isso é evidente (TMS V.2.5, p.203), outros em que isso "não é tão óbvio", em que a conduta de alguém surpreende e espanta o espectador (TMS V.2.6, p.204). A conclusão de Smith permanece a mesma em todos os casos: o costume

38 Ver Monteiro (2009, p.107-34) e Suzuki (2014, p.198-212).

39 "[R]azão e entendimento superiores são originalmente aprovados como justos, certos e precisos, e não apenas como úteis ou vantajosos. É nas ciências mais abstrusas, notadamente nas altas matemáticas, que se revelaram os maiores e mais admiráveis esforços da razão humana. Mas a utilidade dessas ciências, para o indivíduo ou para o público, não é óbvia, e prová-la exige uma demonstração que nem sempre é facilmente entendida. Não foi, portanto, sua utilidade que primeiro as recomendou à admiração pública. Pouco se insistiu nessa qualidade, até que se tornou necessário responder de algum modo às acusações dos que, não tendo gosto por tão sublimes especulações, esforçam-se por depreciá-las como inúteis" (TMS IV.2.7, p.189; TSM, p.231-232). Para Smith, as áreas de maior emprego da razão não são as mais úteis e, consequentemente, têm sua utilidade analisada apenas quando se torna necessário persuadir um público muitas vezes hostil.

é capaz de alterar apenas casos particulares de aplicação de nossas faculdades morais, nunca seu funcionamento geral (TMS V.2.14, p.209).

Um ponto interessante é que o argumento que Smith emprega para justificar sua argumentação é do mesmo tipo daquele utilizado por Hume: "nenhuma sociedade poderia subsistir por um momento, se nela o impulso usual da conduta e comportamento dos homens acompanhasse a horrenda prática [do infanticídio]" (TMS V.2.16, p.211; TSM, p.260). Ao lado do princípio de "melhorar de condição de vida" e do ressentimento, o cuidado para com crianças (um princípio de benevolência) é igualmente um impulso implantado pela natureza no intuito de garantir a sobrevivência da espécie:

> Para os mais sábios fins, a natureza converteu na maioria dos homens, talvez em todos, a ternura paternal [*parental tenderness*] num afeto muito mais forte do que a piedade filial. A continuação e propagação da espécie depende inteiramente da primeira, não da segunda. Em casos comuns, a existência e conservação [*existence and preservation*] do filho estão em completa dependência dos cuidados dos pais [*the care of the parents*] (TMS III.3.13, p.142; TSM, p.171; cf VI.ii.1.3, p.219).

Sociedades subsistem a despeito de costumes e hábitos absurdos, e o fazem porque a natureza humana é robusta o suficiente para, até certo grau, resistir a intervenções arbitrárias (WN II.iii.31, p.343 – ver o cap.5). Nos *Diálogos sobre a religião natural* de Hume, Fílon emprega um raciocínio dessa natureza:

> É infrutífero [*vain*] insistir sobre os usos das partes animais ou vegetais e sobre seu curioso ajuste [*adjustment*] recíproco. Gostaria de saber como um animal poderia subsistir, a menos que suas partes fossem de tal modo ajustadas? Não vemos que ele imediatamente morre sempre que esse ajuste cessa, e que sua matéria aprodecida busca uma nova forma? E de fato ocorre que as partes do mundo estão tão bem ajustadas que alguma forma regular imediatamente se apropria dessa matéria aprodrecida, e se assim não o fosse, como poderia o mundo subsistir? Não deveria ele dissolver como o animal, passando por novas posicionamentos e posições, até que, após uma grande mas finita sucessão, ele final-

> mente assumisse a ordem presente ou alguma parecida? (DNR VIII, p.95 – minha tradução).

Esse tipo de raciocínio sustenta o aspecto mais fascinante do hábito em Hume, o de garantidor da harmonia entre mundo e nossas ideias (EHU V.ii.21, p.54-5; IEH, p.88-89). É isso o que o torna "grande guia da vida humana. É só esse princípio que torna nossa experiência útil para nós [...]" (EHU V.i.6, p.44; IEH, p.77). A única forma de raciocinar a respeito é *a posteriori*, tal qual Fílon: se assim não o fosse, como poderíamos subsistir? Smith fornece outras conjecturas a respeito do funcionamento da natureza humana, mas emprega o mesmo tipo de raciocínio: a ação humana é impulsionada por apetites e paixões (egoístas, insociáveis e sociáveis) e regulada pela simpatia, se assim não o fosse, não estaríamos aqui. A recusa da explicação pelo costume (e de uma série de outras hipóteses humeanas: impressões como o tipo fundamental de percepção, justiça como virtude artificial etc.)[40] não implica a retomada de algum tipo de metafísica substancialista, mas simplesmente na exigência de novas hipóteses para explicar o mesmo fato: seres humanos sobrevivem não porque inferem de forma instintiva, como os animais (EHU IX.5, p.106; V.ii.21, p.55), mas porque, enquanto agentes, são naturalmente prudentes, justos e benevolentes, isto é, permanentemente almejam melhorar sua condição (WN II.iii.28, p.341), ressentem-se de ofensas sofridas (TMS II.i.5.10, p.77) e cuidam de sua prole (TMS III.3.13, p.142), ao passo que, enquanto espectadores, espontaneamente aprovam as manifestações desses instintos. Se lembrarmos que tais paixões serão aprovadas apenas se forem refletidas (TMS I.i.4.8, p.22), isso é, se levarem em conta o ponto de vista do espectador, veremos que "imagina-se que a natureza opere neste, como em todos os outros casos, com a mais rigorosa economia [*strictest oeconomy*], produzindo uma multidão de efeitos de uma e mesma causa", a saber, da simpatia (TMS VII.iii.3.3, p.321; TSM, p.399). Eis o princípio mais fundamental da engenhosa teoria moral de Smith.

Não por acaso, a *Investigação* de Smith (o título completo da *Riqueza das nações* é *An Inquiry into the Nature and Causes of the Wealth of Nations*) segue o molde das duas *Investigações* de Hume e proíbe especulações mais abrangentes a respeito de causas finais:

40 Isso é igualmente válido para a negação da hipótese metafísica mais importante de Hutcheson: o senso moral como uma faculdade peculiar.

> Esta *Investigação* não se propõe a questionar [*it belongs not to our present subject to enquire*], porém, se essa propensão [a cambiar, permutar e trocar uma coisa pela outra] é um dos princípios originais da natureza humana, sobre o qual nada restaria a dizer, ou se, como parece mais provável, é a consequência necessária das faculdades da razão e do discurso (WN I.ii.2, p.25; RN, p.18).

Compare com a seguinte passagem da *Investigação sobre o entendimento humano*:

> Não pretendemos ter fornecido, com o emprego dessa palavra [hábito ou costume], a razão última de uma tal propensão [*propensity*]; apenas apontamos um princípio universalmente reconhecido da natureza humana, e que é bem conhecido pelos seus efeitos. Talvez não possamos levar nossas investigações [*enquiries*] mais longe do que isso, nem pretender oferecer a causa dessa causa, mas tenhamos de nos satisfazer com esse princípio como o mais fundamental que nos é possível identificar em todas as conclusões que tiramos da experiência (EHU V.i.5, p.43; IEH, p.74-75).

As duas hipóteses explicativas a respeito das causas da riqueza remetem, uma, à sociabilidade natural da espécie humana (princípio da troca), a outra, à sobrevivência do indivíduo (princípio de "melhoria de condição de vida"):

> O esforço uniforme, constante e ininterrupto de cada homem para melhorar suas condição, princípio de que originalmente deriva a opulência pública e nacional, bem como a privada, muitas vezes é suficientemente poderoso para manter o progresso natural das coisas [*the natural progress of things*] em direção ao desenvolvimento, a despeito das extravagâncias do governo e dos maiores erros de administração. A exemplo do desconhecido princípio da vida animal, consegue frequentemente restituir a saúde e o vigor à constituição, malgrado não apenas a doença, mas também às absurdas prescrições do médico (WN II.iii.31, p.343; RN, p.429-30).

Mesmo a reabilitação das causas finais que tem lugar na *Teoria dos sentimentos morais* ocorre apenas e tão somente quando há duas (ou mais) causas atuando ao mesmo tempo: a regularidade dos sentimentos implica que o mérito seja estimado, a irregularidade dos sentimentos, ao contrário, garante estima à fortuna. É apenas quando o funcionamento da natureza não é evidente que o espaço para explicações racionais se abre: o ressentimento é útil ao indivíduo e à sociedade porque torna perigoso ofender (TMS II.ii.3, p.85-91), a desigualdade da fortuna é útil à manutenção da sociedade porque sustenta a hierarquia indispensável à ordem (TMS II.iii.3, p.104-8), regras são úteis pois facilitam o processo de tomada de decisão e podem auxiliar o curso natural da sociedade (TMS III.4, p.156-61). Na maior parte dos casos, insistir em explicações sobre a utilidade de nossas faculdades morais ou das virtudes é desnecessário, além de nos induzir a cometer o tipo de confusão entre meios e fins que caracteriza a tradição utilitarista para Smith. Afinal, se a natureza humana não fosse bem constituída no sentido de garantir nossa sobrevivência (o que implica necessariamente a existência de sociedades, uma vez que somos animais sociais), simplesmente não mais estaríamos aqui.

Conclusão: A metafísica da ordem espontânea

O núcleo da teoria moral de Adam Smith são os sentidos de conveniência e mérito, as faculdades morais. Na descrição do funcionamento desses sentidos internos (uma descrição que exige o emprego de técnicas narrativas) encontramos o alicerce metafísico da *Teoria dos Sentimentos Morais*: a imaginação tanto em seu funcionamento regular quanto irregular. E há farta evidência para demonstrar que o funcionamento irregular predomina sobre o regular, a começar pela natureza mesma da imaginação: ela nada mais é que a capacidade expansiva de nossa mente, a habilidade projetiva de nosso espírito. Nesse sentido, a busca pela conveniência nada mais é que a busca pelos limites impostos por uma situação em particular, pela adequação às circunstâncias. Princípio de adequação à particularidade, a conveniência não possui nenhuma determinação *a priori*. Princípio capaz de preservar a individualidade, mas cujo trabalho de reflexão demanda tempo e esforço para dar frutos. Ao contrário da razão, faculdade que opera exclusivamente no plano da generalidade e cujas regras determinam de modo instantâneo o dever: uma vez estabelecido que a situação é um caso particular de uma regra geral, o que fazer está imediatamente dado. No entanto, se a regra foi bem formada e se a situação é realmente um caso particular da regra escolhida pelo sujeito são, novamente, questões de conveniência.

É principalmente no relacionamento da imaginação com o transcorrer do tempo que as questões mais interessantes da filosofia moral de Smith se colocam, tanto no que tange ao indivíduo (autoengano ou autocontrole), quanto à sociedade como um todo (fortuna e regras). Na base dessas questões, a expansão da imaginação que pode ser analisada em seus aspectos afetivo e cognitivo. Projeção parcial aquela recorrentemente feita sobre familiares e amigos. Projeção imparcial a do sujeito capaz de sustentar o teatro-tribunal de sua própria consciência moral. Projeção particular a da pessoa que se ressente da pedra na qual tropeçou ou daquela que cultua um tesouro pessoal. Projeção abstrata a da multidão admiradora da riqueza, do poder e do sucesso. Abstrações que, por sua vez, estão no centro da ilusão que, a um só tempo, corrompe e organiza a sociedade de acordo com a ordem da fortuna. Ordem cujo curso (*progress*) exige discernimento das autoridades para que não se sufoque a natureza humana. Ilusão natural, portanto, e no duplo sentido de necessária e espontânea porque resultado do funcionamento correto e saudável de nossa imaginação.

É esse o pano de fundo da oposição que Smith constrói entre tempos de saúde e bom humor e tempos de doença e desânimo (TMS IV.1.9, p.183) ou entre um estado bem ordenado e saudável e a melancolia (TMS VII.ii.1.34, p.287). Se todos estamos sujeitos, vez ou outra, a considerar o mundo a partir da visão excessivamente dura e crua da realidade, a partir da "filosofia biliosa" produzida por esse último estado de ânimo (TMS IV.1.8, p.182-3), Smith igualmente insiste que tal estado é passageiro (TMS III.3.4, p.136). A experiência mais corriqueira é resultado da saudável confusão entre satisfação real e satisfação imaginária, aquele "ponto de vista complexo" que pinta o objeto da "imaginação como se se tratasse de algo grande, belo e nobre" (TMS IV.1.9, p.183; TSM, p.225). Ilusão constitutiva, portanto, da saúde dos indivíduos, mas também da sociedade. A analogia entre organismo e sociedade, entre corpo animal e corpo político, atravessa a filosofia de Smith. Ela comporta duas semelhanças e duas diferenças. A primeira diferença está no princípio de constituição próprio à segunda: a humanidade se especifica pela propensão a trocar e pelos contratos (privados) que surgem da interação entre tais seres. Tal interação progressivamente estabelece uma "divisão e distribuição naturais do trabalho na sociedade" (WN IV.iv.1, p.499) e a consequente diferenciação entre os talentos e habilidades dos indivíduos que ocupam os diferentes postos, desenvolvendo, cada um, um caráter pessoal e único. A ordem social própria à humanidade é, portanto, uma *ordem de indivíduos singulares*, o que não ocorre com o restante da natureza, onde os espécimes individuais não se especificam por individualização, não são indivíduos. As semelhanças, por sua vez, dizem respeito à espontaneidade dessas duas ordens (fisiológica e social) e ao substrato passional que sustenta a ambas. A ordem social é espontânea em um duplo sentido. Primeiro, no sentido de que se forma sem projeto ou intenção prévias a guiar seu desenvolvimento e, segundo, de que, uma vez constituída, possui em sua base princípios capazes de garantir sua preservação:

> O esforço uniforme, constante e ininterrupto de cada homem para melhorar suas condição, princípio de que originalmente deriva a opulência pública e nacional, bem como a privada, muitas

> vezes é suficientemente poderoso para manter o progresso natural das coisas em direção ao desenvolvimento, a despeito das extravagâncias do governo e dos maiores erros de administração. A exemplo do desconhecido princípio da vida animal, consegue frequentemente restituir a saúde e o vigor à constituição, malgrado não apenas a doença, mas também às absurdas prescrições do médico (WN II.iii.31, p.343; RN, p.429-30).

A metafísica da espontaneidade própria à ordem de Smith comporta a seguinte máxima: *uma vez organizado, um corpo não poupa esforços para se manter enquanto tal.* A espontaneidade da ordem se manifesta não apenas em seu processo de constituição, mas também em sua persistência ao longo do tempo, em sua manutenção. Mas, aqui a segunda diferença, o princípio que operacionaliza esse processo não é mesmo para a sociedade e para os organismos. Aqui é preciso dissociar dois sentidos do termo *manutenção*, primeiro, sustentação material da vida, satisfação das necessidades animais e sociais, e, segundo, autopreservação do organismo, conservação da totalidade enquanto tal. No que se refere à espécie humana, Smith inscreve essa distinção no plano passional, distinguindo entre paixões egoístas e insociáveis, mais particularmente, entre princípio de melhoria de condições e ressentimento:

> Ainda* que essas duas ordens de paixões tenham tal capacidade de nos extraviar [*mislead us*] são, contudo, consideradas partes necessárias da natureza humana; a primeira das quais nos foi concedida para que nos defendêssemos das ofensas, para que afirmássemos nossa posição* [*rank*] e dignidade no mundo, para nos fazer visar o que é nobre e honroso, e distinguir os que agem da mesma maneira; a segunda, para prover ao suporte* e às necessidades do corpo (TMS VII.ii.1.5, p.268; TSM, p.337).

Um dos traços mais marcantes da filosofia de Smith é que nela *o ressentimento é compreendido como a reação espontânea da totalidade orgânica enquanto totalidade.* Mesmo o ressentimento animal já atua nesse sentido, gerando uma reação violenta diante de uma ameaça externa, reação que, insisto, é da própria totalidade que visa a sua própria preservação enquanto todo organizado, enquanto arranjo de partes reciprocamente ajustadas. No caso dos seres humanos essa reação desencadeia a criação e põe em movimento uma série de instituições, como as leis e o aparato judiciário, que devem ser capazes de preservar o resultado do processo de individuação descrito acima, os indivíduos em sua individualidade. A ordem social como um todo, por sua vez, não tem como se ressentir. O soberano que chame para si essa tarefa mais frequentemente terminará por causar mais mal à própria ordem do que bem. O motivo é que, a partir de determinado grau, a divisão do trabalho se torna complexa demais para ser apreendida afetiva ou cognitivamente em sua totalidade (WN I.i.11, p.22-24). Eis então que o círculo se fecha, com a entrada em cena do outro princípio de manutenção, o princípio de busca por melhores condições. Uma vez estabelecido o campo de ação do indivíduo (pela interação com a gratidão e o ressentimento alheios), o *eu* pode se tornar objeto de um tipo de paixão, as paixões egoístas, que ao interagirem entre si, transforma-se em princípio de manutenção da própria ordem social. Para tanto, basta que os indivíduos busquem melhorar suas condições pessoais com prudência e "fair play" (TMS II.ii.2.1, p.83), isto é, respeitando os limites estabelecidos na interação com o ressentimento alheio.

Bibliografia

Bibliografia fundamental

Arrien (1997). *Manuel d'Épictète* (E. Catin, trad.). Paris: GF Flamarion.

Arrien (2000). *Manuel d'Épictète* (P. Hadot, trad.). Paris: Librairie Générale Française.

Aristóteles (1985). Ética a Nicômacos (M.G. Kury, trad.). Brasília: Editora Universitária de Brasília.

Aristoteles (2000). *Nicomachean Ethics* (R. Crisp, trad.). Cambridge: Cambridge University Press.

Aristoteles (2008) *Ethica Nicomachea I 13 – III 8. Tratado da Virtude Moral* (M. Zingano, trad.). São Paulo: Odysseus.

Beccaria, C. (1764). *Dei delitti e delle pene.* Nuova edizione correta e acresciuta. Paris: Dal Molini Libraio (1780).

Beccaria, C. (2020). *Os delitos e as penas* (trad. M. Figuinha). São Paulo: Editora Vozes.

Bentham, J. (1838-43). *The works of Jeremy Bentham.* Edinburgh: William Tate.

Berkeley, G. (1979). *The Works of George Berkeley, Bishop of Cloyne* (A.A. Luce; T.E. Jessop, eds). Nendeln, Liechtenstein: Kraus-Thomson.

Berkeley, G. (2010). *Tratados sobre a visão.* (Marques, J.O.A., ed. e trad.). Campinas: Editora da Unicamp.

Balzac, H. (1986). *La comédie humaine* (Vols. 1-28). Paris: France Loisirs.

Bonar, J. (1966). *A Catalogue of the library of Adam Smith.* New York: Augustus M. Kelley.

Boswell, J. (2010). *London Journal 1762-1763* (G. Turnbull, ed.). London: Penguin.

Butler, J. (1995). Sermons. In *Works of Joseph Butler* (W.E. Gladstone, ed., vol. VII). London: Thoemmes.

Cicero (1913). *On Duties* (W. Miller, trad.). Cambridge: Harvard University Press (Loeb Classical Library).

Condillac, E. (1798). *Essai su l'origine des connaissances humaines.* Paris: Ch. Houel. Recuperado em 26 de novembro de 2015 de http://dx.doi.org/doi:10.1522/030166754

Condillac, E. (1984). *Traité des sensations.* Paris: Fayard.

Condillac, E. (1993). *Tratado das sensações.* Campinas: Unicamp.

Diderot, D. & D'Alembert, J. (1751-65). *Encyclopédie, ou dictionnaire raisonné des sciences, des arts et des métiers* (Robert Morrissey, ed.). University of Chicago: ARTFL Encyclopédie Project. Recuperado em 26 de novembro de 2015 de http://encyclopedie.uchicago.edu/

Diderot, D. & D'Alembert, J. (2015). *Enciclopédia, Política* (Pimenta, P.; Souza, M., eds., Pimenta, P.; Souza, M.; Kawauche, T., trads, vol. IV). São Paulo: Editora Unesp.

Eliot, G. (1879). *The Impressions of Theophrastus Such.* Leipzig: Bernhardt Tauchnitz.

Eliot, G. (1992). *The lifted veil and Brother Jacob* (H. Small, ed.). Oxford: Oxford University Press.

Eliot, G. (1994a). *Middlemarch* (R. Ashton, ed.). London: Penguin.

Eliot, G. (1994b). *Silas Marner.* London: Penguin.

Eliot, G (1995). *Felix Holt: The Radical* (L. Mugglestone, ed.). London: Penguin.

Eliot, G. (2000). *Daniel Deronda* (G. Handley, ed.). Oxford: Oxford University Press.

Fitzgerald, F.S. (2000). *The Great Gatsby.* London: Penguin.

Hume, D. (1963). *Enquiries Concerning the Human Understanding and Concerning the Principles of Morals* (Selby-Bigge, ed.). Oxford: Oxford University Press.

Hume, D. (1978) *A Treatise of Human Nature* (Selby-Bigge, ed.). Oxford: Oxford University Press.

Hume, D. (1985). *Essays Moral, Political and Literary* (E.F. Miller, ed.). Indianapolis: Liberty Fund.

Hume, D. (1990). *Dialogues concerning Natural Religion.* London: Penguin.

Hume, D. (2001). *Tratado da natureza humana.* (D. Danowski, trad.) São Paulo: Unesp.

Hume, D. (2004). *Investigações sobre o entendimento humano e sobre os princípios da moral* (J.O.A. Marques, trad.). São Paulo: Unesp.

Hume, D. (2009). *A arte de escrever ensaio* (P.P. Pimenta; M. Suzuki, trads.; P.P. Pimenta, org.). São Paulo: Iluminuras.

Hutcheson, F. (2004). *An Inquiry into the Original of Our Ideas of Beauty and Virtue: in two treatises* (W. Leidhold, ed.). Indianapolis: Liberty Fund.

Hutcheson, F. (2005). *A System of Moral Philosophy: in two volumes*. London: Continuum.

Hutcheson, F. (2006). *Logic, Metaphysics, and the Natural Sociability of Mankind* (J. Moore; M. Silverthorne, eds.). Indianapolis: Liberty Fund.

Hutcheson, F. (2007). *A Short Introduction to Moral Philosophy* (L. Turco, ed.). Indianapolis: Liberty Fund.

James, H. (1999). *Complete Stories 1884-1891* (E. Said, ed.). New York: The Library of America.

James, H. (2013). *The American*. London: Harper Press.

Johnson, S. (1755). *A Dictionary of the English Language: A Digital Edition of the 1755 Classic by Samuel Johnson* (B. Besalke, ed.). Recuperado em 03 de novembro de 2015 de http://johnsonsdictionaryonline.com/

Kant, I. (2008a). *Crítica da razão pura* (M.P. dos Santos; A.F. Morujão, trads.). Lisboa: Fundação Calouste Gulbekian.

Kant, I. (2008b). *Crítica da Faculdade do Juízo* (V. Rohden; A. Marques, trads.). Rio de Janeiro: Forense.

La Rouchefoucald (1964). Œuvres Complètes. Paris: Editions Gallimard (Bibliothèque de la Pléyade).

Long, A. & Sedley, D.N. (eds). (1987). *The Hellenistic Philosophers* (Translations of the Principal Sources with Philosophical Commentary, Vol.1; Greek and Latin Texts with Notes and Bibliography, Vol.2). Cambridge: Cambridge University Press

Mackenzie, H. (2001). *The man of Feeling* (B. Vickers, ed.). Oxford: Oxford University Press.

Mandeville, B. (1988). *The Fable of the Bees or Private Vices, Publick Benefits* (F.B. Kaye, ed.; Vols. 1-2). Indianapolis: Liberty Fund.

Mizuta, H. (1967). *A Supplement to Bonar's Catalogue with a Checklist of the whole Library*. Cambridge: Cambridge University Press.

Mizuta, H. (ed.). (2000). *Adam Smith – Critical Responses* (Vols. 1-6), London: Routledge.

Morellet, A. (1769). *Prospectus d'un nouveau dictionnaire de commerce*. Paris: Freres Estienne.

Pessoa, F. (2013). *Livro do desassossego* (J. Pizarro, ed.). Lisboa: Tinta da China.

Pimenta, P.P. (org.). (2011). *O Iluminismo Escocês*. São Paulo: Alameda.

Platão. (2002). *Diálogos: Protágoras – Górgias – Fedão* (B. Nunes, trad.). Belém: Editora Universitária UFPA.

Quesnay, F. (1984). *Quesnay, Economia*. São Paulo: Ática.

Quesnay, F. & Petty, W. (1996). *Textos escolhidos*. São Paulo: Nova Cultural.

Raphael. D.D. (ed.). (1991). *British Moralists: 1650-1800* (Vols. 1-2). Cambridge: Hackett.

Reid, T. (2007). Thomas Reid on Practical Ethics: Lectures and Papers of natural Religion, Self-Government, Natural Jurisprudence and the Law of Nations. (K. Haakonssen, ed.). In *Edinburgh Edition of Thomas Reid* (vol.6). University Park: Pennsylvania State University Press.

Rousseau, J.J. (1964). Œuvres complètes III. Du contrat social. Écrits politiques. Paris : Editions Gallimard (Bibliothèque de la Pléyade).

Scott, W. (1982). *The Heart of Midlothian* (C. Lamont, ed.). Oxford: Oxford University Press.

Scott, W. (1986). *Waverley; or, 'Tis Sixty Years Since* (C. Lamont, ed.). Oxford: Oxford University Press.

Shaftesbury. (1999). *Characteristicks of Men, Manners, Opinions, Times* (P. Ayres, ed.; Vols.1-2). Oxford: Oxford University Press.

Smith, A. (1976a). The Theory of Moral Sentiments (D.D. Raphael; A.L. Macfie, eds.). In *The Glasgow Edition of the Works and Correspondence of Adam Smith* (Vol.I). Oxford: Clarendon Press.

Smith, A. (1976b). An Inquiry into the Nature and Causes of the Wealth of Nations (R.H. Campbell; A.S. Skinner, eds.). In *The Glasgow Edition of the*

Works and Correspondence of Adam Smith (Vol. II em dois livros). Oxford: Clarendon Press.

Smith, A. (1980). Essays on Philosophical Subjects (W.P.D. Wightman, ed.). In *The Glasgow Edition of the Works and Correspondence of Adam Smith* (Vol. III). Oxford: Clarendon Press.

Smith, A. (1983). Lectures on Rhetoric and Belles Lettres (J.C. Bryce, ed.). In *The Glasgow Edition of the Works and Correspondence of Adam Smith* (Vol. IV). Oxford: Clarendon Press.

Smith, A. (1978). Lectures on Jurisprudence (R.L. Meek; D.D. Raphael; P.G. Stein, eds.). In *The Glasgow Edition of the Works and Correspondence of Adam Smith* (Vol. V). Oxford: Clarendon Press.

Smith, A. (1977). Correspondence of Adam Smith (E.C. Mossner; I.S. Ross, ed.). In *The Glasgow Edition of the Works and Correspondence of Adam Smith* (Vol. VI). Oxford: Clarendon Press.

Smith, A. (1997). *Essais esthétiques*. Paris: J. Vrin.

Smith, A. (1999). *Théorie des sentiments moraux* (M. Biziou ; C. Gautier ; J-F. Pradeau, trads.). Paris: Presses Universitaires de France.

Smith, A. (2002). *Teoria dos Sentimentos Morais* (L. Luft, trad.) São Paulo: Martins Fontes.

Smith, A. (1983). *A Riqueza das Nações – Investigação sobre sua Natureza e suas Causas*. São Paulo: Abril Cultural. (col: Os Economistas).

Sterne, L. (2003). *A Sentimental Journey and Other Writings*. Oxford: Oxford University Press.

Sterne, L. (2007). *The Life and Opinions of Tristram Shandy, Gentleman*. New York: Dover.

Turgot, A. R. J., *Oeuvres de Turgot et documents le concernant* (5 volumes; G. Schelle, org.). Paris: Librairie Félix Alcan, 1913-1923. Reimpressão: Paris: Institut Coppet, 2018.

Bibliografia secundária

Aspromourgos, T. (2010). 'Universal opulence': Adam Smith on technical progress and real wages. *European Journal of History of Economic Thought*, 17:5, p.1169–1182.

Barker-Benfield, G.J. (1992). *The Culture of Sensibility. Sex and Society in 18th--century Britain*. Chicago: Chicago University Press.

Bénatouïl, T. (2009). *Les stoïciens III. Musonius – Épictète – Marc Aurèle*. Paris: Les belles lettres.

Bender, J. (1987) *Imagining the Penitentiary. Fiction and the Architecture of Mind in Eighteenth-century England*. Chicago: Chicago University Press.

Berry, C. (2012). Adam Smith's "Science of Human Nature". *History of Political Economy*, 44:3. Durham: Duke University Press.

Berry, C. (2018). *Essays on Hume, Smith and the Scottish Enlightenment*. Edinburgh: Edinburgh University Press.

Bessone, M. & Biziou, M. (eds.). (2009). *Adam Smith Philosophe*. Rennes: Presses Universitaires de Rennes.

Biziou, M. (2003). *Adam Smith et l'origine du liberalisme*. Paris: Presses Universitaires de France.

Biziou, M. (2005). *Shaftesbury : Le sens moral*. Paris: Presses Universitaires de France.

Biziou, M. (2010). Kant et Smith, critiques du scepticisme de Hume. Les avatars du théisme. In Cohen-Halimi, M. & L'Heivillet, H. (eds) *Comment peut-on être sceptique? Hommage à Didier Deleule*. Paris: Honoré Champion.

Bonar, J. (1970). *The Tables Turned*. New York: Augustus M. Kelley. (Trabalho original publicado em 1931).

Bonar, J. (1992). *Moral Sense*. New York: Augustus M. Kelley. (Trabalho original publicado em 1930).

Bressenden, R.F. (1974). *Virtues in distress. Studies in the novel of the sentiments from Richardson to Sade*. London: Macmillan.

Broadie, A. (2001), *The Scottish Enlightenment*, Edinburgh: Birlinn.

Broadie, A. (org.). (2003). *The Cambridge Companion to the Scottish Enlightenment*. Cambridge: Cambridge University Press.

Brown, V. (1994). *Adam Smith's Discourse*, London: Routledge.

Brunschwig, J. (ed.). (2006). *Les stoïciens et leur logique*. Paris: J. Vrin.

Bourke, R. & Geuss, R. (2009). *Political Judgement. Essays for John Dunn*. Cambridge : Cambridge University Press.

Campbell, T.D. (1971). *Adam Smith' Science of Morals*. London: George Allen and Unwin.

Carrasco, M. (2004). Adam Smith's Reconstruction of Practical Reason. *The Review of Metaphysics*, Vol. 58, No. 1, p. 81-116.

Carrasco, M. (2012). Adam Smith: Self-command, Practical Reason and Deontological Insights. *British Journal for the History of Philosophy*, 20(2), p. 391–414.

Cerqueira, H.G. (2004). Adam Smith e o surgimento do discurso econômico. *Revista de Economia Política*, vol. 24, nº 3 (95).

Cerqueira, H.G. (2005). Para ler Adam Smith: novas abordagens. *Síntese – Revista de filosofia*, v. 32, n. 2.

Cerqueira, H.G. (2006a). Adam Smith e seu contexto: o iluminismo escocês. *Economia e Sociedade*, Campinas, v. 15, n. 1 (26).

Cerqueira, H.G. (2006b). A Mão Invisível de Júpiter e o Método Newtoniano de Smith. *Estudos econômicos*, São Paulo, v. 36, n. 4.

Correia, E. (2001). O problema da justiça na economia: Uma nota sobre a filosofia moral de David Hume e Adam Smith. *Revista de Economia Contemporânea*. Rio de Janeiro, 5 (1), p.77-105.

Cousin, V. (1857). *Philosophie Écossaise*. Paris: Librairie Nouvelle.

Cunningham, A. S. (1999). *Sympathy in Man and Nature*. PhD. Thesis, Toronto University.

Currie, G. (1998). Realism of Character and the Value of Fiction. Lewinson, J. (org.) *Aesthetics and Ethics. Essays in the Intersection*. Cambridge: Cambridge University Press.

Dankert, C.E. (1974). *Adam Smith. Man of Letters and Economist*. Hicksville, NY: Exposition Press.

Darwall, S. (1995). *The British Moralists and the Internal Ought. 1640 – 1740*. Cambridge: Cambridge University Press.

Darwall, S. (1999). Sympathetic Liberalism: Recent Work on Adam Smith. *Philosophy & Public Affairs*, Vol. 28, No. 2, p. 139-164.

Darwall, S. (2006). *The Second-person Standpoint*. Cambridge: Harvard University Press.

Davidson, D. (1982). *Essays on Actions and Events*. Oxford: Clarendon Press.

Davis, J. S. (1954). Adam Smith and the Human Stomach. *The Quarterly Journal of Economics*, Vol. 68, No. 2, p. 275-286.

Deleule, D. (1979). *David Hume et la naissance du liberalisme économique*, Paris: Aubier.

Deleule, D. (1997). Preface. In Smith, A. *Essais esthétiques*. Paris: J. Vrin.

Deleuze, G. (2000). *A filosofia crítica de Kant*. Lisboa : Edições 70.

Diatkine, S. & Diatkine D. (1991). Marché du travail et division du travail dans la Richesse des Nations. *Cahiers d'économie politique*, n°19, Le marché chez Adam Smith. p. 69-84.

Dickie, G. (1996). *The Century of Taste. The Philosophical Odyssey of Taste in the Eighteenth-Century*. Oxford: Oxford University Press.

Dickinson, H.T. (org.) (2002). *A Companion to Eighteenth-century Britain*, Oxford: Blackweel.

Dunn, R. (1987). *The Possibility of Weakness of Will*. Indianapolis: Hackett.

Elmslie, B. (2004). Adam Smith's Analysis of Bounties as an Early Example of the Concept of Noneconomic Objectives *American Journal of Economics and Sociology*, Vol. 63, No. 4, p. 899-910.

Festa, L. (2006). *Sentimental Figures of Empire in eighteenth-century Britain and France*. Baltimore: John Hopkins University Press.

Flanders, C. (2006). 'This Irregularity of Sentiment'. Adam Smith on Moral Luck. In Montes, L. & Schliesser, E. (eds.). *New Voices on Adam Smith*. London: Routledge.

Fleischacker, S. (1990). Philosophy in Moral Practice: Kant and Adam Smith. *Kant Studien* 82, p.249-69.

Fleischacker, S. (1999). *A Third Concept of Liberty: Judgment and Freedom in Kant and Adam Smith*. Princeton: Princeton University Press.

Fleischacker, S. (2004). *On Adam Smith's "Wealth of Nations": A Philosophical Companion*. Princeton: Princeton University Press.

Fleischacker, S. (2012). Sympathy in Hume and Smith: A contrast, critique, and reconstruction. In Fricke, C. & Føllesdal, D. *Intersubjectivity and Objectivity in Adam Smith and Edmund Husserl*. Frankfurt: Ontos Verlag.

Forman-Barzilai, F. (2005). Sympathy in Space(s): Adam Smith on Proximity. *Political Theory*, Vol. 33, No. 2, p. 189-217.

Forman-Barzilai, F. (2011). *Adam Smith and the Circles of Sympathy: Cosmopolitanism and Moral Theory*. Cambridge: Cambridge University Press.

Frankena, W. (1955). Hutcheson's Moral Sense Theory. *Journal of the History of Ideas*, Vol. 16, No. 3.

French, R.K. (1969). *Robert Whytt. The Soul, and the Medicine*. London: The Wellcome Institute of History of Medicine.

Fricke, C & Schütt, H.-P. (eds.). (2005). *Adam Smith als Moralphilosoph*. Berlin: Walter de Gruyter.

Fricke, C. & Føllesdal, D. (eds). (2012). *Intersubjectivity and Objectivity in Adam Smith and Edmund Husserl. A Collection of Essays*. Frankfurt: Ontos.

Friday, J (ed.). (2004). *Art and Enlightenment. Scottish Aesthetics in the 18th-century*. Exeter: Imprint Academy.

Gautier, C. (1993). *L'invention de la société civile. Lectures anglo-écossaises. Mandeville, Smith, Ferguson*. Paris: Presses Universitaires de France.

Gleney, B. (2011). Adam Smith and the Problem of the External World. *The Journal of Scottish Philosophy*, 9.2, p. 205–223. Edinburgh: Edinburgh University Press.

Greiner, R. (2012). *Sympathetic Realism in Nineteenth-century British Fiction*. Baltimore: John Hopkins University Press.

Griswold, C.L. (1999). *Adam Smith and the Virtues of Enlightenment*, Cambridge: Cambridge University Press.

Griswold, C.L. (2007). *Forgiveness. A philosophical Exploration*. Cambridge: Cambridge University Press.

Griswold, C.L. & Uyl, D.D. (1996). Adam Smith on Friendship and Love. *Review of Metaphysics* 49.

Haakonssen, K. (1981). *The Science of a Legislator*. Cambridge: Cambridge University Press.

Haakonssen, K. (1996). *Natural Law and Moral Philosophy. From Grotius to the Scottish Enlightenment*. Cambridge. Cambridge University Press.

Haakonssen, K. (org.). (2006a). *The Cambridge Companion to Adam Smith*. Cambridge: Cambridge University Press.

Haakonssen, K. (org.) (2006b). *The Cambridge History of Eighteenth-Century Philosophy* (Vols. 1-2). Cambridge: Cambridge University Press.

Hanley, R.P. (2009). *Adam Smith and the Character of Virtue*, Cambridge: Cambridge University Press.

Harris, J. (ed.). (2013). *The Oxford Handbook of British Philosophy in the Eighteenth Century*. Oxford: Oxford University Press.

Hausman, D. (2012). *Preference, Value, Choice, and Welfare*. Cambridge: C.U.P.

Hayek, A. (1937). *Economics and Knowledge*. In Buchanan, J.M. & Thirlby, G. (eds.). L.S.E. Essays on Cost. New York: New York University Press. Recuperado em 26 de novembro de 2015 de http://www.econlib.org/library/NPDBooks/Thirlby/bcthLS3.html

Hazar, N. (2012). *Enlightened Sentiments. Judgement and autonomy in the age of sensibility*. New York: Fordham University Press.

Heilbroner, R. L. (1982). The Socialization of the individual in Adam Smith. *History of Political Economy*, nº14, vol.3, Durham: Duke University Press, p.427-439.

Hill. L. (2006). Adam Smith and the Theme of Corruption. *The Review of Politics*, Vol. 68, No. 4.

Himmelfarb, G. (2004). *The Roads to Modernity. The British, French, and American Enlightenments*. New York: Vintage.

Himmelfarb, G. (2012) *The Moral Imagination. From Adam Smith to Lionel Trilling* (enlarged 2nd edition). New York: Rowman & Littlefield.

Hirschman, A. (1977). *The Passions and the Interest*, Princeton: Princeton University Press.

Hoffmann, T. (ed.). (2008). *Weakness of Will from Plato to the Present*. Washington: The Catholic University of America Press.

Hollander, S. (1973). *The Economics of Adam Smith*. London: Heinemann Educational Books.

Hollander, S. (1999). Jeremy Bentham and Adam Smith on the usury laws: a 'Smithian' reply to Bentham and a new problem. *The European Journal of the History of Economic Thought*, 6:4, p.523-551. Taylor and Francis.

Hont, I. (2015). *The Politics of Commercial Society*. Cambridge, MA: Harvard University Press.

Hont, I. & Ignatieff, M. (eds.). (1983). *Wealth and Virtue: The Shaping of Political Economy in the Scottish Enlightenmnent*. Cambridge: Cambridge University Press.

Hope, V.M. (1989). *Virtue by Consensus. The Moral Philosophy of Hutcheson, Hume, and Adam Smith*. Oxford: Clarendon.

Ignatieff, M. (2001). *The Needs of Strangers*. New York: Picador.

Jaffro, L. (1998). *Éthique de la communication et art d'écrire – Shaftesbury et les Lumières anglaises*. Paris: Presses Universitaires de France.

Jaffro, L. (org.). (2000a). *Le sens moral. Une histoire de la philosophie morale de Locke à Kant*. Paris: Presses Universitaires de France.

Jaffro, L. (2000b). La question du sens moral et le lexique stoïcien. In: Malherbe, M. & Brugère, F. (eds.). *Shaftesbury. Philosophie et politesse*. Paris: Champion.

Jaffro, L. (2000c). Transformation du concept d'imitation de Francis Hutcheson à Adam Smith, In: Trottein, S. (ed.). *Naissance de l'esthétique au XVIIIe siècle*. Paris: Presses Universitaires de France.

Jaffro, L. (2003). As várias maneiras filosóficas de recorrer ao senso comum nas Luzes britânicas. *Discurso*, 33, São Paulo: Discurso Editorial, p. 35-74.

Jaffro, L. (2009). Ambiguïtés et difficultés du sens moral. In Gautier C. & Laugier, S. (eds.). *Normativités du sens commun*. Paris: Presses Universitaires de France, p. 303-318.

Jaffro, L. (2013). Language and Thought. In Harris, J (ed.) *The Oxford Handbook of British Philosophy in the Eighteenth Century*. Oxford: Oxford University Press.

Jaffro, L. (2019). *La couleur du gout. Sur l'esthétique philosophique au siècle de Hume*. Paris: Vrin.

Kaldor, N. (1972). The Irrelevance of Equilibrium Economics. *The Economic Journal*, Vol. 82, No. 328 (Dec., 1972), p. 1237-1255.

Kepler, J.H. (2010). *Adam Smith and the Economy of Passions*. New York: Routledge.

Khalil, E.L. (2005). An anatomy of authority: Adam Smith as political theorist. *Cambridge Journal of Economics*, 29, p. 57–71.

Khalil, E.L. (2010). Adam Smith's Concept of Self-Command as a Solution to Dynamic Inconsistency and the Commitment Problem. *Economic Inquiry*, Vol. 48, No. 1, p.177–191.

Knott, S. & Taylor, B. (2005). *Women, Gender and Enlightenment*. London: Palgrave Macmillan.

Lapidus, A. (2002). Le profit ou la domination : La figure de l'esclave dans l'économie d'Adam Smith. In Célimène, F. & Legris, A. (eds.). *L'Économie de l'Esclavage Colonial*. Paris: CNRS Editions, p. 47-72.

Larrère, C. (1992). *L'invention de l'économie au XVIIIe siècle*. Paris: Presses Universitaires de France.

Lebrun, G. (2006). *A filosofia e sua história* (C.A. Moura; M.L. Cacciola; M. Kawano, eds.). São Paulo: Cosac Naify.

Lefebvre, R. & Tordesillas, A (Eds.). (2009). *Faiblesse de la volonté et maîtrise de soi. Doctrines antiques, perspectives contemporaines*. Rennes: Presses Universitaires de Rennes.

Leloup, S. (2000). Pour en finir avec l'usure: L'enjeu de la controverse entre Adam Smith et Jeremy Bentham. *Revue économique*, Vol. 51, No. 4, p. 913-936. Paris: Sciences Po University Press.

Levy, D.M. (1992). Bishop Berkeley Exorcises the Infinites: Fuzzy Consequences of Strict Finitism. In *Hume Studies*, 18-2, p.511-36.

Levy, D.M. (1993). "Magic Buffalo" and Berkeley's Theory of Vision: Learning in Society. In *Hume Studies*, 19-1, p.223-26.

Levy, D.M. (2001). *How the Dismal Science Got Its Name*. Ann Arbor: The University of Michigan Press.

Lewis, T. (2000). Persuasion, Domination and Exchange: Adam Smith on the Political Consequences of Markets. *Canadian Journal of Political Science / Revue canadienne de science politique*, Vol. 33, No. 2, p. 273-289.

Lilti, A. (2017). *The Invention of Celebrity*. Cambridge: Polity Press.

Mackie, J.L. (1977). *Ethics: Inventing Right and Wrong*. London: Penguin.

Mackie, J.L. (1980). *Hume's Moral Theory*. London: Routledge.

Maclean, I. (2006). *Adam Smith, Radical and Egalitarian*. Edinburgh: Edinburgh University Press.

Maclean, K. (1949). Imagination and Sympathy: Sterne and Adam Smith. *Journal of the history of ideas*. Vol.10, n.3, p.399-410.

Malherbe, M. (2001). *La philosophie empiriste de David Hume*. Paris: Vrin.

Marouby, C. (2005). *L'économie de la nature. Essai sur Adam Smith et l'anthropologie de la croissance*. Paris: Seuil.

Marchevsky, J.F. (2018). *Progresso e ordem na obra de Adam Smith*. São Paulo: FFLCH-USP (dissertação de mestrado). Disponível em: https://teses.usp.br/teses/disponiveis/8/8133/tde-29072019-160135/pt-br.php

Marshall, D. (1986). *The Figure of Theater. Shaftesbury, Defoe, Adam Smith and George Eliot*. New York: Columbia University Press.

Mathiot, J. (1990). *Adam Smith. Philosophie et économie*. Paris: Presses Universitaires de France.

Mckenna, S.J. (2006). *Adam Smith. The Rhetoric of Propriety*. New York: State University of New York.

Meek, R. (1976). *Social science and the ignoble savage*. Cambridge: Cambridge University Press.

Meek, R. (1977). *Smith, Marx, and After. Ten Essays in the Development of Economic Thought*. London: Chapman & Hall.

Minovitz, P. (1994). *Profits, Priests and Princes: Adam Smith's Emancipation of Economics from Politics and Religion*. Stanford: Stanford University Press.

Mitchell, H. (1987). "The Mysterious Veil of Self-Delusion" in Adam Smith's Theory of Moral Sentiments. *Eighteenth-Century Studies*, Vol. 20, No. 4, p. 405-421.

Monteiro, J.P. (2003). *Novos estudos humeanos*. São Paulo: Discurso Editorial.

Monteiro, J.P. (2009). *Hume e a epistemologia*. São Paulo: Editora Unesp e Discurso Editorial.

Montes, L. (2004). *Adam Smith in Context*. New York: Palgrave.

Montes, L. & Schliesser, E. (eds.). (2006). *New Voices on Adam Smith*. London: Routledge.

Monzani, L. R. (1995). *Desejo e prazer na idade moderna*, Campinas: Unicamp.

Morrow, G. (1923). The Significance of the Doctrine of Sympathy in Hume and Adam Smith. *The Philosophical Review*, Vol. 32, No. 1, p. 60-78.

Mullan, J. (1988). *Sentiment and Sociability. The Language of Feeling in Eighteenth-century*. Cambridge: Clarendon.

Muller, J.Z. (1993). *Adam Smith in His Time and Ours: Designing the Decent Society*. New York: The Free Press.

Muller, J.Z. (2003). *The Mind and the Market. Capitalism in Western Thought*. New York: Anchor.

Nagel, T. (1979). *Mortal Questions*. Cambridge: Cambridge University Press.

Nagel, T. (1986). *The View from Nowhere*. New York: Oxford University Press.

Nagel, T. (1991). *Equality and Partiality*. New York: Oxford University Press.

Nascimento, L.F.S. (2012). *Shaftesbury e a ideia de formação de um caráter moderno*. São Paulo: Alameda.

Nilson, S.S. (1952). La theorie de population d'Adam Smith. *Population*, 7e Année, No. 3, p. 477-484.

Nurock, V. (2011). *Sommes-nous naturellement moraux?* Paris: Presses Universitaires de France.

Nussbaum, M. (2001). *Upheavals of Thought. The Intelligence of Emotions*. Cambridge: Cambridge University Press.

Ogien, R. (1993). *La faiblesse de la volonté*. Paris: Presses Universitaires de France.

Oslington, P. (ed.). (2011). *Adam Smith as Theologian*. New York: Routledge.

Otteson, J. (2002). *Adam Smith's Marketplace of Life*. Cambridge: Cambridge University Press.

Özler, S. & Gabrinetti, P. (2018). *Psychoanalytic Studies of the Work of Adam Smith. Towards a Theory of Moral Development and Social Relations*. London: Routledge.

Packham, C. (2012). *Eighteenth-century Vitalism. Bodies, Culture, Politics*. New York: Palgrave Macmillan.

Paes Müller, L.A. (2012). O capital portador de juros em *O Capital* ou o sistema de Marx. *Trans/Form/Ação* (UNESP). V.35, nº2.

Paes Müller, L.A. (2013). A noção de comando da filosofia de Adam Smith. *Cadernos de ética e filosofia política*, 23, p.145-60. São Paulo: FFLCH-USP.

Paes Müller, L.A. (2016a). *A filosofia de Adam Smith: imaginação e especulação* (tese – versão em português). São Paulo: FFLCH-USP. Disponível em: https://www.teses.usp.br/teses/disponiveis/8/8133/tde-22082016-132153/pt-br.php

Paes Müller, L.A. (2016b). *The Philosophy of Adam Smith: Imagination and Speculation* (tese – versão em inglês). Paris: Paris 1 Panthéon-Sorbonne. Disponível em: http://www.theses.fr/2016PA01H200

Paes Müller, L.A. (2017a). O conceito moderno de sociedade civil: do jusnaturalismo à economia política. *Revista Discurso* (FFLCH-USP), v.47, n.2, p.145-166.

Paes Müller, L.A. (2017b). "A invisibilidade da metafísica" (Resenha) J. Sheehan e D. Wahrman, Invisible Hands, Self-Organization and the Eighteenth-Century. *Cadernos de Ética e Filosofia Política* (FFLCH-USP), n.31, p.187-197.

Paes Müller, L.A. (2018). Comércio e sociabilidade: a economia política nas décadas de 1750 e 1760. *Analytica* (UFRJ), v.22, nº2, p.50-83.

Paes Müller, L.A. (2019a). Eric Schliesser, Adam Smith: Systematic Philosopher and Public Thinker (Oxford: Oxford University Press, 2017), p. 432, $74 (hardcover). *Journal of the History of Economic Thought* (HES-C.U.P.). Volume 41, Issue 2.

Paes Müller, L.A. (2019b). O conceito de teoria em Marx. *Revista Ideação* (UEFS), nº39.

Paes Müller, L.A. (no prelo). Economia política e jurisprudência na filosofia de Adam Smith. *Revista Economia e Sociedade* (IE-Unicamp).

Paganelli, M.; Rassmussen, D. & Smith, C. (eds). (2018). *Adam Smith and Rousseau: Ethics, Politics, Economics*. Edinburgh: Edinburgh University Press.

Pankert, C. (1974) *Adam Smith: Man of Letters and Economist.* Hicksville: Exposition Press.

Paraschas, S. (2013). *The Realist Author and Sympathetic Imagination*. London: Legenda.

Peart, S. & Levy, D.M. (2005). *The "Vanity of Philosopher". From Equality to Hierarchy in Post Classical Economics*. Ann Arbor: The University of Michigan Press.

Perrot, J.-C. (1992). *Une histoire intellectuelle de l'économie politique (XVIIe-XVIIIe siècle)*. Paris: Éd. De l'École des Hautes Études em Sciences Socieales.

Phillipson, N. (2010). *Adam Smith: An Enlightenned Life*. New Haven: Yale University Press.

Pimenta, P.P. (2007). *A linguagem das formas. Natureza e arte em Shaftesbury*. São Paulo: Alameda.

Pimenta, P.P. (2013). *A imaginação crítica: Hume no século das luzes*. Rio de Janeiro: Azougue.

Pimenta, P.P. (2017). Hume: da teoria dos signos à gramática geral. *Prometeus Filosofia*, nº 23, p.102-120.

Pimenta, P.P. (2018). *A trama da natureza. Organismo e finalidade na época da ilustração*. São Paulo: Unesp.

Pocock, J.G.A. (1999). *Barbarism and Religion. Vol.2 – Narratives of Civil Government*, Cambridge: Cambridge University Press.

Rae, J. (1965). *The Life of Adam Smith*, New York: Augustus M. Kelley. (Trabalho original publicado em 1895).

Raphael, D.D. (1979). Adam Smith: philosophy, science, and social science. In Brown, S.C. (ed). *Philosophers of Enlightenment*. Sussex: Harvester.

Raphael, D.D. (2007). *The Impartial Spectator. Adam Smith's Moral Philosophy*. Oxford: Claredon Press.

Rassmussen, D.C. (2008). *The Problems and Promise of Comercial Society: Adam Smith's Response to Rousseau*, University Park: Pennsylvania State University Press.

Rassmussen, D.C. (2014). *The Pragmatic Enlightenment. Recovering the Liberalism of Hume, Smith, Montesquieu, and Voltaire*. Cambridge: Cambrdige University Press.

Rodrigues, A.A. (2017). *As concepções econômicas de Adam Smith: Entre a ambição e a parcimônia*. São Paulo: FFLCH-USP (tese de doutorado). Disponível em: https://teses.usp.br/teses/disponiveis/8/8133/tde-02022018-114751/pt-br.php

Ross, I. (1995). *The life of Adam Smith*. Oxford: Clarendon Press.

Rotschild, E. (2001). *Economic Sentiment. Adam Smith, Condorcet and Enlightenment*. Cambridge: Harvard University Press.

Salles. F.O. (2010). Simpatia e sociabilidade no pensamento de Hume. *Dois Pontos*. Curitiba/São Carlos, vol.7, n.2, p.91-105.

Santos, R. C. (1996). *The Impact of Physiocracy Thought on Smith's* Wealth of Nations. New York: New School for Social Research (PhD Thesis).

Santos, R. C. (1997). A construção do objeto teórico da Œconomia Política: Quesnay e Smith. *Economia*, Curitiba, nº 21, p.155-182.

Santos, R. C. (2001-02). *Texto provisório de HPE I e II* (mimeo). São Paulo: Faculdade de Economia Administração e Contabilidade da Universidade de São Paulo.

Santos, R. C. (2005). Alguns mitos sobre a Riqueza das Nações. *Seminários Acadêmicos de 5ª feira da FEA-USP*, nº12/2005. São Paulo: Faculdade de Economia Administração e Contabilidade da Universidade de São Paulo.

Schliesser, E. *Adam Smith. Systematic Philosopher and Public Thinker*. Oxford: O.U.P., 2017.

Schulthess, D. (2012). Adam Smith et le Compte Rendu (1756) du Discours sur l'inégalité parmi les hommes de Rousseau. In *Vitam Impedere Vero. Hommage à Raymond Trousson et Fréderic S. Eigeldinger*. Paris: Editions Champion.

Scott, W.R. (1965). *Adam Smith as Student and Professor*. New York: Augustus M. Kelley. (Trabalho original publicado em 1937).

Sebastiani, S. (2013). *The Scottish Enlightenment. Race, Gender, and the Limits of Progress*. London: Palgrave Macmillan.

Sen, A. (2011). *A ideia de justiça*. São Paulo: Companhia das Letras.

Simpatia (2001). In *Dicionário Houaiss da língua portuguesa* (1ª ed., p.2574). Rio de Janeiro: Objetiva.

Smith, C. (2006). *Adam Smith's Political Philosophy. The Invisible Hand and Spontaneous Order*. London: Routledge.

Skinner, A. (1996). *A system of social science*, Oxford: Clarendon Press.

Skinner, A. & Wilson, T. (eds.). (1975). *Essays on Adam Smith*. Oxford: Clarendon Press.

Spengler, J.J. (1970). Adam Smith on Population. *Population Studies*, Vol. 24, No. 3, p. 377-388.

Strawson, P.F. (2008). *Freedom and Resentment and Other Essays*. London: Routledge.

Suzuki, M. (1999). O homem do homem e o eu de si mesmo. *Discurso*, vol.30, São Paulo: Discurso Editorial, p.25-61.

Suzuki, M. (2014). *A forma e o sentimento do mundo. Jogo, humor e arte de viver na filosofia do século XVIII*. São Paulo: Editora 34.

Suzuki, M. (2015, 31 de maio). Para uma poética do sonho. *Folha de São Paulo*, Caderno Ilustríssima.

Tribe, K. (1999). Adam Smith: Critical Theorist? *Journal of Economic Literature*, Vol. 37, No. 2, p. 609-632.

Vargas, T. (2019). A piedade no Emílio: solução possível para a leitura de Adam Smith sobre o segundo Discurso? *Dois Pontos* (UFPR), v.16, p.119-134.

Vivenza, G. (2002). *Adam Smith and the Classics*. New York: Oxford University Press.

Waszek, N (1984). Two Concepts of Morality: A Distinction of Adam Smith's Ethics and its Stoic Origin. *Journal of the History of Ideas*, Vol. 45, No. 4, p. 591-606.

Waszek, N (1988). *The Scottish Enlightenment and Hegel's Account of 'Civil Society'*. Dordrecht: Kluwer.

Waszek, N. (2003). *L'Écosse des lumières : Hume, Smith, Ferguson*. Paris: Presses Universitaires de France.

Weinstein, J.R. (2013). *Adam Smith's Pluralism. Rationality, Education, and the Moral Sentiments*. New Haven: Yale University Press.

Winch, D. (1978). *Adam Smith's Politics*. Cambridge: Cambridge University Press.

Wood, J.C. (ed.). (1984). *Adam Smith – Critical Assessments* (1st and 2nd Series - Vols I-VIII). London: Routledge.

Zingano, M. (2009). *Estudos de ética antiga*. São Paulo: Discurso Editorial.

Agradecimentos

Esse livro é uma versão bastante modificada de minha tese de doutoramento em filosofia, em regime de dupla-titulação, junto às Universidade de São Paulo e Paris I Panthéon-Sorbonne, defendida em dois de fevereiro de 2016. A esse respeito cabe registrar meus agradecimentos ao Departamento de Filosofia da Universidade de São Paulo, à Unité de Formation et Recherche de Philosophie (UFR 10) e à École Doctorale de Philosophie da Université Paris 1 Panthéon-Sorbonne pelo tempo, apoio e recursos concedidos. À Fundação de Amparo à Pesquisa do Estado de São Paulo (FAPESP) pelo provimento de duas bolsas: a primeira em regime regular, a partir de setembro de 2012, a segunda de um ano para realização de estágio de pesquisa em Paris (BEPE, de julho de 2014 a junho de 2015). Também agradeço à CAPES-Cofecub (projeto Ética e estética: sensibilidade e Forma) pela bolsa de quatro meses (entre setembro e dezembro de 2013) para um primeiro estágio de pesquisa em Paris e pela bolsa PNPD-Capes Filosofia que financiou o meu projeto de pós-doutoramento, *O discurso econômico no século XVIII: França e Escócia*, junto ao departamento de filosofia da USP, sob supervisão do professor Pedro Pimenta (desde novembro de 2017).

Ao pessoal das secretarias de filosofia (em especial à Mariê) e de pós-graduação (em especial à Regina) da FFLCH-USP, assim como das bibliotecas Florestan Fernandes (FFLCH-USP), da FEA-USP, da Bibliothèque nationale de France (BnF) e da National Library of Scotland (NLS).

Ao professor Pedro Pimenta, que se interessou por essa pesquisa antes mesmo dela ter se delineado de forma consistente e ao professor Laurent Jaffro pelo convite a transformar meu doutorado em uma dupla titulação. A ambos devo mais que uma simples orientação.

Aos professores Fernão Salles Cruz (UFSCAR) e Bruno Simões pelas considerações, críticas e sugestões por ocasião de minha qualificação.

Às professoras Maria das Graças de Souza (USP), Catherine Larrère (Paris I) e Maria Isabel Limongi (UFPR) e ao, já falecido, professor Nicholas Phillipson (University of Edinburgh) por terem aceitado o convite de fazer parte da banca de defesa da tese.

Aos colegas de Latesfip-USP (Laboratório Interunidades de Teoria Social, Filosofia e Psicanálise), em especial aos membros do grupo Fetichismo (Marília, Márcia, Fátima, Caio), de PHARE-Paris I (Philosophie, histoire et analyse des representations économiques), do grupo de pesquisa *Filosofia das Luzes: Modelos e Conceitos*, coordenado por Isabel Fragelli e Pedro Pimenta (Julia, Amaral, Lourenço, Thiago, Ciro, Rodrigo, Eveline, Dario, Mauro, Karen, Lara, Sacha, Pedro, Ivan, Celi, Fernão e mais quem eu tiver esquecido) e, mais recentemente, do laboratório *A imaginação econômica*.

Agradecimento especial aos alunos de graduação do departamento de Filosofia da FFLCH-USP que participaram dos Seminários de Iniciação Científica, *Partes I a IV da Teoria dos Sentimentos Morais de Adam Smith* (2º semestre de 2016), e aos alunos do curso de extensão *Imaginação e especulação na filosofia moral de Adam Smith* (1º semestre de 2018), onde vários dos argumentos desse livro foram apresentados e discutidos.

A Izabel Pereira, Nathália Marques, Denise Franco, Vanessa Correa, Bernardo Soares, Bruno Höfig, Julio Silva, Daniel Tanis, Julio Lucchesi, Julio Tiraboschi, David Lojudice, Trajano Pontes, Daniel Santos e Bruno Azevedo, pela amizade.

À minha família, em especial, minha mãe Aridinê e minha irmã Isabela.

Finalmente, à Ana... simplesmente.

Alameda nas redes sociais:
Site: www.alamedaeditorial.com.br
Facebook.com/alamedaeditorial/
Twitter.com/editoraalameda
Instagram.com/editora_alameda/

Esta obra foi impressa em São Paulo no invernos de 2022. No texto foi utilizada a fonte Garamons Pro em corpo 10,8 e entrelinha de 15,5 pontos.